Ариман
ПОРТУГАЛОВ

ВСЕ
ГОРОСКОПЫ
МИРА

РИПОЛ
КЛАССИК

Москва, 2009

УДК 133.52
ББК 86.42
П60

П60   Португалов, А.
Все гороскопы мира / Ариман Португалов. — М. : РИПОЛ
классик, 2009. — 608 с. : ил.

ISBN 978-5-7905-2360-1

Искусство предсказания судьбы человека, его будущего в зависимости от дня его рождения существовало с древнейших времен и, пройдя через века, явилось нам, нарушив табу жрецов и разрушив скептицизм многих из нас. В этой книге каждый сможет прочесть, каким его настоящее и будущее должно быть по классическому Зодиакальному гороскопу, китайскому, авестийскому и древнеславянскому.

УДК 133.52
ББК 86.42

Практическое издание

Португалов Ариман
ВСЕ ГОРОСКОПЫ МИРА

Генеральный директор издательства *С. М. Макаренков*
Редактор *Т. С. Никифорова*
Выпускающий редактор *Е. А. Крылова*
Художественное оформление: *Е. Л. Амитон*
Компьютерная верстка: *И. А. Урецкий*
Корректор *И. И. Попова*
Изготовление макета: *ООО «Прогресс РК»*

Издание подготовлено при участии «Остеон-фонда»

Подписано в печать 27.01.2009 г.

Формат 60×90/16. Гарнитура «Petersburg».
Печ. л. 38,0. Тираж 5000 экз.
Заказ № 4907007

Адрес электронной почты: info@ripol.ru
Сайт в Интернете: www.ripol.ru

ООО Группа Компаний «РИПОЛ классик»
109147, г. Москва, ул. Большая Андроньевская, д. 23

Отпечатано на ОАО «Нижполиграф».
603006, Нижний Новгород, ул. Варварская, 32

ISBN 978-5-7905-2360-1

Введение в звездную науку

«Чему быть — того не миновать», «так на роду написано...», «от судьбы не уйдешь»... Рок, фатум, ананкэ, судьба — подобные слова, выражения, понятия имеют место в каждом языке Земли вне зависимости от вероисповедания или общественно-экономической формации общества. Грозный образ трех богинь Мойр (в римской мифологии их зовут Парками, в древнескандинавской — Норнами), одна из которых вынимает нить человеческой судьбы (Клото), другая — прядет и протягивает ее (Лахезис), а третья — ножницами обрезает ее (Атропос), кочует по мировым религиям, изумляя своим сходством. Изумляет прежде всего то, что это даже не богини, а сверхбогини, поскольку ножницам Парок не в состоянии противостоять даже боги. Больше того, судя по тому, сколько великих религий впало в забвение, можно считать, что даже боги в их власти. И не только боги. По воле рока возвышаются и впадают в безвестие страны, империи, народы, происходят чудовищные катаклизмы — неужели все это было заранее предопределено?

Предсказаниями судьбы издавна спекулировали религиозные деятели. Так, иудейско-христианская хронология утверждает, что будущее человека зафиксировано и его судьба запечатана словами Всемогущего, так что мир, созданный в 4004 г. до н. э., должен простоять до конечной битвы с Антихристом и последующего правления Сатаны, после коего состоится историческая битва Добра и Зла — Армагеддон. Верующие в Предопределение идут дальше и утверждают, что каждое событие и личная судьба ясно написаны заранее и спасутся лишь избранные, а остальное человечество обречено. Число избранных было дано с римских времен как 144 000, и конечно же истинные верующие включали в него себя.

Озабоченность людей своим будущим повсеместно и во все времена практиковала обычную духовную торговлю, связанную с желанием жаждущих получить предсказания. Предсказания судьбы по определению подразумевают снижение ценности всего, с чем связано предсказательское искусство. Личные предсказания, будь то пророчества по «И-Цзин», картам Таро, по чайным листьям, по руке (хиромантия), по особенностям черепа (френология), по расположению звезд (астрология) или другие средства, обычно требуют искажений или двусмысленностей в интерпретации предвиденных правильно или неправильно событий, чтобы удовлетворить заказчика, чьи потребности часто находятся в конфликте с жесткой и нелицеприятной правдой. Человеку свойственно интересоваться своей судьбой в основном в кризисные моменты, т. е. когда течение жизни (как поток чувств и страстей внутри него, его чрезмерные притязания или чувство неполноценности, так и поток вне его — поток препятствий и неудач в общении) направлено против него или увлекает против его воли.

Человеку также свойственно стремиться к переменам, чаще всего к лучшему. В нас живет изначальное желание пережить «противоположность», т. е. найти способ, при помощи которого все плохое в своем роде можно преобразовать в свою противоположность. Таким образом, например, противоположностью болезни является здоровье, ненависть превращается в любовь, одиночество — в общение, невежество — в мудрость, разногласия — в солидарность, злопамятство — в прощение, печаль — в радость, поражение — в победу, засуха — в плодородие.

В нашей книге вы найдете наиболее популярные и устоявшиеся толкования пристрастий, увлечений и черт характера людей, как их толкуют различные символические системы, их привычек и общих черт, которых, поверьте мне, найдено уже немало, чтобы говорить о подлинно научной подоплеке такой странной науки, как... астрология.

Ариман Португалов

Глава 1.
Классические
зодиакальные
гороскопы

Наш мир един и целостен. «Что наверху — подобно тому, что внизу». Это древнее герметическое изречение суммирует основные принципы астрологии, что космос является единством, управляемым специфическими законами и взаимными связями всех его частей. Таким образом, астрология является наукой или исследованием взаимоотношений небесных причин с их земными результатами.

Древние шумеры, чья цивилизация существовала еще в XXVII в. до н. э., уже в XXII веке до н. э. активно владели астрологической символикой, и в их арсенале были планеты, некоторые из которых мы открываем теперь заново. К примеру, планета Уран была им известна. Это удалось выявить благодаря найденным письменам, которые в настоящее время расшифровываются учеными.

В века, более для нас близкие, можно говорить о нескольких ветвях развития астрологии. Многие авторы сходятся в своих мнениях на том, что современная астрология пришла к нам от жрецов Халдеи. На это прямо указывают такие писатели древности, как Плутарх, Цицерон, Ксенофонт и другие. В Библии также упоминается о высокой башне Вавилона, посвященной семи планетам (Быт. 11, 4).

Значительный толчок развитию астрологии в свое время дал Птолемей, сочинения которого составляют базис и современных астрологических руководств. Надо отметить, что такие крупнейшие ученые мира, как Ньютон, Архимед, Галилей, Кеплер и другие, также были в свое время математиками-астрологами.

Однако со времен Ньютона астрология была объявлена псевдонаукой, поскольку не нашлось механизмов, управляющих такими взаимосвязями. В искаженном виде ее непрестанная популярность как средства предсказания личной судьбы рожденных под каждым из двенадцати солнечных знаков (что можно найти на страничке гороскопов в еженедельных газетах) углубила научное предубеждение против ее основных аксиом. Тем не менее ныне положение изменилось. Исследования в таких областях, как биология, метеорология и электромагнетизм, все более предполагают, что движения и циклы небесных тел (особенно Солнца, Луны и больших планет) обладают измеряемым воздействием на земные организмы и условия. В настоящее время активное возрождение астрологии как науки происходит во всем мире. И такие страны, как США, Италия, Франция, ФРГ, Бразилия, не говоря уже о странах Востока, имеют в институтах и университетах факультеты астрологии, срок обучения в которых доходит до девяти лет.

Существует несколько видов астрологии. *Натальная астрология* связывает положение Солнца, Луны и планет (рассматриваемые на фоне их взаиморасположения) с личностью и судьбой индивидов в момент рождения. Этот вид наиболее часто применяем (и искажен).

Астрометеорология имеет дело с предсказаниями землетрясений, извержений вулканов и климатических условий в целом. Работа Джона X. Нельсона, канадского военного радиоинженера, пролила свет в этой области.

Хорарная астрология разъясняет специальные вопросы через гороскоп, составленный в момент, когда этот вопрос был задан.

Элективная астрология (астрология выбора) рассматривает возможность уклонения от влияния звезд. Роджер Бэкон верил, что войн можно избежать, если внимательно использовать мунданную астрологию. Он писал, что церковь должна использовать астрологию, чтобы предсказать пришествие Антихриста и чтобы не быть побежденной искусством астрологов «Татарской империи».

Мунданная астрология рассматривает влияние звезд и планет на страны и народы. Так, по Роджеру из Герефорда (1170 г.), каждая часть земного шара управляется планетой и знаком Зодиака, причем они необязательно прямо связаны между собой. Например, Испания управляется Луной и Девой, а Индия — Козерогом и Меркурием. «Вся земля христиан» управляется Сатурном и знаком его экзальтации — Весами.

Медицинская астрология связана с диагностикой и лечением болезней. Великие лекари древности Гиппократ и Авиценна также были астрологами. Серьезным астрологом был и величайший врач, философ и математик Абу Райхан Беруни. После него осталась «Книга вразумления начаткам науки о звездах». Обширная медицинская статистика, связанная с медицинскими аспектами астрологии, собрана уже в наше время учеными Англии, Италии, Швейцарии, США и других стран.

Избирательная астрология связана с выбором времени для начала той или иной деятельности. Так, в 1558 г. маг Джон Ди был нанят королевой Елизаветой, чтобы определить наилучшую дату для ее коронации.

Юдициарная астрология определялась как создание гороскопов для интерпретации натальных данных, хорарных и элективных.

В средневековой Европе астрология считалась состоящей из двух основных типов — *натуральной астрологии* и *юдициарной астрологии*.

Натуральная астрология рассматривалась как изучение взаимоотношений между небесными явлениями и земными событиями, так что наблюдение планетарных циклов, лунных фаз, соединений и комет могло использоваться для понимания общих процессов развития в погодных явлениях, медицине, сельском хозяйстве и национальных событиях — таких, как войны и революции, рост и упадок религий и цивилизаций.

Космобиология — новая область науки, связывающая космические циклы и излучения с поведением животных и биологическими ритмами в целом. В этой области американский биолог Френк Браун показал, как в зависимости от лунных циклов и других геомагнитных факторов колеблется обмен веществ у животных. Несмотря на то что косморитмологические процессы, происходящие с организмом и психикой человека, в настоящее время всесторонне изучаются, даже зарубежные ученые, имеющие возможность закладывать результаты своих наблюдений в компьютерные банки данных, которые потом всесторонне анализируются, считают, что золотой век астрологии еще впереди. Такого мнения, в частности, придерживается Американская ассоциация астрологов и в том числе Джоан Куигли, личный астролог бывшего президента США Рональда Рейгана. Когда она прервала молчание, стало ясно, что она консультировала политиков на самом высоком уровне, оказывая серьезное влияние на переговоры между Востоком и Западом в критические годы, ведущие к окончанию «холодной войны». Газеты увидели в этом не более чем свидетельство дряхлости Рейгана, и, насколько нам известно, ни в одном «образованном» или информированном журнале не попытались проанализировать влияние консультаций Куигли на события 1980-х гг.

Чех Евгений Йонас был в 1960-х гг. пионером эффективной техники контроля рождаемости, основанного на учете индивидуальных лунных циклов женщин.

Прежде чем превозносить или ниспровергать астрологию как науку, рассмотрим ее основные принципы. Приверженцы официальной науки видят основную ошибку астрологов в приверженности теории Птолемея. Ниспровергнув ее, Коперник проложил дорогу астрономии как науке. Но, может быть, теория Птолемея была вовсе не так уж и не права и вполне приложима к астрологии?

Клавдия Птолемея (ок. 90 — ок. 160 г. н. э.) прославили две книги. Первая — это «Megale syntaxis mathematike», более известная под ее арабским названием «Альмагест», появилась вскоре после 151 г. н. э.

Она оставалась определяющим астрономическим текстом до эры Коперника и Кеплера примерно в течение полутора тысяч лет.

Через некоторое время после «Альмагеста» Птолемей написал работу, состоящую из четырех частей, — «Тетрабиблос», явившуюся главным собранием астрологических знаний. В этой работе Птолемей впервые упорядочил и структурировал исследование небес по ясно определенным областям. Астрономия была отделена от астрологии, а сама астрология подразделена на мунданную и натальную. Такой подход дал больше ясности, но, к сожалению, он привел к разделению этих двух астрологических областей, которые для Птолемея были лишь различным использованием одного и того же предмета.

Именно Птолемей, больше чем какой-либо другой астролог, обеспечил выживание астрологии во времена политических и религиозных сдвигов первого тысячелетия христианской эры. Его интеллектуальный и научный статус был таков, что мало кто из критиков осмелился возвысить голос против этого предмета в течение нескольких сотен лет. А критиков было очень много, это совершенно ясно, потому что даже Птолемей был вынужден им ответить. Вступительная часть «Тетрабиблоса» посвящена духовной защите астрологии. «Не следует, — писал Птолемей, — подвергать сомнению искусство проводника из-за его многочисленных ошибок».

Птолемей воздает хвалу астрологам прошлого, особенно Гиппарху и Посидонию, на работах которых основывается. Он говорит также об использовании книг столь древних, что вряд ли они могли быть прочитаны. Читая его слова, невозможно не испытывать огорчения, что эти книги недоступны нам сегодня. Птолемей, несомненно, должен был работать в великой библиотеке Александрии и иметь доступ к греческим переводам «Энума Ану Энлиль» и родственным работам. Сообщения об исключительной древности, очевидно, сразу обращали на себя внимание изучающих, поскольку, как уже отмечалось, Птолемей имел данные о затмениях Луны и Солнца, восходящих ко времени царя Вавилона Набунасира — 747 г. до н. э.

Невозможно определенно установить влияние на Птолемея источников информации помимо тех, о которых он упоминает сам, поскольку великая Александрийская библиотека исчезла, полностью уничтожена. Трагично, что первое серьезное ее разрушение произошло вскоре после смерти Птолемея. Окончательный удар был нанесен толпами фанатиков-христиан в конце четвертого столетия.

Хотя многое из древних фаталистических учений сохранилось, однако дух времени стал более скептическим. Существование предзнаменований еще признавалось, но уже не все признавали будущее человечества фиксированным. Предзнаменования, как это чувствовали интеллектуалы, указывают скорее на возможности, чем на определенности. Например, Плиний около 77 г. н. э. писал: «Сила предзнаменований в действительности находится под нашим контролем, и их влияние зависит от того, как мы их воспринимаем».

В «Тетрабиблосе» Птолемей принимает рациональную, в основном Аристотелеву, точку зрения. Влияние планет, утверждает он, обусловлено не божественным вмешательством, а измеримыми физическими причинами. Его объяснения нерелигиозны и логичны, это объяснения ученого. Мы видим у Птолемея полный разрыв с традиционной вавилонской схемой, основанной на фатальной Вселенной, над которой доминируют почти недосягаемые боги. Практически, многие интерпретации предзнаменований у Птолемея остались неизменными: Скорпион продолжал считаться опасным, Марс — воинственным, а Юпитер все еще приносил благодеяния правителю и государству.

В отношении самих явлений он утверждает, что самыми сильными причинами проблем на Земле являются затмения Солнца и Луны, после которых по значению идут противостояния Сатурна, Юпитера и Марса. Когда наблюдаются эти события, следует обратить внимание на знак, в котором они происходят. И далее в любой части мира, которая подпадает под этот знак, можно с уверенностью ожидать какого-то несчастья.

Наконец, приближаясь к позиции современной психологической астрологии, Птолемей утверждает, что люди, наиболее подверженные «универсальным (психическим) болезням», имеют в своих картах светила или углы в соединении или в оппозиции с градусом затмения или противостояния. Сегодня астрологи склонны с ним в этом соглашаться.

Изучая астрологию как науку, не надо забывать, что перед ней всегда стояла задача исследования воздействия космического пространства на жизнь и явления, происходящие на Земле, а вовсе не изучение Космоса как такового. Поэтому за центр принималась именно Земля. Ведь и современные математики, решая задачи математической физики, за начало координат, как правило, берут объект, подлежащий изучению.

Общим для большинства типов астрологии является идея Зодиака (греческое «звериный цикл») и домов. В видимом движении по звездному небу Солнце, Луна и планеты занимают узкую полосу созвездий, которые образуют Зодиак. Этот небесный круг, эклиптика, разделен на двенадцать секторов по тридцать градусов.

Каждый сектор образует знак Зодиака, которые широко известны как звездные знаки: Овен, Телец, Близнецы, Рак, Лев, Дева, Весы, Скорпион, Стрелец, Козерог, Водолей, Рыбы. Все они разделены на четыре категории: земля, воздух, огонь и вода. Так, Овен, Лев и Стрелец — огненные знаки; Телец, Дева и Козерог — земные; Близнецы, Весы и Водолей — воздушные, а Рак, Скорпион и Рыбы — водные. Они создают основу толкования в ежедневных газетных гороскопах.

Для толкования натальных гороскопов небо над горизонтом и под ним разделено еще на двенадцать секторов — домов. Первый из них находится сразу же за линией горизонта в момент рождения, и дома помечаются против движения часовой стрелки. Индивидуальная карта рождения строится в форме круга в двух кольцах.

Зодиакальные знаки (начиная с прилегающего к восточному горизонту в момент рождения и называемого асцендентом) располагаются на внешнем кольце. Дома занимают внутреннее кольцо. Соответственным образом на этой круговой диаграмме отмечают положение планет на данный момент. Каждая из них таким образом сопоставляется не только со знаком, но и с домом.

Астрологи с древности разделяли Вселенную на ближнюю и дальнюю. К ближней относили все объекты, связанные с Солнечной системой. Таким образом, в состав ближней Вселенной они включали: Солнце, планеты и спутник Земли Луну. И все их называли одним словом «планета» в отличие от объектов, находящихся за пределами Солнечной системы, которые в астрологии именовались тоже одним словом — «звезды». Эта терминология сохранилась и в нынешних книгах по астрологии.

Самой крупной структурой, рассматриваемой в астрологии, является Галактика. В нашей Галактике 132 созвездия. Эти созвездия влияют на Землю не сразу, непосредственно, а через зодиакальные созвездия. Их сейчас насчитывается 33. Энергия от остальных 99 созвездий (132 − 33 = 99) попадает в Солнечную систему, пройдя предварительно через одно из 33 зодиакальных созвездий.

Созвездие — это звезды, объединенные в одну группу. Что такое зодиакальное созвездие? Все планеты вращаются вокруг Солнца приблизительно в одной плоскости шириной около 8 градусов. Эта плоскость, шириной в 8 градусов, называется эклиптикой. В нее входит часть звезд из некоторых созвездий. Часть созвездий, звезды которых входят в эклиптику, называются зодиакальными, или Зодиаком.

В разные эпохи-юги в Зодиак входило различное число созвездий. В Сатья-югу их насчитывалось 33, в Кали-югу — 13, а потом — 12.

Каждое созвездие дает человеку, рожденному под этим созвездием, одно достоинство, один недостаток, одно заболевание, один метод лечения другого заболевания.

Соединяясь с энергиями Земли, энергетики созвездий дают множество минералов, растений. Каждому созвездию соответствует еще планета, через которую энергетика созвездия дополнительно, кроме Солнца, попадает и влияет на Землю. К числу планет Солнечной системы, которые влияют на Землю, относятся Меркурий, Венера, Луна, Марс, Юпитер, Сатурн, Нептун, Уран, Плутон, Хирон, пояс астероидов, спутники Марса, Юпитера, Сатурна, Нептуна, Урана, Плутона.

Звездное небо подразделяют на 33 зодиакальных созвездия: Кит, Рыбы, Пегас, Андромеда, Овен, Пчела, Персей, Телец, Орион, Возничий, Близнецы, Малый Пес, Рак, Гидра, Лев, Малый Лев, Секстант, Дева, Чаша, Ворон, Волопас, Центавр, Весы, Змея, Скорпион, Змееносец, Стрелец, Щит Собесского, Орел, Козерог, Южная Рыба, Водолей, Дельфин.

В отличие от времени действия 12 зодиакальных созвездий Кали-юги время действия 33 зодиакальных созвездий часто начинается и заканчивается 12 часами дня местного времени.

Надо сказать, что хотя с виду язык астрологических символов несложен — в нем всего двенадцать знаков Зодиака, Солнце, Луна, планеты Солнечной системы и иногда принимаются во внимание некоторые звезды, — из-за многоплановости одних и тех же обозначений пользоваться ими чрезвычайно сложно. Этим астрологический язык сродни иероглифической письменности, где значение иероглифического знака зависит от ключа, который всегда присутствует в иероглифе или пишется рядом с ним. На астрологических же картах присутствуют лишь астрологические символы, а ключ к ним задает сам расшифровывающий в зависимости от того, с какого плана и о чем он желает считать информацию.

Один из принципов астрологии заключается в том, что все люди с момента рождения живут с включенными в них «часами». При этом момент рождения включает в человеке как его индивидуальные часы, связанные с картой его рождения, так и часы, одинаковые для всех людей Земли, по которым каждый из нас в определенный год жизни находится под максимальным воздействием одной из планет Солнечной системы. Так, первый год жизни ребенка проходит под интенсивным влиянием Марса, второй — Солнца, третий — Венеры, четвертый — Меркурия, пятый — Луны, шестой — Сатурна, седьмой — Юпитера.

А начиная с восьмого года эта последовательность подключений повторяется. И так всю жизнь.

Взаимодействие планет, знаков и домов (каждому из которых приписаны основные психологические характеристики, выведенные из предшествующего опыта астрологов в течение многих веков) создает сложную картину, столь же индивидуальную, как отпечаток пальца, и выступает еще больше в роли такового благодаря дальнейшим подразделениям, которые разъясняет астролог. Этот формальный образ является, таким образом, лишь частью истолкования, главную роль в котором играют искусство и интуиция астролога. Карта рождения является всего лишь проектом, а не воплощенным существом и его судьбой.

Из подразделений, помогающих истолкованию, отметим: 1) двенадцать зодиакальных знаков, подразделенных на четыре элемента — землю, воздух, огонь и воду, каждый со своими психологическими характеристиками; 2) о влияниях ниже горизонта говорится, что они относятся к подсознанию личности, а те, что выше горизонта, — к сознанию; 3) большое значение имеет место Солнца в знаке и доме; 4) сильные стороны, слабости и потенциал человека, чья карта рассматривается, определяются в дальнейшем аспектами планет друг к другу, как это видно из натального (составленного на момент рождения) гороскопа. Например, в медицинской астрологии планета Венера на различных планах организма человека характеризует: почки, мочевой пузырь, мочевыводящую систему. А как орган чувств она же обозначает осязание, как ткань тела — жировую ткань. И одновременно, если коснуться общего плана толкования психотипа человека, в той же карте Венера несет информацию о том, как человек ощущает гармонию и красоту и насколько вписывается в социальные структуры. А на бытовом плане Венера символизирует любовь, невесту и любовницу. Но не жену, так как жена — это не просто любимая женщина. Жена — хранительница дома, а потому считается, что она созвучна с Луной. И та же Луна символизирует родительский дом, собственный дом человека, а также его родину. А на плане медицинских структур Луна обозначает тело матки (без других женских половых органов), а также желудок, так как именно Луна отвечает в организме человека за усвоение и ассимиляцию продуктов питания. Надо сказать, что астрология вообще полагает, что Луна больше, чем другие планеты Солнечной системы, влияет на процессы жизнедеятельности человека.

Близкие друг к другу планеты образуют соединения, расходясь на 90 градусов, — «квадрат», а на 180 — «оппозицию», «секстиль» (60 градусов) и «трин» (120). Все эти углы определяют взаимоотношения планет. Соединения могут быть как зловредными, так и благодатными; квадраты и оппозиции — зловредными, а «трины» и «секстили» — благодатными. Но «зловредные» или «благодатные» не гарантируют провал или успех в жизни. Человек с «трудным» гороскопом может скорее выдвинуться благодаря необходимости преодолевать конфликтные влияния и достичь большего успеха, чем тот, у которого начальный гороскоп был вполне гармоничен.

Усложняют систему, которая и без того широка и разнообразна, как сама природа человеческого характера. Отсюда долгий путь от упрощенных ежедневных гороскопов по солнечному знаку, которые яростно опровергал еще пророк Иеремия 2500 лет тому назад.

Натальная астрология стара. Некий санскритский текст индийского мудреца Парасары около 3000 лет до н. э. использовал систему «равных домов» по 30 градусов каждый. Астрология, которую мы знаем, началась в Шумере. Халдеи строили зиккураты (пирамидальные ступенчатые башни), с которых наблюдали движение звезд и планет. От них мы взяли нашу мифологию звезд и планет как богов. Блуждающие планеты халдеями назывались биббусами (козлами), которые бродили, подобно овцам, между неподвижными звездами и казались самоуправляемыми богами, каждый из которых ходил своим собственным путем и следил за поведением человека (а также управлял им). Когда ночью управлял Нервал (халдейский Марс), была близка война. Иштар (Венера) блистала после заката, когда настает время любви. Что же касается Набу (Тот, Гермес, Меркурий), то он был столь быстр и труднонаблюдаем, что ему присвоили качества ловкого трюкача и обманщика. Мардук (Юпитер) в своем ярком надежном курсе был так же далек, как бог-царь на троне, Сатурн, медлительный старик, такой тяжелый и в то же время могучий, был страшным напоминанием о холодной смерти.

Но здесь были не только фантазии. Халдеи стали великими астрологами древности, поскольку их измерения небесных движений были наиболее аккуратными. Халдейский миф был воспринят другими — вавилонянами, египтянами и, наконец, греками и римлянами.

Двенадцатизначный Зодиак, имеющий 360 градусов, возник независимо от Китая до Британии в одно и то же время. Число таких знаков (как и число чакр, энергетических центров, приписываемых человеческому телу) у разных культур было различным. Оно базировалось на числе месяцев в году, что давало то двенадцать, то тринадцать таких знаков в зависимости от солнечной или лунной ориентации культуры. Сейчас сошлись на двенадцати таких месяцах, на солнечной основе, несмотря на то что с лунной точки зрения в году 13 месяцев ($13 \times 28 = 364$).

Довольно сложно объяснить символику созвездий. Лишь немногие из созвездий могут восприниматься как фигуры, соответствующие их названиям. Требуется большая фантазия, чтобы в рассыпанных световых точках распознать такие образы, как Лебедь, Лира, Дева, Лев и т. д., и только некоторые образуют некое узнаваемое единство (например, Орион, Кассиопея). На старинных звездных картах к точкам констелляций (взаимного расположения звезд) в старину рисовались изображения, имеющие мало общего с их действительным расположением. В самом деле, в других культурах созвездия носили иные названия, чем это принято у нас, или комбинировались в другие изображения.

Созвездия в древние времена были в первую очередь средством ориентации в морских путешествиях и находили отражение в сказаниях и мифах. Особенно важными были те, которые при круговом движении созвездий по вечернему небу исчезали по очереди в лучах заходящего Солнца, с тем чтобы через некоторое время появиться на утреннем небе. Они составили дуодецимальную (или двенадцатеричную) систему и обозначали знаки Зодиака, образуя таким образом зримый солнечный путь в двенадцати полях (Овен, Телец, Близнецы, Рак, Лев, Дева, Весы, Скорпион, Стрелец, Козерог, Водолей, Рыбы). Часть этих названий была обычна уже в древних культурах Месопотамии и в несколько измененной форме принята в Египте и Греции. В каждом зодиакальном созвездии Солнце находилось приблизительно такое же время, в течение которого происходила смена фаз Луны (месяц). Популярная астрология приписывает знакам Зодиака воздействие, примерно соответствующее символике его изображения, и характер людей, родившихся в этом временном отрезке, определяется в зависимости от смысла указанного знака или, по крайней мере, должен испытывать его влияние.

Каждому знаку Зодиака соответствует одна из планет. Именно она управляет поведением людей, принадлежащих этому знаку. В те времена, когда астрология делала свои первые шаги, вавилонским ученым было известно лишь пять планет: Меркурий, Венера, Юпитер, Марс и Сатурн. Кроме того, в рассмотрение принимались также Солнце и Луна, — таким образом, первоначально астрологи имели дело с семью (священное число) небесными телами. Позднее были открыты еще три планеты: Нептун, Уран и Плутон, движение которых также учитывается современными астрологами. Десять, тем не менее, меньше двенадцати, поэтому не у каждого знака Зодиака есть своя и только своя собственная планета. Тельцу и Весам соответствует Венера, а Деве и Близнецам — Меркурий. Для каждого знака Зодиака и для каждой планеты существует особое символическое обозначение.

Значение светил и планет

Солнце, Луна и планеты проявляют свои качества через свойства знака Зодиака, в котором они находятся, фокусируя их в области, указываемой астрополем (домом), в который они попадают. Проявление планеты может быть гармоничным.

Характеристики планет отмечены знаками:

(+), если она гармонично аспектированна, или диссонированна;

(−), если она связана диссонансными аспектами.

Знак Зодиака	Планета	Символ созвездия	Знак планеты
Овен	Марс	♈	♂
Телец	Венера	♉	♀
Близнецы	Меркурий	♊	☿
Рак	Луна	♋	☽
Лев	Солнце	♌	☉
Дева	Меркурий	♍	☿
Весы	Венера	♎	♀
Скорпион	Плутон	♏	♀
Стрелец	Юпитер	♐	♃
Козерог	Сатурн	♑	♄
Водолей	Уран	♒	♅
Рыбы	Нептун	♓	♆

Солнце. Положение Солнца по отношению к знакам Зодиака определяет характерные черты личности. Солнце — прародитель всей Солнечной системы. Оно управляет созвездием Льва, а также имеет особо важное значение в гороскопах тех, кто родился с 1 по 10 апреля, 11–21 июля, в последнюю неделю августа, 1–10 ноября, 11–21 января, придавая им силу, очарование, уверенность.

Людям этой планеты свойственно самовыражение, утверждение своего «я» с помощью:

(+) благородства, великодушия, творчества, организаторских способностей, чувства собственного достоинства;

(−) властности, заносчивости, высокомерия, стремления подавлять.

Люди, которым покровительствует Солнце, обычно целеустремленные, властолюбивые.

Луна. Луна управляет чувствами, мечтами индивида, имеет бо́льшее значение для женщин, чем для мужчин. Луна руководит Раком и теми, кто родился 22 июня — 23 июля, 1–10 мая, 20–30 сентября, 1–10 декабря, 10–19 февраля.

В этих людях проявляются повышенные эмоции, обостренная реакция на окружение. Инстинктивный отклик на происходящее вокруг через:

(+) сочувствие, умение создать уют, выносливость, терпеливость, память на хорошее;

(−) капризы, переменчивость, злопамятность, склонность к лени, легковерие, легкомыслие, мелочность, истеричность, тщеславие.

Луна обостряет эмоциональность, находящиеся под ее покровительством люди имеют неустойчивую натуру, тягу к семейной жизни.

Меркурий. Меркурий — «посланник богов». Руководит интеллектом, речью и мыслью. В нем присутствует глубокий ум, способность к обучению, контактность, умение выражать свою мысль устно и на бумаге, рассудительность. Сыновья и дочери Меркурия ярки, неутомимы, энергичны. Это особенно важно для гороскопов тех, кто родился 24 августа — 23 сентября, 22 мая — 21 июня, 20–30 апреля, 1–10 июля, 20–30 ноября, 1–10 февраля.

(+) быстрота соображения, активное усвоение информации, находчивость, наблюдательность, способность доходчиво изъясняться, ловкость;

(−) несобранность, бессвязность мыслей, застенчивость, неразборчивость в средствах, стремление пускать пыль в глаза, плутоватость.

Люди, находящиеся под покровительством Меркурия, как правило, умны, интеллектуальны, общительны, любят путешествовать.

Венера. Венера — богиня любви и красоты. Управляет миром, гармонией и красотой, наслаждением. В гороскопе женщин показывает их отношение к любви. Венера оказывает влияние на Тельца, Весы, а также рожденных 11–20 апреля, в последние 10 дней июня и первые 10 дней сентября, 11–20 ноября, 21–30 января. Эта планета сулит им любовь, удовольствия, стройную систему внутренних ценностей:

(+) нежность, добродетельность, грациозность, скромность, влюбчивость, оптимизм, утонченность чувств, человечность, обаяние;

(−) чувственность, соглашательство, неопрятность, тяга к легкой жизни и примитивным удовольствиям, лень, легкомыслие.

Люди, находящиеся под покровительством Венеры, ценят и поклоняются красоте, любви, различным видам искусства.

Марс. Энергия, инициатива, действие, секс, гнев, насилие. Марс — бог войны, господствует над мужскими качествами личности: энергией, активностью, инициативой, бесстрашием. Рожденным под этим знаком характерны и негативные качества: нетерпение, враждебность. Марс управляет мужской сексуальностью. В женском гороскопе он обозначает тип мужчины, к которому ее влечет. Марс управляет Овном, Скорпионом, а также судьбами рожденных 1–10 января, 12–22 марта, 1–10 июня.

(+) предприимчивость, храбрость, активность, готовность пойти на риск, великодушие, простодушие;

(−) сварливость, раздражительность, грубость, наглость, опрометчивость, нетерпеливость, задиристость, склонность глупо рисковать.

Марс в знаке придает энергичность и агрессивность.

Юпитер. Планета удачи, мудрости, благосостояния, влиятельности. Юпитер — наиболее счастливая из планет, приносящая рожденным под ее знаком славу. Руководит Стрельцом, а также управляет рожденными с 23 ноября по 21 декабря, в последние 10 дней мая, первые 10 дней августа, 15–24 октября, 20–30 декабря.

(+) доброжелательность, человеколюбие, щедрость, правдивость, искренность, вежливость, общительность, принципиальность, честность;

(−) расточительность, невоздержанность в еде и питье, ханжество, большие претензии, необязательность, неразборчивость в любви.

Сатурн. Планета долга, ограничений, дефицита, тяжелого труда, реализма. Сатурн вносит дисциплину и силу. Говорят, что наиболее тяжелые уроки в жизни преподносит нам Сатурн. Помогает преодолевать препятствия, приносит успех. Управляет Козерогами, а также рожденными с 23 декабря по 20 января, 13–21 мая, в последние 10 дней июля.

(+) упорство, благоразумие, жизнеспособность, справедливость, разумная экономность, целеустремленность, философский склад ума;

(—) холодность, расчетливость, жадность, лицемерие, догматизм, эгоизм, пессимизм, корыстолюбие, недоверчивость, мстительность, фанатизм.

Сатурн — это символ осторожности, дисциплины, поклонения догмам порядочности.

Уран. Революционер и экстремист Зодиака, планета неожиданностей. Уран — планета подсознательных аспектов жизни. Наиболее далекая, таинственная и мистическая из планет. Отрицательные проявления: ложь, склонность к алкоголизму. Управляет Рыбами:

(+) изобретательность, оригинальность, независимость, удачливость;

(—) упрямство, эксцентричность, странность, невезучесть.

Люди, находящиеся под покровительством Урана, изобретательны, оригинальны, любят неожиданности.

Нептун. Планета гениев и наркоманов, самообмана и интуиции. Людям, в которых эта планета наиболее явно выражена, свойственны:

(+) идеализм, духовность, художественная одаренность, экстрасенсорные способности;

(—) непрактичность, самоуспокоенность, халатность, беспринципность.

Людям своего знака Нептун придает склонность к мистицизму, идеализации, обостряет интуицию.

Плутон. Самый неукротимый знак Зодиака, в нем присутствует способность перечеркнуть все сделанное ранее и начать все заново. Людям своего знака Плутон дает собранность, любовь к независимости, чувство долга.

Древнекитайский Зодиак включал совершенно другие знаки, а именно: Крыса, Бык (Вол), Тигр, Заяц, Дракон, Змея, Лошадь, Овца, Обезьяна, Петух, Собака и Свинья.

Таблица соответствия знаков Зодиака времени суток и дням недели

Час	Понедельник	Вторник	Среда	Четверг	Пятница	Суббота	Воскресенье
0	Юпитер	Венера	Сатурн	Солнце	Луна	Марс	Меркурий
1	Венера	Сатурн	Солнце	Луна	Марс	Меркурий	Юпитер
2	Меркурий	Юпитер	Венера	Сатурн	Солнце	Луна	Марс
3	Луна	Марс	Меркурий	Юпитер	Венера	Сатурн	Солнце
4	Сатурн	Солнце	Луна	Марс	Меркурий	Юпитер	Венера
5	Юпитер	Венера	Сатурн	Солнце	Луна	Марс	Меркурий
6	Марс	Меркурий	Юпитер	Венера	Сатурн	Солнце	Луна
7	Солнце	Луна	Марс	Меркурий	Юпитер	Венера	Сатурн
8	Венера	Сатурн	Солнце	Луна	Марс	Меркурий	Юпитер
9	Меркурий	Юпитер	Венера	Сатурн	Солнце	Луна	Марс
10	Луна	Марс	Меркурий	Юпитер	Венера	Сатурн	Солнце
11	Сатурн	Солнце	Луна	Марс	Меркурий	Юпитер	Венера
12	Солнце	Луна	Марс	Меркурий	Юпитер	Венера	Сатурн
13	Луна	Марс	Меркурий	Юпитер	Венера	Сатурн	Солнце
14	Сатурн	Солнце	Луна	Марс	Меркурий	Юпитер	Венера
15	Юпитер	Венера	Сатурн	Солнце	Луна	Марс	Меркурий
16	Марс	Меркурий	Юпитер	Венера	Сатурн	Солнце	Луна
17	Солнце	Луна	Марс	Меркурий	Юпитер	Венера	Сатурн
18	Венера	Сатурн	Солнце	Луна	Марс	Меркурий	Юпитер
19	Меркурий	Юпитер	Венера	Сатурн	Солнце	Луна	Марс
20	Луна	Марс	Меркурий	Юпитер	Венера	Сатурн	Солнце
21	Сатурн	Солнце	Луна	Марс	Меркурий	Юпитер	Венера
22	Юпитер	Венера	Сатурн	Солнце	Луна	Марс	Меркурий
23	Марс	Меркурий	Юпитер	Венера	Сатурн	Солнце	Луна

В соответствии с ним исчислялись годы, а характер родившихся под определенным знаком людей определялся по свойствам означенных символических животных.

Небесные поля знаков, впрочем, не тождественны собственным созвездиям, а могут быть смещенными. (Они соответствовали друг другу приблизительно 2500 лет назад — за это время происходит перемещение установленных знаков Зодиака.)

Вавилонский текст 420 г. до н. э. называет такие знаки следующим образом: Наемный работник (Овен), Плеяды (Бык), Близнецы, Рак, Лев, Колос (Дева со снопом колосьев в руках), Весы, Скорпион, Стреляющий из лука кентавр (Стрелец), Козел (Козерог), Гула (Водолей) и Два хвоста (Рыбы).

В принятом на Западе обозначении знаки Зодиака группировались различным образом, например по трем «крестам», к каждому из которых относились четыре знака: «главный крест» — Овен, Рак, Весы, Козерог; в связи с ними назывались четыре архангела — Гавриил, Рафаил, Михаил и Уриэль; «неподвижный крест» — Телец (Бык), Лев, Скорпион, Водолей, с которыми ассоциировались архаические стражи «четырех углов мира» и четыре евангелиста: Лука — Бык, Марк — Лев, Иоанн — Орел, Матфей — Человек или Ангел.

В качестве «движущегося креста» оставались Близнецы, Дева, Стрелец и Рыбы.

Уже в Античности отдельным знакам приписывалась символическая сила, которая сегодня в популярной астрологии соответствует обычным для нее характеристикам, о чем свидетельствует текст «Пир Тримальхиона». Принцип «Nomina sunt omina» («Имена суть предзнаменования, предвестия») имеет тот смысл, в каком всегда принималась и еще принимается во внимание связь: имя — значение — миф. Основы этого символического учения были сформулированы и распространены прежде всего в эллинистической Александрии во II в. н. э.

Отклонения от традиционных культов небесных светил, как это имело место уже в историческое время в Харране, в исламской традиции обосновано легендой о праотце Аврааме. В соответствии с ней он жил в течение первых пятнадцати лет своей жизни в пещере, скрываясь от преследований со стороны опасавшегося за свою власть царя Нимрода (Нимврода), окруженный заботой Аллаха. Затем его мать в сопровождении ангела Джебраила вывела его на свободу. Когда Авраам заметил вечернюю звезду как единственный свет на ночном небе, он принял ее за высшее Существо и хотел обратиться к ней с молитвой, но звезда поблекла, и Авраам поклялся никогда не поклоняться тому, что могло исчезнуть. Так получилось и с восходящей Луной, и с Солнцем ранним утром. Всякий раз Авраам пытался увидеть в них Всевышнего и поклониться. Но когда и они закатились, он опечалился и пришел к познанию того, что надо поклоняться лишь Тому, Кто эти светила создал и заставил вращаться, и никому более. Небесные светила, согласно строго монотеистическому учению, лишь символы самого Творца.

В эпоху христианства знаки Зодиака с их числом двенадцать нередко ставились в символическую связь с апостолами Иисуса Христа: Овен — Петр; Телец — Андрей; Близнецы — Иаков Старший; Рак — Иоанн; Лев — Фома; Дева — Иаков Младший; Весы — Филипп; Скорпион — Варфоломей; Стрелец — Матфей; Козерог — Симон; Водолей — Иуда Фаддей; Рыбы — Матфей.

Семь планет в откровении Иоанна Богослова называются «семь звезд» и символически обозначают ангелов тех семи общин, которым он направил особые послания. Двенадцать знаков Зодиака являются в образе двенадцати звезд, которые как венец окружают голову «небесной жены» (Откр. 12:1).

По числу знаков Зодиака тело стоящего человека делится по вертикали на двенадцать частей — сверху донизу. Им в соответствие поставлены знаки Зодиака все по порядку, начиная с Овна. Таким образом, Овен управляет головой, Телец — шеей, Близнецы — плечевым поясом, руками и дыхательными путями, Рак — грудью, Лев — сердцем, Дева — кишечником, Весы — поясницей, Скорпион — органами малого таза, Стрелец — бедрами, Козерог — коленями, Водолей — голенями и Рыбы — стопами.

Астрологи полагают, что качества, которые символизирует данный знак, в той же мере присущи и всякому управляемому им объекту и отражают его смысловую природу.

Если вы родились 19–25 марта, читайте раздел Рыбы и Овен, если 19–23 апреля, то в вашем характере сочетаются качества Овна и Тельца, таким образом, для каждого, родившегося на грани каких-либо знаков Зодиака (5–7 дней), необходимо смотреть предыдущий и последующий.

Эти люди сложнее, чем те, дни рождения которых падают на середину какого-либо знака. Но во многих разделах есть сходство. Это неслучайно: знаки образуют семейства.

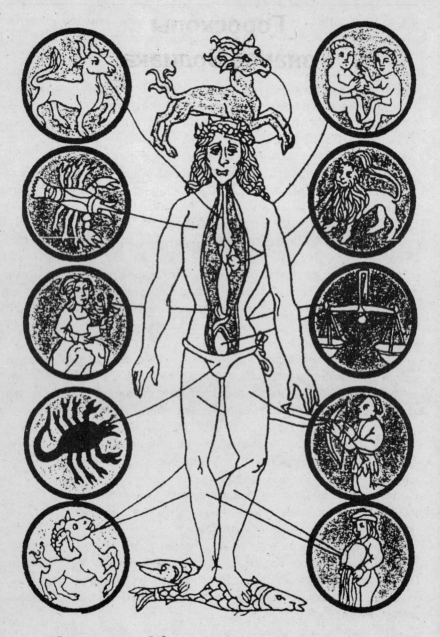

*Влияние знаков Зодиака на органы человеческого тела.
Старинная гравюра*

Гороскопы знаков Зодиака

ОВЕН

**21 марта —
20 апреля**

Правящая планета	Марс
Счастливое число	4, 7, 9, 11
Символ	баран
Цвета	малиновый, красный, золотисто-желтый, блестящие цвета
Камни	алмаз, аквамарин, аметист, кровавик, гелиотроп, лунный, изумруд
Цветы	боярышник, анемон (ветреница), душистый горошек, фиалка, василек
Металл	железо, сталь
Талисман	молот, золотое руно
Счастливые дни	пятница, суббота
Неудачные дни	пятница, суббота
Страны	Англия, Германия, Дания, Сирия, Италия, Турция

Из истории знака

 азвание созвездия восходит к греческому мифу, в котором баран с загнутыми рогами унес царских детей Фрикса и Геллу от мачехи Ино, замыслившей погубить их. Гелла упала в море (знаменитый Геллеспонт). Достигнув безопасного места, Фрикс принес своего спасителя — барана — в жертву Зевсу. Зевс взял этого барана на небо. Его шкура, получившая название «золотое руно», стала центральной темой мифа о путешествии аргонавтов: именно за золотым руном они и предприняли свое опасное путешествие.

Силы, влияющие на Овнов

Знак представляет собой символическое изображение изогнутых рогов. С другой стороны, он напоминает схематическое изображение бровей или надбровных дуг и носа. Некоторые астрологи считают, что именно на лицо и голову человека, родившегося под знаком Овна, звезды и стихии оказывают наибольшее влияние.

Марс, правящая планета Овна, направляет людей этого знака на активную жизнь, давая постоянно им запас энергии, делая их беспечными, неугомонными, честолюбивыми и соперничающими.

Место этого знака в гороскопе — первое; он открывает Зодиак, и люди этого знака тоже всегда хотят быть первыми во всем.

Общая характеристика личности

Овен — очень эгоистичный знак. Символ Овна — баран, животное, которое на все идет ударом головы, и каждый, кто имел дело с Овном, знает, что они люди прямолинейные и так же, как бараны, прямо идут к своей цели.

Овен — это также первый огненный знак Зодиака, и это увеличивает его активность. Марс, правящая планета, оказывает положительное влияние, делая людей уверенными и отважными. В отличие от другого знака, управляемого Марсом, Скорпиона, молодой Овен — воин, беспокойный и стремящийся к битве, даже если ему не хватает опыта.

Овен — знак силы и каприза, пробуждающих у него желание быть всегда впереди других. Это знак первооткрывателей и воинов. Типичные Овны отважны, полны энергии, вполне уверенны в себе (если не чересчур самоуверенны), отличаются преданностью высоким идеалам.

По темпераменту: холерики.

Типичные достоинства и недостатки Овнов

Достоинства. Если под этим знаком родился ваш друг, то это будет настоящий друг, который все действия доводит до конца. Он сочувствует, заботится и старается, чтобы его забота была заметной, помнит все дни рождения и дарит цветы. Овны всегда оказываются рядом в момент нужды и личных трагедий — сильное плечо, на которое можно опереться в несчастье. Это исполнители благородных подвигов.

Недостатки. Неослабевающая энергия правящей планеты — Марса — влияет отрицательно на Овна, часто позволяет ему расточать свои усилия и возможности, рассеивать энергию. Овен — классический пример «Лохинвара младого», который вскочил на лошадь и поехал во всех направлениях сразу.

Овны слишком пылки, им следует сосчитать до десяти, прежде чем принять какое-либо решение, затем начинать снова. Они редко заглядывают внутрь себя. Им не повредит иногда призадуматься о собственных душевных порывах.

Овен-мужчина

Жизненная активность Овнов бросается в глаза — это люди живого, неровного характера, одаренные страстным темпераментом, хотя и сдержанные, любят удовольствия и очень независимы. Овны импульсивны, но способны на глубокие чувства, переходящие в преданность и постоянство в любви и дружбе. При этом они остаются апологетами свободной любви, их преданность любимым часто не имеет ничего общего с физической верностью. Овны обладают творческой и увлекающейся натурой. Типичные недостатки Овнов — непомерная гордыня, нетерпеливость, склонность к диктатуре, привычка навязывать свое мнение, самовлюбленность.

Овны очень усердны, любят науки, философию, искусство, и вообще — это люди прогресса и действия. Они имеют тенденцию слегка все преувеличивать и бессознательно лгать. Не обладают ни холодным рассудком, ни осторожностью, ни строго намеченной линией поведения. Живут прежде всего порывами, правами и желаниями действовать и руководить всем и всеми, что не всегда приводит к успеху.

В личности Овна есть определенная юношеская наивность, которая приносит людям этого знака много разочарований. Так как они хотят, чтобы дела делались быстро, и редко обладают терпением, они часто, начав выполнение задачи, затем предоставляют право закончить ее решение другим. Так, они начинают свою карьеру до того, как нашли свое место в жизни. Они часто нуждаются в совете со стороны менее пылких и стремительных людей. Они идеалистичны и романтичны.

К сожалению, Овен редко помнит свой опыт и часто остается доверчивым после многих оскорблений и неудач. Они преуспевают в профессиях (особенно в театре), они — центр внимания, и вокруг них много восхищенных людей. Под этим знаком родилось много кинозвезд. Овен также преуспевает в торговле, страховании, внутренней отделке и украшении дома, во всех областях, где они имеют личный контакт с клиентами. Люди этого знака — первооткрыватели во многих областях.

Эти люди благородны и не могут не прийти на помощь к кому-нибудь в несчастье. Мужчины-Овны — это мужчины типа сэра Уолтера Рейли. Женщины питают отвращение ко всему пошлому и вульгарному. Овны очень демонстративны в высказываниях своих взглядов. Они редко держат свои эмоции внутри себя.

Овен-женщина

Женщины, рожденные под этим знаком, не теряют своей яркости с годами. На перемены в моде они, конечно, могут реагировать немного медленнее, но они всегда впереди своих сестер, рожденных под другими знаками. Они неисправимо романтичны и, пока позволяет им возраст, всегда готовы идти вперед. Они предвкушают завтра и весьма оптимистичны — следующий день будет лучше сегодняшнего.

Женщина-Овен — артистка в жизни. Это вовсе не означает ее неискренности. Каждый раз она отождествляет себя с той ролью, которую играет, и производит впечатление натуры богатой эмоционально, но не всегда таковой является.

Она не скрывает своих эмоций, жаждет игры. Она способна уверовать во все, чего сама пожелает. Отдавая себе отчет в этом, она не доверяет своему мышлению. Давая выход эмоциям, она впадает в крайности. В постели она не такая хорошая актриса, как в жизни, она скорее пассивна, нацелена на получение эмоций, ощущений. Сама она никогда не оказывает влияния на формирование стиля сожительства. Словами она способна объясняться лучше, чем языком своих чувств. Она разочаровывает мужчин, которые оценивают ее в соответствии с впечатлением, производимым в компании. Порой свои культурные навыки переносит на территорию спальни, однако парфюмерия, прозрачное белье, свечи, лампы, чуткость никогда не дадут ей удовлетворения. В глубоком подсознании она жаждет примитивного и грубого секса. Жаждет самца в чистом виде и хочет ему отдаться. К сожалению, ее образ жизни и поведение привлекают внимание в основном утонченных мужчин, чутких и чувствительных, и ни один из них не может дать ей полноты счастья.

Овен-ребенок

Чем бы вы в данный момент ни занимались, вы не сможете только одного — игнорировать его. Управляемый Марсом, требующий постоянного внимания ребенок-Овен громкими воплями потребует от вас то, чего ему в данный момент захочется. На всякий случай, напоминаем вам, что он хоть и маленький, но босс! Даже когда он недостаточно взрослый, чтобы говорить, вы найдете возможность сообщить ему, каким приятным находите его, и он милостиво позволит вам обожать его. Девочки-Овны также чрезвычайно прямодушные и всегда стремятся избрать свой собственный путь.

Дети-Овны учатся ходить и говорить быстрее, чем другие дети. Они должны быть обучены дисциплинированности как можно скорее, чтобы из ягненочка не получился упрямый баран. Невезучий, любопытный и порывистый по своей природе, Овен нуждается в тщательном присмотре со стороны родителей. Держите острые предметы вне их досягаемости, не то они обязательно испробуют их остроту на себе.

Не упустите из виду свойственной юным Овнам истеричности характера. Однако не спешите тащить их к невропатологу, поскольку Овны чрезвычайно отходчивы по натуре и успокаиваются почти сразу же после того, как взорвутся. Недаром римские солдаты насаживали бронзовые бараньи головы на передок осадных таранов — стукнул по воротам и отъехал. Немного побесившись и топнув ножкой, ваш маленький таран подарит вам свои медвежьи объятия, ведь дети-Овны чрезвычайно нежны.

Если он находит вас приятным, то великодушно простит вам ваши ошибки. И помните, что он обязательно вырастет похожим на вас, если только сможет избрать свой собственный путь. Самой жестокой вашей ошибкой может стать сравнение его с родным братом или сестрой. Если вы хотите заставить его соревноваться, чтобы преуспеть, всего лишь бросьте ему вызов — и полюбуйтесь, как он радостно сияет, одержав победу!

С одной стороны, ребенок-Овен может быть жесток и практичен, но с другой — это мечтательная, сентиментальная душа с ярким воображением. При всей их браваде эти дети легкоуязвимы. К счастью, замечательные пламенные черты их природы уберегают их от пепла жизни.

Создайте ему условия, и ваш ребенок вырастет таким, как Бисмарк, Чарльз Чаплин, Марлон Брандо, Леопольд Стоковский, Питер Устинов, Джоан Кроуфорд, Томас Джефферсон, Никита Хрущев, Джозеф Пулицер, Бетти Девис, Винсент Ван Гог, Симона Синьоре, Артуро Тосканини, Теннесси Уильямс, Елена Гоголева, Иван Козловский, Юрий Герман.

Жизненный путь Овнов

На жизненном пути людей, рожденных под знаком Овна, как правило, сопровождают частые перемены. Обычно им выпадает весьма беспокойная молодость. Несмотря на то что они обладают всеми необходимыми качествами для продвижения по службе, излишняя самоуверенность иногда мешает им удержаться на достигнутом, поэтому их успешная карьера часто оказывается под вопросом. Однако практический и расчетливый ум создает им выгодные связи, чему они часто обязаны своим успехом.

Карьера Овнов

Если Овен изберет военную карьеру, то это будет офицер вооруженных сил, офицер полиции, пожарный. Если врачебную, то из него выйдет хороший невропатолог, оптик, стоматолог или даже водитель «скорой помощи». Это также может быть посыльный, мясник, преподаватель, дизайнер компьютерных или видеоигр, сотрудник туристического бюро, директор, предприниматель, визажист, парикмахер в женском салоне, хозяин гостиницы, адвокат, резчик по металлу, продюсер, администратор по общественным связям, продавец, конферансье, работник сцены, камердинер, биржевой маклер, спортсмен, жокей, каскадер.

Овен-начальник

Когда Овен становится начальником, он терпеть не может лодырей и халтурщиков. Если заметит, что кто-то бездельничает, тут же задаст ему хорошую словесную трепку, но если тот извинится и пообещает впредь добросовестно трудиться, то будет прощен и получит возможность доказать это. Работая под началом Овна, будьте готовы засиживаться допоздна, а иногда приходить на службу и в воскресенье. Зато он посмотрит сквозь пальцы, если вы опоздаете на работу, вернетесь на полчаса позже обеденного перерыва или попросите отгул на похороны бабушки (чтобы пойти на футбольный матч), хотя, пожалуй, отпустил бы вас, если бы вы сказали правду. Что же касается премий, повышения зарплаты, Овен не скуп, но взамен ожидает, что его подчиненные бросят все личные дела, если что-то важное или непредвиденное потребует этого для фирмы.

Овен-руководитель ценит и уважает инициативных служащих, с творческой жилкой, но не пытайтесь затмить его самого, вам это не простится. Несмотря на внешнюю самоуверенность, он глубоко нуждается в одобрении и поддержке со стороны сотрудников, жены и даже прохожих; бывает ужасно рад, когда кто-то признает его заслуги, и наоборот, может впасть в уныние, если узнает, что штат не одобряет методов руководства и вообще недооценивает его способности. Несмотря на свой независимый характер, начальник-Овен рассчитывает на лояльность коллектива и готов платить ему тем же. Так будьте же внимательны к нему, и он воздаст вам сторицей.

Овен-подчиненный

Принимая на работу Овна в качестве служащего, руководитель делает либо очень разумный шаг, либо большую ошибку — все зависит от того, как он собирается использовать это взрывоопасное, неуправляемое создание. Если Овну-подчиненному поручить выполнение однообразной работы от сих до сих, он вскоре заскучает и начнет отлынивать. Если же дать ему возможность проявить его организаторские способности и инициативу и некоторую свободу действий, тогда вы увидите, что такое настоящая работа. И даже если он придет на работу на два часа позже других, он не станет смотреть на часы к концу рабочего дня и, если надо, останется один в учреждении до прихода ночной уборщицы.

Творческая энергия может охватить Овна в любое время суток, и тогда не стоит ему мешать. Несмотря на пренебрежительное отношение к мелочам, он выполнит свою работу в совершенстве — иначе это противоречило бы его натуре. Деньги как стимул играют второстепенную роль. Конечно, они не прочь получать по заслугам, но признание и успех для них важнее. Когда же их способности и достижения будут признаны и оценены, они работают не жалея сил. Поэтому проницательный руководитель поступит верно, если повысит такого подчиненного в должности, позволит ему работать самостоятельно или даже сделает его своим заместителем.

Если же не дать Овну возможности работать творчески, что-то изобретать и внедрять, от него все равно не будет никакого проку.

Болезни Овнов

Сердце, печень, желчный пузырь в опасности. В зрелом возрасте его подстерегают опасность ожирения, нервные заболевания. В его организме есть некоторая предрасположенность к ревматизму и подагре.

Любовь и секс у Овнов

В любви Овны капризны и непостоянны. Мужчины особенно ревниво берегут свою свободу и независимость. Женщины-Овны не очень счастливы в браке. Обычно неприятности — следствие ее независимого духа и привычки тратить деньги. Они полагают, что деньги созданы, чтобы их тратить. Если денег сегодня нет, то завтра они появятся, и она оставляет все на волю случая. От ее мужа потребуется много финансовой «проворности», чтобы суметь исправить нанесенные ей потери. И это может у него вызвать некоторый неприятный осадок.

В близких личных отношениях и в супружеской жизни Овны обычно не испытывают угрызений совести из-за внебрачных связей. Однако не хотелось бы создавать впечатления, что у Овна нет вообще положительных качеств в личных отношениях. Очевидно, люди, имеющие какие-либо отношения с ними, должны полностью пожертвовать своими стремлениями и целями. Но если они все же решатся на это, то их ожидают любовь, приключения, разнообразные общественные занятия. Другими словами, скучать не придется. Овны обычно хорошо зарабатывают для семьи и, так как они любят роскошь, снабжают своих любимых эффектными вещами.

Овны обычно не особенно стремятся иметь детей, но, когда это все-таки случается, они становятся их лучшими друзьями и советниками. Так как Овны до преклонных лет сохраняют свои юношеские воззрения на жизнь, им хорошо удается общение с молодыми поколениями, проблемы отцов и детей для них не существует.

Супружеская жизнь Овнов

В супружеской жизни Овен бывает энергичным. Овен — это чистое сердце, благородная душа и бессребреник! Это — рыцарь без страха и упрека, Жанна д'Арк — отважная, благородная! Люди, рожденные под этим знаком, не способны сказать: «Я сдаюсь!»

Овен с Овном — взаимная холодность не дает шансов на благоприятный брак.

С Тельцом — в основном интеллектуальный интерес, благоприятная дружба.

Для Овнов благоприятен союз с Близнецами, ибо этот знак своим спокойствием и любовью к философии усмиряет нетерпеливого Овна.

С замкнутым Раком союз неблагоприятен в молодости, в более зрелом возрасте они уважительно принимают друг друга.

Со Львом идеальный союз, ибо у них много общего в характере, темпераменте.

Гармоничный союз с Водолеем, отличающимся большим терпением.

С Весами часто возникают споры, несмотря на большое физическое влечение.

С Рыбами быстро возникает притяжение, но вследствие различных характеров союз неблагоприятен.

К Скорпиону возникает большое физическое притяжение из-за темпераментности обоих, возможны даже трагедии. От этого брака обычно бывают талантливые дети.

С Девой у Овна возникает холодность, но возможны дружба и сотрудничество.

К Стрельцу сильное влечение, но союз этот очень неустойчив.

С Козерогом брак не рекомендуется. Очень большая разница в образе жизни, характере и темпераменте. Козерог не понимает импульсивного Овна, а нетерпеливый Овен — педантично-респектабельного Козерога.

Свидание с Овном

Овны фееричны, импульсивны и активны, поэтому доставьте удовольствие своему Овну и попробуйте устроить для него интригующее свидание с приключениями или быстрым развитием событий или же короткое, но нежное. Что бы вы ни делали, делайте это быстро и интенсивно, только так вы сможете постоянно интересовать своего Овна. Приправленная пища или игры любого вида поддержат пыл и воодушевят вашего Овна. И наконец, помните, что люди, рожденные под знаком Овна, любят физическую красоту и ищут такую вторую половинку, которая будет отражать все это.

Что нравится Овнам

Всегда стремительный Овен тянется к легкому и увлекательному чтению, которое взбодрит его и повысит уровень адреналина в крови. Короткие истории и триллеры очень подходят полным энергии Овнам.

Огненные Овны любят, чтобы в кино их пугали, вероятно, им еще памятно жертвоприношение Фрикса, так что сводите его на «Интервью с вампиром» — не ошибетесь. Подойдет и какой-нибудь блокбастер типа «Вспомнить все» со Шварценеггером или даже «Съеденные живьем».

В музыке Овны максималисты и любят все, что скрежещет и громыхает. В прежние годы это были «Лед Зеппелин» и «Блэк Саббат», сейчас — «Ван Халлен» и «Алиса».

В еде Овны любят разнообразие и большое количество салатов и закусок. Знаки Огня предпочитают, чтобы их пища была горячей и приправленной. Овны ненавидят остывшую пищу и любят приправлять свою еду базиликом, корицей и карри. Готовя еду для Овна, помните, чем больше приправ, тем для него лучше. Всегда налегке и готовым мчаться в поисках приключений Овнам понравится пища фастфуд, хотя, как правило, еде они не уделяют особого внимания.

Будучи здоровяками, полные энергии, Овны охотно занимаются бодибилдингом, вкладывают свою энергию и атлетизм в такие виды спорта, как бег на короткие дистанции, аэробика или борьба.

Спорт Овны любят во всех проявлениях, в том числе и смотреть его по телевизору. Экстремальные спортивные соревнования как раз для них. Ни под каким предлогом они не пропустят ночной футбольный матч, яростную баталию на хоккейном поле и отчаянную боксерскую схватку.

Овны, если путешествуют за границу, то преимущественно в экзотические страны, такие как Таиланд и Камбоджа.

Камни-талисманы для знака Овна

«Кто приходит на свет в это время, тот обычно отличается силой тела и духа. Судьба его — предводительствовать другими, редко случается ему служить другим, он упорно стремится к своей цели», — писал о рожденных под знаком Овна Доменико Мария Наварра. И далее: «Бриллиант (алмаз) — драгоценнейший из камней, гранат и красный рубин приносят им счастье».

Алмаз — самый дорогой и красивый благородный камень. «Радуга заточена в нем навечно» — так поэтично описал его красоту Хафиз. Самому ценному из драгоценных камней веками приписывали чудодейственные особенности и необычайную силу. Он должен был якобы приносить своему обладателю удачу во всех делах. Он охранял от болезней и ран, придавал смелость и мужество в бою. Даже охотник, который носил его на пальце, мог ожидать, что не вернется с охоты с пустыми руками. Темные люди Средневековья полагали, что осколочек алмаза, зашитый в одежду, бережет от сглаза и злых чар. Еще до недавних пор в Индии и в Иране существовал обычай, чтобы в день, когда новорожденному дают имя, отец сыпал ему на головку щепотку алмазной пыли, обеспечивая этим ребенку здоровье, благополучие и долгую жизнь.

В качестве приворотного рекомендуют средство гадалки Чарно. Сделать новое золотое кольцо с алмазом или двумя розами; кольцо должно быть сделано в виде двух змеек, перевивающихся между собою головками вместе, в эти головки вместо глаз вставить алмазы. Потом это кольцо завернуть в белую шелковую материю и носить на голой груди, ближе к сердцу. Спустя неделю кольцо вынуть из тряпки, омыть утренней росой, положить в стакан ключевой воды и сказать несколько слов: «О ты, кого я люблю (произнести имя того человека)! Будь вечно моим или моею! Пусть твое сердце принадлежит только мне (произнести свое имя) и никому более и никогда во веки веков». Наговоренную воду перелить в чистый пузырек, хорошенько закупорить и поставить на зеркало на несколько дней. Утром, подходя к зеркалу и беря гребень или расческу, надо произнести такие слова: «Друг мой так же должен быть близок ко мне, как этот гребешок к моему телу». При этом нужно произнести имя любимого человека. Подобную вещь нужно повторить три зори утренние и вечерние; после этого наговоренную воду следует дать выпить тому, кому она предназначена, в половинной дозе, а другую половину выпить самому, пузырек убрать и бережно сохранять, чтобы не разбился.

Этот камень считается символом чистоты. В России верили, что воин, носящий алмаз на левой стороне своих доспехов, надежно защищен не только от своих врагов, но и от нечистых духов. Полагают, что этот камень придает мужество, помогает в борьбе с врагами. Бриллианты обязательно требуют золотой оправы. В качестве амулета лучше всего использовать кольцо, перстень или браслет с бриллиантами. Такой амулет обычно рекомендуют носить на левой руке.

Бриллиант в качестве талисмана надлежало носить на левой руке или на шее, но оправа не должна была препятствовать камню касаться кожи — тогда это усиливало его действие. Но в поверьях, связанных с этим камнем, была одна оговорка: он приносил счастье только в том случае, если доставался своему обладателю честным путем. А красота и ценность бриллиантов возбуждали алчность, часто приводили к жульничеству, грабежам и убийствам. Отсюда и пошли легенды о «проклятых драгоценностях», которые якобы навлекают беду на голову своих обладателей.

Исключительно оригинальной окраской отличаются два камня из коллекции в Дрездене. «Зеленый бриллиант из Дрездена» принадлежал польскому королю Августу Сильному, который украсил им свою шляпу, второй, «белый саксонский бриллиант», Август купил за баснословную цену в миллион талеров и подарил своей фаворитке, графине Анне Коссель. Сине-голубой бриллиант «Норе» (хоуп) — самый крупный из цветных бриллиантов. Считается он несчастливым камнем, поскольку почти все его обладатели (включая королеву Марию Антуанетту) умирали насильственной смертью. Самым крупным из всех известных алмазов считается «Cullinan» (куллинан), найденный в Претории в 1905 г. В необработанном виде он весил 621 грамм. «Cullinan» разделили на 105 меньших бриллиантов, красивейший из которых, «Звезда Африки», весит 503,2 карата.

ТЕЛЕЦ

21 апреля —
21 мая

Правящая планета	Венера
Счастливое число	2, 4, 6
Символ	бык
Цвета	весенние — лимонный, белый, зеленый и сиреневый
Камни	агат, бриллиант, опал, лунный камень, бирюза, сапфир, изумруд, нефрит, карисол
Цветы	ландыш, сирень
Металл	медь
Талисман	золотой телец, сова
Счастливые дни	понедельник, пятница
Неудачный день	вторник
Страны	Ирландия, Польша, Россия, Иран, Афганистан, Австралия, Швейцария

Из истории знака

Название знака связано с греческим мифом о снежно-белом быке, обличье которого принял Зевс, когда совершал знаменитое похищение финикийской принцессы Европы. Зевс увез Европу на остров Крит, где она впоследствии родила царя Миноса. Очертания знака — символическое изображение рогатой бычьей головы. Впрочем, в нем присутствует также сходство со схемой устройства гортани, что дало основание говорить именно об эндокринных органах горла как канале, через который звезды и стихии влияют на жизнь и характер людей, родившихся под знаком Тельца.

Силы, влияющие на Тельца

Венера, правящая планета Тельца, влияет на него совершенно по-другому, чем на Весы. Будучи правящей планетой Тельца, она менее сложна, претенциозна, легко сбрасывает с себя неземное и интеллектуальное, опускается на землю. Типичный Телец — это теплый, дружественный знак, нежный и страстный человек, хотя он может этого и не показывать.

Бык — очень точный символ людей, рожденных под этим созвездием. Для достижения цели он использует силу. Их часто называют солью земли, поскольку в ней нет сладости: они знают, чего хотят, и упорно работают для этого.

Общая характеристика личности

Обращенный ко всему земному, реалист, в работе Телец, как правило, терпелив и упорен. Он верен своим друзьям, хотя и материалист, понимающий значение денег и собственности. Это человек добросовестный, практический, часто своевольный и упрямый, но все же исполненный любви; ему свойственна сильная чувствительность. Может вбить себе что-нибудь в голову и тогда не обращает внимания на советы. Иногда очень недоверчив, мнителен и ревнив. Не забывает обиды.

По темпераменту: меланхолики.

Типичные достоинства и недостатки Тельцов

Достоинства. Тельцы обычно бывают постоянны в своих вкусах и пристрастиях, надежны, предсказуемы в своих поступках; к числу их положительных качеств относятся терпеливость, великодушие, решительность, конструктивность, большая сила воли, практичность. Очень часто проявляют интерес к искусству вплоть до занятия им, преимущественно к музыке.

Недостатки. При этом они довольно консервативны, порой бывают неуступчивыми в спорах, нечувствительными к чужому горю. Зачастую Тельцы являются ревнивцами, упрямцами, эгоистами. Как правило, им присуща самовлюбленность. Эгоизм Тельцов нередко приобретает формы стремления к собственному материальному благополучию, переходящему в вещизм и страсть к накопительству.

Тельцы часто склонны держаться своих предубеждений и заблуждений. Люди с таким характером часто неповоротливы и ленивы, любят наслаждения. Хотя их трудно вывести из равновесия, но раз вспылив, они долго не успокаиваются. Расположить их к духовному весьма трудно. У них все решается с практической точки зрения.

Телец-мужчина

Мужчины-Тельцы часто кроткие, добрые, поддаются мягким чертам своего характера. Но не считайте это недостатком темперамента и не машите красной тряпкой перед быком. Их трудно разозлить, еще труднее выявить их внутренний антагонизм, но если уж их разозлили, тогда они становятся настоящим «быком в магазине фарфоровых изделий», готовы разрушить все, что попадется на глаза.

Телец правит вторым домом гороскопа, который часто называют домом денег. Они чрезмерно материалистичны, часто занимаются планами, приносящими деньги, но они не похожи на властолюбивых Козерогов. Тельцы живут в настоящем, хотя и рабы комфорта. Их дома оборудованы современными удобствами, которые облегчают их жизнь и жизнь любимых. Тельцы всему знают цену, но, что еще важнее, при покупке они взвешивают коэффициент наслаждения каждого предмета роскоши.

Венеру, планету Тельца, часто называют менее удачливой, но это «менее» только в сравнении с более удачливым Юпитером. Но и она неплохой друг Тельца. Она приносит счастье и успехи и делает его привлекательным для друзей и любовников, наделяет его мягким очарованием, которое притягивает весь мир к порогу его дома.

Личность Тельца функционирует на ровном, последовательном уровне. Но не пытайтесь столкнуть быка с его тропы, иначе вы узнаете печальные последствия этого.

Телец-женщина

Не имеет смысла ее обожать, преследовать, соблазнять или насиловать. Она сама избирает себе партнера и только с ним проявляет глубину своих чувств. С другими мужчинами она холодна, неприступна, строптива и пренебрежительна. Она капризна и требовательна, не каждый может приспособиться к ее неуравновешенности, страстности и капризности. Общение с ней требует большого терпения. Она полигамистка, т. е. может иметь одновременно нескольких мужчин и быть им верна. Она нуждается в многочисленных партнерах и при этом дьявольски цепко держится за каждого из них. Мужчин, которые ее не интересуют с сексуальной точки зрения, она любит дразнить. Тем же, кого она выбирает сама, она в состоянии дать великое богатство сладострастных наслаждений, при условии что партнеры не будут ее контролировать. Она трактует свое тело как ценный инструмент, предназначенный исключительно для виртуозов.

Сексом она любит заниматься долго, наслаждаясь его отдельными фазами в атмосфере полной раскрепощенности, всегда руководствуясь принципом, что секс — это наслаждение. Она продолжает оставаться возбужденной в течение нескольких дней. Примитивный секс ее не интересует.

Телец-ребенок

Вы не сможете лишь вынуждать ребенка-Тельца делать что-нибудь такое, чего он делать не хочет. И для этого имеется достаточно веская причина — недаром же из них вырастают... Быки! На лице этого чудо-ребенка написаны безмятежность и спокойствие, это наименее импульсивный из всех знаков Зодиака. Но если они упрутся, то втолковать им что-либо бесполезно, их упрямство почти невыносимо. Единственный способ обойти их упрямство пролегает через логику и любовь. Уступив вашим доводам, Телец полезет ласкаться, поскольку они обожают, когда их ласкают, балуют и вообще проявляют всяческие «телячьи нежности».

Крепкий, эмоционально устойчивый и атлетически сложенный малыш-Телец кажется более развитым, чем средний ребенок. Спокойные и веселые, они не отличаются раздражительностью. Отмеченные зрелостью, выглядящие старше своих лет, они ненавидят, когда им уделяют слишком много внимания. Они обычно хорошо ведут себя (или так, как им кажется следует вести себя хорошо) и намного более счастливы в своем собственном мире, чем многие их сверстники.

Будучи очень чувствительным знаком, ребенок-Телец чутко воспринимает гармоничные цвета и звуки. Семейные разногласия нарушают их умственное равновесие. Именно поэтому в годы становления личности для Тельца важно, чтобы жизнь в семействе протекала гармонично. Мудрый родитель начнет как можно раньше обучать своего маленького Тельца музыке и пению.

Методичный, практический и трудолюбивый Телец — прирожденный лидер. Он имеет обостренное чувство справедливости и твердые моральные принципы. Он будет всегда готов к урокам в школе, и вы будете испытывать за него чувство гордости.

Создайте ему условия, и ваш ребенок вырастет таким, как Фред Астор, Гарри Купер, Оливер Кромвель, Бинг Кросби, Сальвадор Дали, королева Елизавета Вторая, Генри Фонда, Зигмунд Фрейд, Одри Хепберн, Иегуди Менухин, Бертран Расселл, Шекспир, Барбра Стрейзанд, Ширли Темпл, Гарри Трумен, Орсон Уэллс.

Жизненный путь Тельцов

После молодости, в большинстве случаев полной нужды и всяческих препятствий, судьба сулит им довольство и обеспеченность в жизни. Практический ум и деловитость Тельцов создадут им нужные связи.

Карьера Тельцов

Из Тельцов выходят образцовые садоводы-земледельцы, содержатели гостиниц и ресторанов, продавцы продовольственных или модных товаров. В искусстве — ваятели, музыканты, певцы, танцоры, а также из них выходят покровители искусств, меценаты. Их привлекают профессии, находящиеся на стыке с искусством, — архитектор-декоратор, цветовод, визажист, парфюмер, модельер, кондитер, косметолог. Типичный Телец — это также рекламный агент, налоговый инспектор, антиквар, аукционист, банковский кассир, биолог, бизнесмен, кассир, оценщик, мебельщик (столяр), агент по продаже недвижимости, инвестор, финансовый консультант, коммерческий предприниматель.

Телец-начальник

Работая под началом руководителя-Тельца, усвойте одно золотое правило — никогда не испытывайте его терпения. Избежать этого очень трудно, так как терпение Тельца кажется неисчерпаемым. Сегодня он не обратил внимания на неряшливо напечатанный документ, не придал значения путанице в цифрах в годовом отчете, не пожурил вас за лишние полчаса, прихваченные к обеденному перерыву. Завтра вы продолжите свое небрежное отношение к своим обязанностям, опоздаете уже не на полчаса, а на час, а там, глядишь, вас и уволят с треском, казалось бы, ни с того ни с сего... Лучше мысленно повесьте табличку «Осторожно — свирепый бык» над своим столом и никогда не забывайте об этом. Оказывается, его видимое терпение было лишь способом проверить, на что вы способны и на сколько у вас хватит здравого смысла, чтобы не «зарываться». Телец-начальник уважает дисциплинированных служащих, особенно тех, кто обладает здравым смыслом. К тому же он требует от своих подчиненных, чтобы они делали все именно так, как он хочет. Ничто не может изменить решение Тельца, когда он его уже принял.

Телец-руководитель весьма практичен. Он всегда стремится к расширению своего бизнеса, но не полумерами, а всерьез и в крупном масштабе. Он делает все постепенно и основательно, не прислушиваясь к каким-либо «подозрительным» новаторским идеям своих сотрудников. Однако он всегда лоялен по отношению к тем, кто, по его мнению, никогда его не подведет. Телец-начальник никогда не тратит слов попусту: если он говорит, что его подчиненный — тупица, значит, он не изменит своего мнения и тому надо подавать заявление об увольнении по собственному желанию; если же служащий выдержал экзамен на преданность, надежность, здравый смысл и знание своего дела, значит, он ему подходит и его ждет довольно быстрое продвижение по службе.

Телец-подчиненный

Рядовой работник, родившийся под знаком Тельца, прежде всего никоим образом не годится на роль коммивояжера (не только в смысле торгового работника, стоящего за прилавком, а гораздо шире). Там, где надо уметь всячески расхваливать, рекламировать свой товар, он со свойственным ему немногословием мало чего добьется, если это не продажа сельскохозяйственного оборудования (в этом им сам знак велел разбираться). Но из Тельцов получаются хорошие инженеры, врачи, педагоги, директоры телевидения, певцы, художники и, конечно, фермеры, животноводы, садоводы. Но где бы они ни работали, всюду относятся к делу с повышенным чувством ответственности, отдавая работе всего себя. Найдя свое место в жизни, Телец редко ищет перемен, особенно если его работа перспективна.

Женщина-подчиненная, родившаяся под знаком Тельца, настоящая находка в любом учреждении. У нее ровный голос и спокойная манера поведения. Обычно такие женщины — прекрасные секретарши начальников верхнего эшелона. Никакие неожиданности не выводят их из себя, а в случае кризисной ситуации они всегда оказываются на высоте. Правда, они несколько медленнее других стенографируют и печатают на машинке, но это вполне компенсируется их добросовестным отношением к делу. Дамы-Тельцы степенны, не суетятся, но работа выполняется точно в срок и аккуратно. Такая секретарша не позволит себе зевнуть, когда руководитель поделится с ней своей любимой теорией. С ней можно посоветоваться и обсудить какую-либо рабочую гипотезу и получить дельный совет не хуже, чем от мужчины. Их рекомендации и логичны, и практичны.

Они не склонны флиртовать, на уме у них замужество. Так что если вы пригласите ее в ресторан два раза кряду, она уже будет смотреть на вас как на потенциального жениха, а не просто как на хорошего парня.

Болезни Тельцов

Зачастую Тельцов одолевают болезни горла, желез, подагра, расстройство яичников, болезни почек, печени, селезенки. Нервные болезни вследствие переутомления. Ожирение. Иногда удрученное состояние. Рекомендуется умеренность в еде, питье и эротике, вегетарианская пища. Часто достигают глубокой старости.

Любовь и секс у Тельцов

В любви Тельцы стойки и положительны, впрочем, их любовные связи часто протекают неблагоприятно, порой расстраиваются третьими лицами и могут окончиться судебным процессом.

Телец, возможно, наиболее чувствительный знак Зодиака. Люди, которыми правит Венера, любят ласкать, но предпочитают, чтобы их ласкали, растягивают время ласк. С положительной стороны характеризует Тельцов то, что они обычно хорошие супруги. Женщины этого знака обычно бывают искренними и верными женами, и они умеют создавать атмосферу мира и гармонии в своем доме. Большинство Тельцов хорошо работают, когда у них есть уютный дом и семья, где можно расслабиться и восстановить энергию. Жены Тельцов часто жалуются, что их мужья недостаточно ярко проявляют себя в половых отношениях. Они берут на себя пассивную роль, ожидая, что жена будет активной. Если не так, то муж с готовностью найдет другую женщину.

Так как Телец правит домом денег, его финансовые дела сильно влияют на половую область его жизни. Когда Телец платежеспособен, он не смотрит на красивую женскую фигуру, но когда дела идут плохо, секс становится его убежищем.

Когда он легко преуспевает, то может стать жадным на деньги. Но он любит тратить заработанное и тратит с удовольствием.

Супружеская жизнь Тельцов

Между Тельцом и Раком быстро возникают симпатии, отношения их строятся на спокойствии и дружбе. Здоровый реализм Тельца успокаивает возбужденное состояние Рака.

Со Львом союз неблагоприятен: много ссор и мало взаимопонимания.

С Девой союз гармоничен: их объединяет практичность.

С Весами много общего, но вследствие этого длительный союз их невозможен.

Союз со Скорпионом неудачен, хотя обе стороны и испытывают друг к другу большое притяжение.

Союз со Стрельцом обречен на гибель.

Благополучный прогноз, если партнер Тельца родился под знаком Козерога.

Гармоничный союз с Водолеем невозможен, но в таком браке рождаются великолепные дети.

С Рыбами заметно большое чувственное притяжение.

Со своим же знаком Тельцом благоприятна дружба и сотрудничество.

Свидание с Тельцом

Если вы встречаетесь с Тельцом, тогда вам лучше всегда иметь с собой большую книгу или хотя бы очень богатое воображение. Тельцы любят роскошь, поэтому стремитесь к тому же.

Дорогой обед, билеты в театр, десерт или массаж ног могли бы занять соответствующее место в перечне вашего Тельца. Если же у вас нет денег, проявите творчество, сделайте вашу встречу чувственной, земной и очаровательной.

Посетите вместе с ним изысканный ресторан, чтобы отведать сладкого и шоколадного десерта, проведите романтический вечер в пятизвездном отеле, совершите прогулку в парк, отправьтесь в баню, сходите на постановку мюзикла, устройте пикник на пляже или в парке с бутылкой вина и сыром, проведите вечер в уютной хижине в лесу, совершите прогулку в ботанический сад, берите уроки по составлению букетов вместе, делайте точечный массаж или отправьтесь на лечение в санаторий.

Что нравится Тельцам

Телец терпелив и усидчив, для него — не проблема просидеть всю ночь с научно-познавательной книжкой или толстенным историческим романом. Он из тех мужественных и суровых людей, которые дочитывают добросовестно и до конца, и Тельцы любят сладости, поэтому с удовольствием умнут коробку шоколадных конфет, а задумчивая дама-Телец вечерком перед телевизором преспокойненько съест целый торт. Знаки Земли любят также настоящую земную пищу, поэтому без оглядки на целлюлит едят жирное и мясное, всякие гуляши и отбивные, паприкаши и чахохбили — они едят с удовольствием. Телец наслаждается едой, от которой исходят чудесные запахи, поэтому никогда не готовьте ему на скорую руку.

Телец терпелив и постоянен в своих пристрастиях, но эта стабильность требует вознаграждения; в кино его пристрастия делятся между трюковыми комедиями типа «Голый пистолет» и страстями Скарлетт О'Хара в фильме «Унесенные ветром».

Постоянный и серьезно настроенный Телец не склонен слушать что-то грубое и резкое, но предпочтет музыку, которая просто улучшает настроение. Ему подойдут сонаты для скрипки Шуберта или Брамса, также приемлема музыка в стиле кантри или даже моцартовская «Маленькая ночная серенада».

Посещая рестораны, чувственный Телец больше предпочтет насладиться обильной едой из трех блюд в шикарном пятизвездном ресторане. Одним из этих блюд непременно будет десерт, так как он питает слабость к сладкому.

Сильный Телец обладает выносливостью и недюжинной жизненной энергией, которую лучше всего направить в такие виды спорта, как распашная гребля, тяжелая атлетика, регби или крикет.

Если он соберется попутешествовать, то ему лучше избрать для себя страны с повышенным уровнем комфортности, такие как США, Испания, Австрия, Израиль, Япония, Нидерланды, Норвегия, Португалия.

По телевизору Тельцы предпочитают смотреть короткометражные детективные фильмы-сериалы (типа «Дальнобойщики») и мелодрамы («Санта-Барбару» явно снимал Телец и для Тельцов). Только он способен высидеть их до конца!

Камни-талисманы для знака Тельца

«Люди, которые родятся, когда солнце стоит в знаке Тельца, это обычно люди веселого нрава, возвышенного образа мыслей, приветливые и милые. Терпением и врожденной настойчивостью преодолевают все препятствия. Их судьбе благоприятствуют далекие путешествия. Камни небесного цвета — бирюза и сапфир — приносят им счастье», — писал астролог Авогардо в гороскопе для Тельца.

Голубая бирюза, которую некогда поэтически называли «небесным камнем» (ацтеки верили, что это — окаменевшие слезы богини неба), во все эпохи считалась талисманом, особенно помогающим в сердечных делах. В древности бирюза, как и другие драгоценные камни голубого цвета, была посвящена в Египте — Изиде, а в Греции и Риме — Афродите и Венере. Колечком с бирюзой по традиции обменивались в день обручения, их дарили в знак сердечного влечения. Они были символом неизменной и верной любви. В Средние века верили, что если женщина хочет привлечь к себе избранного ею мужчину, то она должна незаметно зашить кусочек бирюзы в его одежду. Может быть, благодаря именно этим якобы магическим свойствам бирюзу считали самым подходящим амулетом девушек и молодых женщин. На Востоке в колыбель новорожденной девочки клали бирюзу, которую она впоследствии в день свадьбы дарила новобрачному. Еще в XIX в. правила хорошего тона считали бирюзу одним из немногих камней, пригодных для девиц моложе 20 лет, и одновременно утверждали, что «женщины старше 30 лет, замужние и незамужние, должны отказаться от колец и украшений с бирюзой, подобающей юным». В Средние века бирюзе приписывали лечебные свойства и врачи советовали носить бирюзу, оправленную в серебро, тем, кого мучила бессонница или ночные кошмары. Она якобы также хранила от падения с лошади, поэтому нарядная сбруя часто бывала украшена бирюзой.

Сапфир — один из красивейших драгоценных камней — был, как и бирюза, талисманом влюбленных и новобрачных. Украшения из сапфиров были особенно модны в эпоху Возрождения и барокко. Видимо, самые великолепные сапфиры в Европе XVI в. принадлежали герцогине Мантуанской, прекрасной и умной Изабелле д'Эсте Гонзага. Запутавшись в долгах, она заложила сапфировую диадему у венецианского ростовщика, но одновременно заказала придворному ювелиру точную копию диадемы, и он заменил сапфиры синим шлифованным стеклом из Мурано. Ювелир так блестяще сделал копию, что она оказалась лучше оригинала, и, даже когда настоящие сапфиры уже вернулись в сокровищницу Гонзага, Изабелла обычно появлялась на придворных торжествах в поддельной диадеме. Сапфиры некогда охотно носили не только из-за их красоты, но и из-за того, что верили в их способность приносить счастье в любви и оберегать от клеветы. Они считались также «талисманом мудрых», возбуждали якобы в своем обладателе жажду познания, укрепляли память, усиливали благоразумие и рассудительность. А людям, страдающим болезнями сердца, астмой и невралгией, врачи рекомендовали носить на левой руке кольцо либо браслет с сапфирами.

БЛИЗНЕЦЫ

22 мая —
21 июня

Правящая планета	Меркурий
Счастливое число	3, 5, 12, 18
Символы	близнецы, рука, звезда
Цвета	солнечно-оранжевый, бледно-желтый, серо-голубой, фиолетовый
Камни	изумруд, сапфир, агат, хризопраз, яшма, гранат, горный хрусталь, берилл
Цветы	маргаритки, маки, лютики, жасмин, нарцисс
Металл	золото, серебро, амальгама
Талисман	змея, маска
Счастливые дни	среда, воскресенье
Неудачный день	четверг
Страны	Англия, Армения, Канада, США, Египет, Бельгия

Из истории знака

Самым ярким звездам, входящим в это созвездие, греки дали имена братьев-близнецов Диоскуров, Кастора и Полидевка (Поллукса), в честь сыновей Зевса (от красавицы Леды, которую владыка богов соблазнил в облике лебедя). Когда Кастор погиб, Полидевк обратился к Зевсу с просьбой лишить и его бессмертия. Зевс поселил обоих братьев на небесах. Символ знака схематически представляет соединенные руки братьев Диоскуров. Иногда в качестве мифологической основы астрологического представления о Близнецах называют также Ромула и Рема — двух братьев, считающихся основателями Рима. Каналами воздействия космоса на рожденных под этим знаком признаются плечи, руки и легкие.

Силы, влияющие на Близнецов

Меркурий — планета, расположенная наиболее близко к Солнцу. Она также вращается вокруг Солнца быстрее, чем другие планеты. Одна из ее сторон постоянно обращена к Солнцу и постоянно выдерживает высокие температуры, в то время как другая сторона не видит Солнца и сохраняет температуру ниже нуля. Эти крайности тепла и холода демонстрируют изменчивое и двойственное сексуальное поведение Близнецов.

Общая характеристика личности

Среди отрицательных типов Близнецов мы встречаем экспериментатора, фетишиста, гомосексуалиста и извращенца.

Среди положительных типов этого знака — человек, дающий обет безбрачия, самоотреченный художник, поэт, атлет, ученый, высоконравственный человек. В общем, страсти Близнецов настолько связаны с их умственными процессами, что именно их настроения, скука или интерес, стимулируют половые отношения. Здесь вы найдете чудака, который одно время отрицает все общественные условности и примыкает к группе хиппи и их общественной жизни, а затем отрицает эту богемную жизнь. Если бы астрологам было разрешено дать какой-нибудь другой символ знаку, они назвали бы его хамелеоном, который меняет цвет кожи для маскировки и защиты.

Богатые, разнообразные способности Близнецов позволяют им свободно оперировать богатством всевозможных идей. Они лишены предрассудков, постоянно заинтересованы, но очень непостоянными идеями, поддаются влиянию, слегка поверхностны и слишком рассеянны. Люди, рожденные под этим знаком, особенно способны к умственным и письменным работам. Они обладают ясным умом, предупредительны и вежливы, легко со всеми вступают в дружбу, но не всегда постоянны, особенно когда дело касается чего-нибудь секретного. Следует отметить, что в некоторых случаях они недостаточно положительны, беспокойны, изменчивы, зависят от настроения. Впрочем, весьма наблюдательны, наделены чувством юмора, склонны к критиканству и за словом в карман не лезут. Способные заниматься искусством, литературой и науками, они, тем не менее, трудно сосредоточиваются.

По темпераменту: сангвиники.

Типичные достоинства и недостатки Близнецов

Достоинства. Близнецы замечательны тем, что они очень переменчивы и обладают двойной натурой. Они склонны к быстрой, внезапной перемене мест, и не только мест, но и работы, одежды и даже своих любимых. Управляемые быстроногим Меркурием, эти люди могут, как Юлий Цезарь, делать несколько дел одновременно. Вообще Близнецы производят впечатление, что родились с телефонной трубкой в руке.

Почти каждый Близнец знает несколько иностранных языков, но французский язык — самый любимый. Люди этого знака вообще обладают прекрасным даром речи и могут уговорить кого угодно в чем угодно. Поэтому из них получаются такие прекрасные коммивояжеры и торговые агенты.

Недостатки. Все Близнецы обладают умением тщательно скрывать свои истинные намерения. Они никогда не стесняются приврать, но это не настоящая ложь, а скорее игра воображения. При всей своей склонности одурачивать других Близнецы редко вступают на преступную стезю и большей частью чтят Уголовный кодекс. Подобно Рыбам, они испытывают потребность вести себя в полном противоречии со своими подлинными желаниями. Вот почему из них получаются непревзойденные политики и хорошие посредники по установлению выгодных деловых отношений и дружеских контактов между различными людьми. Многие Близнецы обладают даром слога и становятся профессиональными литераторами, но избегают писать автобиографии, мемуары и особенно личные письма, так как те мысли, которые они высказали вчера, могут полностью противоречить тому, что они напишут завтра. Читают они на редкость быстро, но обладают скверной привычкой листать книгу или журнал с конца.

Близнецы-мужчина

Знак Близнецов представлен подвижными, живыми Кастором и Поллуксом, легендарными сыновьями Зевса и Леды, и, конечно, люди этого пленительного, загадочного знака сбивают всех с толку, в том числе и астрологов, своей колеблющейся, непостоянной личностью. Что за шутку сыграла матушка-природа? Что делает Близнецов похожими, а в следующий момент непохожими друг на друга? Возможно, только астрологическое объяснение их правящей планеты Меркурия и его влияния поможет частично объяснить их двойственность, их «ртутную» подвижность, широкий круг черт их характера.

Меркурий, «крылатый посланник богов», управляет даже нашим умственным процессом. Поэтому Близнецы, непосредственно управляемые им, очень интеллектуальны, часто превосходят в этой области других людей. Близнецы — люди настроения. В плохом настроении они часто совершают глупые, неразумные поступки, о которых позже жалеют.

Разносторонность интересов — основная характеристика Близнецов. Они чрезвычайно многогранны, но должны учиться концентрировать внимание на чем-либо одном и не разбрасывать свои силы. Меркурий закладывает в мозг Близнецов модель любопытства, что вынуждает их все анализировать, расщеплять, снова соединять, а затем перебрасываться на следующую задачу.

Некоторые Близнецы, сознавая свои умственные силы, становятся самодовольными и чопорными, занимают позу превосходства и начинают потакать своим желаниям, что в основном заканчивается интеллектуальной изнуренностью и усталостью.

Положительные черты, которыми наделил Меркурий Близнецов: многосторонность, легкость, обходительность, талантливость, дипломатия, интуиция и проницательность. Это похвальные качества, и долг Близнецов — использовать их правильно для достижения высоких целей.

В натуре Близнецов существует определенная прохлада, которую часто принимают за высокие чувства и сами Близнецы, и другие лица. Но они не так эмоциональны, как можно подумать, ибо быстрая смена их настроений — это обманная глубина чувств. Они хорошо приспосабливаются к переменам. Они демократичны во взглядах, любят путешествовать и находят удовлетворение в профессиях, которые предлагают всесторонность. Это веселый, кажущийся вечно молодым знак. Это также классический тип «расщепленной» личности.

Близнецы-женщина

Женщина, родившаяся под этим знаком Зодиака, редко бывает счастлива. Часто кончает трагически. Она обречена на тоску по партнеру — идеальному, которого ищет всю жизнь. Живет с чувством неполноты жизни. Если она находит свой идеал, то ее жизнь становится раем на земле, что случается крайне редко. Если она находит кого-нибудь близкого к идеалу, то может быть счастлива. Обыкновенный человек, с которым она вступает в связь, не в состоянии ее понять. Временами она впадает в состояние глубокой подавленности, словно тоскует по любимому брату, который когда-то погиб.

Продолжая поиски своего идеала, она бесчисленное множество раз сталкивается с полным непониманием. Она чувствительна, талантлива, но производит впечатление покинутой. Она всегда привлекательна и имеет успех.

Секс ей небезразличен, однако она ищет более содержательного партнера. Физическое наслаждение не дает ей полного удовлетворения. Желая убедиться в своей привлекательности, она меняет партнеров. Время летит... Проходят чередой серые годы. Отчаянные попытки найти свое счастье доводят ее до самоуничтожения. Это поиск «астрального брака», без которого жизнь для нее всего лишь жалкая шутка жестоких богов.

Близнецы-ребенок

Если небесами вам дарован ребенок, рожденный под знаком Близнецов, стоит поучиться летать, чтобы поспеть за ним. Идеальный случай, когда близнецы рождаются под этим знаком, но чаще всего один ребенок-Близнецы принесет вам больше хлопот, чем пара других. Двойственность и противоречивость — самая характерная черта Близнецов. Ваш ребенок может быть в двух местах одновременно, и уследить за ним чрезвычайно трудно. Управляемый ртутью, этот ребенок был рожден с крыльями на ножках. Чрезвычайно активный во всем, типичный ребенок-Близнецы ненавидит чувствовать себя стиснутым в каких-то рамках и ищет постоянного умственного возбуждения, исследуя свой небольшой мир. Обеспечьте его тоннами книг и игрушек. Ограничение Близнеца (духовное или физическое) сделает из него эмоционально угнетенного и зажатого в тисках самокопания взрослого.

Не забывайте почаще затыкать ватой уши — живая и непокорная ртуть рвется из глотки Близнецов наружу и управляет их вокальными данными. Если они поют сами, то во все горло, если слушают музыку, то на всю катушку (может быть, Господь благословит вас достаточно терпимыми соседями). Чрезвычайно беспокойный знак, Близнецы могут делать две вещи сразу и способны концентрироваться на обеих.

Дружественный, часто проблематичный и любознательный знак, Близнецы часто имеют разнообразных друзей. Чрезвычайно остроумный и наделенный ярким воображением, ребенок-Близнецы живет в двойном мире фантазии и действительности. Всегда поощряйте его говорить правду, потому что он может и запутаться между этими двумя мирами.

Близнецы испытывают недостаток терпения и постоянства и находят, что их мало кто способен выслушивать без перерыва. Очень трудно поймать подвижное внимание этого ребенка, пока вы не пробудите в нем любопытства. Зато потом вы будете вознаграждены его обожанием и прилежанием.

Создайте ему условия, и ваш ребенок вырастет таким, как Артур Конан Дойл, Боб Дилан, Иен Флеминг, Эррол Флинн, Томас Харди, Боб Хоуп, Джон Ф. Кеннеди, Мэрилин Монро, Рудольф Валентино, Уолт Уитмен.

Жизненный путь Близнецов

Как правило, Близнецы великодушны, отличаются бескорыстием и щедростью, разносторонни, преданны высоким идеям, изобретательны, отличаются живостью нрава, непоседливостью. В общении они обычно приветливы и доброжелательны, уверенны в себе, любознательны; зачастую Близнецы отличаются легким инфантилизмом, ребячливостью, склонны высказывать непродуманные суждения, нетерпеливы, непостоянны. Иногда Близнецы бывают слишком нерешительны, не умеют принять волевое решение, невнимательны к чужим бедам и к словам собеседника; при этом чаще всего они оказываются заядлыми спорщиками.

Чтобы иметь успех, Близнецы не должны разбрасываться. Много перемен будет в их жизни, в том числе экономических. Затруднения вследствие поспешности. Ссоры из-за другого пола, но в конце концов добиваются своего, успокоившись и обдумав положение или дело.

Карьера Близнецов

Близнецов притягивают к себе все профессии, в которых ситуация или впечатления поминутно меняются, а также все дела, связанные с распространением каких-либо изделий, творческих либо производственных, они дружны с агитацией (вербовкой) и торговлей. Близнецы активно работают в словесном жанре, занимаются науками и преподаванием, поскольку они прирожденные ораторы. Из человека этого знака выйдет рекламный агент, диктор, комментатор новостей или синоптик, звукооператор, аукционист, продавец книг, служащий информационной службы, человек, занимающийся социальным опросом, логопед, докладчик, толкователь, журналист (репортер), библиотекарь, лингвист, брокер, мультипликатор (иллюстратор), оратор, участник дебатов, дистрибьютор, пародист, врач-психоаналитик, мим или мимический актер, писатель, композитор. Из них выходят очень хорошие юристы. В обыденной жизни при недостатке образования это может быть почтальон, носильщик, маникюрша, машинистка, водитель (автобуса, такси или трактора) или даже маклер по продаже автомобилей. Порой они занимаются сразу несколькими профессиями.

Склонны к путешествиям, причем связанным почти всегда с практической целью, а значит, немалое число «челноков» вышло из людей, рожденных под этим знаком.

Близнецы-начальник

Рожденный под этим знаком человек как бы специально создан, чтобы занимать кресло президента какой-нибудь фирмы, но он не намерен провести в нем всю жизнь. Ему надо постоянно двигаться, и неудивительно, что ковер в его кабинете часто бывает протерт до дыр оттого, что он шагает по нему взад и вперед. Президент Кеннеди, например, разряжал свою нервную энергию тем, что раскачивался в кресле-качалке, чуть было не переворачиваясь. Поэтому такие люди скорее склонны быть менеджерами-консультантами или вице-президентами, следящими за порядком в фирме, чем оставаться прикованными к креслу от звонка до звонка.

Когда фирма назначает Близнеца на руководящий пост, следует непременно ожидать скорых и значительных перемен. Прежде всего он потратит первую неделю на тщательное ознакомление с тем, как ведутся дела в его офисе. Если на вопрос, почему что-то делается так, а не иначе, ему ответят просто: «А мы всегда так делали», — это уже будет достаточным основанием для того, чтобы все повернуть по-своему. Близнец — враг традиций и любит всяческие нововведения. Так, он заставит передвигать мебель в своем кабинете несколько раз, потребует дополнительные телефонные аппараты, доведет секретаршу до белого каления своими требованиями к ведению картотеки и будет менять распорядок дня в учреждении до тех пор, пока он полностью не совпадет с его собственным.

Угадать настроение руководителя-Близнеца — совершенно безнадежное дело, так как сегодня он может следить за поведением своих служащих по часам и отметит даже ту пару минут, которые вы потратили, чтобы проглотить чашку кофе, а назавтра не обратит внимания, даже если вы прихватите пару часов к обеденному перерыву. Такой руководитель обычно не снисходит до мелких деталей и всегда рад переложить ответственность за их исполнение на чужие плечи, в то время как его беспокойный ум занят «глобальными» идеями и прогрессивными планами, способными удвоить или утроить прибыли фирмы. Используя весь свой арсенал чарующих улыбок и милых шуток, Близнец-босс способен убедить клиента в чем угодно, но внутренне он остается холоден как лед — таким защитным свойством характера наградили его планеты при рождении.

Человек острого, насмешливого ума, Близнец всегда оценит по достоинству умственные способности своих подчиненных и особенно их чувство юмора, поэтому добиться от него чего-нибудь легче шуткой, чем нытьем и слезами. Вообще же работать под началом такого человека очень интересно, так что воспользуйтесь этим, пока его не потянуло на другое поле деятельности.

Близнецы-подчиненный

Есть ли в вашей фирме служащие, которые умеют быстро думать, быстро работать и быстро говорить, выглядящие моложе своих лет, умные, едкие, оригинальные, беспокойные?

Можете не сомневаться — это Близнецы. Наблюдая за ними, нетрудно понять, почему они способны превратить любую абстрактную идею в математическую формулу.

Подобно людям, родившимся под знаком Девы, Овна и Скорпиона, Близнецы обладают врожденной способностью мобилизовываться, сохранять присутствие духа и быстро действовать в чрезвычайной ситуации. Типичный Близнец примется спасать положение, когда его коллеги еще только начнут завязывать шнурки на ботинках. Лучше всего он работает, когда не привязан к рабочему месту с девяти до пяти. Поэтому, как уже говорилось вначале, наиболее рационально использовать таких служащих в качестве коммивояжеров и различного рода агентов. С их даром очаровывать и убеждать они заставят любого потенциального покупателя приобрести хоть кота в мешке и к тому же так расхвалят вашу фирму, что вы ее и сами не узнаете. Когда в вашем офисе есть хоть один Близнец, там царит атмосфера бурной деятельности, юмора и доброжелательства. А если хотите, чтобы ваша фирма действительно процветала, посадите служащего-Овна и служащего-Близнеца в одну комнату разрабатывать новый проект. Заткните уши ватой, чтобы не оглохнуть от числа децибел, производимых их криком, но держите наготове сачок, чтобы ловить мыльные пузыри, вылетающие из-за двери. Возможно, один из них окажется идеей, которая принесет миллионные прибыли.

Близнец-секретарша или машинистка — это сущий клад, так как умеет составить и отпечатать деловое письмо, исходя лишь из намека на его содержание. Также замечательно использовать Близнеца на коммутаторе и в качестве регистратора (она вполне справится с обеими функциями одновременно), поскольку никто лучше нее не сумеет принять посетителя, в то же время соединяя руководителя фирмы с ее представителем где-нибудь в Катанге.

Болезни Близнецов

Главным образом им мешает нервозность. На нервной почве возможны болезни желудка и дыхательных путей. Должны избегать чрезмерного употребления мяса, переутомления на работе.

Любовь и секс у Близнецов

Их тайные любовные связи часто кончаются дурно. В их чувствах наблюдается некоторая поверхностность. Освобожденный Близнец пробует любые виды секса хотя бы однажды: ничто не шокирует Близнеца. Так как Меркурий управляет письмом, Близнецы часто ведут дневники своих сексуальных побед, записывая туда различные достоинства и недостатки партнеров.

Близнецы не слишком агрессивны и с удовольствием будут вторыми во всех областях, включая секс.

Супружеская жизнь Близнецов

Между Львом и Близнецами возникает счастливый союз, как союз ума и силы. Только Льву необходимо умерить свою гордость.

С Тельцом много общего, имеется чувственное притяжение, но Тельцу необходимо контролировать свой характер.

Со знаком Водолея и Весов союз очень гармоничен. Кроме того, между Весами и Близнецами существует физическое притяжение.

Возможен гармоничный союз с Овном.

С Девой гармоничный союз очень редок: пассивному характеру Девы тип Близнецов доставляет много волнений.

С Рыбами союз неблагоприятен, поскольку с большим трудом устанавливается контакт между этими знаками.

То же самое можно сказать о знаке Стрельца.

Со Скорпионом отмечается общность интересов. Легко устанавливается сотрудничество, но отсутствует физическое притяжение.

Возможен гармоничный союз с Козерогом, но слишком велики физические различия между этими знаками. Акт сотрудничества возможен, а прочный союз очень редок.

Свидание с Близнецами

Первое, что нужно сделать для того, чтобы встречаться с Близнецами, — это надеть кроссовки. А теперь... будьте готовы к чему-то быстрому, сумасшедшему или меняющемуся! Близнецам нравится разнообразие. Это один из самых удивительных знаков Зодиака. Им хочется постоянно стимулировать свои мысли, поэтому им можно быстро наскучить. Устройте своим Близнецам необычное свидание или организуйте множество мини-свиданий, и все в течение одной ночи.

В день свидания почитайте стихи в кафе или прогуляйтесь по книжной лавке, сходите вместе на вечеринку, отправьтесь на пикник, поиграйте в видеоигру, пойдите на танцы, проведите целый день в зоопарке, займитесь дельтапланеризмом, пойдите в кинотеатр, совершите поездку в казино, пойдите в научный музей, сходите выпить в кафе или бар, вместе займитесь йогой, совершите вместе полночную прогулку, полет на вертолете, запускайте вместе воздушного змея, посетите авиационную выставку.

Что нравится Близнецам

Всегда готовые изучать что-то новенькое, Близнецы будут уходить с головой в короткие истории, научно-познавательную литературу, художественную литературу и будут читать все, от Шекспира до Апдайка, от Стивена Кинга до фэнтези, но ни один жанр не будет превалирующим.

Люди этого знака всегда спешат куда-то, поэтому они предпочитают такую пищу, которую они могут взять с собой или на приготовление которой не нужно тратить слишком много времени. Близнецы любят имбирь и петрушку. Будучи знаком Воздуха, интеллектуальные и грациозные Близнецы ищут разнообразия в еде. В ресторанах они предпочитают придерживаться легкого обеда. Даже занимаясь приготовлением еды на скорую руку, вы непременно стремитесь расширить свой кругозор, варьируя разные виды пищи. Тут им идеально подойдут рестораны японской кухни.

Будучи одновременно и ненасытным читателем, и интеллектуалом, Близнецы получают удовольствие от смехотерапии и любят ходить в кино на комедии с бесконечными кульбитами, например «Одни неприятности» или «Аэроплан», могут украсить ваш вечер и феерические «Дракула» или «Франкенштейн».

В коллекции лазерных дисков у Близнецов беспорядочно свалено все то, что было модно за последние несколько десятилетий. Они слушают «Дюран Дюран», «Машину времени», тогда как все вокруг уже сходят с ума от каких-нибудь «Тату».

Разносторонние и подвижные, Близнецы получат удовольствие, играя в паре или от любого вида спорта, который заставляет думать сразу двоих, например крокет, парный теннис, бильярд или бобслей.

Большое удовольствие Близнецам принесет путешествие в Данию, Египет, Грецию, Исландию, Швецию.

Разнообразие — это как раз та сфера жизни, в которой повседневно живут Близнецы, поэтому они всегда работают не покладая рук. Иногда им хочется посмотреть что-нибудь несерьезное, несмотря на то что по другому каналу показывают «Кто хочет стать миллионером?». Из телепередач им подойдут передачи MTV с демонстрацией видеоклипов.

Камни-талисманы для знака Близнецов

Доменико Мария Наварра из Модены составил такой гороскоп для Близнецов: «Тот, кто появится на свет, когда солнце вступило в знак Близнецов, обычно бывает двойственной натурой. В их характере неразрывно соединились добро и зло. Часто добрые, правдивые, благородные, они внезапно становятся раздражительны, злословят и склонны ко злу. Эти дурные черты они могут преодолевать ношением агата на левой руке, хризопраз дает спокойствие, а берилл управляет добрыми чувствами».

Полудрагоценный, разнообразной окраски агат в древности считали камнем, посвященным Помоне, богине садов, огородов и урожаев, поэтому его следовало носить тем, кто занимался садоводством и сельским хозяйством. Агатовые шарики помещали в садах для защиты растений, цветов и плодов от ночных заморозков и града. Также и животноводам должна была благоприятствовать чудодейственная сила этого камня. В более поздние эпохи агат был самым распространенным полудрагоценным камнем, употреблявшимся для различных поделок — недорогих украшений и декоративных предметов — статуэток, вазочек и пряжек. Он был также одним из немногих камней, которые разрешалось носить тем, кто был в трауре. Что же касается его лечебных свойств, то средневековые врачи рекомендовали носить агатовые бусы при хроническом кашле и при болезнях горла и зубов.

А зеленый хризопраз считался самым лучшим талисманом для деловых людей — купцов, банкиров и всех, кому по должности приходилось повседневно иметь дело с большими денежными суммами. Обладатели хризопразов, оправленных в золото, могли, по мнению астрологов, не бояться нечестных контрагентов, опасностей торговых путешествий и материального ущерба. Как и большинство других декоративных камней, хризопраз был и лечебным минералом — помогал при нервных болезнях, его рекомендовали при глазных заболеваниях — его красивый зеленый цвет должен был утишать боль в глазах.

А третий камень Близнецов — голубоватый берилл — приносил счастье в сердечных делах. Его обладатель мог быть уверен, что любимая им особа не отдаст сердце другому. А так как он благоприятствовал постоянству чувств, то он часто блистал в тех кольцах, что дарили в день обручения или свадьбы.

РАК

22 июня — 22 июля

Правящая планета	Луна
Счастливые числа	2, 4, 5, 8
Символы	рак, краб, сердце
Цвета	белый, голубой, синий, бледно-лиловый, серебряный, цвет зеленого горошка, бледно-оранжевый
Камни	опал, лунный камень, хрусталь
Цветы	жимолость, водяные лилии, все белые цветы, жасмин
Металл	серебро
Талисман	клевер, сердце
Счастливые дни	понедельник, четверг
Неудачные дни	вторник, суббота
Страны	Турция, Шотландия, Пруссия, Голландия, Сирия, Африка, Австралия, о-ва Тихого океана

Из истории знака

Название этого созвездия связывается с мифом о том, как великий древнегреческий герой Геракл победил страшное чудовище — Лернейскую Гидру. В разгар их битвы в ногу Геракла вцепился рак, который был незамедлительно убит героем. Однако его поступок не остался незамеченным: Гера, люто ненавидевшая Геракла, отблагодарила смелое членистоногое, взяв его на небо. Долгое время в качестве символа созвездия использовалось схематичсское изображение рака, однако впоследствии оно было заменено современным рисунком, символически представляющим две клешни. Иногда, впрочем, этот символ объясняют по-другому, считая его рисунком свивающихся сперматозоидов. При этом значение символа интерпретируется как семя (женское и мужское) и соединение двух начал. Астрологические сущности оказывают влияние на людей, родившихся под знаком Рака, через грудь и желудок.

Силы, влияющие на Рака

Непостоянная Луна, четыре раза меняя фазы во время своего цикла (28 дней), делает своих подчиненных очень эмоциональными, легко поддающимися настроению, чувственными людьми. Когда они попадают в хороший лунный цикл, они похожи на сказочную малютку с завитком на лбу, которая будет прелестной, если у нее хорошее настроение, но ужасной, если плохое.

Общая характеристика личности

Как правило, Раки — весьма чувствительные люди. У них обычно все в порядке с фантазией, они обладают хорошо развитым воображением и восприятием. Раки обычно отличаются романтическим настроем, повышенным уровнем общительности. Они практичны; часто предпочитают интуитивное познание, хотя и обладают развитым логическим мышлением. Рак чаще всего является домоседом, он предан семейному очагу, обладает хорошим художественным вкусом.

По темпераменту: флегматики.

Типичные достоинства и недостатки Раков

Достоинства. Чувства у Рака преобладают над умом, богатая фантазия, большая склонность к путешествиям. Раки любят перемены и разнообразие. Несмотря на это, в них живет привязанность к дому, к старине. У Раков симпатичный, любезный, идеалистический, мягкий, терпеливый характер, они заботливые родители. Они обидчивы, но скоро прощают. Раки часто страдают от холодности к ним людей. Не могут обходиться без любви и нежности. Сочувствуют чужой беде и готовы помочь. Мечтательны и склонны к меланхолии. Музыкальны. Чуткость и тому подобные качества могут впоследствии развиться.

Недостатки. Недостатками характера Раков принято считать излишнюю осторожность и подозрительность, стеснительность, самовлюбленность, готовность поддаться минутному порыву, сверхэмоциональность. Порой Раки бывают падки на соблазны, склонны к накопительству и стяжательству, непоследовательны в своих действиях, предвзяты и поверхностны в суждениях. Мысль и дело у них частенько расходятся.

Рак-мужчина

Рак — знак, любящий комфорт. Он управляет четвертым домом гороскопа, поэтому дом и различные предметы обихода очень важны для него.

Раки очень подозрительны и редко показывают свое внутреннее «я» и в любовных делах, и в бизнесе, если они не уверены в себе.

Рак — очень глубокий знак. Эти люди сохраняют юношеские взгляды до старости. Часто мужчины этого знака живут дома с матерью дольше, чем кто-либо другой.

Раку нужна симпатия людей, с которыми он общается. Они не выносят резкого разговора или сильной критики независимо от того, заслуженна она или нет. Несмотря на то что Раки любят свой дом, им нравится путешествовать. Особенно они любят морские путешествия. Раки часто тоскуют по прошлому, по детству.

Если Рак разъярен (его трудно разозлить, и случается такое довольно редко), он часто действует насилием. Луна управляет всеми жидкостями, и поэтому ему не следует злоупотреблять спиртными напитками.

Положительные, развитые типы Раков могут быть преданными, многие из них числятся в списках патриотов нашей страны. Они также могут быть романтичными и могут жертвовать собой. Подобно раку, их символу, им надо научиться сделать свое внутреннее «я» таким же твердым, как панцирь рака. Благодаря своим защитным инстинктам Раки располагают потенциалом финансового гения.

Рак-женщина

Рак-женщина постоянно хочет доминировать во всем, чем занимается, господствовать над окружающими и контролировать их. Эта тенденция находится в постоянном противоречии с сексом. Женщина, родившаяся под этим знаком Зодиака, не любит публично обнажать свои чувства и эмоции, поскольку воспринимает такое поведение как своеобразную форму капитуляции. У нее очень чувствительное тело, особенно грудь, нижняя часть спины и тыльная часть головы под волосами. Она стремится удовлетворить исключительно себя и поэтому нередко видит в партнере только инструмент для удовлетворения своей страсти. Она может быть превосходной партнершей для тех, кого интересует только секс. В постели бывает агрессивна, легко возбуждается, проявляет инициативу и любит играть ведущую роль. Обманутая и разочарованная в сексе, она удваивает энергию в сфере профессиональной или общественной деятельности.

Она очень тщеславна, может быть счастлива, если поймет, что в сексуальной жизни, желая выиграть как можно больше, надо уметь отдавать, а не только брать.

Рак-ребенок

Типичный маменькин сынок, ваш маленький Рачок — это целый букет капризов и настроений, которые прибывают и убывают, подобно Луне. Обладающий способностью наблюдать и острой памятью, он легко учится в школе, а его эмоции формируют богатые и красочные образы.

Будучи одиночкой в душе, Рак обычно легкоуправляем и дисциплинирован. Все, в чем он нуждается, — это во внимании, большом количестве любви, ласки. Его эмоциональные потребности превосходят потребности всех прочих знаков. Поэтому годы формирования личности и домашняя окружающая среда весьма влияют на остальную часть его жизни.

Вы должны понять, что, имея на руках кричащего младенца, вам придется научиться смеяться и плакать вместе с ним; старательно защищайте его от всех его страхов — реальных или мнимых. Ваше внимание, понимание и эмоциональное сочувствие поощрят его артистические и творческие тенденции и откроют для вас все его детские секреты.

Ваше участие будет щедро оплачено в минуты вашей болезни или слабости, когда подросший Рак мягко предоставит вам свое небольшое плечо, чтобы вы могли выплакаться на нем. Раки чрезвычайно любят отчий дом и весьма привязаны к родным местам. Их также весьма волнуют проблемы других народов. Большинство из них — люди чувствительные, учтивые, часто весьма известные в сфере искусства и музыки и имеют хорошую деловую репутацию. Но при всей своей мягкости и послушании они не могут только одного — быть последовательными в своих стремлениях. Из Раков, обладающих индивидуализмом и независимым мышлением, часто выходят наиболее сострадательные лидеры.

Создайте ему условия, и ваш ребенок вырастет таким, как Луи Армстронг, Гай Юлий Цезарь, Эрнест Хемингуэй, Элен Келлер, Рембрандт ван Рейн, Джон Д. Рокфеллер, Ринго Старр, Джордж Майкл.

Жизненный путь Раков

В молодые годы много беспокойства и интриг. Много перемен, часто являющихся внезапно. Конфликты с учреждениями. С трудом достигаемая уравновешенность мешает пользоваться успехами. Необходимо стремиться к достижению выдержки и постоянства. Больше самоуверенности и нравственной силы. В старшем возрасте часто достаточные средства к жизни.

Карьера Раков

Для Раков благоприятны все профессии, которые требуют контакта с публикой. Из них выходят хорошие интеллектуалы: исследователи, учителя, администраторы, историки, археологи, писатели, коммивояжеры, специалисты по генеалогии, продюсеры, рестораторы. Они могут работать в коммерции: промышленники, торговцы экспортно-импортными товарами, оптовые торговцы, управляющие, владельцы магазинов, инкассаторы. Все Раки увлекаются кулинарией. Рак — это всегда хороший повар, шеф-повар, диетолог, диетврач, работник гостиницы, пекарь, поставщик провизии. Водная стихия знака проявляется в таких профессиях, как рыбак, аквалангист, моряк, океанограф, водопроводчик.

И наконец, как индивидуалисты, Раки хорошо работают там, где от них требуется индивидуальный подход и они могут раскрыть свои таланты в наибольшей полноте — это сельское хозяйство: из них выходят неплохие фермеры, садовники, земледельцы, скотоводы, доярки, строители, шахтеры, домработницы, телохранители, акушерки, экспедиторы, кустари.

Болезни Раков

Желудочные, кишечные, но и воображаемые болезни. Люди этого знака легко поддаются инфекциям. Нарушения обмена веществ. Разумная, но не слишком строгая диета. Иногда мясо. Следует воздержаться от алкоголя и необходимо пребывание на свежем воздухе.

Любовь и секс у Раков

Обладают склонностью больше к отвлеченной, нежели к чувственной любви. Сильное чувство в любовных делах. Верны и привязаны к предмету своей любви. Способны к благородству, но при случае — внезапные перемены.

Рак — это самый беспорядочный в связях знак. Изменчивый в настроении, он легко может оказаться в сплетении сексуальных подвигов. Однако, если он любит человека, нет ничего такого, чтобы Рак не сделал для ублажения предмета своей любви. Ему не чужды никакие формы секса. Женщинам этого знака нравится вести себя по-матерински по отношению к мужчинам. Рак управляет грудью, и его возбуждает особенно эта часть тела. Раков-мужчин привлекают женщины постарше, материнского типа.

Супружеская жизнь Раков

Для Рака благоприятен союз с Тельцом, здоровый реализм которого хорошо сочетается с быстрой возбудимостью Рака.

Благополучная супружеская жизнь и союз для Рака с Рыбами, Девой, Скорпионом.

С Весами союз неблагоприятен, так как для Весов оскорбителен собственнический характер Рака. Даже дружба между ними встречается нечасто.

С Козерогом брак неустойчив.

Собственнический характер Рака отталкивает и Овна.

С Близнецами может быть только дружба.

Лев притягивает Рака своей силой, между ними могут возникнуть замечательное сотрудничество и дружба. Однако известны случаи счастливого брака.

Свидание с Раком

Куда вы собираетесь? Подождите! Не думайте, что Рак назначает свидания где попало. Оставайтесь дома! Ваш Рак ищет для встреч такого человека, от которого веет теплом и уютом, поэтому доставайте свои кастрюли и сковородки и начинайте готовить. Раки — в основном эмоциональные, чувствительные и домашние существа. Это ваш шанс — стать романтической и даже традиционной личностью, и тогда ваши старания будут действительно им оценены.

И не забывайте о богатой фантазии, которой обладает Рак. Используйте немного воображения, например свечи, благовония и бархатную скатерть, или устройте тематический вечер, посвященный французской кухне, фильму или Иву Монтану, сопровождая вечер тихой приятной музыкой.

Сходите куда-нибудь на десерт, приготовьте любимому изысканное блюдо дома и съешьте его вместе при свечах, покормите уток на пруду, возьмите фильм напрокат и посмотрите его вместе, сходите в музей, вместе поплавайте, совершите прогулку вокруг озера, сделайте точечный массаж или отправьтесь в санаторий, посетите вдвоем аквариум, покатайтесь вместе на яхте или на коньках.

Что нравится Ракам

Чувствительный Рак будет наслаждаться комфортной обстановкой родного дома, читая хороший сентиментальный роман или книгу, которая пробуждает теплые воспоминания о детстве. Сидя перед камином с чашкой горячего чаю, он будет читать что-нибудь из Спиллейна или Эндрю Нортона, которых не успел прочитать в юности.

Рак — известный домосед, который, как знак Воды, ищет комфорт в еде. Он и сам превосходный повар, поэтому приготовление еды с их излюбленными приправами, такими как базилик, чеснок, мята, мускатный орех и ваниль, для них не проблема. Рак наслаждается хорошей едой, приготовленной дома, и крайне редко выбирается в ресторан («Макдоналдсы» не в счет!). Вопреки своему утонченному вкусу они не слишком склонны пробовать всякие экзотические блюда типа китайского змеиного жаркого или таиландских жареных земляных червей. Наверное, тут все дело во врожденном консерватизме вкусов.

Сентиментальный и любящий комфорт, Рак получает удовольствие, когда, развалившись на диване, смотрит голливудские мелодрамы, семейные или исторические фильмы. Он не преминет пролить слезу над страданиями главного героя. Но держит свои любимые фильмы на видеокассетах, чтобы не приходилось покидать свой уютный дом, таскаясь по кинотеатрам.

Сентиментальному Раку нравится слушать музыку старых добрых дней своей юности. С удовольствием слушает Саймона и Гарфанкеля, каких-то допотопных «Анималс», Джона Фогерти и «Битлз». Ему кажется, что и сам он под эту музыку молодеет.

Как знак Воды и водолюбивая натура, Рак будет счастлив произвести сенсацию, играя в воде или на воде. Например, сыграть в водное поло, заняться парусным спортом или поездить на водных лыжах.

Если Рак соберется в путешествие, то предпочтет лишь достаточно роскошные места, ради которых действительно стоит покинуть родимый дом. Он с удовольствием съездит (если позволят средства) на Багамы, в Канаду, Финляндию, во Флориду, в Таиланд, во Францию или Италию...

По телевизору Рак смотрит в основном программы новостей (вот уж действительно он алчет все узнавать первым), приключенческие фильмы и комедии. Ненавидит сериалы. А еще больше, чем сериалы, ненавидит телевизионную рекламу.

Камни-талисманы для знака Рака

Те, кто появился на свет в пору длинных дней и самых коротких ночей, должны были, по мнению астрологов, быть мечтательными, застенчивыми, переменчивыми в настроениях, чувствительными к прекрасному. В Средние века верили, что в период господства этого знака Зодиака родится больше всего людей, находящихся под властью Луны, — лунатиков и людей, обладающих способностью предсказывать будущее. Талисманами именно этих людей, по давним поверьям, были лунный камень, изумруд, разновидность хризоберилла, называемая кошачьим глазом, и жемчуг.

Молочно-голубой лунный камень, именуемый иначе селенитом, символизировал магическую силу лунных лучей. Поэтому он считался самым подходящим амулетом для людей, родившихся во время полнолуния, и для рожденных в понедельник — день, управляемый Луной. Селенит помогал в любовных заботах, и разлученные или повздорившие влюбленные носили кольца с лунным камнем, обладающим способностью преодолевать препятствия на пути к счастью. Средневековые медики рекомендовали носить лунный камень в серебряной оправе при нервных заболеваниях, чахотке и водянке. Лунный камень также якобы давал своему обладателю в трудных положениях хорошие советы. Тихо Браге, знаменитый астроном, писал в своей книге о драгоценных камнях: «Если не знаешь, на что решиться, возьми лунный камень, дождись выхода луны, а когда ее лучи осветят селенит, напряженно думай о том, что хотел бы сделать». Из других необычайных свойств, какие приписывали этому камню, надо упомянуть распространенное повсеместно в елизаветинской Англии поверье, что лунный камень дает своему хозяину дар красноречия и убеждения. Поэтому-то адвокаты, ораторы и депутаты парламента перед публичными выступлениями надевали кольцо с селенитом.

Красивый ярко-зеленый камень изумруд особенно охотно носили в эпоху Античности и Возрождения. В Египте он принадлежал к драгоценным камням Изиды, покровительницы женщин и домашнего очага. Именно поэтому по совету жрецов беременные женщины носили изумрудные амулеты, которые потом клали в колыбель новорожденных. Изумруд был также талисманом рыбаков и моряков, хранил от смерти в морских волнах, усмирял шторм, обеспечивал хороший улов. В странах ислама верили, что этот камень с вырезанным на нем стихом Корана, если носить его на левой руке, бережет от укуса ядовитых змей и от дорожных опасностей. Его глубокий зеленый цвет оказывал благоприятное влияние на зрение, так что в древности и в Средние века при глазных заболеваниях врачи советовали больным почаще смотреть на изумруд. Влюбленные в эпоху Возрождения в день свадьбы обменивались изумрудными кольцами, веря, что это обеспечит им прочность любви и супружескую верность.

Третьим счастливым камнем для рожденных под знаком Рака был темно-зеленый хризоберилл, называемый в просторечии кошачьим глазом. Этот камень никогда не был особенно популярен из-за своей темной, не очень эффектной окраски. Чаще всего его носили во время траура. Он считался действенным амулетом при игре в кости и при других азартных играх. В медицине он считался полезным при болезнях горла, простуде и астме. Цепочка с висюлькой из кошачьего глаза должна была охранять ребенка от дифтерии. Помимо того психическим больным хризоберилл должен якобы приносить умиротворение и посылать спокойный сон.

ЛЕВ

23 июля — 22 августа

Правящая планета	Солнце
Счастливые числа	1, 5, 9, 11
Символ	лев, лебедь
Цвета	алый, желто-коричневый, золотой, пурпурный и черный
Камни	янтарь, алмаз, рубин, топаз, хризолит, оникс, эсмеральд
Металл	золото
Цветы	пионы, ноготки, гладиолусы, хризантемы
Талисман	лев, орел, божья коровка
Счастливый день	воскресенье
Неудачный день	суббота
Страны	Франция, Северная Африка, Италия, Чехия, Арктика, Антарктида, Сицилия

Из истории знака

 **В**новь мы имеем дело с созвездием, которое названо в честь одного (первого) из двенадцати подвигов Геракла. Античный герой голыми руками задушил огромного Льва, величаво возлежавшего возле города Немей и отравлявшего жизнь его обитателям. Относительно происхождения геометрических очертаний знака мнения расходятся. Одни исследователи считают, что символ Льва — приукрашенное и стилизованное написание греческой буквы лямбда (Ε — первая буква в греческом слове со значением «лев»); другие апеллируют к некоторым средневековым документам, где знак Льва фигурировал в значительно более приближенном к естеству виде, и считают современный вариант упрощением (остались от бедного животного только грива и хвост). Каналы воздействия магических сил на человека, рожденного под знаком Льва, — сердце, легкие и печень.

Силы, влияющие на Льва

Взяв на небо реликтовое животное, уничтоженное браконьером Гераклом, боги Олимпа проявили небывалую щедрость по отношению к зверюге. Уже одна правящая планета — Солнце — сама по себе более чем щедрая награда. Лев стал огненным знаком, энергичным, теплым, душевным. Но боги сделали Льва еще и знаком победителей, дав ему стабильность и показывая этим свое собственное желание помогать Львам на пути к успеху и власти. И наконец, боги согласились дать Льву управление пятым домом гороскопа, который ведает любовью, театром, а также чувственными наслаждениями.

Солнце, покровитель Льва, — весьма мощный союзник, и Льву для достижения целей не надо прилагать столько усилий, сколько всем другим знакам, — Лев и так достигнет своих целей, потому что люди обожают его и помогают ему.

Солнце, правящая планета Львов, наделяет их честолюбием и большими амбициями, поэтому они не должны направлять свою энергию на недостойные цели.

Общая характеристика личности

Львы обычно смелы, великодушны, отличаются большой физической и духовной силой, рассчитывают только на себя. Львы не просят помощи у других людей, будучи готовыми в то же время всегда прийти на помощь ближнему. Они чувствительны, мягкосердечны. Львы, как правило, обладают значительным творческим потенциалом, который они хорошо в себе ощущают. Львы знают себе цену, обладают ярко выраженным чувством собственного достоинства. Львы быстро вдохновляются на подвиги и немедленно приступают к осуществлению задуманного; их отличительная черта — гостеприимство.

По темпераменту: холерики.

Типичные достоинства и недостатки Львов

Достоинства. Люди этого знака — природные вожди и руководители. В самом деле, контролирующая позиция — это то, к чему стремится большинство Львов. Львам нравится носить пурпурную мантию человека, занимающего видное положение в обществе, и устраивать приемы, развлекать людей, угощать их вкусной пищей и крепкими винами. Но Львы должны принять тот факт, что для того, чтобы достичь вершины, человек должен начинать с нижней ступеньки, даже если он ненавидит грязную работу и считает, что он выше мелких работ.

Недостатки. Есть у Львов и свои типичные недостатки: самовлюбленность, порывистость, самоуверенность, воинственность, догматизм и склонность к морализаторству, нетерпимость к недостаткам других людей, склонность к внешнему блеску и показухе.

Львы обладают еще одним недостатком в характере, что затрудняет им извлечение выгоды из даров этих богов. Этот недостаток — крайнее тщеславие и гордость. Будучи постоянным знаком во всем, Лев постоянен и в своих заблуждениях, он весьма склонен к упрямству и может извлекать выгоду из всех своих добродетелей только после того, как он поборет свое тщеславное «я» и разовьет немного покорности и смирения — наиболее трудное испытание для Львов.

Но Львы хорошо «оснащены» упрямством, чтобы выиграть эту битву с самими собой. Они наделены интеллектом и магнетизмом, что привлекает людей, но они не должны властвовать над всеми. Лев часто называется царским знаком благодаря высокоразвитому уму и грациозным манерам. Их астрологический символ — Лев — считается царем зверей. Но, как и все правители, Львы должны научиться носить свою корону скромно. Они должны помнить о своем большом грехе — тщеславии. Мужчины-Львы очень напористы, часто недоразвитые типы Львов в ярости прибегают и к физической силе, вступая в драку с теми, кто не согласен с их твердым неизменным мнением. Недоразвитые женские типы пытаются казаться модными и утонченными и, таким образом, выглядят кричаще, употребляют дешевые духи и одеваются ярко и безвкусно. Львы должны остерегаться того, чтобы не стать простыми позерами из-за своей любви к театральности.

Лев-мужчина

В людях этого знака живет большая сила воли, они тяжело подчиняются диктату. Львы великодушны и полны благородства, самоуверенны, горды и мужественны, властолюбивы и требовательны, подчас расточительны. У них есть склонность к высокомерию и пышности, и они охотно служат великим идеям. Не стесняются насиловать волю других. Могут быть резкими и вспыльчивыми. Как враги — великодушны. Опекают всех, кто легко поддается опеке. Любят хорошую жизнь, удовольствия и спорт, сочетая это с барскими наклонностями. Соединяют способность к принесению жертвы и глубокое чувство с известной расчетливостью, при которой никогда не забывают свое «я».

По большей части люди этого знака — теплые, дружественные и сострадательные, но всегда глубокие в своих чувствах. В них как будто вмонтировано устройство, контролирующее и переключающее их чувства, которое всегда срабатывает в тот момент, когда гордость Льва ущемлена. Ни один представитель другого знака не может уйти от любовника с таким безразличием, как Лев.

Когда Львы научатся подавлять свое желание властвовать, преуменьшать свое хвастовство и не быть чрезмерно гордыми, они могут стать замечательными: в этом случае Лев достоин титула «Королевский знак». Они могут стать очень благородными. Когда они научатся быть демократичными в отношениях с людьми, они увидят, что все автоматически ставят их в центр внимания. Львы должны часто сохранять немного своего сценического искусства для настоящего представления — их личной жизни.

Мужчины-Львы, ухаживая за женщинами, много говорят о себе, о своих возможностях и могут показаться простыми болтунами, но на самом деле это из них бьет апломб.

Лев-женщина

Женщины этого знака часто привлекательны для мужчин, но они не должны пускать пыль в глаза. Иначе они оттолкнут того человека, которого они пытаются привлечь.

Сутью индивидуальности Львицы является несоответствие между сексуальным влечением, которое она ощущает, и «зовом пола», который она излучает. Первое — чахлое и слаборазвитое, второй — агрессивный и притягивающий внимание. Она замечает, что является привлекательной, и старание мужчин овладеть ею забавляет ее, удовлетворяет ее тщеславие. Она играет ими, не понимая смысла этой игры, поскольку сама не испытывает желания. Любит манипулировать мужчинами. Вполне сознает свою привлекательность и пытается ее подчеркнуть. Несмотря на то что она никогда не испытывает страстного желания, она любит секс и легко достигает удовлетворения. Ее несогласие на более или менее экстравагантные позы во время полового акта может быть обусловлено, например, заботой о сохранении своей прически. Секс не интересует ее в той степени, как может показаться на первый взгляд. В течение всей жизни мужчины принимают ее не за ту, какова она есть в действительности, и многие из них с досадой разочаровываются.

Лев-ребенок

Типичный Львенок, этот ребенок будет счастлив и весел, пока он не сталкивается с возражениями или препятствиями. Руководствуясь только своими интересами, он нападает сам, если чувствует, что ему могут помешать или его положению что-то угрожает. Хотя родители должны поощрять его естественные качества лидерства. В случае его неправильных поступков они должны не наказывать его, что его будет угнетать, а обратиться к врожденной рассудительности и обостренному чувству справедливости, иначе его бравада превратится в позерство.

Наделенные врожденным чувством собственного достоинства, Львята процветают на ложе власти, купаются в аплодисментах и должны быть объектами обожания и поклонения. Но не позволяйте им избегать неприятных расспросов и учите их уважать достоинство других людей.

Львята игривы, нежны и весьма забавны. Они наслаждаются активными играми, охотно берут на себя роль лидера. Обладая изрядным интеллектом, они способны хорошо учиться, но могут быть немного ленивы. Так что важно, чтобы вы внушили им чувство дисциплины и привычку делать уроки, а также доверили им какие-нибудь обязанности по дому, которые они прилежно будут исполнять. Не унижайте гордость Льва резкими выговорами или распоряжениями. Всегда помните, что вы — более слабый лев. Поощряйте его храбрость и завоевывайте его доверие своей любовью.

Создайте ему условия, и ваш ребенок вырастет таким, как Наполеон Бонапарт, Фидель Кастро, Роберт Бернс, Альфред Хичкок, Жаклин Кеннеди-Онассис, Бенито Муссолини, Огден Нэш, Джордж Шоу, Перси Биши Шелли, Мэй Уэст.

Жизненный путь Львов

В среднем у Львов хорошие виды на успех. Они обладают большим упорством в достижении цели, причем обязаны успехом лишь самим себе. Удача и успех придут к ним благодаря любви и детям. Торжествуют над врагами.

Карьера Львов

Льву удаются все профессии, где необходимо приказывать, распоряжаться, организовывать. Поле их деятельности — политика, крупная промышленность, военная служба. Если Лев в своей профессиональной карьере не поднимается до кресла президента фирмы или на худой конец вице-президента, он переключается на другую деятельность, в которой, по крайней мере, может быть сам себе хозяином. Профессии учителя, врача, юриста, советника, актера, писателя импонируют ему не меньше, ибо здесь можно также достичь славы и потешить самолюбие. Львы талантливы и расположены ко всем видам и отраслям искусства. Это и артист: актер, диктор телевидения, комедиант, атлет, кинематографист, аранжировщик, исполнитель, ведущий ток-шоу, конферансье, — и администратор: руководитель парка аттракционов, главный администратор, директор, устроитель концертов, ювелир, торговец на рынке, церемониймейстер, политик, публицист, управляющий, оратор, биржевой маклер, учитель, директор школы или колледжа, профессор, театральный агент, экскурсовод, врач.

Лев-начальник

Львы — прирожденные организаторы и командиры, знающие кому, когда и какую поручить работу. Они никогда не ошибаются в выборе исполнителя. Когда за отлично выполненную работу Льва наградит высокое начальство, он не забудет поблагодарить тех, кто принимал в ней непосредственное участие. Зато за недочеты в работе он может так накричать на нерадивого работника, что человеку с больным самолюбием лучше под началом Льва не служить — это может подорвать его здоровье.

Работая под началом Льва, вам нужно не только самому быть творческой, оригинальной, смелой и трудолюбивой личностью, но и признавать, что ваш начальник оригинальнее, умнее, смелее и трудолюбивее вас, и постоянно напоминать ему об этом. Отказа или возражений этот начальник не терпит. Если все же у вас нет другого выхода, вы должны подсластить горькую пилюлю таким количеством комплиментов, чтобы он ее практически не заметил.

Лев не выносит сплетни, интриги и секреты, которые каким-либо образом его минуют. Он обязан быть в курсе всех дел своих сотрудников и вовремя подавать им дружеские советы, в которых они, скорее всего, совершенно не нуждаются.

Лев-подчиненный

Льва среди ваших сослуживцев вам не удастся не заметить. Даже если он не выделяется особыми талантами, он сумеет найти способ убедить других в том, что они у него есть. Он никому не позволит недооценить себя.

Поначалу, особенно в юности, Львы кажутся несколько легкомысленными, и, только выдержав ряд суровых жизненных испытаний, они обретают ту силу, которой наделены от рождения.

Помните, что Лев не намерен долго удовлетворяться ролью подчиненного. Если ему не удастся занять ваше кресло, он попросту перейдет на другую работу. Но пока он работает под вашим началом, он будет стараться изо всех сил. А если вы хотите добиться от него большей отдачи, установите с ним теплые, неформальные отношения.

Болезни Львов

Могучие и стремительные Львы на самом деле весьма ранимы. Им присущи болезни сердца и сосудов, заболевания нервной системы и сбои в половой жизни. Иногда им могут отравить настроение болезни почек. Они должны вести умеренный образ жизни.

Любовь и секс у Львов

Львы — обычно очень страстные люди. Расположение и нерасположение к противоположному полу в психическом и сексуальном отношении выражаются одинаково. Способны сильно любить и столь же сильно и пламенно ненавидеть своего бывшего партнера. Будучи огненным знаком, Львы чрезвычайно чувственны. Ведь Лев управляет 5-м домом гороскопа, который ведает любовью и наслаждениями. Они легко могут поддаваться своим любовным порывам и быть пылкими, страстными, со свойственным нашему веку свободным отношением к сексу. Но Львы редко прибегают к различным диким выходкам — их гордость не позволяет этого, хотя борьба со страстью велика и соблазн большой.

Поэтому Львы агрессивны менее, чем люди двух других огненных знаков: Овна, открыто агрессивного и романтического, и резвого Стрельца, постоянно ищущего идеалиста.

В самом деле, Лев может стать очень соблазнительным, если он заинтересован в ком-либо. Он всегда делает таким образом: «Я хочу тебя, но если ты не хочешь меня, тогда и ты мне не нужен».

Супружеская жизнь Львов

Благополучная и гармоничная супружеская жизнь гарантирована Львам, если их партнер родился под знаком Стрельца.

С Тельцом союз неблагоприятен, так как вследствие различных взглядов часто возникают ссоры.

Знак Скорпиона сильно притягивает Льва, но союз их неблагоприятен вследствие ревнивого характера Скорпиона и общительности Льва.

Со знаком Водолея неизбежны ссоры, брак не рекомендуется.

С Овном идеальный союз. Много общего в характере, темпераменте, образе мыслей, во взглядах.

С Близнецами много общего, сильное физическое притяжение и т. д. Однако после бурного начала начинаются некоторые осложнения и охлаждение. Близнецы своей практичностью оскорбляют гордость Льва, но все улаживается благодаря способности Близнецов идти на компромисс, и возникает гармоничный союз.

Свидание со Львом

Где бы вы ни были, Лев будет демонстрировать свою независимость, пытаться завладеть положением и сделать так, чтобы все обратили внимание только на него. Пусть потешится. Он любит быть у всех на виду, и потому пляж для него благодатное место, особенно если он сможет поразмяться волейболом или погарцевать на дискотеке.

Яростный Лев готов обладать вами где угодно. Но создайте ему наилучшие условия! Не думайте, что Лев долго будет помнить ту, которая встретилась с ним в пивбаре. Шикарный ресторан или казино — это для него. Но опасайтесь потерять его за игорным столом! Ваш Лев жаждет продемонстрировать свою царскую сущность — так не мешайте же ему сорить деньгами... Но и помните о том, что в решающий момент, если у него не останется денег заплатить таксисту, он предпочтет свернуть ему голову, чем признаться в своей некредитоспособности.

Что нравится Львам

Мужественные романтики в душе, с огромным желанием сыграть эффектную партию, Львы будут забавляться чтением романтических, художественных, драматических или приключенческих романов. Фэнтези Толкиена удовлетворила бы эту чрезвычайно драматическую черту характера, а Джон Гришэм восполнил бы их необходимость в чем-то доступном или в том, что приносит мгновенное удовлетворение.

Дайте своему солнечному Льву погрызть семечки подсолнуха. Им нравится пряная еда, которую обычно подают в теплых странах, например карибская или средиземноморская кухня. Львы не считают чеснок приправой, но они обожают мускатный орех, гвоздику и петрушку. Как король или королева джунглей, Львы предпочитают обедать в тех ресторанах, которые отвечают их амбиозности и самолюбию и относятся к разряду самых шикарных и дорогих. Обед из трех блюд в самом лучшем ресторане в мире — это как раз для вас.

Лев любит посмотреть очень драматические фильмы и дорогостоящие блокбастеры. Для того чтобы Львы могли получить удовольствие, все должно быть больше и лучше, с самыми яркими звездами; грандиозное историческое полотно типа «Войны и мира» Бондарчука как раз им по вкусу.

Львы слушают только все самое серьезное и лучшее из всех музыкальных жанров. Если это классика, то Рахманинов, Рихард Штраус и Бах. Если же это эстрада, то «Битлз» — это самая великая группа всех времен, которая могла бы привлечь внимание Львов с таким же успехом, как и Майкл Джексон, которого считают королем поп-музыки, Элвис Пресли, Фрэнк Синатра, которого считают королем сцены, Аретта Франклин, которая является королевой души, и конечно же такие коронованные и гривастые личности, как Эрик Клэптон и Элтон Джон.

В спорте Львы стремятся быть лучшими абсолютно во всем. Рожденный быть лидером со своей выносливостью и страстью к соревнованиям, Лев будет лидировать в таких видах спорта, как парусный, лыжные или автомобильные гонки.

Путешествует он в основном в странах, где ему может быть предоставлен максимальный комфорт и уровень услуг: неплохо отдохнет на Кипре, Ямайке, в Малайзии и Сингапуре.

От телевидения Львам нужны действие и драма. Они никогда не пропустят ни одной серии «Бандитского Петербурга», они живут смелыми поступками героев «Барона» и «Некста». Всегда жаждущий быть в центре внимания, Лев бы предпочел быть участником программы, чем просто наблюдать происходящее по телевизору.

Камни-талисманы для знака Льва

Льву подходят всякие камни желтого цвета: янтарь, хризолит, оливин и топаз.

Янтарь — хоть это и не камень, а окаменевшая смола реликтовых деревьев — с древнейших времен служил и украшением, и амулетом. Уже египтяне и греческие жрецы знали янтарные курильницы. Гостеприимный хозяин, желая особо почтить гостя, бросал в огонь горящей печи щепотку желтого порошка. Римские купцы предпринимали далекие и опасные путешествия, чтобы привезти с туманных берегов северных морей золотые глыбы янтаря. Благодаря его таинственным свойствам и неизвестному тогда происхождению янтарю приписывали чудодейственную силу излечения многих болезней (кожи, горла, ревматизма) и защиты от чар и дурного глаза. Астрологи считали, что электрон, как некогда по-гречески назвали янтарь, — благоприятнее всего для людей, родившихся под знаком Льва. Зато он не годится рожденным под знаком Тельца (21.4–21.5).

Красивый полудрагоценный камень желтовато-зеленой окраски, называемый хризолитом, также благоприятствовал людям, рожденным под знаком Льва. Другие же знаки вообще должны были его остерегаться. Хризолит приносил спокойный сон, прогонял ночные кошмары. Оправленный в золото, он укреплял духовные силы своего обладателя и наделял даром предсказывать будущее. Поэтому перстни с этим камнем часто носили астрологи и предсказатели. Врачи считали, что он лечит заикание.

Ношение оливина (разновидность хризолита) обеспечивало симпатию окружающих и удачу в делах. Он хранил имущество от пожара и кражи. В Средние века его часто носили горожане, купцы и банкиры. Для проявления своей полной силы этот камень (оливин, перидот) должен быть оправлен в золото, и, носимый таким образом, он развеивает смутные ночные страхи. Если его предписывалось носить как защиту от уловок злых духов, камень необходимо было проколоть, продеть через него ослиный волос и привязать к левой руке. Вера в способность хризолита развеивать чары и отводить злых духов, возможно, возникла из-за ассоциации камня с солнцем, под жизнетворными лучами которого таяла власть тьмы.

Топаз когда-то называли камнем придворных, повсеместно верили, что этот желтый прозрачный камень помогает снискать благосклонность вельмож и правителей и приносит богатство. Он был амулетом для людей, отправлявшихся в дальний путь — с дипломатической миссией и по торговым делам. Его влияние позволяло предвидеть намерения врага и подсказывало хороший совет. В Средние века полагали, что он исцеляет астму, подагру, бессонницу и эпилепсию.

ДЕВА

23 августа —
22 сентября

Правящая планета	Меркурий
Счастливое число	3, 5, 6, 12, 20, 27
Символ	дева, куб
Цвета	белый, голубой, фиолетовый, светло-голубой и зеленый
Камни	агат, яшма, нефрит, сердолик, корнелит, малахит, топаз, хризопраз, мрамор, изумруд
Металл	олово, медь
Цветы	астра, мать-и-мачеха, красные маки
Талисман	кузнечик, астра
Счастливый день	среда
Неудачные дни	четверг, пятница
Страны	Греция, Палестина, Россия

Из истории знака

Точное мифологическое происхождение названия созвездия Девы установить довольно сложно. Известно лишь, что, с одной стороны, на старинных звездных картах Дева обычно изображалась с пучком травы в руках, а с другой стороны, очень во многих мифах фигурируют вечно девственные богини плодородия (например, греческая Деметра). Современный символ Девы чаще всего трактуется либо как монограмма, в основе которой лежат первые три буквы греческого слова со значением «дева», либо как монограмма же, но составленная из латинских букв «М» и «V» («Maria Virgo» — «Дева Мария»). Каналы влияния звезд и стихий на тех, кто рожден под знаком Девы, — желудок и кишечник.

Силы, влияющие на Деву

Меркурий, быстроногий посланник богов, правит Девой и Близнецами, но влияет на эти знаки по-разному. Дева — земной знак, и Меркурий в своем влиянии на Деву ведет себя более практично, чем во влиянии на воздушный знак Близнецов, где он ветренен и независим.

Типичные достоинства и недостатки Дев

Достоинства. Люди, родившиеся под этим знаком, склонны к порядку и гармонии, вежливы и скромны в общении. Они много и охотно трудятся, практичны, даже приземленны. Их пунктуальности могут позавидовать многие немцы; Девы чрезвычайно разборчивы и в еде, и в одежде, и в выборе круга общения. Обычно Девы чрезвычайно проницательны, интеллигентны, обладают изрядной толикой здравого смысла. Движения Дев грациозны и стремительны. Но при этом они, как правило, надменны, критически настроены, привередливы. Девы чрезмерно любопытны, они всегда рады узнать что-нибудь совершенно ненужное им, часто не умеют распорядиться книжными премудростями, зато охотно хвастают своими энциклопедическими знаниями. Им свойственны большие духовные способности, легкое усвоение воспринимаемого, они — любители всех наук. Всегда расположены к работе и очень методичны. По природе нерасточительны, терпеливы, хозяйственны и бережливы. Всегда основываются на фактах, практическом и здравом рассуждении.

Недостатки. Эти люди часто размениваются на мелочи, в которых теряются, зачастую педантичны и мелочны, а также и щепетильны. Скептицизм мешает им проявлять широкий размах. Некоторые представители этого знака должны избегать болтливости и не судить других чрезмерно строго. Есть среди них и идеалисты и духовно высокоодаренные люди.

Общая характеристика личности

Многие из людей, родившихся под знаком Девы, обладают редким обаянием и остроумием — ведь этим знаком управляет планета Меркурий, а ее блеск часто неотразим. Тому пример замечательная актриса Софи Лорен, которая тоже Дева.

Девы терпеть не могут лентяев, ум их трезв, и у них мало иллюзий относительно других людей и жизни вообще. Даже когда они влюблены, они ясно видят недостатки своих любимых, что, однако, не мешает вступать с ними в брак; но они на всю жизнь сохраняют очень чистое отношение к любви и никогда не запятнают себя и свою репутацию сомнительными случайными связями. Однако не следует думать, что Дева — сухой, расчетливый догматик. Если у вас вдруг сильно разболелась голова, то именно ваш друг или подруга, родившиеся под знаком Девы, скорее других побежит в аптеку за таблетками.

По темпераменту: меланхолики.

Дева-мужчина

Люди знака Девы обладают сильно развитым аналитическим умом, все время пытаются все свести к своим основным нуждам и приклеивают ярлыки ко всему, что они видят. Они обладают острым чувством вкуса, времени, слуха и обоняния. Знак символизируется Девой. Это не значит, что они чисты и выше всего земного, но их изумительные способности наблюдать позволяют им видеть все человеческие недостатки. Обычно им не нравится все, что они видят, и они удаляются, подобно Деве.

В отличие от других знаков, например воздушных Близнецов, Дева не так легко выходит из себя. Она очень замкнута и, возможно, не в меру осторожна. Большинство людей знака Девы в высшей степени независимы и верят, что уверенность в своих силах и самоуважение дают человеку счастье и спокойствие ума. Их поведение доминируется их интеллектуальными интересами. Их «райский уголок» существует только в области ума, в его тайнах и достижениях.

Дева — прирожденный критик. И обычно критика Девы справедлива, но она глубоко ранит. Людям этого знака следует понять, что критика, которая неприятна и глубоко ранит, редко достигает своей цели. Они редко хвалят и никогда не захваливают. Самая трудная борьба для них — это борьба против компромиссов. Возможно, им следует надеть очки с розовыми стеклами и смотреть на жизнь с меньшим цинизмом, для них существует опасность стать мизантропами.

Так как люди знака Девы наделены такими острыми аналитическими возможностями, они должны больше, чем остальные, стараться развить более светлые стороны своей личности. Они часто становятся рабами дома и жертвами незначительных деталей, проходя мимо более важных вещей. Когда они смогут придержать свои аналитические и критические способности, они смогут подняться до высочайших вершин. Из них выходят способные организаторы, выдающиеся администраторы, управляющие и директора крупных заводов. Наибольшая опасность, которая стоит на их пути к успеху, — это то, что они могут потерять простую способность радоваться удовольствиям жизни.

Также есть возможность стать холодным и безжалостным. Но Дева редко принимает меры для избежания такой опасности, потому что фасад самоконтроля скрывает внутренний беспорядок. Меркурий, правящая планета, наделяет своих подданных долгой жизнью, большинство Дев выглядят моложе своего возраста.

Дева-женщина

Счастлив тот, кто любит ее и добивается от нее взаимности. В опыте человечества трудно найти что-либо лучше и прекраснее. Она обожает секс, является последовательной и безграничной сторонницей моногамии — принадлежности одному партнеру. Ее готовность к сексу не зависит от времени дня, места и обстоятельств. Она не является эксгибиционисткой, но может проявлять готовность к сексу в неправдоподобных ситуациях. Она без комплексов, готова на любые экстравагантности и эксперименты, но сугубо в интимных условиях. Секс никогда не теряет для нее свежести. Ее эмоции не противоречат разуму. Она стремится всегда подчеркивать свою принадлежность партнеру легкими жестами и лаской. Если у нее нет партнера, то она страдает, поскольку жаждет близости, осязания и тепла. Ее можно легко обидеть, если отвергнуть ее ласку, поскольку она это воспринимает как проявление враждебности, несмотря на то что понимает, что со стороны мужчины это является лишь следствием переутомления и перенасыщенности сексом. Ей трудно это понять, поскольку она сама никогда не испытывает эротических импульсов. Она в состоянии одновременно быть превосходной женой, любовницей, матерью, хозяйкой. Она верна и принадлежит только одному партнеру, поэтому может не понимать и быть нетерпимой к потребностям и желаниям ее партнера иметь одновременно контакт с другими женщинами.

Дева-ребенок

Рожденные под этим знаком дети быстры и сообразительны и в то же время тихи и бесшумны. Если отбросить их привередливость в еде и потому склонность к неожиданным расстройствам желудка, то воспитание таких детей — очень приятное дело с редкими конфликтами и необходимостью бороться с капризами. Даже когда они еще совсем маленькие, эти дети очень аккуратны и всегда кладут свои игрушки на место. Обычно они застенчивы и молчаливы в присутствии посторонних, но в кругу родных и близких о них никак не скажешь, что они «проглотили язык». Ребенок, родившийся под знаком Девы, обычно начинает говорить очень рано и составляет приятную компанию своей маме, занимающейся домашними делами. Он охотно помогает ей и сделает то, о чем его попросят, без лишних разговоров.

В школе Девы часто становятся любимчиками учителей, так как никогда не нарушают дисциплину и аккуратно готовят уроки, легко усваивают новый материал, и учить их — одно удовольствие. Однако следует помнить, что они очень тяжело переживают выговоры перед классом, поэтому вполне достаточно сделать такому ребенку замечание с глазу на глаз, и он тут же постарается исправить свои ошибки и поведение.

Эти дети хорошо рисуют (их часто привлекают к оформлению школьной газеты) и любят участвовать в постановках драмкружка, так как обычно обладают врожденным актерским дарованием. Они всегда готовы помочь учителю и легко справляются с обязанностями старосты класса, но если преподаватель нечаянно допустил ошибку, то такой ученик, не задумываясь, поднимет руку, чтобы его поправить. Печатное слово тоже не всегда авторитет для этого ребенка, с его природной дотошностью и любознательностью. Таким детям надо рано начинать читать вслух и покупать им интеллектуальные игры, следует дать им хорошее образование — иначе у них может выработаться комплекс неполноценности.

Когда дети, рожденные под знаком Девы, начинают подрастать, не следует вмешиваться в их отношения с противоположным полом. Если начать дразнить девочку-подростка по поводу ее первого «кавалера», то можно нанести ей глубокую душевную травму, которая оставит след на всю жизнь, а если препятствовать мальчику в его свиданиях с девочкой, то это может привести к тому, что он останется холостяком на всю жизнь.

Обязательно окружайте этих людей любовью и не стесняйтесь проявлять свои чувства, выражаемые объятиями и поцелуями, так как они остро в этом нуждаются, чтобы поддерживать собственное эго на должной высоте. Ежедневные дозы «эмоциональных витаминов» им нужны не меньше, чем аскорбиновая кислота и рыбий жир. В отличие от других детей, дети-Девы настоящие маленькие реалисты, не верящие в волшебные сказки. Может быть, именно поэтому они им и нужны больше, чем кому-нибудь другому.

Создайте ему условия, и ваш ребенок вырастет таким, как Морис Шевалье, Генри Форд, Грета Гарбо, Лафайет, Д. Н. Лоуренс, Софи Лорен, Питер Селлерс, Риши Капур, Леонард Бернстайн, И.-В. Гёте, Линдон Джонсон, Теодор Драйзер, кардинал Ришелье, Роберт Тафт, И. Левитан, Лев Толстой, Я. Райнис.

Жизненный путь Дев

В детстве и юности люди этого знака переживают большие препятствия, пока не будет достигнута цель. Возможны пререкания в семье по наследственным делам. Впоследствии — обеспеченное положение.

Карьера Дев

Люди этого знака часто погружаются в работу. Да, работа — это идол, кумир и фетиш для каждой Девы. Они преуспевают в логике, последовательности и дисциплине. Из Дев выходят добросовестные чиновники, хорошие купцы, научные деятели, исследователи, литераторы, книгопродавцы. Если изберут профессии будничные и обыденные, то из них выходят хорошие ремесленники, специалисты по земляным работам и по дереву, а также санитары и дантисты.

Дева-начальник

Вообще-то Девы годятся скорее на роль подчиненных, чем руководителей. Повышенное чувство ответственности заставляет их слишком сильно переживать за ошибки других. Но никто не умеет так хорошо разбираться в сложных, запутанных проектах и осуществлять их с меньшим числом потерь, как Дева.

Как начальник он добр, справедлив, внимателен и честен. Если вы, работая под его началом, хотите получить продвижение по службе, будьте точны, быстры, аккуратны и работайте без ошибок. Если руководитель-Дева стоит во главе небольшой фирмы с числом служащих не более пятнадцати, он вполне справляется со своей ролью. Однако «большой бизнес» явно не для него. Конечно, бывают исключения, особенно если у Девы в асценденте (самая яркая восходящая звезда или созвездие в натальной карте) — Рак. Тогда они добиваются весьма заметных успехов на жизненном пути, но это по сравнению с общей статистикой весьма редкое явление.

Дева-подчиненный

Девы чувствуют себя на своем месте в качестве заместителей. Советники и исполнители они отличные. Они прекрасно разбираются в мельчайших деталях, подмечают промахи и просчеты и критикуют их, несмотря на личности, будь это сам шеф, но делают это в мягкой, вежливой манере. Их дотошные аргументы могут свести с ума, но если ваши дела запущены и вы не успеваете все сделать в срок, они закатают рукава и не задумываясь бросятся все разгребать. Сделают это не из честолюбия, просто это точные, умные, надежные работники.

Наводить порядок — инстинктивная черта характера Дев. Если шефу вдруг вздумается взять выходной посреди недели, чтобы поиграть в гольф, то, вернувшись в контору на следующий день, он, несомненно, встретит осуждающий взгляд своего заместителя.

Несмотря на то что Девы легко критикуют других, сами они не любят, когда говорят об их характере и привычках, хотя в глубине души и соглашаются с критикой.

Благодаря своей аккуратности, методичности и ясности мыслей Девы лучше всего преуспевают на литературном, издательском и библиотечном поприще, в медицине, фармакологии, как лабораторные работники и бухгалтеры. На них всегда можно положиться и доверить им любую сложную работу, но не «стойте у них над душой», так как они не выносят шума и суеты.

После того как ваш заместитель или заместительница постепенно достигли положения вашей правой руки, можете действительно «просачковать» денек в полной уверенности, что по возвращении все будет в порядке, разве что ваша заместительница-Дева взглянет на вас с упреком. А кстати, вы не заметили, как она привлекательна? Если нет, то взгляните еще раз, да повнимательнее!

Болезни Дев

Людям этого знака часто присуща общая нервозность, порой в связи с расстройством кишечника. У них часто встречаются расстройства печени и заболевания крови, может возникнуть опасность запоров и геморроя. Стол рекомендуется соответственно личному вкусу.

Любовь и секс у Дев

Увы, Дева относится к любви (а соответственно и к сексу) весьма и весьма критически. Женщины этого знака слегка жеманны. Вообще люди знака Девы относительно холодны и сдержанны в удовольствиях любви. Так, рассказывают, что немецкий философ, создатель системы «абсолютного идеализма» Георг Фридрих Вильгельм Гегель (27 августа 1770 г. — 14 ноября 1831 г.) после своей женитьбы на вопрос, каково его мнение о плотской стороне любви, так прямо и заявил, что это всего лишь «масса смешных суетливых движений». Это, впрочем, не помешало ему иметь в браке нескольких детей, был у него и внебрачный сын.

Они как бы отпечатывают в своем мозгу свое поведение и поведение партнера. Вообще отдаются опьяняющему очарованию любви один раз в жизни, обычно когда они очень молоды, а опыт учит нас, что редко юношеские идеалистические романы выдерживают проверку временем. После первого разочарования в любви Девы приходят к выводу, что это ненужный, вышедший из моды миф! Страх разочарования объясняет осторожное отношение Девы к любви и сексу. Из-за своей чрезмерной критической, сверханалитической, слишком предусмотрительной и разборчивой личности Девы часто считают секс шуткой природы, данной человеку для продолжения рода. Когда они занимают такую негативную, самоотреченную позицию, они видят только боль страдания в любви и мало радости и восторга. К сожалению, именно эти недостижимые нормы Девы заставили астрологов символизировать этот знак Девой.

Таким образом, Девы числятся среди великих «уединенных» в зодиакальной семье, ах, как часто они сводят удовольствия любви к редким, изолированным моментам, происходящим только по необходимости.

Супружеская жизнь Дев

С Близнецами общие интересы, дружба, однако заключать союз опасно.

Со Стрельцом, любящим приключения, подвиги и авантюры, не рекомендуется брак для педантичной Девы.

С Рыбами отношения складываются трудно, притяжение между этими знаками недостаточно для брака.

С Овном глубокая дружба, сотрудничество, в браке могут возникнуть затруднения.

Со знаком Тельца взаимная симпатия, союз очень гармоничен. Их объединяет практичность.

Между Раком и Девой много общего, но рационализм Девы больно ранит чувства нежного Рака. Но союз получается гармоничным благодаря умению Девы приспособляться к людям.

Со Скорпионом гармоничный союз, несмотря на разность темпераментов.

С педантичным и спокойным Козерогом тоже благоприятный союз.

Со знаком Льва легко возникает дружба, возможен счастливый союз. Сила Льва привлекает Деву.

С Весами сильное притяжение, но в браке неизбежен конфликт.

Со своим знаком возникает взаимность.

С Водолеем, если Дева приспособится к нему, ей будет нетрудно вступить в брак, труднее будет сохранить его.

Свидание с Девой

Ключик к романтической Деве — это простая элегантность. Устройте ей элегантный и необыкновенный вечер. Но не тратьте слишком много, потому что ваша Дева будет смущаться от того, как вы беспечно сорите деньгами. Они будут поражены не столько их ценностью, сколько их количеством. Не забывайте, что Дева руководит домом здоровья, поэтому она выберет того, кто занимается физическими упражнениями, особенно на открытом воздухе. Или займитесь лечением суставов в санатории.

Девы также любят животных. Поэтому, помогая им общаться с животными (например, поход в зоопарк), вы сможете заслужить ее улыбку.

Совершите с Девой пешеходную экскурсию, покормите уток на пруду, посетите музей, поиграйте в мини-гольф, совершите прогулку в ботанический сад, сходите в бар выпить вина, посетите выставку картин, сходите на лошадиные бега, проведите всю ночь в развлечениях, займитесь приготовлением простого, но вкусного блюда, совершите прогулку по вашему городу в сумерках.

Камни-талисманы для знака Девы

Людям, родившимся под знаком Девы, должны были приносить счастье нефрит, сердолик и берилл. Чтобы эти камни обладали наибольшей силой, они должны были быть оправлены в серебро или в платину, но только не в золото.

Зеленоватый нефрит был известен уже в доисторические времена, из него делали украшения и оружие. У племен, населяющих острова Океании, топор с нефритовым острием по сей день служит отличительным знаком вождя. В более поздние эпохи нефрит, носивший поэтическое название «камня жизни», был в особенном почете у китайских императоров. Летописец императора Тао (VI в. до н. э.) записывал, что на придворных торжествах монарх выступал в митре из нефрита, а на груди у придворных висели нефритовые пластинки, форма и величина которых зависели от должности и ранга. Этот зеленый непрозрачный камень считали также амулетом, укрепляющим жизненные силы и охраняющим от всяческих болезней, потому хилый наследник трона спал на ложе, вырезанном из одной большой глыбы нефрита. В Древнем Риме, Древней Греции и Византии верили, что нефрит приносит удачу в азартных играх, дает победу возницам на состязаниях квадриг и бегунам на Олимпийских играх. В Средние века нефрит считался лечебным камнем, страдавшие мигренями, болезнями почек и расстройством зрения носили бусы из нефрита.

К тому же этот зеленый камень оберегал от «дурного глаза». Но не для всех нефрит мог быть талисманом. Астрологи считали, что люди, рожденные под знаками Близнецов и Стрельца, не должны носить украшения из нефрита.

Сердолик, непрозрачный полудрагоценный камень красной, красновато-коричневой, зеленоватой или белой окраски, был благодаря своей твердости камнем гербов в перстнях и печатей. На поверхности более крупных отшлифованных сердоликов вырезали изображения богов, профили монархов, афоризмы и заклинания. В Египте сердолик принадлежал к камням, посвященным богине Изиде. Верующие носили застежки из этого камня с символом богини, напоминающие по форме трехлистный клевер, в знак того, что отдают себя под покровительство «матери богов». После смерти, перед тем как положить мумию умершего в саркофаг, на грудь ее клали эту застежку, которая должна была обеспечить душе спокойную дорогу в страну мертвых. Редко встречающиеся сердолики (белые) были любимыми камнями гречанок. Они должны были придавать блеск их красоте, свежесть коже и лечить зубную боль. В Средние века украшения из сердолика были очень популярны, так как повсеместно верили в способность сердолика побеждать черную магию, защищать от недоброжелательства, придавать храбрость и помогать в сохранении тайны. Широко известны также были лечебные свойства этого минерала, который якобы хранил от расстройства желудка и горячки и останавливал кровотечение. Вместе с исчезновением средневековых суеверий пропал интерес к этому красивому минералу. Только под конец XIX в. ювелиры заново открыли его очарование. Теперь ожерелья и браслеты из оправленного в серебро сердолика — одно из излюбленных украшений современной женщины.

Берилл считается камнем, приносящим победу над врагами, способствующим обретению неукротимого нрава. Вместе с тем берилл часто рекомендуют носить тугодумам и ленивым. Зеленый, с выгравированным на нем драконом, придает неустрашимость воинам, но мало способствует в любви. Женщинам, носящим в серьгах или на шее в виде медальона, приносит благополучие в семейной жизни. Желтый и зеленоватый берилл, по словам А. И. Куприна, «добрый спутник странников». Для путешественников он талисман, оберегающий их жизнь. Считается также, что он мистически связан с процессом мышления, помогая ученым и философам познавать мир. В средневековой медицине он находил и практическое применение. Его растирали в порошок, делали мазь, лечили ею болезни глаз, проказу и старые, незаживающие раны. В древнерусском «Изборнике» Святослава и в перечне камней на ризе древнееврейского первосвященника берилл соответствовал зодиакальному знаку Льва, т. е.

8-й ступени основания Небесного Града. Арнольд Саксонский (XII в.) писал, что этот камень помогает в борьбе против врагов или в ссоре; носитель его становится непобедимым и в то же время дружелюбным, приобретает живость ума и исцеляется от лени. В древнем немецком переводе De Proprietatibus rerum Фомы Кемпийского пишется о том, что берилл вновь пробуждает супружескую любовь.

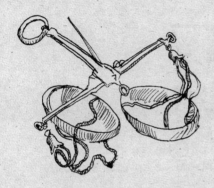

ВЕСЫ

23 сентября — 23 октября

Правящая планета	Венера
Счастливое число	2, 6, 7, 8, 9, 15
Символ	весы, книга
Цвета	темно-голубой, зеленый, пурпурный, цвет морской волны, пастельные тона
Камни	опал, изумруд, сапфир, жемчуг и берилл, зеленая яшма, лазурит, лунный камень, хрусталь, хризолит
Металл	бронза
Цветы	календула, розы, фиалки
Талисман	сердце, книга
Счастливые дни	пятница, суббота
Неудачные дни	вторник, воскресенье
Страны	Австрия, Кавказ, Китай, Япония, Таиланд, Сибирь

Из истории знака

Единственный знак Зодиака, представляющий неодушевленный предмет, он заключает в себе глубокую символику. Название этому знаку «Весы», в отличие от большинства созвездий, этой группе звезд дали не древние греки, которые видели в этом созвездии клешни находящегося рядом Скорпиона, а римские астрономы начала нашей эры.

Одна из наиболее правдоподобных интерпретаций такого названия связана с днем осеннего равноденствия, когда совпадает продолжительность дня и ночи. В настоящее время из-за несовершенства нашего летосчисления день осеннего равноденствия переместился в соседнее созвездие Девы, однако в начале нашей эры он приходился на созвездие Весов. С другой стороны, очертания созвездия действительно можно воспринять как весы, которые держит в своей руке Дева.

Созвездие Весов, как правило, представляется в виде женщины с весами в руках, эта женщина предположительно должна олицетворять собой греческую богиню правосудия Фемиду или римскую Астрею, взвешивающую на этих весах добрые и злые поступки людей. Впрочем, на некоторых картах звездного неба это созвездие обрисовывается только контуром весов, без фигуры человека, который эти весы держит. Каналы воздействия космоса на жизнь человека, родившегося под знаком Весов, — позвоночник и почки.

Силы, влияющие на Весы

Планета Венера считается астрологами «менее удачной» по сравнению с «более удачным Юпитером». Весам надлежит выработать дух практичности, чтобы пожинать плоды, которые приносит их небесный правитель. Когда Весы уравновешенны, они неотразимы.

Типичные достоинства и недостатки Весов

Достоинства. Весы высоко ценят людей. Испытывая влечение к гармонии и уравновешенности, они избегают грубых конфликтов. Они предрасположены к искусству вообще и с удовольствием занимаются им практически, даже если они лишь дилетанты. Эстеты и любители удовольствий, сердобольные, любезные, ласковые и мягкие. Их желание сделать людей счастливыми заходит настолько далеко, что они скорее угодят другим, чем самим себе, однако они неслабовольны, когда увидят, что их деликатные натуры оскорблены. И в сегодняшнем коммерческом мире у них есть два преимущества: их знак управляет областью любви и идеализма.

Недостатки. Люди-Весы многоречивы, легко воспламеняются, но и с жаром осуществляют свои планы, пока внезапно не откажутся от них, чтобы с тем же жаром отдаться другому предмету или идее. У них мало терпения и выдержки, поэтому трудно на них положиться, особенно когда осуществление работы требует много времени и усилий. Следует отметить, что они вообще-то несколько ленивы, неповоротливы, не любят напрягаться, лишь бы плоды их трудов были на что-то похожи. Весы часто находятся в разладе с окружающей действительностью, так как они совершенно отождествляют себя с элегантностью и изяществом, они пойдут на все, чтобы избежать контакта с людьми, которые оскорбляют законы этики и хорошего вкуса.

Общая характеристика личности

Каждый человек ищет Венеру, богиню любви, планету, которая ведает любовью, но ведь знак Весы обладает ею. Весы так же, как и их символ, имеют много колебаний вверх-вниз в своей личной жизни. Их личности — светлые и интеллектуальные, потому что они — воздушный знак, их очарование — беспредельно, их улыбки — неотразимы.

Весы всю свою жизнь ищут человека, который был бы идеальным супругом, но когда они все-таки находят идеального партнера, они редко бывают счастливы. Почему? Возможно, Весы влюблены в саму любовь? Может быть, так же, как и поверхность Венеры, которую астрологи с трудом рассматривают из-за туманности над ней, люди знака Весов необъяснимы.

По темпераменту: сангвиники.

Весы-мужчина

Интуитивные особенности и эстетическое понимание красоты делают Весы выдающимися художниками, поэтами, писателями, композиторами, певцами и актерами. Можно вообразить, что все эти качества делают их самыми счастливыми из астрологических знаков, и они часто действительно счастливы, но это еще зависит от того, найдут ли Весы духовного сообщника в жизни, для них это долг, совершенно невозможно думать о Весах в единственном числе: все их виды на будущее связаны со счастливой отдачей себя во всех областях жизни. Итак, мы видим, что Весы — искатели любви. Но не в прямом смысле, как, например, Стрелец или Скорпион. Весы, пожалуй, надеются на тот необыкновенный вечер, когда услышат смех незнакомца, который станет затем их духовным сообщником и сделает их жизнь полной.

Но все эти качества не делают Весы слабым противником, когда вы им уже обладаете. Их независимость непоколебима, хотя выражают они это мягко и незаметно. Они всегда ясно представляют себе тип человека, которого ищут.

Весы-женщина

Любая женщина, имевшая несчастье родиться под этим противоречивым знаком, — жертва противодействующих сил. Физическое удовлетворение в сексе она испытывает с большой интенсивностью, но одновременно психически не способна ни насладиться, ни одобрить его. В ходе любовной игры она не умеет проявлять какую-либо инициативу. Партнер вынужден взять ее на себя полностью. При этом он может быть одобрен или отвергнут — в зависимости от ее сиюминутного настроения. Она не любит разговаривать на сексуальные темы, поскольку не способна передать свои ощущения в «словесном измерении». Она внешне не проявляет своего состояния возбуждения или желания, не дает сигналов и информации о своей сексуальности. Секс в сознании женщины-Весов исключен из категории высших чувственных ощущений, дает чисто физическое удовлетворение и носит часто гедонистический характер. Она не выносит чрезмерной нежности, сентиментальности, деликатности — не ощущает этой атмосферы. После бурной ночи она может вести себя так, как будто ничего не произошло — ни ласкового слова, жеста, улыбки. Она должна осторожно подбирать себе партнеров. Наихудшим для нее является Козерог, а наилучшим — Дева и Скорпион. Самым большим ее врагом является она сама.

Весы-ребенок

Весьма очаровательный младенец, с самым приятным из выражений на личике, он является поистине благословением Небес. Ваш ребенок слишком хорошо воспитан, чтобы закатывать вам истерики. Но это лишь начало вашего длинного совместного пути. Ребенок-Весы очень не любит становиться перед выбором, так что если перед ним будут ставиться два блюда, он, скорее всего, не выберет ни одного. Надо подавать ему одно блюдо за другим.

Так же долго этот ребенок будет думать, какой носок раньше надеть — правый или левый? И вот он будет сидеть в задумчивости, держа один носок в руке и размышляя над другим, пока вы не велите надеть носок на левую ногу.

Другая проблема воспитания этого ребенка — так называемая лень. Но он вовсе не ленив — он может играть и заниматься чем-либо часами, но потом ему необходим длительный отдых, чтобы восстановить свои силы. Так что не сердитесь, когда видите, что ваш ребенок бездельничает — это так надо, таким его создали звезды.

Дети-венерианцы способны растопить любое сердце своей обаятельной улыбкой. К тому же они большие поборники справедливости и правдолюбцы. Правильно воспитанные, они доставляют мало хлопот учителям, поскольку имеют ясный и логичный ум, любознательны, любят дискутировать.

Такие дети всегда содержат свои комнаты в чистоте и порядке: девочки любят украшать обеденный стол цветами и свечами; мальчики много читают и кажутся всезнайками, но их умение спорить может когда-нибудь привести их к занятиям юриспруденцией. Так как и девочки, и мальчики рано проявляют склонность к музыке и живописи, развивайте их таланты — кто знает, может быть, кто-то из них станет художником или композитором...

Создайте ему условия, и ваш ребенок вырастет таким, как Брижит Бардо, Сара Бернар, Махатма Ганди, Джордж Гершвин, Грэм Грин, Ференц Лист, М. Лермонтов, Д. Писарев, Марчелло Мастроянни, Юджин О'Нил, Фридрих Ницше, Оскар Уайльд, Уильям Фолкнер, Дуайт Эйзенхауэр, Иван Павлов, Джон Леннон, Оскар Уайльд, Томас Элиот.

Карьера Весов

Часто Весы имеют несколько профессий, одна из них бывает связана с искусством, предпочитают живопись, художественное ремесло и артистическую деятельность. Это прирожденные дизайнеры, граверы, графики, художники по интерьеру, декораторы, ландшафтные дизайнеры, скульпторы, архитекторы, писатели, торговцы картинами, косметологи, парикмахеры, маляры.

Это также типичный юрисконсульт, агент, оценщик, бизнесмен, сотрудник, управляющий, адвокат, охотник за знаменитостями, посредник, купец, нотариус, миротворец, политик, рефери или судья.

Жизненный путь Весов

Рожденный под знаком Весов обычно бывает приятен в общении, вежлив, обладает тонким художественным вкусом и артистической натурой, он чувствителен, обаятелен, деликатен, настроен в высшей степени романтично. Люди, рожденные под знаком Весов, способны на безусловную преданность, миролюбивы, отличаются дружелюбием, элегантностью, идеалистическим складом ума. Они хорошие слушатели, умеют проникнуться чужими проблемами, часто являются альтруистами: выказывают стремление к порядку, легко приспосабливаются к изменившейся ситуации. К числу их недостатков следует отнести нерешительность, связанную с неумением сделать выбор, оказать предпочтение одному из вариантов поведения, а также непрактичность, леность, некоторую вульгарность, тщеславие.

Весы все время клонятся в ту или другую сторону. Посему постоянное счастье у них бывает редко. Им следует стремиться к постоянству. Благосостояние достигается довольно поздно, в среднем возрасте.

Болезни Весов

Болезни нервной системы. Болезни почек и кишечника. Общее состояние слабости вследствие ненормального образа жизни и склонности к лени.

Супружеская жизнь Весов

Знак Овна притягивает Весы, но представляет сердечные осложнения вследствие импульсивного и ревнивого характера Овна.

С Тельцом много сходства, любовь их ведет к спокойствию, но это делает возможным длительный союз.

С Близнецами союз прочный, гармоничный.

Со знаком Рака неминуемы осложнения — Весам противопоказан собственнический характер Рака.

Со Львом возможен прочный союз при условии, что Весы будут хранить ему верность.

Со знаком Скорпиона сильное физическое влечение, но гармония постоянно нарушается, так как легкий характер Весов не по нраву Скорпиону.

Со своим знаком редко получается прочная связь.

С Козерогом союз неблагоприятен, слишком велика разница в характерах, образе жизни, темпераменте. Холодная темпераментность Козерога отталкивает Весы.

Со Стрельцом дружба и сотрудничество, ибо эти знаки испытывают непостоянное для брака физическое притяжение. Но здесь усидчивый характер Весов в отдельных случаях может победить судьбу.

С Девой благоприятна дружба и сотрудничество.

Водолей привлекает знак Весов, но быстро наступает охлаждение, причем без конфликтов. Союз неблагоприятен.

С Рыбами благоприятна дружба и сотрудничество. Легко возникает симпатия, но физический интерес невелик.

Любовь и секс у Весов

Весы способны на преданность. Знак сулит им много перемен в любви. Брачная жизнь в большинстве случаев неблагоприятная. Частые материальные потери из-за душевных конфликтов.

Даже очень желанные поначалу ласка и физическая близость со временем действуют Весам на нервы, поскольку эти «боги любви» прилагают все усилия, чтобы выглядеть в глазах окружающих красивыми, соблазнительными и очаровательными, и, когда они наконец находят того, кого искали, для них начинается восхитительный розовый период романтического очарования, и тогда действительно можно поверить, что люди знака Весы происходят от планеты любви — Венеры.

Свидание с Весами

Весы руководят домом партнерства, что говорит о том, что они склонны к общественной жизни и другими они интересуются больше, чем собой лично. Вашим Весам необходимо будет иметь как можно больше забавы и веселья во время ваших свиданий. Что-нибудь общественное будет иметь успех у ваших Весов. Если это что-нибудь артистическое или культурное, то выгодно используйте это, и тогда вы действительно их поразите. Почему бы не устроить торжественное открытие художественной выставки? Красота и чувственность для Весов очень важны, поэтому это, несомненно, должен быть человек, который вызовет у них желание принести цветы к его дверям.

Отправьтесь с Весами куда-нибудь в кафе, почитайте книгу, поиграйте в игру, сходите в оперу, театр или на балет, посетите художественную выставку, совершите прогулку в ботанический сад, посетите музыкальный фестиваль под открытым небом, поиграйте в туристов в своем же городе, посетите ресторан (желательно таиландский, эфиопский или еще какой-нибудь экзотический), где вы можете вместе пообедать, посмотрите вместе художественный фильм, совершите полет на вертолете, запускайте вместе воздушного змея, посетите авиационную выставку, сделайте массаж суставов или отправьтесь на лечение в санаторий, провожайте вместе закат.

Что нравится Весам

Как знак замужества и партнерства, Весы будут большими поклонниками романтики, когда это касается выбора книг или фильмов. «Унесенные ветром» и «На вершине страсти» — среди их излюбленных книг. Они постараются украсить свои книжные полки произведениями Бальзака и Гюго. Двойственность Весов проявляется даже в еде. Им часто тяжело решиться, какое из двух блюд предпочесть, однако предпочтение они отдадут тем блюдам, которые включают их любимые специи, такие, как корица, имбирь, мята или ваниль. Весы с их прекрасными манерами проявят свой изысканный вкус и обоняние в каком-либо утонченном ресторане с отличной кухней — это будет как раз им по вкусу.

В кино Весы готовы смотреть все что угодно, лишь бы им не пришлось идти в магазин видеопроката и принимать решение перед тысячей фильмов. Попробуйте посмотреть милые романтические истории двух людей, пытающихся сделать все, чтобы быть вместе.

Весы вряд ли смогут решить, какой стиль музыки им нравится. Они только хотят быть уверены в том, что то, что они слушают, не действует на нервы другим. Когда вокруг находятся дети, они будут слушать Бритни Спирс и группу «Backstreet Boys» и даже переключат радио, если в машине будут находиться друзья или родственники.

Любящие партнерство Весы увлекутся парными видами спорта, такими как фигурное катание, или активными видами спорта, где сможет быть проверено их умение держать равновесие, например гимнастикой, гандболом или скейтбордингом.

Они будут увлечены путешествиями по островам Фиджи, им вполне подойдут Лесото, Новая Зеландия, Никарагуа, Нигерия, Уганда.

Что будет интереснее Весам: посмотреть развлекательную игровую программу или «Криминал»? Вероятно, нечто, соединяющее одно с другим. Им, вероятно, понравится шоу, которое достаточно популярно для того, чтобы о нем поговорить завтра, но которое пробуждает их чувство благотворительности и уравновешенности.

Камни-талисманы для знака Весов

Приятным, хотя и несколько легкомысленным и беспечным людям, рожденным, когда Солнце стоит в знаке Весов, астрологи рекомендовали носить опалы и лазуриты.

Пожалуй, среди драгоценных камней нет такого, с которым было бы связано столько поверий и предрассудков, сколько с опалом, переливчатым камнем с радужным сиянием. В Средние века перстни с опалами должны были предохранять от чумы, именно поэтому во время эпидемии повсеместно носили украшения из опала. В качестве талисмана опал должен был гарантировать успех во всех начинаниях. Но только при условии, что его обладатель — человек благородный, сумевший побороть в себе эгоизм и стремление к богатству. А люди непостоянные, с неустойчивым характером должны остерегаться этого камня. Он также приносит дар пророчества, но, если предсказание будущего имело целью повредить кому-либо, опал утрачивал свое чудесное свойство. Он был камнем надежды, а на Востоке его считали камнем верности. С эпохи Возрождения в Европе распространилось поверье, что «радужные камни» приносят несчастье. Придворный церемониал русских царей запрещал появляться на дворцовых торжествах в опаловых украшениях.

Из голубого лазурита в древности делали так называемые геммы — овальные пластинки с выгравированным рисунком. Римские любители искусства гордились своими коллекциями из нескольких тысяч таких гемм. Порой они были истинными шедеврами гравировального мастерства.

Астрологи советовали носить украшения из лазурита людям, родившимся под знаком Весов, поскольку влияние этого камня должно было смягчать слабости, часто присущие людям, рожденным под этим знаком, — недостаточную выдержанность, переменчивость в дружбе и любви. Те же, кто рожден под знаком Рака и Козерога, должны остерегаться этого камня.

Как большинство драгоценных и полудрагоценных камней, лазурит принадлежал к лечебным камням. Средневековые врачи рекомендовали носить ожерелья с лазуритом людям анемичным, страдающим кожными болезнями, эпилепсией и ревматизмом. Из лазуритовой крошки делали прекрасную синюю неблекнущую краску, которой мастера готики и Возрождения разрисовывали одежды святых.

СКОРПИОН

24 октября — 22 ноября

Правящие планеты	Марс и Плутон
Счастливые числа	4, 5, 8, 9
Символ	скорпион, орел, Змееносец, светильник, пирамида
Цвета	кроваво-красный, алый, малиновый и все огненные цвета
Металл	железо, сталь
Камни	рубин, коралл, аквамарин, берилл, хрусталь, карбункул, малахит, топаз
Цветы	пион, гвоздика, хризантема
Талисман	жук, скорпион, знак смерти
Счастливый день	вторник
Неудачные дни	понедельник, пятница
Страны	Германия (Бавария), Норвегия, Алжир, Швеция, Марокко, Цейлон

Из истории знака

Название этого созвездия происходит из древнегреческого мифа об охотнике Орионе и богине-девственнице Артемиде. В этом мифе рассказывается история о том, как Орион рассердил Артемиду, богиню Луны и покровительницу охоты. Артемида разбудила скорпиона и заставила его смертельно ужалить Ориона. Первоначально созвездие Скорпиона включало в себя также те звезды, которые римские астрономы позднее выделили в отдельное созвездие Весов. Эти звезды воспринимались греками как клешня скорпиона. Символ Скорпиона представляет собой изображение его ног и жала. Этот знак символизирует также мужские гениталии.

Другие оккультисты полагают, что знак Скорпиона — это схематичное изображение отрубленного хвоста ящерицы. Действие знака на человека осуществляется через гениталии и почки. Скорпион считается наиболее сильным в магическом отношении знаком.

Силы, влияющие на знак

Скорпион — это знак воды под покровительством Марса и Плутона. Обе эти планеты обуславливают его характер. Скорпион борется, страдает, пожирает сам себя, возрождается из пепла.

Общая характеристика личности

Характер людей этого знака контрастный, темпераментный, это очень привлекательный человек. Первая трудность для него — жить. На первый взгляд у него есть все, чтобы добиться успеха: живость ума, энергия, сила. Но из-за раздражительности характера у него много врагов. Скорпион часто бывает в состоянии раздражения, но «свой яд направляет против себя». В личностях, рожденных под этим знаком, есть что-то неуловимое и загадочное. Даже когда кажется, что он искренен, на самом деле он замкнут и осторожен. Для него это мера защиты. Ему кажется, что ему угрожают, и тут же он выдвигает целую систему защиты. Когда же на него действительно нападают, гнев его страшен.

По темпераменту: флегматики.

Типичные достоинства и недостатки Скорпионов

Достоинства. Рожденные под знаком Скорпиона очень часто отличаются повышенной эмоциональностью, искренностью. Скорпионы практичны; они обладают несомненным магнетизмом, притягивают окружающих своей мистической натурой. Как правило, Скорпионы — люди добрые, причем их доброта носит активный характер, им свойственны такие черты, как решительность, самодисциплина, упорство, энергия. Скорпионы очень искренни, преданны; всегда стараются добиться наилучших результатов во всем, что они делают, стремятся к совершенствованию своих профессиональных навыков. Скорпионы — прирожденные бойцы, они ревниво (но не завистливо) относятся к успехам других людей, часто вступают в различные состязания.

Недостатки. К сожалению, не меньше и список отрицательных качеств, обычных для Скорпионов. Здесь и эгоизм, и непокорность, и скептичность, и подозрительность, усугубляемая их собственной скрытностью, и самовлюбленность, и безжалостность, и мстительность. Скорпионы нередко позволяют другим людям манипулировать ими.

Они часто склонны к мистике, поддаются влиянию чужой воли, к магии и метафизике. Конфликты между возвышенным и низким: с одной стороны, гнев, мстительность, жестокость и злость, с другой — высокий идеализм и сильная потребность в познании, рвение к духовному развитию, жажда знаний и упорство в их достижении, решительность и бесстрашие. Часто Скорпионы — очень привлекательные натуры, но с разнообразными внутренними конфликтами, без которых они в общем-то не мыслят себе существования.

Скорпион-мужчина

Личность Скорпиона — это изменчивое сочетание антагонистических сил. Обладающие сильной волей и чувством независимости, люди этого знака, тем не менее, страстны и легко возбуждаются. Душа и плоть постоянно борются между собой, и поэтому Скорпион кажется иногда самим дьяволом. А иногда неожиданно святым. Да, даже похожим на бога, ибо щедро наделен небесными правителями. Это люди с сильной волей, настолько сильной, что агрессивность создает много врагов на их пути к успеху. Скорпионы борются за успех в жизни, возможно, с гораздо большей энергией, чем все другие знаки, вместе взятые. При этом Скорпион мягкосердечен, несмотря на кажущуюся черствость. Сначала он, как правило, бывает недоверчив и сдержан. Вообще же у этих людей своеобразный и интересный характер, очень проблематичный.

Скорпионы не умеют правильно выразить себя, кроме того, они склонны помалкивать и держать все в секрете. Они хотят достичь своих целей без посвящения кого-либо в свои дела, так что мало кто может понять правильно их действия.

Скорпион-женщина

Она обладает самым сексуальным темпераментом. Любит секс и охотно признает, что она в нем ненасытна. Свои широкие потребности удовлетворяет при условии, что она верна своей природе и не связывает себя этическими и социальными нормами. Секс привлекает ее и как предмет (цель), и как деятельность (форма самопроявления). Он становится в ее жизни предметом культа. Воздержание может только негативно отразиться на ней. Она всегда привлекательна, причем в смысле не столько эстетической красоты, сколько особой полноты жизни. Она обладает неистощимой жизненной энергией, которую в состоянии направить на разные области жизни. Она горда своим телом и его прелестью, заботится о нем и сохраняет в хорошей форме. Ее темперамент не ослабевает до самой старости. Она часто становится виртуозом. Те из мужчин, которые ищут в постели раскрепощенность и наслаждение, находят их именно с ней. Против видимости она может быть превосходной женой для мужчин, которые не имеют традиционных взглядов на секс в семейной жизни и на так называемую супружескую верность. Ее внебрачные связи обусловлены не недостаточной кондицией или темпераментом ее мужа, а неограниченной жаждой новых впечатлений. Если он ей импонирует и она его любит, то она будет по-своему верна ему, т. е. он всегда будет на первом месте. Ее сексуальные приключения будут в этом случае служить исключительно целям поиска разнообразного физического удовлетворения и никогда не нарушат существующих семейных уз.

Она в состоянии отделить секс от любви, что отличает ее от большинства женщин.

Скорпион-ребенок

Этот маленький чертенок — реальный вызов для любого родителя, при этом, доведя вас до бешенства, он будет лишь наслаждаться хорошей борьбой. Ваш маленький Скорпион никогда не пойдет на компромисс. Маленькие Скорпионы — отчаянные драчуны, они презирают слабых и не прощают обид. Им надо внушать, что мстительность часто оборачивается против них же. Воспитание юного Скорпиона требует применения строгости и дисциплины, но одновременно не забывайте окружать его заботой и любовью, так как он очень в этом нуждается. Одним из достоинств юных Скорпионов является их поразительная способность терпеть любую физическую боль. Даже если такой ребенок сильно порезал ногу и ему надо срочно наложить швы без наркоза, он не заплачет.

Как девочки, так и мальчики, родившиеся между 24 октября и 22 ноября, очень рано выучиваются читать и в школе легко усваивают сложный теоретический материал. Однако педагоги часто не знают, что лучше к ним применить, чтобы приучить их к порядку: «розги» или, наоборот, назначение на «руководящие» должности в классе. Пожалуй, последнее себя больше оправдает.

Дети обожают страшные фильмы, научную фантастику и рассказы о привидениях. Они рано влюбляются, и тут следует внушить им чувство ответственности за свои романтические похождения, иначе, став взрослыми, они могут причинить много горя особам другого пола. Так как все Скорпионы очень уважают семейные узы, такое объяснение может в дальнейшем служить для них сдерживающим началом.

Ребенок-Скорпион обладает многими необычными чертами характера: мудр не по годам, многое постигает самостоятельно, настойчив в достижении своей цели, энергетически неисчерпаем. Поэтому очень важно вовремя направить его на правильную стезю и поддерживать его, пока он нуждается в вашей помощи. Плутон наделил его отвагой, силой и развитым интеллектом, но только родители собственным примером могут научить его главному: как любить других и быть любимым. В избранной специальности достигает больших высот.

Создайте ему условия, и ваш ребенок вырастет таким, как Мартин Лютер, Михайло Ломоносов, Шарль де Голль, Мария Кюри, Роберт Фултон, Теодор Рузвельт, Пабло Пикассо, Огюст Роден, Ричард Бартон, Вивьен Ли. Под этим же знаком родились, кстати, и французская королева Мария-Антуанетта, а также Федор Достоевский, Индира Ганди, Роберт Кеннеди (их печальную, хотя и славную судьбу стоит принять к сведению).

Жизненный путь Скорпионов

В молодости волнения и перемены положения, пока не разовьется и не окрепнет характер. Успехи в большинстве случаев после 30-летнего возраста. Выигрывают особенно после вступления в брак. С помощью честолюбия достигают своей цели.

Карьера Скорпионов

Скорпионы — традиционно хорошие врачи, хирурги, дантисты, бальзамировщики, патологоанатомы, биохимики, психологи, психоаналитики, телохранители, криминалисты, частные детективы, страховые агенты, следователи, водолазы, сборщики налогов, судебные исполнители.

А также военные, реформаторы, писатели с особым самобытным направлением, коллекционеры, цензоры, дебиторы, винокуры, землекопы, водопроводчики, мусорщики, шахтеры, предприниматели, лидеры профсоюзов, консультанты.

Скорпион-начальник

Еще президент Теодор Рузвельт, сам Скорпион, сформулировал правило, которым руководствуются люди этого знака, придя к власти: «Разговаривайте тихо и вежливо, но имейте при себе большую палку».

Главное свойство характера руководителя-Скорпиона — умение держать свои планы и намерения в тайне, но «вытягивать» у своих подчиненных всю подноготную. Он тщательно подбирает сотрудников, исходя из личных симпатий и антипатий. Если кто-то из них перестает отвечать его жестким требованиям или противоречит ему, его перестают замечать, и так продолжается до тех пор, пока подчиненный сам не подыщет себе новое место. Скорпион особенно ценит сотрудников, умеющих работать в коллективе, а по отношению к тем, кто ему нравится, он может быть любезным и даже обаятельным. Однако такой начальник не терпит никаких проявлений эмоций — ни у своих подчиненных, ни у себя. Но когда возникает экстремальная ситуация, он весь горит, пока не справится с ней, а затем снова замыкается в себе. Следует отметить, что все руководители, управляемые Плутоном, не боятся никаких трудностей и уверены, что всегда справятся с ними. Они подчиняют своей воле и околдовывают, да так, что вы будете думать, что лучше, умнее и добрее начальников нет.

Скорпион обладает сверхъестественной способностью угадывать мысли, а также события жизни своих подчиненных. Он поймет ваше настроение и поможет в трудную минуту. Но не расточайте ему комплиментов, будьте с ним сдержанны, как он. Не пытайтесь как-то задеть его — это будет вам стоить здоровья и работы.

Скорпион-подчиненный

Есть ли кто-нибудь в вашем учреждении, кто может похвастаться наибольшим самообладанием? Кто больше других уверен в себе, не показывая это? У кого самый острый глаз и огромная выдержка? Кто не любит болтать о своих личных делах? Кто четко выработал себе планы на будущее? И наконец, кто внушает остальным сотрудникам некоторый страх? Если такой человек найдется в вашем коллективе, то можете быть уверены, это Скорпион.

Скорпион-служащий никогда не лжет ни самому себе, ни другим, а также не возлагает вину за свои ошибки на кого-то. Он обычно успешно продвигается по службе, не ожидая поощрения, и всегда знает, чего он добивается. Комплексом неполноценности такой чиновник не страдает и не намерен до конца жизни оставаться подчиненным, он будет следовать к своей цели, какие бы преграды перед ним ни стояли.

Скорпион чрезвычайно исполнителен и всегда предан своему патрону. Если и начальник, и работа ему по душе, он будет работать, не глядя на часы, а если надо — останется и после работы. Если же начальник будет груб с ним, примется нарушать обещания, он со временем отомстит с лихвой. Так что все зависит от отношений. Большинство руководителей очень ценят своих служащих-Скорпионов и считаются с их мнением.

Болезни Скорпионов

Людям этого знака свойственны болезни брюшных и половых органов, мочевого пузыря. Подверженность всевозможным инфекциям. Болезни носа. Опасность от огня и оружия. С людьми этого знака порою случаются несчастные случаи, особенно во время путешествий.

Любовь и секс у Скорпионов

Сильная страсть и чувственность, при этом готовность приносить жертвы отличают Скорпионов от остальных знаков Зодиака. Часто эта страсть оборачивается потерей любимого человека. Скорпионы очень эмоциональны, они нуждаются в любви, они жаждут ее, они просят ее. Любовь — это их жизненное горючее. Астрологи единодушны в том, что Скорпион — самый сексуальный из всех знаков Зодиака.

Будучи королями во всех сексуальных делах, Скорпионы подходят к сексу с легкостью и обычно начинают заниматься им в раннем возрасте, потому что они сексуально привлекательны, даже если не очень красивы. Каждый видит вожделение, исходящее от них, а если не видит, то чувствует. Люди хотят ласкать их, хотят быть всегда с ними, потому что они сознают внутренние силы, которые скрыты в страстной натуре Скорпиона.

Супружеская жизнь Скорпионов

Союз с Рыбами наиболее благоприятен, однако Скорпиону необходимо сдерживать себя и не оскорблять чувства справедливости и самолюбия Рыб.

С Козерогом возникает гармоничный союз. Козерог своей педантичностью и спокойствием сдерживает энергию и активность Скорпиона.

Благоприятен союз с Девой.

С тонко чувствующим Раком благоприятный союз.

Между знаками Льва и Скорпиона сильное физическое влечение, гармония, но союз обречен на гибель вследствие собственнического характера Скорпиона.

Деятельный Скорпион и мечтательный Водолей плохо понимают друг друга.

С Тельцом может возникнуть или притяжение, или сильный антагонизм, но союз благоприятный из-за большой активности обоих.

Между знаками Весов и Скорпиона возможно сотрудничество в работе, но не брак, так как легкий характер Весов не по нраву Скорпиону.

Брак со Стрельцом полон гармонии.

Слабый темперамент Водолея не подходит Скорпиону.

Со своим знаком большое притяжение, но союз несчастлив.

Свидание со Скорпионом

Тайна — вот название игры Скорпиона. Поэтому увлекательные игры, фильмы и театр будут вашим пропуском на прекрасный вечер. Несомненно, таинственный ночной обед, основанный на игре «Ключ», может быть самым совершенным вечером. И тогда ваш Скорпион мог бы вести себя как-то иначе, изображать таинственность и провести с вами еще некоторое время. Скорпионы очень страстные натуры, поэтому не скупитесь на любовь, когда вы вместе проводите время.

Сходите в театр, поиграйте в игру, совершите круиз (не важно, длительный или короткий), посмотрите увлекательный фильм, устройте маскарад, займитесь плаванием, сходите в баню, посетите музей, какое-нибудь спортивное мероприятие, понаблюдайте за звездами, сходите на карнавал или на ярмарку, посетите какое-нибудь театральное событие и примите в нем участие, покатайтесь вместе на коньках или на яхте, сходите вместе на костюмированную вечеринку.

Что нравится Скорпионам

Как знак смерти, Скорпион не может не поразить собеседника, мастерски обсуждая метафизические или абстрактные материи. Его проницательный ум будут стимулировать книги, которые подходят под категорию драмы, ужаса и напряженного волнения. Хичкоковские сборники пополнят его выбор, а мрачные фантазии Эдгара По будут частенько занимать его вечера.

Напряженный во всем, Скорпион предпочтет пищу, насыщенную любимыми специями, например базиликом, корицей, карри, чесноком и имбирем. Если это возможно, то еда должна быть насыщенного красного цвета. Как знаку Воды, Скорпиону иногда хочется домашней пищи. Упрямый Скорпион предпочитает придерживаться определенного порядка и не надоедать с приготовлением сложных блюд, которые могут занять их время. Врожденное крепкое телосложение дает ему возможность переносить значительные излишества.

Пытливый Скорпион любит мистику и испытания и потому предпочитает фильмы, при просмотре которых зрителю необходимо полагаться только на себя, наблюдая за тем, что происходит на экране. Ему бы понравились такие фильмы, как «Иствикские ведьмы», «Сияние», «Красотка» или «Заводной апельсин».

Напряженному и ядовитому Скорпиону нужна музыка, в которую он может полностью погрузиться. Вы бы попробовали послушать «Танджерин Дрим» или что-нибудь в исполнении Вангелиса. Для большинства Скорпионов подойдет и танцевальная музыка «Скутер» или ритмичная современная электронная поп-музыка.

Хитрый, коварный и жизнеспособный, Скорпион получает удовольствие от тех видов спорта, которые испытывают его темперамент, стратегию и терпение. Он фанат тенниса, бейсбола, шахмат, шашек, стратегических компьютерных игр.

Попутешествовать он поедет в Анголу, на острова Антигуа, в Коста-Рику, Турцию, Китай.

Отдыхая по вечерам, Скорпион никогда не упустит случая насладиться разгадкой какой-нибудь тайны и с удовольствием посмотрит по телевизору очередную серию «Секретных материалов».

Камни-талисманы для знака Скорпиона

«Когда солнце входит в знак Скорпиона, которым правит планета Марс, родятся люди честолюбивые, упорные, любящие науку, часто стремящиеся к власти, иногда страдающие меланхолией, — писал Тихо Браге в своей „Книге гороскопов“. — Их драгоценности — это аквамарин, карбункул, коралл и главный их талисман — это перстень или браслет в форме змеи».

Аквамарин, красивый прозрачный зеленовато-голубой камень (букв. «цвета морской волны»), в древности и в Средние века считали амулетом счастливых супружеских союзов. Во Франции новобрачные обменивались кольцами с аквамарином, веря, что благодаря этому их жизнь пройдет во взаимной любви и уважении. Аквамарин обладал также силой обращать мысли своего обладателя к тому, кто подарил его. Поэтому влюбленные, вынужденные на время расстаться, обменивались украшениями с этим камнем. Так и поступили прославленные в Средние века влюбленные: философ Абеляр и его ученица Элоиза, — покидая Париж. Мудрая и прекрасная Элоиза надела на безымянный палец кольцо с аквамарином. Она часто вспоминала этот камень в письмах к Абеляру, называя это кольцо, «напоминающим о счастливейших днях». Мореплаватели также верили в чудесную силу аквамарина, который в древности был посвящен божествам морских глубин. Тот, кто его носил, мог не бояться опасностей плавания. Камень цвета «моря и воздуха» якобы должен был излечивать заболевания горла и зубов, поэтому людям, страдающим от этих недомоганий, врачи советовали носить ожерелья из оправленных в серебро аквамаринов.

Кроваво-красная разновидность граната, называемая карбункулом, была любимым украшением в древности и в Средние века, о его таинственной силе ходили легенды. В Риме карбункул был талисманом у беременных женщин: считали, что он прибавляет им жизненную силу и обеспечивает благополучные роды. А в Средние века его носили главным образом мужчины, особенно военные, ибо этот камень должен был хранить от ран и останавливать кровотечение. Карбункул должен якобы возбуждать в сердцах людей дружеские чувства. Его обладателю не надо было опасаться, что друзья оставят его в трудную минуту. Он также прогонял черные мысли и рассеивал меланхолию. Поэтому астрологи предназначали его людям, рожденным под знаком Скорпиона.

Третьим драгоценным камнем-талисманом для рожденных под этим знаком был коралл, в Египте посвященный Изиде, а в Греции и Риме — Афродите (Венере). Коралловые амулеты подвешивали над колыбельками новорожденных. Это должно было беречь их от дурного глаза. Коралл хранил также от молнии. Его сила отпугивала демонов и охраняла от искушений. Поэтому среди христианского духовенства распространился обычай ношения коралловых четок. Толченые кораллы, размешанные в воде, считались хорошим средством против болезней горла, а пепел от сожженных кораллов, растертый с жиром, должен был лечить раны и ожоги.

СТРЕЛЕЦ

23 ноября —
21 декабря

Правящая планета	Юпитер
Счастливое число	3, 4, 9
Символ	кентавр-стрелок, звезды, жезлы
Цвета	синий, голубой, фиолетовый и багровый
Камни	аметист, сапфир, изумруд, агат, карбункул, бирюза, хризолит, топаз
Металл	цинк, жесть
Цветы	гвоздика, нарцисс, василек
Талисман	саламандра, подкова
Счастливый день	четверг
Неудачный день	среда
Страны	Португалия, Венгрия, Испания, страны Латинской Америки (кроме Мексики и Бразилии), арабские страны

Из истории знака

ифы Древней Эллады ассоциируют созвездие Стрельца с кентавром Хироном, которого Геракл убил при помощи отравленной стрелы. Зевс взял Хирона на небо и позволил ему направить свою стрелу в скорпиона. Символическая интерпретация знака — лук со стрелой. Знак вторгается в жизнь человека через его печень и бедра.

Силы, влияющие на Стрельца

Юпитер, планета удачи, как часто ее называют астрологи, может наделить своих сыновей успехом, почетом, славой и благосостоянием. Но сперва Юпитер подвергает Стрельца суровым испытаниям, провозглашая, что он должен переплыть семь морей в поисках идеализма, который на самом деле заложен внутри них самих. Но Стрельцу трудно прийти к выводу, что их внутреннее спокойствие зависит от их умственного восприятия мира.

Общая характеристика личности

Стрельцы чаще всего бывают открытыми, дружелюбными, честными оптимистами, исполненными благородства и энтузиазма; их энергия брызжет через край. Стрельцы довольно часто оказываются склонными к философии, их ум и сердце всегда готовы воспринять новую идею. В общении Стрельцы нередко проявляют великодушие, откровенность, готовность к поиску компромиссов. Вместе с тем люди, рожденные под созвездием Стрельца, импульсивны, несдержанны на язык, крайне неосторожны. Они могут долго работать, быстро продвигаясь к цели, однако совершенно не умеют вовремя сделать остановку и передохнуть.

Стрельцы неугомонны: они всегда «расширяют» свою личность, поддаваясь соблазну гипнотической звезды на горизонте, ожидая новых приключений. Они хотят видеть, вкушать, обонять все на свете до того, как настанет конец их земного путешествия.

Характер Стрельцов ловкий, многосторонний, страстный, работящий. Ум легко воспринимает знания. Ценит независимость и свободу. Своевольный, действующий необдуманно, упрямый, но и откровенный, без фальши.

Общительный, любезный, великодушный Стрелец любит животных и обожает путешествовать. Люди этого знака обладают большим состраданием и милосердием. Следует опасаться преувеличений, ибо людей такого склада характера часто заносит.

По темпераменту: холерики.

Стрельцы-мужчины

Стрельцам быстро приходят в голову различные идеи, а их успех часто основывается на их интуитивном предчувствии. Как их символ — кентавр-стрелок, Стрельцы прямы в манерах и речи, которая, как летящая стрела, поражает цель. Они выражают свое личное мнение, не считаясь ни с чем. Они — проницательные наблюдатели жизни, и они редко могут удержаться от замечаний относительно личности своих любимых, но эти замечания полезны, а не только критичны. Но Стрельцы должны осознать, что не все объективны, как они, и их хорошие намерения часто понимаются неправильно. Стрельцы очень романтичны и страстны, честны и прямы в своих чувствах и намерениях. Однако часто это принимается за пустоту и поверхностность или за притворную лесть. Стрельцы не должны обижаться на малейшее проявление пренебрежения или невнимания, настоящее оно или кажущееся. Они не должны обижаться или затаивать злобу на людей — свой единственный источник радости. Они должны научиться верить в свое светлое завтра. Почему бы нет? Ведь Зевс (Юпитер) — их мощный союзник. Несмотря на свою общительность, Стрельцы часто бывают очень одинокими, так как они крайне идеалистичны. Они продолжают верить в любовь и дружбу долгие годы после того, как приобрели горький опыт. Они доверяют людям снова и снова. И это один из великих секретов их успеха — их великая вера, которая обычно щедро вознаграждается.

Стрельцы-женщины

Характерной чертой родившихся под этим знаком является жизнерадостность, сочетающаяся с любознательностью и жаждой впечатлений, в особенности сладострастных. Женщина-Стрелец принимает участие во всех проявлениях жизни интенсивно, с энтузиазмом. Любит сенсацию, экзальтацию, смену впечатлений; она общительна, любит наслаждаться чувственными ощущениями, такими, как вкус, запах, изображение, звук. Больше всего она любит свое тело, которое является для нее превосходным инструментом для любви. Ее сексуальные возможности огромны и практически неограниченны с точки зрения как количества, так и качества. Она любит перемену ощущений, разнообразие и одарена широтой эротического возбуждения. Большая часть ее энергии предназначена для партнера, которому она в сущности сохраняет верность. Одновременно ее необычная общительность и сильная потребность в новых знакомствах может во многих благоприятных обстоятельствах завершиться пребыванием в другой постели. Секс привлекает ее в такой же степени, как и ее сестру-Скорпиона. Она должна хорошо проверить психологические и физические возможности партнера, с которым она хочет связать свою жизнь. Если она выйдет замуж за мужчину со средним или слабым темпераментом, то ее ждет развод, невроз или бесконечная полоса внебрачных приключений. Она легко возбуждается, реагирует с откровенностью и энтузиазмом. Секс в ее исполнении всегда является превосходной мистерией, мини-спектаклем одной актрисы.

Стрелец-ребенок

Вы произвели на свет симпатичного маленького клоуна. Типичный Стрелец никогда не растет. Его солнечное расположение и любовь к контактам с окружающим миром находят ему друзей повсюду. Он жаждет объятий и жадно обнимает вас. И если по некоторым причинам он не получает этого, то будет искать ответной нежности в любимом одеяле, подушке или плюшевом медведе.

Мальчик, находящийся под покровительством планеты Юпитер, счастлив, когда, вооружившись удочкой и банкой червей, босиком, в рваных джинсах, отправляется удить рыбу — условности ничего не значат для такого ребенка, да и не будут никогда значить в его взрослой жизни.

Девочка-Стрелец часто бывает настоящим сорванцом, и все призывы вести себя как подобает «маленькой леди», ни к чему не приводят, так как у этих детей свои понятия о благородстве: это прежде всего — правдивость. Если вы будете поступать с ними так же справедливо и честно, как и они, маленькие Стрельцы признают ваш авторитет.

Ноябрьско-декабрьские дети — это настоящие почемучки. Их вопросам нет конца, как в старом английском анекдоте, где мать говорит маленькому сыну: «Любопытство погубило кошку», а сын тут же вопрошает: «А что кошка хотела узнать?» Когда эти дети подрастают, их вопросы часто носят этический характер вроде: «Почему я должен возвращаться домой в 10 часов, если вы говорите, что доверяете мне?» Вообще дети-Стрельцы рано стремятся к свободе и не хотят быть связанными семейными узами. Они рано созревают и, порвав с домом, могут долго-долго не звонить, не писать, не приходить. В то время как девочки безобидно пробуют свои женские чары на сверстнике, мальчикам надо кое-что серьезно внушить, иначе они могут наломать дров, и потом им будет сложно выходить из затруднительного положения.

Стрельцы с детства часто и сильно влюбляются, к счастью, ненадолго. Они крайне расточительны, поэтому как можно раньше надо приучать их к экономии и аккуратности в обращении с деньгами. Учеба для их ума и огромной любознательности была бы увлекательной игрой, если бы не непоседливость и нетерпеливость.

Многие ноябрьско-декабрьские дети также рано проявляют интерес к религии и мечтают стать священниками, монахинями или миссионерами. Но с возрастом это проходит, остается лишь вечное стремление к правде. Их глаза доверчиво устремлены к звездам, и они могут споткнуться на пути, не заметив разбросанных там камней. Но они независимые, честные маленькие Стрельцы, и им надо дать место и возможность поупражняться со своим луком и стрелами. Им надо бегать босиком по траве, чувствовать капли дождя на лице и мечтать на ярком солнышке, пока не повзрослеют.

Создайте ему условия, и ваш ребенок вырастет таким, как Людвиг ван Бетховен, Эндрю Карнеги, Уолт Дисней, Гримальди, Мария Каллас, Марк Твен, Уинстон Черчилль, Д. Карнеги, Джон Мильтон, Фрэнк Синатра, Джон Осборн, Н. Карамзин, Н. Некрасов, А. Луначарский, папа Римский Иоанн XXIII.

Жизненный путь Стрельцов

Беспокойная молодость, недоразумения в семье. Впоследствии — благоприятное финансовое положение. Счастье помогает приобрести наследство, заключить счастливый брак. Выгоды через друзей и покровителей. В зрелом возрасте опасность денежных потерь, особенно через спекуляцию. Возможны судебные процессы.

Карьера Стрельцов

Несмотря на весь свой романтизм и тягу к приключениям, из Стрельцов получаются не только авантюристы, но и отменные священнослужители (проповедники и миссионеры, епископы, духовники, богословы), прекрасные ученые (академики, профессора, исследователи, лекторы, магистры), вдумчивые юристы (судьи, прокуроры, адвокаты), послы и дипломаты, а также редакторы и издатели.

Помимо этого, попадаются Стрельцы, посвятившие себя проблемам здоровья, спорта и медицины. Это спортсмены, преподаватели физической культуры, зубные техники, санитары, врачи по внутренним и душевным болезням.

Стрелец-начальник

Грубоватость и резкость — вот главные черты характера, которые новый служащий замечает в своем начальнике-Стрельце. Но, приглядевшись к нему поближе, он найдет в нем что-то от Дон Кихота. Спустя месяц или два после того, как новый служащий безуспешно пытался объяснить руководителю, что так вести себя с подчиненными и клиентами нельзя и что поэтому он собирается подать заявление об уходе, он вдруг обнаруживает, что тот: а) честен и правдив; б) демократичен, искренен; в) критикует только в открытую; г) всегда готов извиниться за нанесенные оскорбления; д) щедр, когда дело касается премий и отпусков, и е) вообще хороший парень, свой в доску.

Если вы вдруг проигрались в дым на бегах, он не откажется дать вам месячный аванс, только лишь упрекнув вас в том, что вы не посоветовались с ним, на какую лошадь ставить. А если вы вдруг серьезно поссорились с любимой девушкой и ходите как в воду опущенный, он отпустит вас после обеда, чтобы вы могли поскорее помириться.

Стрелец с ожесточением борется за свое дело и престиж фирмы и вызывает этим уважение к себе. Так кто же ваш начальник — грешник или святой? Скорее, и то и другое, как и все люди, управляемые Юпитером.

Руководитель-Стрелец любит путешествия, перемены, свободу, преданность, творческих сотрудников, большие планы, яркий свет, животных, хорошую еду и питье, не терпит эгоизм, пессимизм, скупость, лицемерие, скрытность, жестокость, обман. Работая с таким человеком, не знаешь, что будет завтра, зато сегодня весело.

Стрелец-подчиненный

Стрелец-служащий вносит приятное разнообразие в коллектив. Он не нытик, и если он иногда нечаянно опрокинет картотеку или зальет бумаги перевернутой чашкой кофе, то вполне компенсирует это своим веселым нравом и неизменной готовностью помочь в любом деле. Большинство служащих, рожденных в ноябре—декабре, не умирают от скромности, когда начальство их хвалит, так как считают, что их еще и недооценивают. Обещание босса, что через год или два Стрелец получит прибавку к зарплате, мало устраивает последнего: ему подавай деньги сейчас. Тем не менее Стрельцы-служащие очень исполнительные и добросовестные работники. Делают они все очень быстро, и со стороны может показаться, что даже небрежно, но блестящая интуиция, которой наградил их Юпитер, не позволяет им ошибаться. Эти служащие чрезвычайно любопытны и не довольствуются одним только приказом начальства — им обязательно надо знать, что за ним кроется. Когда же пребывание в офисе наводит на такого служащего тоску, пошлите его проветриться в командировку — ведь все они любят путешествовать и чемодан со всем необходимым всегда стоит у них наготове.

Болезни Стрельцов

Самые чувствительные места для болезней у Стрельцов — легкие, печень, руки и ноги. Их чрезмерная любовь к спорту может привести к травмам, но, как правило, Стрельцы недолго лежат в больнице. Они с трудом поддаются болезни и быстро выздоравливают.

Вообще жизнь редко побеждает этих людей. Они всегда верят, что завтра будет лучше, чем сегодня и вчера.

В зрелом возрасте свойственны также ишиас, ревматизм, горловые заболевания, болезни нервов и расширение вен.

Супружеская жизнь Стрельцов

К Овну Стрелец испытывает притяжение, но союз неудачен.

Слишком большое себялюбие и независимость Стрельца причиняют много горя чувственному Раку.

С Козерогом находит много общего, но вследствие разных темпераментов союз неблагоприятен.

Гармоничен союз Стрельца со Скорпионом.

С мечтательным и эмоциональным Водолеем возникает много общих интересов, физическое влечение. Умеющий покоряться, Водолей хорошо гармонирует с необузданным Стрельцом. Союз очень гармоничен.

С Весами рекомендуется дружба, физического влечения нет.

Гармоничный союз Стрельца со Львом обеспечит обоим знакам благополучие и счастье на почве взаимного уважения.

С Рыбами быстро возникает интеллектуальный, но не физический интерес, союз неблагоприятен.

Обречен на развал союз с Близнецами.

С Девой не рекомендуется брак.

Со своим знаком часто возникает гармоничный союз.

Любовь и секс у Стрельцов

Множество любовных связей отличают первую половину жизни Стрельца. Первая любовная связь часто приносит вред и влечет за собой неприятные последствия. Истинное счастье в браке бывает редко. Так как Стрелец — двойной знак, люди этого знака бывают двух типов: преданный идеалистичный и романтичный тип, который редко сходит с прямой и узкой дороги добродетели, и совершенно противоположный тип, который в поисках совершенства мечется от одного любовника к другому и на этом пути он забывает, зачем он начал свое искание и что же в конце концов он искал.

В первом типе живет страстная натура, но избыток его сексуальной энергии направляется на творческую деятельность, а не на донжуанство. Второй тип (и мужчин, и женщин) — это постоянный волокита, который трепещет от радости при новой сексуальной победе и мысленно вносит ее в каталог своих любовных увлечений.

Свидание со Стрельцом

Как сделать вашего Стрельца счастливым? Совершите непроизвольное, необычное путешествие куда-нибудь. Например, на пляж, в пустыню, Лас-Вегас, вы выбираете это сами.

Стрельцу это очень понравится. Кроме того, они любят физическую деятельность на открытом воздухе. Поэтому, предложив ему совершить туристический поход или разбить лагерь, вы, несомненно, будете замечены и оценены. Не забывайте, что никто так не любит смеяться, как Стрелец. Поэтому забавляйтесь. Посмотрите несколько веселых комедий, поиграйте в игры, которые ставят вас в глупое положение, или сходите на карнавал и посмотрите на женщину-змею.

Советы для идеальных свиданий: разбейте лагерь, совершите вместе длинное пешеходное путешествие и остановитесь где-нибудь на обратном пути, совершите прогулку на каноэ по озеру, посетите зоопарк, поиграйте в боулинг, сходите в казино, посетите клуб любителей комедии, поиграйте в мини-гольф, посетите спортивное мероприятие, сходите на карнавал, съездите в Санкт-Петербург на белые ночи, пойдите на скачки лошадей, помечтайте о вашей возлюбленной или любимом, сходите в варьете, посетите дельфинарий, лошадиные бега, понаблюдайте за звездами, посетите состязания рыболовов.

Что нравится Стрельцам

Стрелец, как знак приключений, с удовольствием пустит свои стрелы в книги и фильмы, которые предлагают приключения, путешествия, искрометную комедию и активное действие. Возможно, это будут работы Джеймса Камерона, а книга Пола Андерсона «Крестоносцы космоса» будет их постоянным спутником.

Из еды у Стрельца всегда есть настроение попробовать что-нибудь новенькое и необычное. Их феерическая натура склоняется к горячей и пряной пище с такими сильными специями, как гвоздика, карри и чеснок. Они также любят инжир и экзотические фрукты наподобие дуриана. Жаждущий приключений и полный энтузиазма, Стрелец будет удовлетворять свой аппетит не только обычной пищей, но и блюдами экзотической иностранной кухни в ресторанчике, где повар и двух слов не скажет по-русски. Как только ему наскучит будничная жизнь, пусть попробует экзотическую кухню и сразу развеселится.

Стрельцы страстно любят приключения, даже если они могут наблюдать их только на экране. Для них снимались все серии «Индианы Джонса» и «Приключения принца Флоризеля».

Активный во всем Стрелец любит активную танцевальную музыку с Рики Мартином или Агутиным (русско-латиноамериканские напевы — как раз то, что требуется его тянущейся к дальним странствиям душе).

В спорте бесстрашный и энергичный Стрелец изберет командные виды спорта или такие, в которых необходимо проявить выносливость. Например, хоккей, скачки и конечно же биатлон.

Если Стрельцов потянет к путешествиям, то советуем посетить Барбадос, Бангладеш, Лаос, Кению — этим Стрельцы вполне удовлетворят свою жажду новых впечатлений.

По телевидению он будет смотреть все программы о путешествиях, хотя Стрельцы не любят проводить слишком много времени у телевизора — пассивное участие в чужих приключениях пробудит в них чувство собственной ущербности и неполноценности.

Камни-талисманы для знака Стрельца

«Кто родился в это время, тот смел и дерзок, его любят и господа, и слуги, осанка у него надменная, внешность часто красивая. Охотно совершает путешествия по морю и суше. Он свыше меры любит лошадей и охоту, обычно склонность имеет к беседам и танцам — так писал в XV в. итальянский астролог Лодовико из Сиенны. — Драгоценность их — это аметист, который приносит удачу на охоте и в рыцарских забавах и охраняет от пьянства, и топаз, который помогает снискать благоволение господ и правителей, и хризолит, бегущий от дорожных приключений».

Древние считали аметист амулетом наибольшей силы. Греки утверждали, что свое название он получил от прекрасной нимфы Аметис, к которой бог вина и радости Дионис воспылал внезапной страстью. Но прекрасная нимфа отвергла его домогательства, поскольку любила пастуха Сприкоса — красивого музыканта и любимца Аполлона. Оскорбленный Дионис гнался за ней через луга и леса, а нимфа, убегая, призвала на помощь богиню Артемиду. Как только Дионис собрался заключить нимфу в свои объятия, богиня превратила ее в мерцающий лиловым блеском камень, названный по ее имени «аметистом». А в память об отвергнутом боге вина этому камню была дана сила хранить от пьянства. Тот, кто пил вино из кубка, украшенного аметистом, или имел на пальце перстень с этим камнем, мог не бояться, что напиток отуманит его рассудок или чрезмерно развяжет язык. Лиловый камень был любимым камнем древних также и потому, что должен был помогать в охотничьих забавах, в спортивных играх и даже в делах. Его носили греки и египтяне, о его необычных свойствах упоминают шумерские надписи на глиняных табличках, расшифрованные английским археологом Брэдисом. Одним из необычайных поверий, связанных с этим камнем, было убеждение, что аметист способен вызвать любовь к дарящему, даже если принявший его в дар перед этим влюблен в другого. «Аметист — „камень не любви“, прежнюю любовь заменяет на равнодушие, а сердце для новой открывает. Остерегайтесь его, женщины обрученные либо замужние». Эти слова шумерский жрец вырезал на глиняной табличке тридцать столетий тому назад.

А в Риме аметист называли «благословенным камнем», который приносит удачу, покой и благо, успокаивает нервные расстройства, улаживает распри. Перстни с благословенным камнем носили первые христиане, позднее этот обычай перешел к священникам и епископам. Из аметистов делали четки, на которых в старину молились во времена войн и стихийных бедствий. То, что аметисты блистали на руках духовных лиц и на церковной утвари, несколько уменьшало популярность этого камня среди людей светских. В XIX в. его шутливо называли «камнем старых холостяков», а обычай запрещал дарить украшения с аметистами молодым девушкам и молодым женам. По мнению астрологов, аметист — независимо от возраста, пола и общественного положения — был счастливым камнем для всех тех, кто родился под знаком Стрельца и знаком Рыб (21.2–20.3).

О свойствах топаза, «камня придворных», и зеленоватого хризолита, которые Стрельцам приносят счастье, рассказано там, где говорится о талисманах для Льва.

SAGITTARIUS

КОЗЕРОГ

22 декабря — 20 января

Правящая планета	Сатурн
Счастливое число	3, 5, 7, 8, 14
Символ	козел, лестница, башенные часы
Цвета	черный, темно-коричневый, пепельно-серый, синий и бледно-желтый, все темные тона
Камни	бирюза, ляпис-лазурь, оникс, лунный камень, хрусталь, гранат, лазурит
Металл	свинец
Цветы	белая гвоздика, мак
Талисман	черный кот, чертик
Счастливые дни	вторник, суббота
Неудачные дни	понедельник, четверг
Страны	Индия, Македония, Бирма, Мексика, страны Прибалтики

Из истории знака

озможно, образ козерога как рогатого чудища с рыбьим хвостом берет свое начало в греческой легенде о Пане. Сельский бог Пан так торопился, спасаясь от тысячеголового чудовища по имени Тифон, что прыгнул в Нил, не подумав о том, что только что инициировал процесс собственного превращения в козла. В результате превращение состоялось в тот момент, когда он, прыгнув «солдатиком», приготовился плавно войти в воду. Часть его могучего организма, остававшаяся над водой, действительно превратилась в соответствующие органы козла, однако другая часть, которая уже успела погрузиться в воду, стала рыбьим хвостом. Каналы связи с космосом для людей, родившихся под знаком Козерога, — кости, колени, зубы и кожа. Геометрический смысл знака толкуется двояко. С одной стороны, знак Козерога можно трактовать как монограмму из букв tt и гг, с которых начинается греческое слово со значением «козел», а с другой стороны, визуально знак прекрасно распадается на рога и хвост.

Силы, влияющие на Козерога

Козерог — знак Земли под покровительством Сатурна. Астрологическая характеристика правящей планеты дала английскому языку новое слово: прилагательное «saturnian» — «сатурновый», что означает «мрачный», «свинцовый». Обычно имеется в виду вялый, инертный, угрюмый характер. Все астрологи считают, что это самая точная характеристика Козерога. Он постоянно хандрит и часто впадает в меланхолию. В то же время «сатурнианец» Козерог любит грацию и стабильность. Он не понимает действия без определенных целей, в нем живут импульсивность, азартность, любовь к риску.

Общая характеристика личности

Часто по характеру он чувствителен и застенчив, но старается это скрыть. Несмотря на кажущееся высокомерие, он в душе страдает от своей изоляции. Его кажущаяся гордость становится для него источником постоянного скрытого страдания. Козерог обладает блестящим умом, великолепной памятью. Ему не угрожает опасность педантизма и консерватизма.

Часто говорят, что основная черта человека, рожденного под знаком Козерога, — умение всегда добиваться поставленной цели.

Темперамент: сангвинический.

Типичные достоинства и недостатки Козерога

Достоинства. Козероги обычно оправдывают оказанное им доверие, на них можно положиться, они справедливы и честны, в том числе сами с собой, исполнительны, ответственны, умеют терпеть.

Недостатки. Козероги обычно обладают гипертрофированным честолюбием, они решительны, практичны, особенно в выборе средств, трудолюбивы и упорны, расчетливы, изворотливы и дипломатичны. Они часто проявляют высокую степень осторожности. В то же время им присущи, как правило, пессимистичный взгляд на мир, скрытность и подозрительность; они упрямы, жестоки, мрачны, не отличаются снисходительностью к мелким грешкам, как чужим, так и своим.

Козерог-мужчина

Весьма серьезный, неугомонный, трудолюбивый, с большой выдержкой и упорный в достижении поставленной цели, Козерог, тем не менее, обладает весьма малой толикой нежности. Этот тип — сдержанный и гордый, замкнутый и недоверчивый.

Человек холодного рассудка, скупой, судящий строго и без снисхождения, Козерог, как правило, нелегко прощает и нелегко забывает обиды. Он ценит деньги и материальные ценности вообще, а не за то, что с ними жизнь кажется комфортнее. Обращает много внимания на внешность. В основе своей Козерог материалист, хотя вполне может быть философом и остроумным человеком. Тем не менее в его характере всегда прослеживаются эгоистические нотки. Пессимист и ворчун, Козерог любит одиночество и очень честолюбив.

Козероги кажутся мягкими и кроткими, но не позволяйте себе быть обманутыми их наружностью. Они редко бывают довольны тем, что другие люди считают удачей, и полны решимости достигнуть чего-либо. А почему бы и нет? Разве они не правят 10-м домом гороскопа, домом успеха? Разве это не основной знак, который наделяет их уникальной силой? И разве это не земной знак — сверхпрактичная личность, большая дисциплина и большой взгляд на мир? Все это, вместе взятое, дает им большое преимущество перед их соперниками.

Счастье Козерога заключается в упорной работе. Он — основной материалист Зодиака и поэтому должен быть уверен в каждом последующем своем шаге; его путь по восходящей тропе к намеченной цели безопасен. Каждый год должен приближать его к вершине успеха, иначе он станет угрюмым и замкнутым. Козероги нетерпимы к легкомыслию. Им не важно, замечают ли другие их возможности, так как они высоко ценят сами себя. Козла также касается только одно: взбираться к вершине, преодолевая препятствия упорством, выносливостью и честолюбием.

Козерог-женщина

Она является жертвой очень сильных эмоций, интегрирующих в области секса. Она не в состоянии отделить секс от любви. Она влюблена во всех своих партнеров. Эта тесная взаимосвязь создает ограничения и барьеры на ее пути к счастью. Вместе с тем она сексуальна и чувствительна, из-за чего часто сталкивается с трудностями и также часто бывает не удовлетворена. Ей нравятся немногие мужчины. Часто импульсивно выходит замуж в ранней молодости, быстро и внезапно влюбляется еще до того, как сумеет понять и познать себя. При этом ей кажется, что это единственная любовь в ее жизни. Часто она уже обременена семьей, когда ее ровесницы только начинают экспериментировать в этой области. Она создана для бурных страстей. В первых сексуальных приключениях ее поражает страстное желание. Она бывает агрессивна и ревнива, однако не выносит этих черт у своего партнера. Чувство ответственности не позволяет ей бросить семью, но если это происходит, то она довольно быстро сходится с другим мужчиной, чтобы почувствовать себя обремененной новыми связями. Она достигает в сексе вершины наслаждений, известной только немногим избранным.

Козерог-ребенок

Маленькие Козероги уже в раннем возрасте отличаются довольно большой силой воли и целеустремленностью. Такой ребенок не станет капризничать за столом и размазывать картофельное пюре по скатерти, но, если он не захочет есть, никто его не заставит. Едва он выйдет из пеленок, как уже направляется туда, куда ему надо, так что даже создается впечатление, что он все тщательно обдумал в своей маленькой головке, пока вы меняли ему штанишки.

С возрастом ребята-Козероги становятся очень аккуратными и даже педантичными. Они любят держать свои игрушки и книжки в определенном порядке, и не дай бог его нарушить! Типичные дети-Козероги легко привыкают к распорядку дня в семье и не так склонны к озорству, как другие. Эти девочки и мальчики любят свой дом и семью и скорее поедут на пикник с папой и мамой или просто останутся дома, когда должны прийти гости, чем станут гонять по двору со своими сверстниками.

Занятия в школе не представляют никаких трудностей для юных Козерогов. Они любят учиться и очень аккуратно выполняют домашние задания. Придя домой и пообедав, они немедленно садятся за уроки и не позволяют себе чем-либо отвлечься, пока все не сделано. Их игры — это чаще всего подражание взрослым: девочки обожают примерять платья своих мам и играть с ними в дочки-матери, говоря: «Я буду мама, а ты дочка», а мальчики воображают себя врачами, учителями или начальниками, как папа. Они также любят рисовать и слушать музыку, но не станут тратить время на пустые развлечения — скорее сделают что-нибудь полезное и практичное: например, склеят красивую коробочку или еще что-нибудь. Их очень трудно заставить бывать на солнышке и свежем воздухе, которые им необходимы.

Подрастающие Козероги очень застенчивы, но и любопытны по отношению к противоположному полу, хотя мальчики пренебрежительно говорят, что «все девчонки — сентиментальные дуры», а девочки — что «все мальчишки — тупые болваны». Однако, когда наступает День святого Валентина, каждый рассылает кучу поздравительных открыток с надписью «Угадай — кто?». Иногда период созревания бывает весьма болезненным. С ними следует быть очень осторожными и тактичными в это время, иначе можно совсем отпугнуть их от встреч со сверстниками и сверстницами.

Молодые Козероги очень привязаны к своим семьям, и родителям нет нужды беспокоиться о том, кто о них позаботится в старости.

Создайте ему условия, и ваш ребенок вырастет таким, как Хэмфри Богарт, Нат Кинг Кол, Бенджамин Франклин, Жанна д'Арк, Вудро Вильсон, Пабло Казальс, Иоганн Кеплер, Мартин Лютер Кинг, Редьярд Киплинг, Исаак Ньютон, Луи Пастер, Эдгар По, А. Грибоедов, В. Серов, Г. Уланова, Мао Цзэдун, Генри Миллер, Ричард Никсон, Альберт Швейцер.

Жизненный путь Козерогов

Жизненный путь Козерога полон тревог и работы. Много на нем препятствий. Болезни, но благодаря выдержке и упорству — конечный успех. Обычно небогаты до 40 лет, потом достигают благосостояния.

Карьера Козерогов

Двойственность натуры Козерогов определяет для них два различных рода деятельности: интеллектуальный и физический.

В первом случае многие из них становятся банкирами, бухгалтерами, библиотекарями, педагогами, из них получаются прекрасные научные работники, инженеры, архитекторы, менеджеры, а также ювелиры, министры и посредники по покупке произведений искусства. У многих есть творческая жилка, и их хобби иногда вызывает удивление. Так, некоторые из них увлекаются в свободное время живописью или скульптурой, занимаются садоводством или принимают участие в любительских спектаклях.

Во втором случае из Козерога может выйти примерный агроном, крестьянин, горнорабочий, садовник, трудяга-инженер, геолог, каменщик, альпинист-скалолаз и проч.

Козерог-начальник

Козерог-начальник прямо отец родной для своих подчиненных — строг, но справедлив, требует от каждого четкого выполнения своих обязанностей, самоотдачи. Не повышает голоса, когда дает поручения, и, хотя интонация у него ворчливая, обычно говорит спокойно, за исключением тех редких случаев, когда чья-то грубая ошибка или небрежность в работе вызывают его сатурновский гнев. Посетителей часто пугает его манера обращения, зато персонал знает, какое у него доброе сердце, и не терпит, когда кто-то посторонний пытается критиковать их руководителя. Козерог терпеть не может лодырей, но всегда готов подбросить лишнюю сотню в качестве премии за хорошую работу или оплатить больничный счет служащему, чья зарплата слишком мала для этого. Что же касается фондов милосердия, то Козерог — глава фирмы всегда готов выписать солидный чек на их счет.

Козерог-босс скуп на похвалу, но зато всегда готов терпеливо выслушать рассказ о семейных неприятностях кого-либо из своих подчиненных и дать ему (ей) дельный совет. Он никогда не сидит без дела и требует от персонала того же. «Что, коммутатор молчит? Тогда пока что отправьте вот эти письма», «Сегодня у вас не очень загруженный день? Прекрасно — вы можете наконец привести в порядок картотеку» и т. п.

Они предпочитают темный костюм и белую рубашку с темным галстуком, часы классической формы на кожаном ремешке, под стеклом письменного стола держат фотографии родственников.

Козерог-подчиненный

«Если бы каждый человек занимался своим делом, — сказала Герцогиня, — то Земля вертелась бы значительно быстрее». Эта цитата из «Алисы в стране чудес» как нельзя лучше подходит к служащим, родившимся под знаком Козерога. Именно они и занимаются исключительно своим делом. Типичный служащий-Козерог добросовестен до крайности. Он рано определяет свою цель в жизни и пусть медленно, но неуклонно добивается ее. Козероги редко меняют место работы, они не гонятся за славой, но стремятся обрести подлинную власть. Им не нужна гравированная табличка с их именем на двери кабинета, но не следует забывать время от времени назначать их на более ответственные должности и, конечно, платить им так, чтобы они могли снимать квартиру в хорошем районе, обучать своих детей в престижных учебных заведениях и дать своим женам возможность одеваться со вкусом.

Козероги-подчиненные презирают сотрудников, которые опаздывают на работу или тратят время на пустую болтовню. Они хорошие организаторы и умеют так поставить дело, чтобы все в офисе шло как по маслу.

Козероги не любят ездить в командировки, по натуре они домоседы. Самое любимое для них (в порядке убывания) — семья, дом, работа, деньги, престиж, книги, искусство, музыка.

Болезни Козерогов

В молодости — слабость и болезненность. Здоровье крепнет с годами и становится в конце концов очень выносливым. Предрасположение к ревматизму, простудам, несчастным случаям: падениям, переломам, ушибам, ущемлениям. Склонность к меланхолии и депрессии, грозит опасность во время войны, от оружия и от огня.

Любовь и секс у Козерогов

В юношеские годы Козерог очень сдержан в отношении секса, предпочитает думать больше об учебе и о профессии. Подобно людям противоположного знака — Рака, — Козероги бывают застенчивыми, но за их спокойной наружностью скрывается сильная страсть. Их страсть не такая открытая и свободная, как у Скорпиона, а сдержанная и замаскированная. Сексуальные порывы Козерога не регулируются их предметом любви. Козерог — земной знак, его желания реальны и практичны.

Во второй период сексуальной жизни Козерога (предположим с 30 лет) они обычно достигают какого-либо успеха в делах, и тогда, уже более уверенные, они начинают экспериментировать в области секса. Боясь, что они могут потерять драгоценное время, они пытаются догнать своих астрологических братьев и сестер и наверстать упущенное. Мужчины-Козероги редко обладают привлекательными манерами Овна и сексуальным динамизмом Близнецов. Но они чувствуют себя спокойно в финансовом мире, знают цену деньгам и людям. И к своим любовным связям они относятся с позиции денег и силы.

Супружеская жизнь Козерогов

С Овном брак у Козерога неустойчив.

С Весами у Козерога даже не возникнет дружеских отношений: холодность Козерога противопоказана общительности Весов.

С Раком не возникает гармоничного брака.

Со знаком Близнецов взаимопонимание наступает с большим трудом.

С Водолеем рекомендуется сотрудничество в работе.

Возможен прочный союз с практичным Тельцом.

Со Скорпионом гармоничный союз: холодность Козерога успокаивает Скорпиона.

С Девой у Козерога возможен прочный союз.

Брак между Рыбами и Козерогом мог бы быть счастливым в силу интеллектуального сходства. Однако скрытность Козерога глубоко оскорбляет тонкую натуру Рыб.

Свидание с Козерогом

Козерог — это светская личность, но кто сказал, что его вежливость не может быть забавна? Ваши встречи с Козерогом могут проходить хорошо, поэтому расслабьтесь. Цветы, ужин и фильм сделают ваш вечер уютным и романтическим. Что бы вы ни делали, Козерог будет ценить то, что вы чувствуете себя достойным его. Но не требуйте слишком много денег. Козероги наслаждаются небольшими соревнованиями один на один. Поэтому, играя в теннис или плавая в бассейне, вы могли бы перейти к каким-нибудь романтическим приключениям после игры.

Увлекитесь изысканной едой, отправьтесь в бар выпить вина, посетите музей, пойдите в театр или оперу, займитесь бальными танцами, пойдите в роскошный бар с панорамой, проведите ночь в пятизвездном отеле, поиграйте вместе в теннис или гольф в каком-либо загородном клубе, покатайтесь на яхте или остановитесь в гавани, возьмите напрокат лимузин и прокатитесь по городу, посетите званый обед, займите места в первом ряду на популярном концерте, отправьтесь на лечение в санаторий.

Что нравится Козерогам

Серьезный и предусмотрительный Козерог никогда не читает абы чего — он увлекается фактами. Для него предпочтительнее книги, которые являются научными или познавательными, способны помочь их карьере, каким-то целям и росту мастерства.

Почетное место на их полке займут книга Дейла Карнеги «Как завоевывать друзей» и «Справочник практического врача» — и тому и другому он найдет применение.

Всегда практичный и непоколебимый, Козерог любит простую земную пищу. Вам не придется готовить для него что-то экзотическое, используя имбирь или базилик. Для аромата ему будет достаточно обыкновенной петрушки и гвоздики или мускатного ореха. Они также неравнодушны к обычной питательной пище, которая позволит им утолить свой голод. По ресторанам трудолюбивый Козерог не гуляка, он будет очень предусмотрителен, когда нужно расстаться со своими деньгами, заработанными потом и кровью. Роскошный ресторан с великолепной дорогостоящей кухней — мечта всей его жизни, но осуществимо это или нет — это уже совсем другой вопрос.

Даже самый занятой Козерог найдет время отдохнуть в кинотеатре и посмотреть какой-нибудь блокбастер, вроде «Звездных войн», и за это он готов отдать остатки стипендии.

Что касается музыки, то Козерог остается верным тому, что он слушал, пока взрослел. Он трепетно относится даже к «Бони М», если их обожали крутить его родители, а сам с удовольствием отправится на дискотеку.

Уверенный в себе Козерог использовал бы свою склонность к достижению цели в таких видах спорта, как альпинизм или скалолазание. Такие командные виды спорта, как футбол, обеспечат ему чувство соперничества на игровом поле, которое так любит Козерог. Он с удовольствием отправится в путешествие по Аляске, Сибири, на байдарках по рекам или в туристический поход.

Трудолюбивый Козерог смотрит телевизор от случая к случаю, он редко выберет момент в течение дня, чтобы немного отвлечься «у ящика». Дибров с его яркими и содержательными передачами — его любимый телеведущий.

Камни-талисманы для знака Козерога

«Мрачный Сатурн, изображаемый в виде старца с козой, управляет знаком Козерога. Когда на небосклоне возвышается этот знак, на свет приходят люди, уже смолоду не по летам серьезные и суровые. Жизнь их полна всяческих трудов и забот, судьба не жалеет им терний», — такими не совсем ясными словами обрисовал будущее «козерожцев» знаменитый астроном, занимавшийся и астрологией, — Тихо Браге. В конце своих рассуждений он добавляет: «Превратности изменчивой фортуны легче будет им перенести, если пурпурный рубин, темный оникс и зеленый малахит будут их талисманами».

Рубин, красивый красный камень с пурпурным отблеском, должен был приносить людям знака Козерога счастье в любви. «Если хочешь добиться взаимности, подари тому или той, к кому склоняется твое сердце, рубин цвета пламени — и разожжешь в нем любовь», — советовал другой астролог. Другим свойством рубина, из-за которого его охотно носили люди, было, согласно поверью, то, что он хранил своего обладателя от опасностей конной езды (рубинами часто украшали конскую сбрую), от молний и наводнений. Перстни с рубинами или же неоправленные камни носили люди, опасающиеся яда, ибо верили, что рубин, погруженный в отравленное питье или поднесенный к острию отравленного кинжала, меняет свой цвет. Сын папы Александра VI, знаменитый своей храбростью и жестокостью Цезарь Борджиа, носил перстень с огромным рубином под названием «пламя Борджиа» и утверждал, что камень этот не раз спасал ему жизнь.

Полудрагоценный камень коричневого или черноватого цвета, называемый оникс, в древности высоко ценили за его магические и лечебные свойства. Его называли «камнем вождей», поскольку верили, что он дает владеющему им власть над другими людьми, способен прояснять ум и позволяет проникать в замыслы политических противников. Он также укреплял память и охранял от внезапной смерти и от покушений на жизнь. Зато рискованно для супружеского счастья было дарить жене ониксовые бусы, разве только муж соглашался с тем, что жена будет в результате играть первую скрипку. Считалось, что оникс, оправленный в серебро, лечит болезни сердца и бессонницу, дает желание жить и прогоняет черные мысли. Астрологи утверждали, что оникс — самый подходящий талисман для рожденных под знаком Козерога, также и для тех, кто родился 8, 17 и 26-го числа, как и для тех, кто появился на свет в субботу. Зато на родившихся под знаком Рака и Весов он оказывал неблагоприятное влияние.

Темно-зеленый малахит был амулетом, усиливающим духовные силы его обладателя, и благодаря этому свойству его охотно носили люди науки. В его необыкновенную силу особенно глубоко верили жители Востока. Малахитовая пластинка с вырезанным на ней солнечным диском должна была приносить владельцу удачу в делах, здоровье и успех в любви. Медальон из малахита в медной оправе якобы лечил ревматизм, а перстни с малахитом охраняли от чумы и холеры. Средневековые врачи рекомендовали подмешать в вино щепотку малахитового порошка тем, кто жаловался на боль в печени и расстройство желудка. Это лекарство должно было помогать и при некоторых женских болезнях.

ВОДОЛЕЙ

21 января —
20 февраля

Правящая планета	Уран
Счастливое число	2, 4, 8, 9, 11, 13
Символ	Водолей, крылья, полет птиц, зигзаг, мудрец
Цвета	сине-зеленый, ультрамарин, фиолетовый
Камни	гранат, циркон, опал, светлый сапфир, аметист, ляпис-лазурь
Цветы	фиалки, мирт, нарцисс
Металл	олово
Талисман	ключ, икона
Счастливые дни	среда, суббота
Неудачный день	воскресенье
Страны	Дания, Италия (юг), Россия, Канада

Из истории знака

Символ человека, льющего воду из сосуда, встречается в культурах самых разных народов; это — один из древнейших символов, известных человечеству с незапамятных времен. Водолей ассоциировался ранними цивилизациями с сезоном дождей. Происхождение волнистых линий, по всей вероятности, связано с Египтом. Для египтян похожий рисунок служил символом потока воды, возможно, течения священной реки Нил. Стихии и небесные тела воздействуют на судьбу человека, родившегося под знаком Водолея, через локти, икры и кровь.

Силы, влияющие на Водолеев

Уран, правящая планета Водолея, по мнению астрологов, имеет самое эксцентричное поведение из всех планет Солнечной системы, например ее ось отклонена от плоскости ее орбиты на угол $98°$, она как бы лежит на боку. Когда Солнце находится напротив южного полюса Урана, то вся северная половина планеты находится в абсолютной темноте приблизительно 20 лет. Когда Солнце находится напротив северного полюса Урана, все южное полушарие — в темноте. Особенности Урана, отличающие его от других планет, хорошо подходят для описания многих представителей знака Водолея. Водолеи, подвластные Урану, могут увлекаться политикой, спортом, лошадьми, автомобилями и еще чем угодно. Их правитель, планета Уран, наделил их бунтарским духом, и они инстинктивно чувствуют, что мир нуждается в радикальной, революционной переделке, однако, когда дело касается политики, они ведут себя весьма осторожно. Открытая борьба на баррикадах не для них.

Общая характеристика личности

Астрология учит, что то, о чем Водолеи думают сейчас, человечество постигнет лишь через пятьдесят лет. Может быть, это и так, но пока что это не сокращает недопонимания, разделяющего Водолеев и других людей в настоящем. Многие среди Водолеев действительно гении, но гений часто граничит с безумством, и установить «водораздел» между тем и другим не всегда легко. Водолеи обладают редкой способностью успокаивать душевнобольных, истеричных людей и испуганных детей, что, очевидно, объясняется их высокоорганизованной нервной системой.

Водолей — отдающий знак, символизируемый человеком, выливающим воду. Люди этого знака стараются улучшить человечество. Они «выливают свои» личности в мир и обычно пожинают плоды: славу, богатство и глубокое чувство принадлежности, которое обычно вознаграждается.

По темпераменту: сангвиники.

Типичные достоинства и недостатки Водолеев

Достоинства. Водолеи — это люди, которым свойственны дружелюбие, серьезность, рассудительность, стремление не останавливаться на достигнутом, любознательность; очень часто они бывают богато одарены от рождения. У них хорошее знание людей, в большинстве случаев мало выдержки и склонность к внезапным переменам. Обладают живостью ума и способны легко воодушевляться.

Недостатки. К числу типичных недостатков Водолеев следует отнести замкнутость, леность, упрямство, безответственность, поверхностное отношение к повседневным проблемам, даже если для кого-то это вопрос жизни и смерти.

Водолей-мужчина

Отличительные черты: оригинальность и самовыражение. Невозможно Водолея заставить говорить и не делать так, как они хотят, независимо от последствий. В действительности Водолей — синоним самовыражения. Водолеи уравновешенны, редко обижаются, пока после раздумий не решат, что с ними поступили неправильно. Они рассудительны, хорошо приспосабливаются к различным условиям жизни, предметы благополучия особо не привлекают их. Водолеи, как правило, легко находят сферу приложения своих талантов, им присуща склонность к творчеству, оригинальность мышления. Чаще всего Водолеи — это оптимистично настроенные, независимые личности. Характер Водолеев оригинальный, изобретательный, идеалистический и сердобольный. Часто это своеобразные, из общих рамок выходящие, даже эксцентрические типы, которые выражают свой особый вкус несколько своевольно и идут своей дорогой. Бывают среди них чудаки и мечтатели, человеколюбивые и верные в дружбе люди. Многие обладают высокими духовными запросами. Образованные, рассудительные, мыслят логически.

Водолей-женщина

Она обладает четко выраженной сексуальной индивидуальностью. Она редко бывает страстной или холодной, как правило, не испытывает многих эмоций, которые доступны Скорпиону, однако всегда будет протестовать против любой попытки принизить значение секса в ее жизни. Отличается тщеславием, целеустремленностью, ее творческая натура стремится к совершенству, и поэтому часто нетерпимо относится к ошибкам других. Она может быть идеальной партнершей для сдержанного, умеренного мужчины.

Бурные страсти ей недоступны. Секс в семейной жизни становится для нее ритуалом, неразрывно связанным с ночной порой. Она аккуратно повесит свою одежду, старательно умоется, причешется, надушится и наденет ночное белье. Муж будет лежать и читать в ожидании ее прихода. Поступая так, она руководствуется наилучшими побуждениями, ибо ей действительно хотелось сделать так, чтобы было как можно лучше. Он же, возможно, хотел бы хоть раз обладать ею на полу, среди разбросанной одежды, хотя бы раз насладиться запахом ее тела вместо запаха самой изысканной парфюмерии. Она может сделать многое для него, но только не это, поскольку сама не испытывает таких потребностей. Измена супругу с ее стороны практически исключена. Зато ее любимым занятием является ведение домашнего хозяйства и прием гостей. Она компанейская и общительная, любит обращать на себя внимание, любит нравиться и веселиться.

Водолей-ребенок

У детей-Водолеев резко отрицательное отношение к общепринятым нормам поведения. Их реакция на какое-либо приказание или даже просьбу — это категорически сказать «нет» и поступить по-своему. Правда, потом, немного все взвесив и обдумав, они часто соглашаются с тем, что вы сказали. Но и их поступки вполне разумны. Эти девочки и мальчики могут внешне казаться очень спокойными и милыми, но стоит на них найти настроению, как все летит вверх тормашками. Они полны противоречий и, хотя, так как им покровительствует Уран, должны были бы любить летать, часто, наоборот, необъяснимо боятся самолетов и лифтов. Боятся они и электричества, но зато прекрасно разбираются в сложных механизмах, всяких винтиках и шпунтиках, мечтая, как и многие взрослые Водолеи, построить машину времени. Мечтают они и о многом другом. Девочки часто стремятся стать балеринами, проводя все свободное время у станка, или первой женщиной-президентом, или выдающимся химиком вроде Марии Кюри. Мальчики же мечтают стать археологами, ихтиологами, океанографами, антропологами и т. п. — «скучные» профессии учителей, секретарей, продавцов или медицинских сестер ни тех, ни других не привлекают.

Воспитывать и обучать этих вундеркиндов — дело ответственное и сложное, так как их ум сочетает в себе устойчивый прагматизм, острую проницательность и поразительную логику. В то же время они противоречивы и рассеянны, так что родители не должны слишком гордиться, когда читают в школьном дневнике, что их ребенок будущий гений, поскольку через неделю могут прочитать, что он «невнимателен на уроках, вертится и все время смотрит в окно». Когда их спросят об этом, мальчик ответит, что он вычислял в уме время летнего солнцестояния по Гринвичу, а девочка — что она пыталась понять, как гусеница превращается в бабочку.

Юные Водолеи любят птиц, зверей, лес и море, но их приходится заставлять быть на свежем воздухе и побольше двигаться, иначе их склонность мечтать в уютном уголке может с годами превратиться в инертность. К тому же их умственное развитие опережает физическое, а это тоже нежелательно. Они легко и быстро обзаводятся друзьями, не делая при этом никаких социальных различий.

Период созревания проходит спокойнее, чем у других подростков, и секс их мало интересует, хотя иногда они становятся романтиками и начинают писать стихи. Что ж, это занятие невинное, и его стоит поощрять. Самая отличительная черта детей — большая любовь к людям. Они настоящие гуманисты, а это гораздо важнее того, изобретут ли они в будущем что-нибудь необыкновенное или нет.

Создайте ему условия, и ваш ребенок вырастет таким, как Фрэнсис Бэкон, Галилео Галилей, Чарлз Дарвин, Чарлз Диккенс, Льюис Кэрролл, Чарлз Линдберг, Франклин Рузвельт, Томас Эдисон, Абрахам Линкольн, Сомерсет Моэм, Ванесса Рэдгрейв, Рональд Рейган, И. О. Дунаевский, А. П. Чехов, Пол Ньюмен, Б. Л. Пастернак.

Карьера Водолеев

Из них часто выходят реформаторы: астрологи, оккультисты, нетрадиционные целители, артисты авангардных направлений, фантасты, сенаторы, социологи, законодатели, предприниматели, советник, помощник, консультант (были даже академики и один канцлер).

Много специалистов, связанных с электричеством: электрики, механики, радиотехники, изобретатели, летчики, работники аэропорта, технологи, астронавты, навигаторы, служащие путей сообщения.

Из Водолея выйдет также гид по экстремальным видам путешествий или спортсмен экстремальных видов спорта, экскурсовод.

Водолей-начальник

Руководящие работники-Водолеи — такое же редкое явление, как белые вороны. Типичный Водолей скорее согласится голодать, чем регулярно работать с девяти до пяти. Большинство из них не любят принимать решения, отдавать приказания и участвовать в долгих заседаниях, обсуждая нудные проблемы. Однако, в силу своего характера, некоторые из них оказываются прекрасными начальниками. Руководитель-ураниец, несмотря на рассеянность, забывчивость, застенчивость или, наоборот, нахальство, обладает острым умом. Прибавьте к этому тонкую интуицию, способность анализировать и взвешивать факты и поступки, умение завоевывать дружбу всех, от важного клиента до мальчика-лифтера, а также дар предвидения будущего — и вы получите некоторое представление об этом необычном руководителе.

Конечно, от него можно ждать всяких неожиданностей: то он вдруг предложит вам разработать проект, который идет абсолютно вразрез со всем, что он предлагал ранее, а то забудет, как зовут секретаршу.

Начальник-Водолей не очень щедр на премии и прибавки к жалованью, так как считает, что каждый получает то, что заслуживает. Однако, если кто-либо из сотрудников придумает что-то действительно из ряда вон выходящее, он сумеет это оценить по достоинству.

Его нисколько не интересует ни личная жизнь служащих, ни их политические взгляды. Но он не потерпит от вас обмана или нарушения данного ему обещания, сплетен. Если не дай бог он заметит, что вы пользуетесь казенными марками для личной переписки, то ваша карьера кончена.

Учитывая любовь всех Водолеев к переменам, не удивляйтесь, если, придя однажды утром на работу, вы обнаружите, что ваш отдел теперь находится на другом этаже, а после того, как весь коллектив испокон веку работал по определенной системе, ваш руководитель вдруг изобрел нечто совершенно новое — в два раза проще и быстрее. Вы говорите, что вам потребуется по крайней мере полгода, чтобы освоить эту систему. Пожалуйста, он подождет.

Служащие невольно испытывают чувство гордости, когда в муниципалитете мэр города объявляет их босса «лучшим руководителем года». Но, если заглянуть под стол, можно заметить, что одна нога у «лучшего руководителя» в синем носке, а другая — в красном...

Водолей-подчиненный

Разглядеть Водолея-подчиненного в коллективе совсем не трудно. Это тот парень, который сегодня забыл дома портфель, а на прошлой неделе зашел в ваш кабинет одолжить шариковую ручку и походя подбросил вам рационализаторскую идею, которая сэкономит фирме по крайней мере миллион долларов. Если вы достаточно проницательный руководитель, то найдете время, чтобы хотя бы раз в неделю побеседовать с ним, — услышите несколько новых и интересных идей. Когда он, выражаясь соответствующей технической терминологией, объяснит вам, что ваш новый станок все время ломается потому, что шуруп под правой шестеренкой недостаточно затянут (а ведь в его анкете нет указаний на то, что он получил специальное техническое образование), вы и впрямь убедитесь в его поразительной интуиции.

Однако, достигнув какого-либо служебного положения, ураниец не любит долго там задерживаться. Чаще всего он предпочитает стать представителем свободной профессии: фотограф, танцором, певцом, клоуном, жонглером, спортсменом, композитором и т. п. Он хочет найти свое место в жизни и поэтому перебирает все мыслимые и немыслимые профессии. Это не мешает ему быть исполнительным работником и честно зарабатывать свое жалованье. К тому же он неболтлив и умеет хранить секреты фирмы.

Идеи Водолея часто опережают свое время лет на 50, а то и на 100, поэтому его считают сумасбродным. Представьте на минутку, что бы чувствовал ваш прадедушка в XIX в., если бы кто-то стал объяснять ему, как устроен синхрофазотрон, или рассказывать ему о перестройке! Аналогично можно понять недоумение, вызванное описанием конкретного устройства машины времени, о котором вам рассказывает Водолей. Он надежный, умный и честный партнер, не очень заботящийся о деньгах, доброжелательный, умеющий ладить с людьми.

Жизненный путь Водолеев

Частые перемены внешней жизни, достигнутые подчас в связи с внезапно проявившимся внутренним развитием. Беспокойное детство. Частые путешествия, но всегда счастливо протекавшие, особенно если совершались за границу. По достижении 50-летнего возраста могут лишиться счастья из-за недоброжелательства. Может рассчитывать на помощь высокопоставленных друзей.

Болезни Водолеев

Люди этого знака, как правило, не могут похвастаться недюжинным здоровьем, так как особенно подвержены сосудистым заболеваниям с нарушениями кровообращения. Они страдают от холода зимой и от влажной жары летом. К старости у них часто развивается атеросклероз и образуются варикозные вены, особенно страдают ноги. Им надо много двигаться, бывать на свежем воздухе и спать, в то время как они сидят на месте, кутаются и не открывают окон, а сон у них короткий и неспокойный из-за повышенной нервной возбудимости и умственной деятельности.

Водолеи не обладают хорошей памятью и легко подпадают под категорию «рассеянных профессоров», но этот недостаток вполне восполняется тонкой интуицией, подчас почти магическим предчувствием будущих событий и способностью угадывать чужие мысли.

Супружеская жизнь Водолеев

Между Водолеем и Тельцом неизбежны ссоры, брак неблагоприятен, но такой брак дает великолепных детей.

Весы сильно притягивают Водолея, но быстро наступает охлаждение.

Со Скорпионом союз несчастен: Скорпион — действие, а Водолей — мечта, они плохо понимают друг друга.

С Раком возможна только дружба, чувственного притяжения нет.

С Девой сильное притяжение, но и частые ссоры. Брак не рекомендуется, но в отдельных случаях умение Девы приспосабливаться к партнеру приводит к созданию счастливого союза.

Со Стрельцом гармоничный союз.

Легко приспосабливающийся Водолей быстро находит общий язык с необузданным Тельцом, но союз их недолговечен.

С Козерогом лучше сотрудничество в работе.

С Рыбами не сразу, но впоследствии может возникнуть союз.

Со своим знаком взаимопонимание, много общих интересов, сотрудничество, но не брак.

Очень гармоничен союз Водолея с Овном.

То же самое с Близнецами — между этими знаками существует взаимное притяжение.

Любовь и секс у Водолеев

В большинстве случаев Водолеи счастливы в личной жизни. Вступают в брак, несмотря на некоторое непостоянство в сердечных делах. Водолеев возбуждает все новое, поэтому они ищут новых интересных людей, все хотят потрогать и за все подержаться. Их стимулирует разнообразие в сексе. Они любят менять партнеров, но для них это не сексуальная распущенность, а нормальная водолейская жизнь. В знаке Водолея заключен внутренний конфликт, ибо он знак постоянный и хочет укрепить свой статус-кво, с другой стороны, он жаждет перемен. Поэтому они часто вступают в конфликт в различных отношениях. Они колеблются относительно женитьбы и не женятся столько, сколько это возможно.

Тяга к человечеству в целом у них очень велика, но они все-таки выбирают себе в супруги одного и на всю жизнь. Из всех знаков Зодиака Водолей первым пытается освободиться от общественных и родительских наставлений, они наслаждаются сопротивлением и бунтом.

Свидание с Водолеем

Встречи с Водолеем могут стать самым легким или, наоборот, самым трудным опытом свиданий в вашей жизни. Водолеи любят все новое, разнообразное, технологическое и прогрессивное.

Если вы чувствуете, что можете это сделать, устройте вашему Водолею свидание с приключениями. Если у вас есть возможности, то спросом будут пользоваться виндсёрфинг, дельтапланеризм или исследование пещер.

Этому знаку подходит все. Как насчет политического митинга, полуночной прогулки на велосипеде, похода в музей науки или запуска воздушного змея?

Проявляйте творчество и не избегайте чего-то интеллектуального. Ваш Водолей будет любить вас за это.

На свидании с Водолеем займитесь вместе сноубордингом, поиграйте в виртуальные игры, сходите в зоопарк, сходите на политический митинг, пойдите на конференцию, совершите полуночную прогулку в лес, сядьте на диету, приготовьте вместе суши, посетите художественную выставку, займитесь прыжками с парашютом, проведите вместе отпуск, займитесь скалолазанием, отправьтесь в ресторан, в котором предлагают блюда иностранной кухни, запускайте вместе воздушного змея, посмотрите вместе демонстрационные полеты.

Если Водолей преступает закон

Характер возможной криминальности обусловлен прежде всего склонностью к навязчивым идеям и стремлением любой ценой разрушить существующий порядок вещей. Эти качества зачастую делают преступления Водолея непредсказуемыми с точки зрения формальной логики. Водолеи лишены корысти и зависти в обычном понимании этого слова, но неудовлетворенное желание признания и успеха может толкнуть Водолея на неординарные поступки, эпатирующие окружающих и вносящие новую струю в рутинную действительность.

Водолеи-убийцы сочетают в себе эксцентричность мотива и четкую логическую продуманность преступного акта. Это сочетание ставит перед следствием множество загадок, впрочем вполне решаемых, если в оценке мотива преступления учитывать особенность натуры Водолея.

Что нравится Водолеям

Нетрадиционный и ученый, Водолей будет получать удовольствие от таких же «бурных» книг, как и он сам, — это научная фантастика, беллетристика и приключения. Они с невероятной скоростью продвигают Водолеев в XXX век или потусторонний мир. Пусть попробуют почитать что-нибудь из классики фантастики Айзека Азимова или Пола Андерсона, и они поймут, что когда-то герои фантастических саг умели не только стрелять, но еще и думать.

Знак Водолея контролирует оливковое дерево, которое очень подходит знаку Воздуха. Они любят разнообразие острых специй, включая чеснок и имбирь. Несмотря на то что они будут есть почти все, предпочитают есть то, что можно взять с собой. Оригинальный и изобретательный Водолей, если не вносит в приготовление пищи свое собственное творчество, любит пробовать необычную кухню. Их эксцентричная и интеллектуальная натура пробуждает в них желание попробовать экзотическую кухню со всего мира.

Знак таинственный, футуристический, идеалистический и всесторонний, Водолей будет искать такие фильмы, которые могли бы занять его ум. Пусть попробует посмотреть «Одиссею 2001» Стенли Кубрика, «Матрицу» или «Сталкера» Тарковского, если он еще не видел всего этого.

Водолей не чужд музыке, общителен и ценит хорошее пение. Ему нравится слушать музыку прошлых лет, когда каждый пытался сделать мир лучше и совершеннее, начиная от «Битлз» до группы «Форейнерс». Сейчас он склоняется к «Депеш Мод».

В юном возрасте мечтательный Водолей отважится принимать участие в самых новых видах спорта, о которых еще до этого никто никогда не слышал. Это могут быть такие экстремальные виды спорта, как сноубординг, виндсёрфинг, дельтапланеризм, прыжки с тросом.

Отправляясь в путешествие, он выберет тропики, вполне подойдут Коста-Рика, Индия, Мексика, Венесуэла, Бразилия.

Несмотря на любой возраст, Водолеи увлекаются телевидением и смотрят подряд все приключенческие и юмористические передачи от «Ментов» до «Городка». И обязательно смотрит подряд все новости, чтобы не пропустить, что еще новенького творится в мире.

Камни-талисманы для знака Водолея

Астрологи утверждали, что «те, кто родился, когда на небе сияет Водолей, кроткостью, щедростью и врожденной добротой привлекают к себе сердца великих и малых, превратности судьбы сносят мужественно и терпеливо, и верность в дружбе — главная их добродетель. В науке и искусствах они находят радость и охотно время над книгой проводят». Этим людям должны были приносить счастье гранат и циркон.

Персидский поэт Хафиз писал: «Как солнечный луч воспламеня-ет гранат в твоём перстне, так сердце мое разжигает любовь к тебе». Гранат также должен был обеспечить своему обладателю хорошее настроение и веселые мысли, но лишь при условии, что его никогда не снимают. Камень этот считался не только «талисманом влюблен-ных», его называли также «камнем честности». Кто овладел им пу-тем разбоя и воровства, не мог ожидать, что гранат принесет ему счастье.

Циркон — редкий прозрачный камень, который на Востоке на-зывали «младшим братом алмаза». Эти камни якобы улучшали умственные способности своего обладателя, возбуждали в нем стрем-ление к наукам и к познанию истины. Они укрепляли память, повы-шали сообразительность. Цирконы голубоватой окраски были та-лисманами путешественников, поскольку верили, что они способны отпугивать диких зверей и охранять от укусов ядовитых змей.

РЫБЫ

21 февраля —
20 марта

Правящая планета	Нептун
Счастливые числа	6, 7, 11
Символ	две рыбы, плывущие в противоположные стороны, раковина, волна
Цвета	цвет морской волны, синий, стальной и красно-фиолетовый
Камни	сапфир, жемчуг, аметист, лунный камень
Цветы	нарцисс, крокус, жасмин, фиалки, незабудки
Металл	цинк
Талисман	узел, нарцисс
Счастливый день	понедельник, четверг, пятница
Неудачный день	среда
Страны	страны Малой Азии, а также Италия, Россия

Из истории знака

исунок Рыб, по всей вероятности, восходит к древнегреческому мифу об Афродите и Эросе, которые, так же как и Пан, хотели ускользнуть от тысячеголового монстра Тифона посредством чудесного превращения, причем им повезло значительно больше, чем Пану: они более удачно прыгнули в реку и превратились в рыб. Рыбы держатся зубами за соединяющую их серебряную нить. При этом Рыбы как бы смотрят в разные стороны между сознанием и душой человека. Человек, рожденный под знаком Рыб, испытывает на себе могучее влияние стихий и планет. Каналом передачи этого влияния выступают ноги и лимфатическая система.

Силы, влияющие на Рыб

Знак Воды под покровительством Нептуна. Характер таинственный, тонкая интуиция. Нептун придает знаку чувство беспокойства, борьбы с собой.

От Юпитера Рыбы получают счастливую судьбу и мудрость. Эти люди часто испытывают душевные муки, тоску. Это символ гуманности и самопожертвования. Они обладают большой душевной тонкостью при развитом скептицизме. Интуиция у них сильнее логики, они щедры, любят комфорт, уют. Гостеприимны, но часто бывают грустны. Если в детстве судьба их складывается нормально, то они справедливы, искренни, сердечны. У них хорошая память и склонность к науке.

Женщины этого знака почти всегда обладают ярко выраженной индивидуальностью и изяществом. Их настроение и здоровье зависят от фаз Луны. В период полнолуния они полны жизненных сил и энергии. При возрождении Луны ими овладевают усталость и апатия. У них богатая внутренняя энергия. Несмотря на обеспеченность и определенную избалованность, из них получаются великолепные жены и матери.

Общая характеристика личности

Рыбы обычно оптимистичны, для них характерна повышенная эмоциональность и возбудимость. Они великодушны и любвеобильны, обладают хорошо развитым воображением и интуицией. Рыбам присущи доброта, благожелательность, отходчивость, но для того, чтобы человек, рожденный под знаком Рыб, проявил свое доброе отношение к вам, он должен чувствовать, что вы готовы отплатить ему тем же. Вместе с тем Рыбы, как правило, ненадежны, непрактичны, склонны жалеть себя, непостоянны, беспокойны, у них бывают периоды депрессии и меланхолии.

Это человек мягкий, уступчивый, поддающийся чужому влиянию, со слабой волей. Избегает сталкиваться с определенной ясной постановкой дела. Очень чувствительны, терпеливы, следуют за всяким, обладающим сильной волей и не могут проявить свое «я». Способны к искусству и музыке, склонны к мистицизму. Люди многосторонние, обладающие живым воображением и мечтательностью.

В молодости люди этого знака очень легко отклоняются от морали, питают слабость к ядам и наркотикам. Вообще не внушают доверия, служат и вашим и нашим. Имеют склонность к красоте и эстетике и этим вознаграждают себя за многие годы разочарования в жизни. Религиозно настроены.

По темпераменту: флегматики.

Рыбы-мужчина

Многие астрологи согласятся, что Рыбы — это самые эксцентричные личности из всего Зодиака. Их правитель — Нептун — революционный, мистический знак, романтический, иногда невменяемый, но всегда несколько отстраненный. Он причиняет своим подчиненным нервозность и беспокойство.

Рыбы — последний знак Зодиака, и обычно эти люди ставят себя на последнее место. Они бескорыстно угождают желаниям других. Рыбы — 3-й водный знак, и люди этого знака чрезвычайно эмоциональны и по-своему страстны. Их сильные эмоции и страсти, когда они положительно направлены, — мощные элементы для созидания, но если они расслаблены, то эти качества могут привести Рыб к саморазрушению.

Рыбам надо бороться и защищать себя от резкой критики тех, кто не понимает их мистического мира. Душевные раны Рыб долго не заживают. Им нравится играть роль мученика, и они должны остерегаться тенденции жалеть себя, а также низкого самоуважения. Рыбы скромны и застенчивы, но они также личности нервные и полные энергии, все вместе придает им вид, будто они всегда в нерешительности и озадачены. Они склонны по пустякам бесноваться и сильно переживать по мелочам.

Рыбы-женщина

Она неизлечимый романтик, и ее темперамент как бы обращен внутрь себя самой. В разные периоды она создает различные образы и питает иллюзии, общей чертой которых является их нереальность. В детстве ее восхищали сказки, а нарисованные образы являются не менее реальными, чем действительность. Ее первые знакомства — милые романтические мальчики с не вполне осознанным половым влечением. Женщин, родившихся под этим знаком, можно разделить на две группы. К первой относятся те, которые устанавливают прочные связи с мужчиной, не обладающим слишком бурным темпераментом. Как правило, она живет с ним долго и счастливо. Ко второй группе относятся гораздо более неспокойные женщины. Вместо галантного и романтического любовника в ее воображении превалирует пират. Все говорит о том, что если бы у нее хватило смелости на связь с подобным мужчиной, то она, несомненно, была бы очень счастлива. Однако, как правило, она избегает настоящих крепких мужчин, чувствуя себя безопаснее в среде мужчин психически слабых и требующих с ее стороны опеки и снисходительности.

Нередко она находит себя в роли любовницы и доверенного лица артистов, политиков, то есть людей, величие и слава которых в значительной степени зависят от воздействия ее утешения и успокоения. Она боится не столько сексуальной силы настоящих мужчин, сколько опасности лишиться защитного слоя мечтаний и иллюзий и проверить себя как женщину. Она не может на это отважиться, поэтому ее «мальчики» остаются, а мужчины нередко с обидой уходят.

Рыбы-ребенок

Ангелоподобный малыш, рожденный под этим знаком, на самом деле отнюдь не ангелочек: несмотря на очаровательную мордашку, он умеет добиваться своего если не криком, как ребенок-Овен, или упрямством, как дитя-Телец, то улыбкой и милыми хитростями, обводя своих родителей и воспитателей вокруг пальца. Это обманчиво мягкая «глина», которая не так уж легко поддается обработке.

Едва научившись ходить, он начинает жить в волшебном мире фантазий. Сидя в высоком стульчике за столом, он спокойно съест все, что ему полагается, если мама вымажет лицо мелом и губной помадой и объявит, что она клоун. А если ей надо заняться стиркой, то лучше всего надуть несколько воздушных шаров, окружить малыша его любимыми мягкими игрушками, включить проигрыватель и сказать, что он в цирке, и тогда ребенок не будет ей мешать.

Самое трудное в воспитании малышей — приучить их соблюдать определенный режим дня, так как они склонны есть и спать, только когда им хочется. Младенцы вообще чаще всего спят днем, а ночью лежат с открытыми глазами.

В школе учителя часто попадают в затруднительное положение, пытаясь приучить таких детей к традиционной школьной рутине и догмам. Но эти дети мыслят по-своему. Не стоит их за это строго судить — просто человечество еще не «доросло» до высот нептунианской мудрости.

Почти все дети-Рыбы очень артистичны, любят заниматься музыкой и хореографией. Арифметика, бывает, им трудно дается, зато когда дело доходит до алгебры и геометрии, требующих абстрактного мышления, они вдруг обнаруживают неординарные способности. Этих детей часто обвиняют во лжи. Но они не лгут — просто у них такое богатое воображение, что они иногда путают вымысел с действительностью. Поэтому, вместо того чтобы ругать и наказывать их, лучше направить их воображение в творческое русло — пусть сочиняют стихи, рисуют или играют роли в постановках драмкружка. К сожалению, подрастая, они довольно быстро адаптируются к жесткому миру действительности, иначе им не выжить. Поэтому старайтесь оберегать их таланты и окружать любовью как можно дольше, научите их быть стойкими и храбрыми, плыть против течения — кто знает, может, в один прекрасный день они действительно поймают свою звезду...

Создайте ему условия, и ваш ребенок вырастет таким, как Гарри Белафонте, Элизабет Тейлор, Фридерик Шопен, М. Горбачев, П. Ершов, С. Михоэлс, Рудольф Нуриев, Джордж Вашингтон, Джон Стейнбек, Гендель, Виктор Гюго, Энрико Карузо, Микеланджело Буонаротти, Альберт Эйнштейн, Николай Римский-Корсаков, Огюст Ренуар.

Жизненный путь Рыб

Часто очень трудный жизненный путь, полный неудач. Человек часто остается в тени, если не подталкивается сильной рукой. Может достичь благосостояния, если будет вовремя направлен по правильному пути и будут устранены дурные связи.

Карьера Рыб

Из Рыб чаще всего выходят художники, музыканты, артисты, актеры, художественные критики, танцоры, дизайнеры, иллюзионисты, иллюстраторы, фотографы, поэты, религиозные лидеры (и прочие духовные лица, монахи), спиритуалисты, модельеры.

Если они займутся общественной деятельностью, то станут членами благотворительного общества, общественными работниками, консультантами, судьями по уголовным делам, кураторами, служащими по тюремному ведомству, при домах умалишенных и в исправительных заведениях.

Весьма часто это бармены, пивовары, химики, кондукторы, моряки, торговцы мелочами, секретные агенты, сапожники, официанты, стекольщики. Если Рыбы служат в гостиницах или ресторанах, то им не рекомендуется злоупотреблять спиртными напитками.

Рыбы-начальник

Рыбы редко занимают ответственные посты и редко задерживаются на одном месте. Как и Водолеев, работа от звонка до звонка их мало привлекает. Нептунианец становится прекрасным организатором и руководителем в области радио, телевидения и рекламы.

Возглавляя какой-нибудь отдел в такой компании, они будут счастливо воплощать в жизнь те творческие замыслы, которыми так богаты. Из них получаются отличные продюсеры, режиссеры театра и кино, руководители художественных студий и хореографических ансамблей. Многие из них прекрасные дирижеры как симфонических, так и джазовых оркестров, у которых все репетиции и концерты проходят без сучка и задоринки. К тому же они и сами сочиняют музыку.

Благодаря своей необычной способности проникать в тайны человеческой психики и распутывать самые сложные узлы Рыбы с успехом возглавляют сыскные конторы; в издательском деле они становятся блестящими главными редакторами газет, журналов и издательств. Руководитель-Рыбы редко делает выговоры своим подчиненным и всегда готов их выслушать, если у них есть интересные творческие идеи. В работе он больше любит полагаться на обыкновенных служащих, которые обеспечивают твердый порядок и дисциплину в учреждении.

Рыбы-подчиненный

Как работает подчиненный-Рыбы, зависит от того, каким делом он занимается. Если работа предоставляет ему возможность проявить творческие способности или глубокое понимание человеческих страданий, все будет хорошо. Он даже проявит рвение и внимание к мелочам, что явно противоречит его натуре (но вспомните, что Рыбы обладают признаками, свойственными в какой-то мере всем знакам Зодиака). Если же служащий чувствует себя на работе «не в своей тарелке», он просто ускользнет, не дожидаясь, когда его уволят за несоответствие занимаемой должности. При этом женатый бросит работу скорее, чем холостой, так как жена у него наверняка работает и семья не останется без куска хлеба.

Болезни Рыб

Людям, рожденным под этим знаком, свойственны нервные болезни, болезни сердца и ног. У женщин этого знака порой бывает нарушение месячных.

Любовь и секс у Рыб

Так как Рыбы — водный знак, они крайне эмоциональны. Рыбы полностью зависят от любимых. Они постоянно устраивают проверки своим партнерам, чтобы те продемонстрировали свою любовь и доказали, что страхи и подозрения Рыб — только фантазия. Рыбы должны остерегаться паранойи и чувства, что их предали. Они должны разрабатывать свои положительные качества: сочувствие, гостеприимство, щедрость. Также они должны остерегаться сверхчувствительности и беспрестанной болтовни.

Супружеская жизнь Рыб

Благополучная супружеская жизнь, если партнер родился под знаком Рака.

Неблагополучная, если партнер родился под знаком Близнецов.

С Овном очень благоприятный союз, хотя знак сильно отталкивает Рыб: их пугает темпераментность Овна.

К Тельцу чувство притяжения, союз гармоничен.

С Козерогом не всегда гармоничный, так как холодность Козерога оскорбляет Рыб.

Со Скорпионом союз устойчивый, если Скорпион будет сдерживать себя и вести себя осторожно по отношению к Рыбам.

Со Львом брак не рекомендуется: его страстность и импульсивность обижает Рыб.

Возникновению контакта с Водолеем мешает его холодность, может возникнуть союз, но очень редко.

Со Стрельцом редко возникает союз — не хватает физического притяжения.

То же самое и с Весами.

Со своим знаком редко возникает хорошее отношение.

С Девой союз неблагоприятен — большая разница в характерах.

Свидание с Рыбами

Рыб интересует все то, чего не существует в действительности: иллюзии и фантастика, драма и эмоции, искусство и духовность. Любой человек, который интересуется искусством, начиная с живописи и кончая посещением театра, вызовет у ваших Рыб одобрительную улыбку. Романтизм высоко ценится этим знаком, поэтому попробуйте организовать пикник на пляже с вином и сыром или чаепитие в саду. Что бы вы ни делали, привнесите немного волшебства в ваши свидания. Вашим Рыбам понравится встреча при луне больше, чем любые деньги, которые вы потратите.

Устройте для них чтение стихов, посетите театр, сходите в кино, проведите целый день в зоопарке, займитесь плаванием, посетите музей или оперу, сходите в кафе, посетите аквариум, совершите вместе прогулку на яхте, прогуляйтесь по японскому саду, сходите в дельфинарий, пойдите вместе на каток.

Что нравится Рыбам

Безнадежные романтики в душе, Рыбы будут счастливы утонуть в слезах, вызванных книжной романтической историей или драмой. С их склонностью уходить в себя Рыбы — большие любители книг, подсознательно жаждущие сами вовлечься в какую-нибудь душещипательную историю. Чтобы этого не случилось, почитайте «розовые» романы Даниэлы Стил или погрузитесь в чтение исторических легенд Толкиена.

В еде Рыбы, естественно, остаются большими поклонниками морепродуктов и будут с огромной жадностью поглощать все водоплавающее, будь то обычный лосось или экзотический гребешок. Их любимыми приправами являются мята, гвоздика, ваниль и мускатный орех. Но что более важно — они ненавидят соевые суррогаты, любая пища, которую они потребляют, должна быть органической и приготовленной на живом огне, никаких микроволновок! Мечтательные и романтические Рыбы будут удовлетворять свой аппетит широким выбором и разнообразием блюд и не остановятся на заштатном ресторанчике, а изберут французскую либо итальянскую кухню.

Слишком эмоциональные, Рыбы любят такие фильмы, которые вызывают у них целую бурю эмоций. В кино они должны позволить разыграться своей фантазии — слезы будут катиться ручьями из их глаз во время просмотра фильмов «Титаник» или «Майерлинг». Им также понравятся фильмы с Ричардом Гиром и Джулией Робертс — «Красотка» и другие милые мелодрамы.

Рыб могут привлечь возвышенные мелодии новоорлеанского джаза, что-то из Майлза Дэвиса и Джона Колтрэйна. Рыбы сами способны неплохо музицировать и способны извлекать музыкальные звуки, даже играя на камышовой тростинке.

Изменчивым Рыбам приятно двигаться по течению, им нравятся водные виды спорта, например водные лыжи, гонка на плотах и конечно же плавание, рыбалка.

Если им захочется попутешествовать, то лучше всего им подойдут Бразилия, Флорида, Марокко, Пакистан, США, Колумбия.

По телевидению, не считая очевидной привлекательности передачи о рыбалке и наживках, Рыбы также любят мир фантастики. И хотя вы больше склонны быть читателем поэтических произведений, все же вы можете уделить время и сесть перед телевизором, чтобы посмотреть уфологическую передачу о летающих тарелках.

Камни-талисманы для знака Рыб

«Когда солнце вступает в знак Рыб, родятся необыкновенные люди. Часто приносят с собой они на свет дары муз. Поэзию, музыку и книги любят больше, нежели другие люди. К действиям магическим великий интерес питают. Рассудок их часто туманит гнев, и тогда трудно бывает их образумить. Жемчуга, найденные на дне морей, и аметисты, отливающие фиолетовым блеском, приносят им счастье» — так писал в XV в. болонский астроном и астролог Доменико Мария Наварра, профессор и научный покровитель Николая Коперника.

Откуда внутри раковин, которые вылавливают в глубинах океанов, берутся эти округлые, с нежным блеском частицы? Греки утверждали, что жемчуг — это затвердевшие слезы океанид, морских нимф. В Средние века рассказывали поэтическую легенду о том, что слезы сирот и невинно обиженных ангелы замыкают в раковинах, превращая их в драгоценность. Теперь известно, что происхождение жемчуга гораздо прозаичнее. Его производит особый вид морских моллюсков-жемчужниц.

Жемчуг бывает различной окраски, величины и формы. У берегов Индии ловят ценный жемчуг — бледно-розоватый, в прибрежных водах Цейлона водолазы находят серебряный и желтоватый жемчуг, в Японском море — светло-зеленый, в Австралии — белый. В волнах Мексиканского залива ловцы находят оригинальный черный жемчуг, а в Калифорнийском заливе живут жемчужницы, создающие жемчуг розово-красный. Украшения из жемчуга были известны уже чуть ли не в доисторические времена. Царицы древности очень любили жемчуга.

Семирамида на дворцовых празднествах появилась в семи нитках розового жемчуга необычайного размера. Клеопатра также была обладательницей шкатулки с жемчугом огромной ценности. Богатые гречанки охотно носили жемчужные украшения, которые должны были придавать глазам блеск и охранять обладательницу их от мук безответной любви. На античном кладбище в Керамейкосе, вблизи Афин, в IV в. до н. э. похоронили 25-летнюю Гогесо, жену богатого жителя столицы. Опечаленный супруг велел вырезать из мрамора надгробную плиту. По сей день ее можно видеть в одном из афинских музеев. Молодая красивая женщина в длинном одеянии прощается с драгоценностями, в которые она наряжалась при жизни. В открытой шкатулке лежат браслеты и жемчужные нити. Рядом с Гогесо стоит красивый юноша Танатос, бог смерти, который проводит ее в ад. В Риме и Византии ожерелья из трех рядов жемчуга вручали победителям в состязаниях квадриг.

Жители Востока также высоко ценили эти прекрасные каменья. Рассказывали, что в сокровищнице махараджи Хайдарабада было 120 ларцов, до краев наполненных жемчугом. Индийские купцы верили, что кольцо с жемчугом охраняет от воров и от нечестных сделок. Расшитые жемчугом платья служили подвенечным нарядом невесты в Средние века и в эпоху Возрождения.

Когда Ядвига, старшая дочь Казимира Великого, венчалась с баварским князем, на ней было атласное платье, так обильно покрытое жемчугом и золотом, что (как писал баварский летописец) «принцессу вели к алтарю жених и его брат», ибо новобрачная еле передвигала ноги, а шлейф ее праздничной одежды несли три пажа». В те времена жемчуг считался хорошим лекарством. Раствор, в котором варился жемчуг, якобы помогал при болезнях печени. Детям, страдающим злокачественным малокровием, давали пить молоко с толченым жемчугом.

В Италии верили, что жемчуг бережет от дурного глаза и дает способность предвидеть будущее. В эпоху романтизма было модно дарить предмету любви кольцо с жемчугом, символизирующим «слезы тоски». В конце XIX в. японцы начали разводить так называемый искусственный жемчуг. При этом в раковину моллюска помещали шарики из жемчужной массы. Растущая жемчужница выделяла вещество, обволакивающее инородный предмет, и через несколько лет из раковины вынимали крупную блестящую жемчужину. Но на мировом рынке этот жемчуг продается гораздо дешевле, чем натуральный. Самую крупную из известных до сих пор жемчужин выловили 70 лет назад в Бенгальском заливе. По имени своего первого хозяина она называется «Норе», имеет форму удлиненной капли (длина ее около 5 см, а вес — 454 карата) и отличается необычайной окраской: ее поверхность белая с розовым отливом, на одну четверть — коричневая. Ее можно видеть в естественно-научной коллекции Британского музея в Лондоне.

Личные особенности подбора подарков для знаков Зодиака

Особенности подбора подарков для Овна

Люди, рожденные под созвездием Овна, склонны быть крайне игривыми, поэтому попробуйте подарить забавный подарок. Помните о том, что Овны контролируют голову, мозг и лицо. Поэтому любой подарок или вещь, которая связана с этими частями тела, будет приемлем. Не дарите им слишком практичных подарков. Наиболее приемлемые подарки — это дары, которые вызывают желание начать новое хобби или используют их физическую энергию.

Особенности подбора подарков для Тельца

Тельцам доставляют удовольствие в жизни красивые вещи: материальные, физические либо плотские. Огромным успехом будут пользоваться предметы, которые предназначены для массажа или для ухода за телом. С другой стороны, Телец интуитивно чувствует красоту. Развлеките Тельца посещением театра, подарите ему предмет искусства, ювелирное изделие или цветы.

Особенности подбора подарков для Близнецов

Близнецы познают мир с помощью интеллекта, поэтому подарите им то, что стимулирует их воображение. Например, книгу, видеокассету или подписку на журнал. Замечали ли вы когда-нибудь, что Близнецы постоянно болтают по телефону или общаются с друзьями? Близнецы контролируют дом общения, поэтому помогите Близнецам, подарив ему или ей телефон, адресную книгу, калькулятор.

Особенности подбора подарка для Рака

Рак контролирует домашний очаг. Это делает Рака домашним и предоставляет вам возможность легко подобрать ему подарок. Тапочки, фотоальбом, поваренная книга или любой другой предмет, который вы можете использовать в доме, будет принят с огромным удовольствием.

Ключ к Раку — это какой-нибудь сентиментальный подарок. Поэтому ваш Рак будет глубоко тронут, если вы в знак своей дружбы преподнесете что-нибудь нужное для дома.

Особенности подбора подарка для Льва

Львы любят что-нибудь создавать и творить. Подарите ему то, что стимулирует их артистичность и творчество или подстегивает их любовь к грандиозным и изящным развлечениям. Подарите ему чудесный хрусталь, огромный экзотический букет цветов или новую золотую салфетницу для обеденного стола. Лев — это король (или королева) всех знаков Зодиака, поэтому и подарок преподносите ему соответственный.

Особенности подбора подарков для Девы

Девы любят простоту и элегантность, поэтому, что бы вы ей ни дарили, сделайте это элегантно. Кроме того, Девы трудолюбивы, аккуратны, очень организованны.

Попробуйте подарить Деве что-нибудь, что поможет ей оставаться такой же организованной. Например, ноутбук или классический кожаный чемодан. Вашей Деве также понравится подарок в виде широкого галстука или длинного шарфа, так как они — хорошие бизнесмены и будут получать удовольствие, следуя моде даже в ношении галстука.

Особенности подбора подарков для Весов

Весы контролируют дом партнерства. Это говорит о том, что они тяготеют к обществу и другими интересуются больше, чем собой. Подарите вашим Весам что-то, что будет напоминать ему или ей о вашей дружбе или друзьях. Это может быть альбом для наклеивания фотографий или маленький телефонный и адресный справочник, который они могут взять с собой куда угодно. И наконец, Весы любят выглядеть лучше всех.

Особенности подбора подарков
для Скорпиона

Никто так не любит хороший секрет и таинственность, как Скорпион. Поэтому нечто такое, начиная от романов Агаты Кристи и кончая биноклем или телескопом, будет идеальным подарком. Вашему Скорпиону доставит удовольствие игра «Дюна» или компьютерная игра «Sim City». Другие подарки, которые удовлетворяют интерес к спорту, могут быть представлены спортивным инвентарем, акционерным капиталом или облигациями.

Особенности подбора подарков
для Стрельца

Стрельцы — это знак философии и религии. Люди, рожденные под этим знаком, — это полиглоты и ученые. Если вы хотите получить благодарность от вашего возлюбленного Стрельца, то подарите ему что-нибудь интеллектуальное. Например, книгу Кастанеды или подписку на географический журнал. Стрельцы слишком импульсивны. Удивите их, подарив билеты на поезд, чтобы вдвоем отправиться в путешествие, долгое или кратковременное. Они упакуют свои вещи и будут готовы ехать в любое время.

Особенности подбора подарков для Козерога

Люди, рожденные под этим знаком, амбициозны и дисциплинированны, решительны, преданны и непреклонны в достижении своих целей. Они также практичны и реалистичны. Поэтому любой подарок, который поможет им в их карьере, работе или личных финансовых операциях, подойдет больше всего. Если вы чувствуете, что ваш Козерог слишком серьезный и организованный, то вы можете пойти другим путем. Побалуйте его роскошным лосьоном или пеной для ванны.

Особенности подбора подарков для Водолея

Ключиком к подбору подарка для Водолея служит новизна. Попробуйте подарить руководство по подводному плаванию, уроки йоги или китайские травы. Если вы чувствуете себя более консервативным, чем ваш возлюбленный Водолей, то помните, что знак Водолея контролирует лодыжки. Поэтому будет целесообразно подарить ему носки, сандалии или ножной браслет.

Особенности подбора подарков для Рыб

Рыб интересует все, чего нет в действительности: иллюзии и фантастика, драма и эмоции, искусство и духовность. Самым лучшим подарком для тех, кто родился под этим знаком, может стать то, что подпитывает их интересы. Как насчет набора масляных красок, билетов в театр или книги поэзии? В свое свободное время Рыбы могут облегчать свой эмоциональный стресс с помощью упражнений.

Тема воды вообще хороша, потому что вы можете подарить Рыбам ароматизированное масло для ванны или плавающие свечи.

Астрология
и траволечение

Истоки медицинской астрологии уходят в седую древность: в Древнюю Грецию, Египет, Вавилон, Халдею, Индию. Уже Гиппократ, обучая учеников, говорил, что врач, не знающий астрологии, много теряет как специалист. Гален, великий римский врач и мыслитель, в своем трактате «Методы врачевания» писал, что при лечении конкретного больного следует учитывать особенности неба, время года и конкретную местность. Библейский пророк Авраам имел всегда на груди астрологическую таблицу, по которой читал судьбы людей, обращающихся к нему.

Великий Парацельс говорил, что человек зависит от звезд, потому что имеет астральное (звездное) тело. Звездная анатомия говорит, что звезды так организуют тело человека, что оно становится антенной, принимающй информацию от принявших участие в его создании звезд и планет. Именно поэтому так часто встречаются энцефалограммы головного мозга человека, соответствующие частотам Земли, Солнца, Луны, Марса и других планет. Астрология — это наука, позволяющая определить влияние звезды на человека, его личность в прошлом, настоящем и будущем на основе постоянного гороскопа. В последнем учитывают три уровня информации: первый связан с зодиакальным кругом и 12 знаками Зодиака; второй уровень связан с планетами и их отношением к знакам Зодиака (созвездиям); третий уровень связан с отношением знаков Зодиака, пространством (местом) и временем рождения по отношению к плоскому горизонту. В настоящее время считают, что Зодиак — это аура Земли, создаваемая биоэнергетическими полями биосферы, а также биоизлучением Солнца, Земли, Луны и других планет, то есть Зодиак — это, по мнению А. Зараева, то же, что ноосфера В. И. Вернадского, К. Э. Циолковского и др. или же Шамбала Н. Рериха и Е. Рерих. При движении по орбите Земля каждый месяц получает энергию и информацию от Солнца через секторы Зодиака, что влияет на особенности черт характера человека, получение им информационно-энергетического поля Солнца с присущим ему зодиакальным влиянием. В связи с этим выделяют ведущую планету (положительно влияющую) и противоположные планеты (отрицательно влияющие на Зодиак). Ведущая планета оказывает положительное действие на здоровье, жизненные проявления в искусстве, профессии, супружеском браке и т. д. Противоположные планеты, которые находятся над горизонтом в момент рождения человека, оказывают отрицательные воздействия (болезни, черты личности и т. д.). Это взаимное расположение планет создает специфику строения ауры человека, привязывает его к судьбе, что и взято на вооружение медицинскими астрологами. Во многом здоровье человека зависит от сочетания Зодиака и планет в момент рождения или зачатия. Даже расхождение момента рождения в пределах двух часов дает существенное отличие в судьбах людей. Итак, при определении здоровья следует исходить из 12-летнего восточного цикла времени, 12-месячного (годового) и суточного 12-парночасового. Таким образом, для более точного астропрогноза требуется знать то, чего нередко мы не знаем, т. е. точное время рождения.

Считается, что астромедицина, астроанатомия и астропатология принадлежат знаку Зодиака Скорпиону (он же Орел, Змея, Ящерица); знаку Водолея принадлежит знание герметической астрологии; люди, родившиеся под знаком Водолея, — прирожденные астральные целители, чего многие не знают. Рыбам же принадлежит эзотерическая (тайная) астрология. Близнецам присуща астропсихология, часовая астрология, а Раку — астрогенотипология и кармическая астрология, Льву — астромедитация и тантрическая астрология, созвездию Девы подчинена компьютерная рациональная астрология, а Весам — астрология группы, коллективов, этничная астрология. В основе же всего лежит астротипология и астромантика, принадлежащие знаку Овна. Знаку Тельца принадлежат астроботаника, астроминералогия, астрогеография, т. е. проекция звездного мира на регионы, материки, страны, климатические условия (А. Зараев). Созвездию Козерога подчинены астрология политики, космологические циклы, влияющие на циклы жизни человека.

Стихии имеют прямое отношение к медицинской астрологии. Их всего четыре, высшая — Огонь (энергия), Воздух — вторая, Вода — третья, Земля — четвертая. Отсюда следуют такие понятия:

1) «сухой человек»   — В и С
                                (влажность и сухость);
2) «легкий человек»   — В и Т
                                (влажность и тепло);
3) «приземленный человек»   — Х и С
                                (холод и сухость);
4) «яркий человек»   — В, Т и С
                                (влажность, тепло и сухость);

5) «огненный человек» — Т и С
(тепло и сухость);
6) «холодный сухой человек» — С и Х
(сухость и холод);
7) «плаксивый человек» — В и Х
(влажность и холод);
8) «общительный человек» — В, Т и С
(влажность, тепло и сухость).

Понятия «тепло и сухость» соответствуют стихии Огня, стихии Воздуха соответствуют понятия влажности и тепла, стихия Воды впитывает в себя влажность и холод, Земля же соответствует холоду и сухости.

Так же и категории Зодиака соответствуют различным типам характера человека:

1) **кардинальный** (Овен, Рак, Весы, Козерог);
2) **постоянный** (Телец, Лев, Скорпион, Водолей);
3) **изменчивый** (Близнецы, Дева, Стрелец, Рыбы).

Совокупность представлений с учетом влияния планеты создает комплекс отношений, может быть, неоднозначных, но достаточно интересных, необходимых для целителя. Фактически создает фонд факторов риска в системах Луна — Солнце — Земля и их расположение по знакам Зодиака: Сатурн — Солнце — Земля и т. д. Располагая определенными ритмами, они влияют на ритмообразование у человека, а следовательно, на вегетативную нервную, сердечно-сосудистую и другие системы.

При траволечении необходимо сверяться с тем, под каким знаком Зодиака рожден больной. Далее приводится список растений, соответствующих каждому знаку.

ОВЕН (21.3–20.4)

Знак Огня. Планета-управитель — Марс.
Растения, соответствующие знаку ОВНА:
алоэ, анемон, базилик, барбарис, боярышник, горечавка, горчица, дрок, жимолость, иглица, имбирь, иссоп, кактус, каперс, кориандр, кошачья мята, крапива, лен, лук, лютик, марена красильная, можжевельник, перец, подорожник, полынь, порей, ракитник, редис, садовый кресс-салат, самшит, табак, хмель, хрен, чертополох, чеснок, шиповник.

ТЕЛЕЦ (21.4–21.5)

Знак Земли. Планета-управитель — Венера.
Растения, соответствующие знаку ТЕЛЬЦА:
абрикос, алтейный корень, артишок, бледно-желтый нарцисс, бобы, бузина, виноград, вишня, вербена, гвоздика, глухая крапива, гранат, герань дикая, дикая яблоня, калужница болотная, клевер, ковыль, крестовник, крыжовник, лилия, лопух, маргаритка, миндаль, медвежья ягода, мята блошиная, наперстянка, остролист, ольха черная, папоротник, мята перечная, пупочная трава, пшеница, пырей, сушеница, фасоль, фиалка, яблоки, ясень.

БЛИЗНЕЦЫ (22.5–21.6)

Знак Воздуха. Планета-управитель — Меркурий.
Растения, соответствующие знаку БЛИЗНЕЦОВ:
азалия, божье дерево, валериана, девясил, дикая морковь, звездчатка, зимний чабер, конская мята, коралловый лист, лаванда, лилия степная, лакричник, майоран, мандрагора, мирт, молочай, морковь, мужской папоротник, орешник, петрушка, тмин, трилистник пашеный, тростник, укроп, фенхель, шелковица, эндивий.

РАК (22.6–22.7)

Знак Воды. Планета-управитель — Луна.
Растения, соответствующие знаку РАКА:
белая камнеломка, белая лилия, белая роза, белый мак, бирючина, вечнозеленые растения, водяная лилия, водяная фиалка, водяной кресс, вьюнок дикий, гремучая трава, грибы, дыня, желтофиоль, жемчужина, иссоп, ирис, ива, кандык, капуста, клен, кукушкины слезки, курослеп, лунарий, латук, морская водоросль, огурец, олива, очанка, пальма, папоротник, портулак, пролеска, розмарин, трут, турнепс, тыква, утиная ряска, шалфей луговой.

ЛЕВ (23.7–23.8)

Знак Огня. Планета-управитель — Солнце.
Растения, соответствующие знаку ЛЬВА:
виноград, грецкий орех, горчица, дягиль, зверобой, клевер, курослеп, миндаль, можжевельник, ноготки (календула), омела, очанка, пион, рис, розмарин, ромашка, росянка, рута душистая, чистотел, шафран посевной, ясень.

ДЕВА (24.8–23.9)

Знак Земли. Планета-управитель — Меркурий.
Растения, соответствующие знаку ДЕВЫ:
азалия, валериана, девясил, звездчатка, зимний чабер, конская мята, коралловый лист, лаванда, лилия степная, лакричник, майоран, мандрагора, мирт, молочай, морковь, морковь дикая, мужской папоротник, орешник, петрушка, тмин, трилистник пашеный, тростник, укроп, фенхель, шелковица, эндивет.

ВЕСЫ (24.9–23.10)

Знак Воздуха. Планета-управитель — Венера.
Растения, соответствующие знаку ВЕСОВ:
абрикос, алтейный корень, артишоки, бледно-желтый нарцисс, бобы, бузина, виноград, вишня, вербена, гвоздика, глухая крапива, гранат, дикая герань, дикая яблоня, калужница болотная, клевер, ковыль, крестовник, крыжовник, лилия, лопух, маргаритка, миндаль, медвежья ягода, мята блошиная, наперстянка, остролист, ольха черная, папоротник, мята перечная, пупочная трава, пшеница, пырей, сушеница, фасоль, фиалка, яблоки, ясень.

СКОРПИОН (24.10–22.11)

Знак Воды. Планета-управитель — Марс.
Растения, соответствующие знаку СКОРПИОНА:
алоэ, анемон, базилик, барбарис, боярышник, горечавка, горчица, дрок, жимолость, иглица, имбирь, иссоп, кактус, каперс, кориандр, кошачья мята, крапива, лен, лук, лютик, марена красильная, можжевельник, перец, подорожник, полынь, порей, ракитник, редис, садовый кресс, самшит, табак, хмель, хрен, чертополох, чеснок, шиповник.

СТРЕЛЕЦ (23.11–21.12)

Знак Огня. Планета-управитель — Юпитер.
Растения, соответствующие знаку СТРЕЛЬЦА:
абрикос, анис, аспарагус, бальзамин, береза, буквица, гвоздичное дерево, дикая гвоздика, дикий цикорий, дуб, дурман, земляника, календула, лимон, липа, маргаритка, медуница аптечная, мирра, мускатный орех, мята, огуречная трава, одуванчик, печеночный мох, порей домашний, ревень, репейник, сахарный тростник, свекла белая, сладкий корень, смородина, сосна, фига, цинготная трава, шалфей, шелковица, яблоки, ясень.

КОЗЕРОГ (22.12–20.1)

Знак Земли. Планета-управитель — Сатурн.
Растения, соответствующие знаку КОЗЕРОГА:
айва, аконит, анютины глазки, белена, блошница, болиголов, бук, василек, вербена, грыжник, дымница лекарственная, ель, живокость, кипарис, конопля, крестовник, лен, лишайник, мандрагора, мох, мушмула, падуб, паслен, пастернак, пастушья сумка, плющ, рожь, рута, свекла, сенна, сосна, спорыш, тамариск, терн, тисовое дерево, тростник, черная чемерица, черноголовка, шпинат, ячмень.

ВОДОЛЕЙ (21.1–20.2)

Знак Воздуха. Планеты-управители — Сатурн и Уран.
Растения, соответствующие знаку ВОДОЛЕЯ:
айва, аконит, анютины глазки, белена, блошница, болиголов, бук, василек, вербена, грыжник, дымница лекарственная, ель, живокость, кипарис, конопля, крестовник, лен, лишайник, мандрагора, мох, мушмула, падуб, паслен, пастернак, пастушья сумка, плющ, рожь, рута, свекла, сенна, сосна, спорыш, тамариск, терн, тисовое дерево, тростник, черная чемерица, черноголовка, шпинат, ячмень.

РЫБЫ (21.2–20.3)

Знак Воды. Планеты-управители — Юпитер и Нептун.
Растения, соответствующие знаку РЫБ:
абрикос, анис, аспарагус, бальзамин, береза, буквица, гвоздичное дерево, гравилат, дикая гвоздика, дикий цикорий, дуб, дурман, земляника, календула, каштан, клубника, кровавка, маргаритка, медуница аптечная, мирра, мускатный орех, мята, огуречная трава, одуванчик, печеночный мох, порей домашний, ревень, репейник, сахарный тростник, свекла белая, сладкий корень, смородина, сосна, фига, цинготная трава, шалфей, шелковица, яблоки, ясень.

Глава 2.
Классический
китайский календарь

Крыса		Ян	鼠	Вода
Бык		Инь	猪	Вода
Тигр		Ян	虎	Дерево
Кролик		Инь	兔	Дерево
Дракон		Ян	龙	Дерево
Змея		Инь	蛇	Огонь
Лошадь		Ян	马	Огонь
Коза		Инь	羊	Огонь
Обезьяна		Ян	猴	Металл
Петух		Инь	鸡	Металл
Собака		Ян	狗	Металл
Кабан		Инь	牛	Вода

О календарных системах

Наверное, многие из нас задумывались, почему в мире так распространена двенадцатиричная система. Англичане считают дюжинами и никак не откажутся от деления своих фунтов и шиллингов на 6 и 12. В календарных системах самых разных народов принято деление года на 12 месяцев, а в месяце по 30 суток (еще сутки приплюсовываются для выравнивания). А почему в сутках два раза по двенадцать часов, всего 24 часа? В конце концов, учитывая, что у человека двадцать пальцев, логичнее было бы делить временные периоды на пять или десять. Однако не делятся! Дело в том, что вся небесная механика привязана к двенадцатиричному счислению. И в том, что древний человек в первую очередь начал развивать как науку астрономию, заложен, очевидно, глубокий смысл.

Очевидно, деление года на 12 месяцев произошло от 12 знаков Зодиака, а те, в свою очередь, от 12 зодиакальных созвездий в области видимого пути Солнца среди звездного неба, эклиптики. Но вот почему древние разделили звездное небо в области эклиптики на 12 зодиакальных созвездий, трудно сказать, ведь вначале их было 13 (от общего количества отпало созвездие Змееносца). Видимо, такое двенадцатиричное деление возникло у самых различных народов отнюдь не случайно. В то же время, если европейская и индийская астрологические системы выстраивают свою концепцию предсказания будущего различных людей в зависимости от расположения звезд, планет и созвездий и здесь решающее значение имеют не только время, но и место рождения человека, то восточные (азиатские) календарные системы отталкиваются исключительно от времени рождения человека, и система эта дает не менее точные и внушительные результаты.

Календарные системы базируются на взаимодействии Земли со светилами и двумя другими планетами — Солнцем (древние полагали, что это тоже планета) и Луной, а значит, адекватно не учитывают влияния всех планет Солнечной системы. В связи с этим напрашивается вывод, что наиболее полноценными с астрологической точки зрения являются не календари, а солнечная и лунная астрологические системы, которые являются как бы половинами одного целого. Солнечная астрологическая система — «светлая (дневная) половина», а лунная астрологическая система — «темная (ночная) половина». Приоритет тем не менее остается за солнечной астрологической системой как соответствующей более высокому эволюционному развитию объектов изучения. Но и календари необходимы как точка отсчета для повседневной жизни. Однако истины ради следует признать, что во многих календарных системах так или иначе учитывалось и влияние других планет под видом различных божеств, но осуществлялось это через призму основных календарнообразующих планет (они ставились как бы во главу угла).

Всем известен восточный календарь с циклом в 12 лет, связанный с циклами Юпитера (12 лет) и Луны (29,5 суток). Юпитер пребывает в знаке Зодиака в среднем 1 год, причем момент вхождения его в знак практически совпадает (правда, не всегда) с началом восточного нового года (связь с Юпитером).

Новый год по восточному календарю начинается в новолуние (связь с Луной). П. П. Глоба утверждает, что в Авесте существует аналогичный восточному календарю календарь, цикл которого также составляет 12 лет, но там в качестве тотемов годов используются другие — «чистые» — звери, в отличие от восточного календаря, который, по мнению Глобы, по сути манихейский. Однако пророк Заратуштра практиковал свою календарную систему за тысячелетие до появления на персидской земле лжепророка Мани.

Календарные циклы действуют параллельно с планетными, но в основном применимы для людей, стоящих на пути духовной эволюции выше по сравнению с теми, кто живет планетными ритмами, несмотря на то что в календарях не учитываются или искаженно учитываются влияния многих планет.

В целом же можно сказать, что наличие различных астрологических систем, включая и календари, вполне обоснованно. Каждый народ использовал те космические влияния, которые реально ощущал. Помимо этого эта часть космических влияний истолковывалась по-своему, т. е. преломлялась в житейской сфере. Отсюда мы видим различные календарные системы и иные астрологические системы у разных народов.

Каждая система действует в пределах величины уровня духовного развития конкретного человека или группы людей (каждый создает или признает уже имеющиеся определенные магические законы, которые действительны для него). Причин тому много. Например, такая: у каждого народа и человека в отдельности свои особенности, свой выбор, свой путь. Конечно, многие вещи у людей совпадают. В связи с этим некоторые астрологические системы могут подходить для многих людей на протяжении очень длительного времени.

Из известных древних календарей наиболее адаптированным для медицинских и предсказательных целей является китайский календарь. Философия Древнего Китая включала в единое целое математические законы, законы обращения планет и формирования музыкального ряда, медицинские знания. Изучению китайской календарной системы посвящен второй раздел нашей книги.

О Желтом Императоре и о его канонах

Величайшую цивилизацию Азии — Древний (а ныне и сверхсовременный) Китай — уже тысячу лет пытаются открыть для себя европейцы, однако нельзя сказать, что мы особенно продвинулись в этом познании со времен Марко Поло. Китай успешно сочетает древнюю философию и астрологию с космическими программами, точные технологии с едой палочками, древнюю медицину с новейшими достижениями техники. Миновав столетний период тяжких испытаний, выпавших на долю китайцев в XX в. (начавшихся, пожалуй, с боксерского восстания и войны с Японией, продолжившихся оккупацией времен Второй мировой войны и господства коммунистов), Китай вошел в новое тысячелетие обновленным, поздоровевшим, поднабрав экономических сил в торговле со своим «северным соседом». Трудолюбие, старательность, аккуратность китайских рабочих не нуждается в восхвалениях, если же авторам возразят, что китайские товары хоть и ярки, но слишком низкокачественны, мы возразим, что у них ведь и цена соответственно низкая. И это вполне объясняется особенностями китайского менталитета.

Китайский народ уже третью тысячу лет живет в соответствии с принципами дао, и можно сказать, что за этот срок эта философия вполне себя оправдала.

Ключевые концепции философии даосизма изложены в трактате «Дао дэ цзин», создание которого приписывается мудрецу Лао-цзы (имя это означает буквально «старик-младенец»), который жил в VI в. до н. э. Традиционно указываемая дата его рождения — 604 г. до н. э. или позднее. Согласно мифам, он был зачат без отца от солнечной энергии, аккумулированной в пятицветной жемчужине, проглоченной его матерью. В первых веках н. э., в период становления религиозного даосизма, Лао-цзы был обожествлен. В даосских трактатах «старик-младенец» рассматривался как глава всех бессмертных, рожденных вместе с небом и землей. Ему приписывались магические способности, в том числе смена облика. Он часто изображался в виде старца верхом на быке.

Важнейшим в даосской философии является учение о дао, которое выступает как субстантивированная закономерность всего сущего, закон спонтанного бытия всего космоса, человека и общества; порождающее начало, генетически предшествующее миру «оформленных» вещей; принцип циклического времени; образ жизни подвижника, стремящегося к единению с дао как онтологической сутью мира. Дао присуща благая сила «дэ» (дословно «добродетель»), посредством которой оно проявляет себя, причем конечные «вещи» выступают как воплощение, или «оформление», дао. Оно может выступать и синонимом единого мирового целого, или «изначальной пневмы» (юань ци). К ведущим даосским концепциям относятся также принципы «цзы жань» («естественность», спонтанность дао) и «у вэй» («недеяние», или отсутствие произвольной целеполагающей деятельности, не согласной с естественным миропорядком, основанным на спонтанности дао).

Эти постулаты шокируют энергичных, деятельных европейцев и американцев. Как же так? «Без паблисити нет просперити, без энергичности нет прогресса...» — воскликнет любой выпускник бесчисленных академий менеджмента. А китаец на это возразит словами «Дао дэ цзин»: «Недеянием небо достигает чистоты, недеянием земля достигает покоя. При слиянии недеяния их обоих развивается вся тьма вещей. Неразличимо, неуловимо они исходят из ничего; неразличимы, неуловимы, не обладают образом. Вся тьма вещей зарождается в недеянии. Поэтому и говорится: "Небо и земля бездействуют и все совершают"».

Более того, китаец легко, как дважды два, докажет, что отступление от принципов дао и «недеяния» в чем бы то ни было (науке, технике, политике, семейной жизни) приводит к преждевременной гибели людей, нарушению космической гармонии и смуте. И весь прошедший век и начало нынешнего служит наилучшим тому доказательством. Сравним двух некогда дружных, потом поссорившихся, затем опять примирившихся и страдавших одними и теми же болезнями соседей: «северного и южного». В одно и то же время чрезмерная активность реформ в СССР привела к экономическому краху и развалу страны, а соблюдение принципа дао вывело Китай в ряды экономически развитых и благополучных стран. Сходные проблемы возникли и в Японии. Вначале чрезмерная активность самурайской военщины привела страну к полному военному и финансовому краху, однако затем соблюдение принципа дао вывело ее на вершины прогресса. И таких примеров можно найти множество.

Однако еще до Лао-цзы основные принципы китайской философии формировались два тысячелетия, и начало формированию этих принципов было положено не кем иным, как Желтым Императором. Звали его Цинь Ши Хуан-ди.

Он был первым правителем союза народов, обосновавшихся в районе реки Хуанхэ, которые позднее стали называть себя китайцами. Этот император правил в течение ста лет (2700–2600 гг. до н. э.), примерно в то же время, когда были построены первые пирамиды в Египте. Он получил знания о том, как победить врагов и продлить свою жизнь. Хуан-ди распространял даосское учение по всему Северному Китаю.

Каждый год в начале апреля высшие государственные чиновники посещают могилу Хуан-ди, чтобы выразить свое уважение человеку, считающемуся основателем китайской культуры и даосизма.

Хуан-ди приписывают написание трактатов по медицине. Древний трактат «Хуан-ди нэйцзин» («Канон Желтого Императора о внутреннем»), написанный между 500 и 300 гг. до н. э., является своего рода библией китайской медицины. В нем упоминается об использовании для регуляции в теле человека энергии ци так называемых «бяньши» («каменных игл»).

Этим же императором была создана теория «у-син» (буквально «пять элементов», «пять стихий», правильнее — «пять действий», «пять фаз», «пять рядов») — одна из основополагающих категорий китайской философии и науки, обозначающая универсальную классификационную схему, согласно которой все основные параметры мироздания — пространственно-временны́е и двигательно-эволюционные — имеют пятичленную структуру. Этимологическое значение иероглифа «син» — «перекресток дорог» — определяет его семантику — «ряд», «шеренга», «движение», «ходьба». В так называемом космогоническом порядке у-син — это вода, огонь, металл, дерево, почва — восходят к древнейшим представлениям о пятиричном устройстве земной поверхности (у фан — «пять сторон света», у фэн — «пять ветров-направлений») или более поздним классификациям результатов хозяйственно-трудовой деятельности человека («у цай» — «пять материалов»). В «Гуань-цзы» (III в. до н. э.) говорится, что у-син были созданы мифическим императором Хуан-ди наряду с пентатоникой и пятью чиновничьими рангами. Древнейшее изложение систематизированных представлений об у-син находится в главе «Хун фань» из *Шу цзина*. Развитую форму учение об у-син обрело в IV–II вв. до н. э., чему во многом способствовали *Цзоу Янь* и *Дун Чжуншу*. В дальнейшем оно стало неотъемлемой частью практически всех философских и научных построений, а в настоящее время продолжает играть ведущую роль в теории китайской медицины, астрологии, философии.

Китайская астрология — один из наиболее древних разделов философии. Ей как минимум 2000 лет. Первоначально астрология была неразделима с астрономией. Обе рассматривались как одна дисциплина. И издавна в Китае лица, практикующие астрономию и астрологию, были представлены как должностные лица при императорском дворе. В Древнем Китае астрология использовалась для того, чтобы раскрыть будущность нации. Лишь с начала христианской эры астрологию стали использовать для индивидуальных толкований. Во времена династии Танг (618–907 гг. н. э.) была написана целая энциклопедия об искусстве индивидуальных астрологических предсказаний.

Знаки животных — основной аспект китайской астрологии. Знаки основаны не на расположении звезд, как в западной астрологии, а на годе рождения человека. Каждому животному выделен свой год. Существует 12 животных, и они всегда появляются в одном и том же порядке (крыса, бык, тигр, кролик, дракон, змея, лошадь, коза, обезьяна, петух, собака и свинья).

Китайская легенда приписывает создание 12 знаков китайского гороскопа также Желтому Императору Хуан-ди в 2637 г. до н. э. Другая легенда доверяет создание цикла из 12 животных самому Будде (563–483 гг. до н. э.). Предположительно, он пригласил всех животных навестить его, но по какой-то причине появились только двенадцать. Чтобы отблагодарить их, Будда дал каждому животному год, который был бы посвящен лишь этому животному на протяжении всей истории. Годы были распределены в том порядке, в котором прибыли животные.

Таким образом, животный цикл повторяется каждые 12 лет. Китайский календарь основан на лунном годе (вращение Луны по орбите вокруг Земли). Западный календарь основан на солнечном годе (вращение Земли по орбите вокруг Солнца). Эти два календаря точно не совпадают. Следовательно, каждый лунный год начинается с небольшой разницей в датах по сравнению с солнечным годом.

Инь, ян и пять элементов

Согласно китайской философии все мироздание контролируется двумя изначальными силами. Это инь и ян. Все может быть классифицировано согласно этой системе: вещи, люди и даже страны. Баланс всего мироздания, Земли, нации, и даже здоровья и настроения людей зависит от баланса или дисбаланса инь и ян.

Идеальный баланс инь и ян изображен на символе, показанном ниже.

В то время как часть ян (белая) уменьшается, часть инь (черная) увеличивается; когда одна из них в наивысшей точке, другая в точке наименьшего отлива. Часто люди предполагают, что ян — символ мужчины, а инь — женщины. Это не совсем так. Хотя они ассоциируются с противоположными полами, каждый содержит помимо себя самого начало (семя) другого. Таким образом, даже если ян — мужская сила, женщина может обладать ею.

Инь и ян — противостоящие, однако дополняющие друг друга принципы. Ни один из них не является более важным, чем другой, и только вместе они составляют единое целое.

В таблице, приведенной ниже, перечислены некоторые примеры проявлений инь и ян, которые показывают противоположность этих сил.

Каждый имеет свой собственный баланс инь и ян. Чтобы помочь вам понять, что делает вас индивидуальностью и вашу совместимость с другими людьми, вкусы, цвета, еда, цветы и растения, ассоциирующиеся с каждым животным знаком, перечислены вместе с наиболее благоприятными временами года, временем рождения и климатом.

Луна	Солнце
тьма	свет
женский	мужской
вода	огонь
черный	белый

пассивный	активный
отрицательный	положительный
ночь	день
пустой	полный
холодный	горячий
нет	да
левый	правый
юг	север

В таблице, приведенной ниже, указаны некоторые качества, которые часто являются характерными чертами людей с иньскими либо янскими тенденциями.

ИНЬ-ЛЮДИ: имеют средний вес или истощены, часто высокие, с улыбающимся лицом, любят насыщенные цвета, имеют слабое здоровье, индивидуалисты, интроспективны, отзывчивы, душевны, задумчивы, сообразительны, независимы, склонны к уединению, набожны, непокорны, нематериалистичны, интравертны.

ЯН-ЛЮДИ: дородны, коммуникабельны, среднего роста, гостеприимны, обладают крепким здоровьем, оптимистичны, имеют серьезные черты лица, активны, погружены в себя, прагматичны, впечатлительны, рационалистичны, эмоционально нестабильны, боятся неудач (банкротства), недоверчивы, самоуверенны, материалистичны, консервативны, вспыльчивы.

В отличие от западной, китайская астрология имеет пять, а не четыре элемента. Они основаны на пяти планетах, которые были видны древним китайским астрономам. Эти элементы:

- Вода (управляется Меркурием);
- Металл (управляется Венерой);
- Огонь (управляется Марсом);
- Дерево (управляется Юпитером);
- Земля (управляется Сатурном).

Каждый из пяти элементов имеет позитивные и негативные стороны. Как и какие из них выражены в людях, зависит от того, относится их животный знак к инь или ян. Чтобы определить, относится ли ваш знак к инь или ян, смотрите таблицу на с. 281. Например, Крыса — янское водное животное. Таким образом, для людей-Крыс качества элемента Вода выражены позитивно. Кабаны, с другой стороны, иньские водные животные. Поэтому качества элемента Вода выражаются негативно в людях-Кабанах.

ВОДА

НЕГАТИВНЫЕ: нелогичность, напряженность, нервозность, чрезмерная чувствительность, субъективность, управляемость, непостоянство, пассивность, зависимость, сверхмнительность.

ПОЗИТИВНЫЕ: артистичность, чувственность, воспитанность, понимание, сочувствие, великодушие, заботливость, покладистость, отсутствие склонности к конфронтации, убедительность.

МЕТАЛЛ

НЕГАТИВНЫЕ: отсутствие гибкости, жесткость (грубость), страстность, тоска по родине, самооправдание, прямодушие, соперничество, отшельничество, сварливость, меланхоличность, упрямство.

ПОЗИТИВНЫЕ: мечтательность, удачливость, решительность, воодушевление, самоконтроль, романтичность, убежденность, стабильность (устойчивость).

ОГОНЬ

НЕГАТИВНЫЕ: деструктивность, жестокость, нетерпеливость, горячность, неумеренность, безрассудность, требовательность, радикальность, упрямство (настойчивость), эксплуататорство, амбициозность.

ПОЗИТИВНЫЕ: энергичность, страстность, благородство, преданность, харизматичность, динамичность, смелость, решительность, изобретательность, оптимистичность.

ДЕРЕВО

НЕГАТИВНЫЕ: неудовлетворенность, вспыльчивость, нетерпеливость, рассеянность, невыразительность, неумеренность, жестокость, злость, пессимистичность, темпераментность, обидчивость.

ПОЗИТИВНЫЕ: сострадательность, находчивость, готовность к общению, кооперативность, экспансивность, вдохновение, коммуникабельность, экстравертивное решение проблем, духовность (душевность), практичность.

ЗЕМЛЯ

НЕГАТИВНЫЕ: склонность к подавлению, ограниченность, тревожность (беспокойность), пессимистичность, медлительность, предвзятость, непреклонность, упрямство, консервативность.

ПОЗИТИВНЫЕ: миролюбие, методичность, стабильность, неутомимость, выносливость, справедливость, чувствительность, основательность, практичность, объективность, логичность.

Естественные элементы и их соответствие инь и ян

Животное	инь/ян	Элемент
Крыса	ян	Вода
Бык	инь	Вода
Тигр	ян	Дерево
Кролик	инь	Дерево
Дракон	ян	Дерево
Змея	инь	Огонь
Лошадь	ян	Огонь
Коза	инь	Огонь
Обезьяна	ян	Металл
Петух	инь	Металл
Собака	ян	Металл
Кабан	инь	Вода

Шестидесятилетний календарный цикл китайской астрологии

В Древнем Китае существовало несколько систем лунно-солнечных календарей, из них самым распространенным был так называемый циклический, или бытовой, календарь. Календарный цикл содержит пять периодов по двенадцать лет, т. е. продолжительность одного календарного цикла составляет 60 лет. Каждый из пяти периодов посвящен одной из пяти «небесных ветвей», или «стихий» (Дерево, Огонь, Земля, Металл и Вода), которые по своему значению сходны со стихиями классической астрологии. Весь 60-летний цикл изображается в виде пяти двойных столбцов, четные столбцы считаются мужскими, нечетные — женскими. Годы 12-летнего цикла соответствуют знакам классического китайского гороскопа. При определении года указывают как название «земной ветви» (знака), так и название «небесной ветви» (стихии). Так, например, 1-й год цикла — это год Деревянной Крысы, 2-й год — Деревянного Быка, 43-й год — Огненной Лошади и т. д. С точки зрения китайской астрологии то, в год какой «небесной ветви» родился человек, имело значение для его судьбы и характера не меньшее, чем знак «земной ветви». Новый цикл начался в 1984 г. 1996 год — 12-й год цикла — год Огненной Крысы, а 2001 г. — это год Металлической Змеи.

Доминирующий элемент

Каждый год управляется различными элементами. Элемент, который управляет годом рождения человека, называется доминирующий (господствующий) элемент. Если вы примете во внимание, что каж-

Периоды	дерево		огонь		земля		металл		вода		Животные
	1	2	3	4	5	6	7	8	9	20	
I	1		13		25		37		49		Крыса
II		2		14		26		38		50	Буйвол
III	51		3		15		27		39		Тигр
IV		52		4		16		28		40	Кот/Кролик
V	41		53		5		17		29		Дракон
VI		42		54		6		18		30	Змея
VII	31		43		55		7		19		Лошадь
VIII		32		44		56		8		20	Коза
IX	21		33		45		57		9		Обезьяна
X		22		34		46		58		10	Петух
XI	11		23		35		47		59		Собака
XII		12		24		36		48		60	Свинья

дый год также управляется одним из животных знаков, вы можете подсчитать, что каждая комбинация животного и элемента встречается только раз в 60 лет (12 × 5 = 60). Например, 1901 г. был годом Буйвола (Металлического). Следующие годы Металлического Буйвола — 1961 и 2021. Это относится к 60-летнему циклу. Относительно китайского календаря мы в настоящее время находимся в 27-м цикле.

Естественные элементы

Кроме того, каждый животный знак принимается во внимание с его собственным естественным элементом. Он всегда один и тот же, независимо от года рождения человека. Колесо (круг) внизу показывает естественные элементы каждого животного, а также относится животное к инь или ян. Инь и ян обсуждаются на следующей странице. Вы заметите, что только четыре (Вода, Дерево, Металл и Огонь) из пяти элементов являются естественными.

Все эти законы были отражены в восточном календаре и дополняющих его трактатах. Однако использование этих знаний является сложной задачей. Для их правильной интерпретации необходимы информационные ключи, которые для большинства недоступны и не исключено, что они вообще потеряны. В народе осталась традиция истолковывать характер, достоинства, недостатки и жизненный путь людей, рожденных под этими знаками, именно таким образом, как написано в нашей книге.

Внутренние спутники жизни человека

Китайская концепция спутников жизни относится не к другому человеку, а к внутренней личности внутри индивидуума. Этот внутренний спутник действует как советчик, защитник или адвокат дьявола. Ваш спутник жизни зависит от вашего часа рождения. Каждые два часа на протяжении суток управляются одним из двенадцати животных знаков.

Определите вашего внутреннего спутника, справившись в таблице на следующей странице. Установив, какой из животных знаков является вашим внутренним спутником, прочитайте главу, посвященную этому животному. Однако не стоит предполагать, что вы имеете качества обоих животных знаков. Просто ваш спутник жизни корректирует черты вашего животного знака. Например, Тигры обычно безрассудные и не поддающиеся прогнозированию люди.

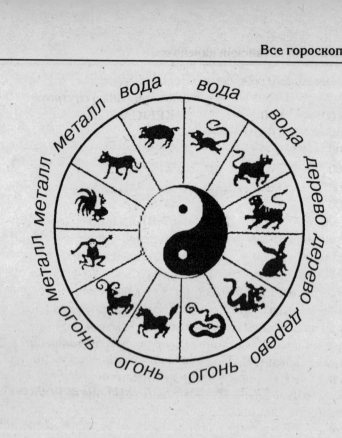

Однако Тигр, чьим внутренним спутником является Бык, будет более стабильным, чем мог бы быть в других обстоятельствах.

Спутники жизни 24-часового цикла животных показаны в таблице и диаграммах. Часы даются относительно стандартного местного времени. Если вы родились в месяц, когда действовало летнее время, вам необходимо отнять час (иногда два) от вашего времени рождения, прежде чем вы будете искать час вашего спутника.

Совместимость различных животных может быть радикально изменена соответствующими спутниками жизни. Например, Лошадь и Крыса — естественные антагонисты по отношению друг к другу. Если Лошадь — спутник жизни Крысы, а Крыса — спутник жизни Лошади, как бы то ни было, перемена к худшему может произойти.

Возможны ли исключения? Без сомнения! Исключения как раз для того и существуют, чтобы подтверждать общее для всех правило. Но... не старайтесь лишь проверить эту исключительность на самом себе!

Время вашего рождения		Знак наиболее благоприятного спутника
23.00	— 1.00	КРЫСА
1.00	— 3.00	БЫК
3.00	— 5.00	ТИГР
5.00	— 7.00	КРОЛИК
7.00	— 9.00	ДРАКОН
9.00	— 11.00	ЗМЕЯ
11.00	— 13.00	ЛОШАДЬ
13.00	— 15.00	КОЗА
15.00	— 17.00	ОБЕЗЬЯНА
17.00	— 19.00	ПЕТУХ
19.00	— 21.00	СОБАКА
21.00	— 23.00	СВИНЬЯ

Если животный знак и внутренний спутник человека совпадают, они имеют возможность сбалансировать позитивные и негативные аспекты его характера.

Как использовать китайский гороскоп

В этой книге мы рассмотрели пять различных аспектов китайской астрологической карты. Вот они:
— животные знаки;
— естественные элементы;
— доминирующие (господствующие) элементы;
— инь и ян;
— внутренние спутники человеческой жизни.

Итак, в конце каждой главы о животном есть краткий обзор, как могут быть скомбинированы западный и китайский Зодиаки, чтобы дать более детальное предсказание.

Все, что вам нужно знать, чтобы получить доступ к информации обо всех этих аспектах, это:

— год рождения;

— дату рождения;

— час рождения (достаточно одного или двух ближайших часов).

Например, вы родились 30 июля 1970 г. между 15 и 17 часами после полудня.

1. Сначала, используя год рождения, найдите знак вашего животного в прилагаемой таблице. Таким образом, в данном случае человек родился в год Собаки, и из этого мы делаем дальнейшие выводы.

2. Мы знаем, что естественный элемент всех Собак — металл и они являются людьми Ян (эта информация предоставлена в начале каждой главы о животных, а также показана на карте).

3. Итак, из года рождения мы узнали, что основной элемент человека — металл. См. раздел элементов в соответствующей главе о животном. В данном случае и основной, и естественный элемент — металл, но они не всегда одинаковы.

4. Из часа рождения мы узнаем, что лучший спутник жизни этого человека — обезьяна (см. таблицу, чтобы высчитать вашего внутреннего партнера).

5. По дате рождения мы можем высчитать, что человек — Лев (см. таблицу, чтобы подобрать свой знак).

В данном случае для того, чтобы получить полное китайское астрологическое предсказание, человек должен прочитать главы о Собаке и Обезьяне. Дальнейшая информация об элементах и силах инь и ян может быть получена во время чтения соответствующих частей этого введения.

Чтобы добавить особый (дополнительный) аспект к вашему китайскому астрологическому толкованию, вы можете принять во внимание соединение восточного календаря с вашим западным зодиакальным знаком. Используйте приведенную ниже таблицу для определения вашего западного звездного знака. В каждой главе, посвященной животным, имеется краткий анализ воздействия каждого звездного знака на животный знак.

Более детальная информация о западной астрологии может быть найдена в разделе I. «Зодиакальные типы», которая содержит главы, посвященные каждому зодиакальному знаку.

Знаки Зодиака

22 декабря —	19 января	КОЗЕРОГ
20 января —	18 февраля	ВОДОЛЕЙ
19 февраля —	20 марта	РЫБЫ
21 марта —	19 апреля	ОВЕН
20 апреля —	20 мая	ТЕЛЕЦ

Обезьяна	Петух	Собака	Кабан (Свинья)	Крыса (Мышь)	Буйвол (Бык, Вол)
1920	1921	1922	1923	1924	1925
1932	1933	1934	1935	1936	1937
1944	1945	1946	1947	1948	1949
1956	1957	1958	1959	1960	1961
1968	1969	1970	1971	1972	1973
1980	1981	1982	1983	1984	1985
1992	1993	1994	1995	1996	1997
2004	2005	2006	2007	2008	2009

Тигр	Кролик (Кот, Заяц)	Дракон	Змея	Лошадь	Овца (Коза)
1926	1927	1928	1929	1930	1931
1938	1939	1940	1941	1942	1943
1950	1951	1952	1953	1954	1955
1962	1963	1964	1965	1966	1967
1974	1975	1976	1977	1978	1979
1986	1987	1988	1989	1990	1991
1998	1999	2000	2001	2002	2003
2010	2011	2012	2013	2014	2015

21 мая	—	20 июня	БЛИЗНЕЦЫ
21 июня	—	22 июля	РАК
23 июля	—	22 августа	ЛЕВ
23 августа	—	22 сентября	ДЕВА
23 сентября	—	22 октября	ВЕСЫ
23 октября	—	21 ноября	СКОРПИОН
22 ноября	—	21 декабря	СТРЕЛЕЦ

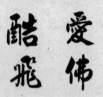

1. Крыса

Янское водное животное

Период с 31.01.1900 г. по 19.02 1901 г.
Период с 18.02.1912 г. по 06.03.1913 г.
Период с 05.02.1924 г. по 25.01.1925 г.
Период с 24.01.1936 г. по 11.02.1937 г.
Период с 10.02.1948 г. по 29.01.1949 г.
Период с 28.01.1960 г. по 15.02.1961 г.

Символика знака

Своей ролью пожирательницы продовольственных запасов и переносчицы эпидемий крыса приобрела репутацию существа, которое связано с дьяволом и его демоническими помощниками и служит ведьмам, чтобы навредить доверчивым людям. Совершенно иначе видится роль крысы в культурах Южной и Восточной Азии. В Индии она в некоторых местностях оберегается в предназначенных для нее храмах: можно предположить, что на первом плане здесь была мысль об умиротворении демонов болезней. Крыса также изображается как ездовое животное слоновоголового Ганеши, бога учености, в Японии — как спутница бога счастья. Здесь, как и в Китае, отсутствие крыс в доме и во дворе считалось тревожным знаком (это аналогично выражению, согласно которому крысы покидают тонущий корабль). Когда крыса грызет, то «она считает деньги», и в Китае скрягу называют «денежная крыса». В Южном Китае ей приписывается роль культурного героя, который принес людям рис. С другой стороны, и в Китае крысы частично рассматривались как нечто демоническое, например как мужские подобия женских лисьих духов. В китайском Зодиаке Крыса является первым животным символом, как баран (Овен) — в европейском. Сообразно с этим годы Крысы — 1972, 1984, 1996-й и т. д.

Характеристика личности Крысы

Имея очаровательный общительный или беспечный болтливый характер, это животное не должно быть недооценено. Озабоченная тем, чтобы не быть несостоятельной, любезная, элегантная, великодушная Крыса рождена под знаком очарования и агрессивности. Скажем откровенно, она живет сегодняшним днем. Вовлеченная в какую-нибудь тайную, нелегальную или скрытую сделку, Крыса, будучи очень умным животным, наслаждается всеми возможными преимуществами в любой ситуации. Рожденные под этим знаком обладают приятной внешностью, привлекательны, целеустремленны, трудолюбивы, стремятся к приобретению богатства. Бережливы, любят экономить деньги. Забыть о бережливости они могут лишь при увлеченности или большом чувстве. Щедры только с теми, кого любят. Аккуратны до педантичности. Во многом нелогичны. Честолюбивы. Как правило, преуспевают и добиваются своего. Не умеют сохранять внешнее самообладание, легко впадают в гнев. Обычно честны и открыты, но многие из них не прочь посплетничать.

Крыса-мужчина

Источник управляемой любви и неуправляемой воли, открытый, безжалостный знак. Любовь открытого знака может вести к множеству увлечений, и все же именно она ведет этот знак к браку.

Является хозяином Лошади, слугой Обезьяны.

Крыса-женщина

Образ воплощенной сексуальности женщины. Рационалистическое мышление, дающее ощущение власти. Опасный и безжалостный знак. Открытый и сексуальный нрав делает ее объектом всеобщего любования. Идеал невесты. В семейной жизни предпочитает материальное благополучие и отсутствие жесткого контроля. Женщина-Крыса отличается ярко выраженным накопительством, часто абсолютно ненужным. Ее также можно встретить на распродажах, где она рьяно скупает все подряд в надежде провернуть выгодное дело.

Хозяйка Лошади, слуга Обезьяны.

Достоинства и недостатки

Достоинства. Игрок и гурман, Крыса ни в чем не хочет ограничивать себя и в то же время постоянно тревожится за свое будущее и, хотя интенсивно живет настоящим, всегда мечтает об экономии, чтобы обеспечить себе старость.

Крыса наделена развитым воображением, может иногда быть созидателем, но чаще она — превосходный критик. Рекомендуется слушать ее советы. У некоторых Крыс это качество может стать недостатком и толкнуть их на путь опасных разрушений — они все уничтожают ради собственного удовольствия. Будучи мелочной мещанкой, Крыса остается честной, обладает способностью идти до конца в делах, которые она предпринимает, даже если — увы! — это дело обречено на провал. Ей удастся устроить свою жизнь и преуспеть в ней, если она сумеет подавить свое вечное недовольство и чрезмерный вкус к удовольствию.

Недостатки. Любая Крыса предпочитает жить хитростью, а не трудом. Много достигает в жизни за счет других, работающих на нее в поте лица. Она может стать весьма обеспеченным паразитом, ростовщиком. Лень и перестраховка могут сделать некоторых Крыс чинушами и «канцелярскими крысами». Она может преуспевать в делах, в политике, стать популярным артистом. Она охотнее выполняет работу умственную, нежели физическую. К сожалению, Крыса, накапливая деньги, в тот же момент их тратит. Она ни в чем не ограничивает себя, и если дает взаймы, то это не бескорыстно.

Идеальные браки

Крыса сделает удачный выбор, если свяжет свою судьбу с Драконом, который принесет ей свою силу, а она даст критический ум. Буйвол успокоит ее. Она будет себя чувствовать с ним в безопасности. Обезьяна околдует ее, даже если захочет только посмеяться над ней. Ей нужно избегать Лошади. Эгоистичная и независимая Лошадь не вынесет собственнического характера Крысы. Будет настоящая катастрофа, если мужчина-Крыса женится на Огненной Лошади (1906, 1966 гг.). Конечно, год Огненной Лошади выпадает раз в 60 лет, это уменьшает опасность...

Если Крыса — мужчина, а женщина...

Крыса
Две крысы нежно любят друг друга. Сколько любви! Следует избегать смешения сторон.

Бык
Прочный брак. Жена будет держать мужа под каблуком, но, будучи натурой нервной и идеалисткой, она может сделать мужа счастливым.

Тигр
Без будущего. Женщина-Тигр мечтает о больших свершениях, а Крыса топчется на месте и мешает ей.

Кот

Хотя женщина спокойна, у нее искушение проглотить Крысу. Следует от брака воздержаться.

Дракон

Почему бы и нет? Женщина-Дракон любит, чтобы ей льстили, а кто может лучше польстить, чем влюбленная Крыса.

Змея

Она будет счастлива, но, будучи неверной, она принесет несчастье Крысе.

Лошадь

Вспышки. Страсть и чувства. Развод, чуть не преступление. Избегать.

Коза

С грехом пополам. Если портфель Крысы хорошо набит, Коза будет удовлетворена, но не Крыса ее поведением.

Обезьяна

Обезьяна будет счастлива с Крысой. Крыса очарована Обезьяной и все ей прощает.

Петух

Невлюбленная крыса терпелива. И хотя женщина-Петух — большая мотовка, у нее все же есть постоянные привязанности.

Собака

Интересно, все может пойти хорошо, если Крыса будет не часто находиться дома. Собака обозревает.

Кабан/Свинья

Хороший альянс. Жуиры и интеллектуалы одновременно, Крыса и Кабан могут быть счастливы.

Жизненный путь

Многие Крысы страдают от болезненного чувства вины. Почти все боятся неудач (банкротства), которые часто встречаются на жизненном пути Крысы. Невозмутимая внешность Крысы скрывает внутреннее агрессивное беспокойство. Крысы имеют тенденцию быть легковерными, впадать в истерику. Поскольку они способны извлекать уроки из собственного опыта, они постоянно начеку.

У Крысы будет счастливое детство и беззаботная юность.

Вторая часть ее жизни может быть бурной. Ей угрожает потеря всего состояния в неудачном деле или даже потеря счастья из-за сентиментальности.

Третья часть ее жизни будет устроенной, и старость спокойной, насколько это можно пожелать. Но все может быть иначе — в зависимости от того, родилась ли Крыса летом или зимой. Если летом, она вынуждена будет защищаться поисками и пусть обращает внимание на ловушки, расставленные на ее пути. Это может закончиться тюрьмой или смертью в результате несчастного случая.

Металлическая Крыса, 1900, 1960 гг.

Эта Крыса одарена честностью, амбициями и способностью прилагать длительные усилия, чтобы довести план до его завершения. Отрицательная сторона — Металл может быть слишком негибким, ведущим к решениям, которые несут угрозу подавления творческого мышления. Эти Крысы должны попытаться быть более уступчивыми и открытыми для компромисса, тем более что Вода помогает смягчить жесткость Металла.

Водяная Крыса, 1912, 1972 гг.

Крысы, рожденные в водные годы, имеют свой естественный элемент. Следовательно, они вдвойне наделены способностью дипломатического убеждения и имеют интуитивное предчувствие будущих тенденций. Отрицательная сторона — двойная водная Крыса может быть залита по пояс: слишком много информации и приходится слишком много скрывать в своих водных глубинах. Водные Крысы очень чувствительны и слишком заинтересованы в свободе выбора других людей. Эти Крысы должны попытаться быть более отзывчивыми (общительными) и периодически брать инициативу на себя.

Деревянная Крыса, 1924, 1984 гг.

Дерево — созидательный (творческий) элемент, поэтому Крысы, рожденные в эти годы, могут быть в некотором роде артистичными. Они также наделены самоуверенностью, аналитическим складом ума и способностью расти, расширяя свою деятельность. Отрицательная сторона — Дерево может создавать слишком много вариантов, усложняя все, что трудно поддается контролю. В комбинации с нерешительной Водой это может предвещать проблемы. Эти Крысы должны попытаться контролировать свою наклонность откусить больше, чем они могут проглотить, и взамен сконцентрировать свои средства.

Огненная Крыса, 1936, 1996 гг.

Эта Крыса наделена решительностью, мудростью и склонностью к нововведениям, что ведет к успеху. Они могут выносить периоды стремительных перемен и приспособления. Отрицательная сторона — они иногда становятся слишком страстными и восторженными, что может привести к разрушению всего того, что они достигли. Эти Крысы должны попытаться контролировать свой острый язык и направлять свою энергию в позитивное русло.

Земляная Крыса, 1948, 2008 гг.

Земля в соединении с Водой — балансирующее сочетание для Крысы. Земная Крыса наделена практичностью, благоразумием, самодисциплиной и способностью много работать. Отрицательная сторона — они могут двигаться слишком медленно, теряя инициативу и замедляя принятие ответственных решений. Эти Крысы должны использовать самодисциплину, чтобы не отставать от графика, предоставляя больше свободы воображению.

Уточнение личности по знаку Зодиака

Уточните, под каким знаком Зодиака рожден интересующий вас человек. Это поможет скорректировать его характер.

Крыса-Овен

Стремительная, агрессивная и нахально-любопытная личность. Этот человек сможет свободно и спокойно входить в любое общество благодаря своей контактности и самоуверенности. Такой человек обладает правдивым характером Овна, прямолинейность которого смягчается ловкостью, хитростью и обаянием Крысы. Этот человек очень своеволен и самоуверен, активно проявляет себя в деловой и эмоциональной сфере, способен управлять другими и подгонять их, но постоянно находится под контролем своих способностей. Он порой поражает окружающих своей эрудицией в самых неожиданных областях.

Крыса-Телец

Очаровательная личность, способная к дипломатии и склонная к компромиссам; прекрасно может подать себя, и даже дешевая одежда будет восприниматься окружающими как царская мантия. Это человек практичный, сговорчивый и дружелюбный, способный непринужденно перемещаться во времени и пространстве, изменяться вместе с окружением. Он пишет и говорит почти без ошибок, у него очень богатое воображение и склонность к литературе. Он может учить других, но не бескорыстно, поскольку привык полагаться только на себя, так что стремится извлечь выгоду из своего труда. Такой человек очень ценит безопасность, и предприимчивость для него означает возможность создать свою собственную, прекрасно оборудованную «нору». Он способен обходить самые сложные препятствия, которые многим не под силу. У него есть тяга к различным банковским делам, валютным операциям, обменам, а также способности к дипломатии и к различного рода творческим проявлениям.

Крыса-Близнецы

Это та самая Крыса, которая первой пришла за благословением к Будде, опередив сильного Буйвола и дав начало новому циклу. Это одна из самых хитрых личностей, которая всегда избежит ловушки и выйдет из любого трудного положения. С такой Крысой может тягаться не каждая Змея, не говоря уже о Коте. У нее великолепная реакция мангуста, безошибочное чутье как на слова, так и на людей и на ситуации и достаточно высокий сексуальный потенциал. Она способна воспринимать самые различные проекты и идеи, даже если не очень в них разбирается, — столь великолепна и безошибочна ее интуиция. Это личность-новатор, как правило, активная и энергичная, однако ее увлечения часто меняются и поэтому в делах на нее опасно полагаться полностью. Одним из талантов такой Крысы является прекрасное умение излагать свои мысли, поэтому она может быть хорошим писателем, литератором и просто неутомимым рассказчиком и балагуром.

Крыса-Рак

Нехарактерная Крыса. Это мечтательная, углубленная в себя особа, однако, достаточно самодовольная и самовлюбленная. Личность очень скрытная и глубоко интуитивная. Можно говорить о сдержанности и осторожности, даже о робости такого человека, позволяющего себе расслабиться только в домашнем кругу или с очень хорошими знакомыми. Довольно часто эти люди имеют постоянных друзей, сплоченную семью, партнеров, с которыми они не расстаются практически всю жизнь, даже если и живут в разных городах. Они способны раскрыть лучшие качества своих партнеров, оценить любые идеи в практическом плане, что дает им материальные выгоды и приятную жизнь, и весьма ревниво и болезненно реагируют на измены. В деловой сфере можно отметить хороший коммерческий нюх, однако, поставленная перед выбором между необходимой активностью и материальным благополучием и покоем, Крыса выбирает пассивное состояние, оставаясь в своем внутреннем мире, так как не хочет менять синицу в руке на журавля в небе.

Крыса-Лев

Такая личность постоянно находится в конфликте сама с собой, поскольку ее алчность сдерживается благородством и щедростью Льва. Можно говорить о некоем двойственном бытии Крысы-Льва. Личность смелая, гордая, горячая, свободолюбивая, и то же время может быть весьма деликатной и демократичной, если займет подобающую должность. У нее сильно желание руководить людьми, управлять ситуацией и чувствовать себя в центре внимания. Крыса-Лев достаточно надежна, на нее можно положиться в финансовых и морально-этических вопросах, поскольку львиные задатки сдерживают ее мелочность. И в то же время крысиная сообразительность помогает наиболее эффективной реализации лучших качеств Льва. Такие люди способны становиться своими в разных слоях общества — от аристократических до полумафиозных. Они прекрасно видят чужие недостатки и всегда говорят то, что думают, но в такой деликатной и мягкой форме, что им трудно возразить. Эмоциональная жизнь Крысы-Льва весьма активна, но беспорядочна. И все же такой человек надежен, а поэтому он — постоянный партнер, прекрасный семьянин и хороший друг.

Крыса-Дева

Личность очень требовательная и последовательная, достаточно способная и старательная. Это Крыса лабораторная, и свою жизнь, даже дом, она превращает в исследовательскую лабораторию, а окружение для нее становится объектом изучения. Это обусловлено ее трудолюбием, верностью избранному пути и умением очаровывать и находить необходимых людей для достижения своих целей. Эмоциональная сфера Крысы-Девы весьма гармонична и привлекательна. Если человек ей любопытен, она может узнать о нем столько, сколько он сам о себе не знает. Эта Крыса способна формировать любое мнение о человеке. Лучше быть ее другом, хотя Крысы-Девы редко идут на открытый конфликт, так как им свойственно простодушие и они не склонны использовать свои знания во вред окружающим. Человек-Дева, рожденный в год Крысы, имеет высокие деловые способности и может в качестве менеджера с успехом рекламировать любую продукцию.

Крыса-Весы

Очень быстрая, динамичная Крыса, которой по душе человеческие отношения, связи, и она довольно часто попадает в такие ситуации, в которых выступает как мина замедленного действия. Это приносит ей некоторое удовлетворение, и она чувствует себя в этих ситуациях как рыба в воде. Весьма игривой и подвижной Крысе нравятся общество, красивые вещи, гармоничные связи, а гибкость и понятливость Весов позволяют такой Крысе возглавлять предприятия и доводить до конца всякое дело. У нее наметанный глаз, замечательное чутье и прекрасное умение ориентироваться в разных ситуациях при помощи своей интуиции. В эмоциональной сфере несколько перевозбуждена. Долговременные связи ее угнетают, и поэтому партнеров она меняет как перчатки. Но, с другой стороны, ей нужны обеспеченные тылы, и она способна создать и сохранить большую и крепкую семью.

Крыса-Скорпион

Это очень агрессивная и сильная Крыса, которая редко нападает при свете, в основном — ночью. Большей частью она живет подпольной жизнью и в определенные моменты бывает весьма опасна. Личность волевая, динамичная и деятельная, по своей природе запрограммированная на соперничество и противостояние. Если она ощущает свою силу, то без долгих раздумий готова уничтожить своих противников; если же чувствует свою слабинку, уходит в подполье, но не прекращает своей деятельности. Такая Крыса достаточно активна, вынослива и способна трудиться долгое время. Она менее разговорчива и болтлива, чем представители других знаков. Семья — ее крепость. Она отдыхает и расслабляется только дома.

Крыса-Стрелец

Это очень активная, энергичная и деятельная Крыса, которая всегда думает о завтрашнем дне. Она использует свой ум и хитрость для того, чтобы сделать необходимые запасы, создать нужное окружение, даже если это сопряжено с риском. Она смела, обаятельна, умна. Благодаря прекрасной интуиции всегда знает, когда, кому и как можно оказать услугу, как проявить себя в той или иной компании, что и кому предложить, и при этом не остаться внакладе. Знает много способов выхода из различных критических ситуаций и готова помочь в этом другим. Любит быть в центре внимания, ее сексуальность достаточно высока, однако чувства поверхностны. Тем не менее семейная жизнь вполне спокойная, и, как правило, Крыса-Стрелец редко меняет своих партнеров.

Крыса-Козерог

Это весьма строгая, осторожная Крыса, которая, прежде чем отправиться на охоту или на люди, несколько раз все взвесит. Это летучая мышь, предпочитающая охотиться в полной темноте, она часто видит мир, вися вниз головой, — такая нехарактерная, нетипичная Крыса. Она обладает сверхтонкой интуицией, чтобы распознавать окружающий мир. Личность довольно предприимчивая, однако излишне осмотрительная и аккуратная. Это Крыса, которая делает запасы впрок. Можно говорить о мудрости такого человека, который даже в детском возрасте не любит азартных игр и не полагается на удачу. Прежде чем что-либо сделать, он несколько раз перестрахуется, и рано или поздно его усилия увенчаются успехом. В своих отношениях с окружающими Крыса-Козерог весьма стабильна, друзей выбирает раз и навсегда. Однако сближаться с людьми и тем более открываться им не любит. В деловых отношениях может проявлять необычайную находчивость и безупречную интуицию.

Со временем все ее замыслы реализуются и она удивит окружающих своим предвидением. Она хороший коллекционер, очень аккуратна и любит наводить порядок как в делах, так и в отношениях. Такой человек — верный, устойчивый и тактичный партнер, его связи весьма продолжительны и постоянны.

Крыса-Водолей

Это скорее морская свинка, живущая рядом с человеком и часто являющаяся объектом для его экспериментов. У такой Крысы большой интерес к интеллектуальной жизни, к общению с более развитыми существами. Ее любят дети, и у нее прекрасный талант сказочника. Это Крыса, вызывающая всеобщую любовь и производящая самое приятное впечатление. Личность весьма разносторонняя, динамичная, ценящая разнообразие и свободу. У нее очень точное восприятие, нетерпеливый и несгибаемый характер. Это бунтарь, революционер, который вносит в любое общество новую струю.

Однако довольно часто такие люди производят впечатление только ради эффекта и не могут надолго завоевать сердца. Охота к перемене мест заставляет их отправляться на поиски новых приключений. То же самое происходит и в сексуальной сфере, которая очень неустойчива, поэтому рано или поздно они меняют семью и партнеров. Однако как друг Крыса достаточно хороша, поскольку способна ради дружбы, ради приключений забыть свою выгоду и за компанию поехать на край света.

Крыса-Рыбы

Ее можно сравнить с аристократической нутрией, которая содержит в чистоте себя и свой дом. Такая Крыса имеет очень богатое воображение и предпочитает селиться около воды. Это весьма приятная, эмоциональная и вдумчивая натура. Ее миролюбивый характер позволяет объединять коллективы ради альтруистических и гуманитарных целей. Это творческая личность, способная повести за собой большие массы людей, несмотря на некоторую застенчивость и скрытность. Она хорошо знает внутренний мир любого человека и принципы человеческих отношений, а идеалы добра и справедливости воспринимаются ею очень глубоко. У Крысы-Рыбы часто возникают интуитивные озарения, медитативные состояния, она способна общаться с музами, но не предается пассивному созерцанию, а становится творцом. В интимной жизни это достаточно глубокий, эмоциональный человек, предпочитающий примитивному сексу романтические отношения с духовно близкими людьми. У этой Крысы большая потребность иметь свой дом, чтобы испытывать чувство безопасности. Для семейной жизни она весьма приспособлена.

Тайный спутник жизни Крысы

Уточните, в какой час был рожден интересующий вас человек. Сутки разбиты на 12 периодов, каждый из которых также обозначен одним из знаков китайской мифологии. Это поможет полнее уяснить особенности личности данного человека.

Рожденный в часы Крысы — с 23 до 1 часа ночи

Личность сверхочаровательная, но также и немного тщеславная. Замечательный домосед и хороший автор.

Рожденный в часы Буйвола — с 1 до 3 ночи

Медленно плетущаяся по жизни Крыса с серьезной перспективой. Все еще во власти привлекательных маршрутов Крысы, но его инстинкты игрока сдерживаются предосторожностью Буйвола.

Рожденный в часы Тигра — с 3 ночи до 5 утра

Агрессивный и властный характер. Все будет хорошо, если он сумеет поэкономить те деньги, которые ему поможет прикарманить Тигр (внутренний спутник его личности).

Рожденный в часы Кота/Кролика — с 5 ночи до 7 утра

Может быть внешне послушен и «мягко стелить», но вычислить его пути будет непросто. Обаяние Крысы в нем соединено вместе с проницательностью Кролика — ему будет трудно нанести поражение.

Рожденный в часы Дракона — с 7 до 9 утра

Крыса с экспансивными манерами и очень большим сердцем, иногда слишком большим для его кошелька. Он охотно даст вам ссуду, хотя и будет сожалеть об этом позже. Дракон — сильный аналитик, и, соединившись с талантами Крысы, он принесет ей большие успехи в бизнесе.

Рожденный в часы Змеи — с 9 до 11 утра

Будет иметь массу поклонников. Этот человек немного хитрый. Змея — «спутник жизни», затаившаяся в его сердце, — делает его осторожным относительно скрытых опасностей. Он, словно червь, пророет себе путь в ваш карман, так же как и в ваше сердце.

Рожденный в часы Лошади — с 11 утра до 13 дня

Порой набивающая себе шишки, но весьма смелая личность, которой предстоит достаточно много рисковать в жизни. Непостоянство Лошади может также сделать его личную жизнь весьма бурной. Он будет либо высоко гарцевать на волне успеха, либо балансировать на грани банкротства.

Рожденный в часы Козы — с 13 до 15 дня

Слишком сентиментальный барашек. Однако вы можете найти определенный шарм в тех авантюрах, в которые он пускается, чтобы заработать свои деньги. Его операции отличаются очень хорошим вкусом и совершенством проработки. В его личности имеется значительный налет авантюризма, и он хотя и будет иметь большой опыт по части пиковых ситуаций, но будет пользоваться покровительством сильных мира сего.

Рожденный в часы Обезьяны — с 15 до 17 дня

Очень инициативная комбинация. Он знает каждую уловку в книге, которую вы еще не сочинили, и не будет смущаться использовать это. Находясь под влиянием Обезьяны, он не особенно сентиментален и будет также иметь фантастическое чувство юмора.

Рожденный в часы Петуха — с 17 дня до 19 вечера

Достаточно интеллектуальный и способный человек. Но до чего же самодовольный! Крыса в нем постоянно ищет, как бы прибрать под себя еще побольше денег, в то время как Петух придумывает очередные великие проекты о том, как бы поэффектнее потратить их. Впрочем, этот недостаток можно искупить, если применить его административные качества к управлению бизнесом с кем-то еще.

Рожденный в часы Собаки — с 19 до 21 вечера

Собака пробует быть справедливой и беспристрастной, в то время как Крыса жаждет богатства, что порождает угрызения благородной совести Собаки. А еще эта комбинация могла породить автора большого критического таланта (сатирика? обличителя?) или журналиста (газетного философа с «кислотной» ручкой).

Рожденный в часы Кабана — с 21 до 23 вечера

Эта Крыса будет постоянно испытывать крайне неприятное чувство сомнения во всем и вся, как относительно себя, так же и насчет других. Это заставит его колебаться в то время, когда он мог бы воспользоваться преимуществом идеальных ситуаций. Он порою может довести действие до конца, но не воспользоваться эффектным финалом.

Гороскоп Крысы на 12 лет

В год Крысы (2008)

Крыса в этот год будет защищена, счастлива как в делах, так и в любви. Если она напишет роман, пусть представит его издателю до истечения года.

В год Буйвола (2009)

Крыса очень хорошо сделала, что экономила в предыдущем году, так как работать она не любит, а этот год создан для тех, кто любит попотеть, махая кувалдой.

В год Тигра (2010)

Крыса в этот год не почувствует себя в безопасности, пусть занимается тем, что ее касается, и не лезет в чужие дела.

В год Кота (2011)

Пусть она будет осторожна. Кот ожидает ее на повороте. Следует ничем не выделяться.

В год Дракона (2012)

Этот год подходит для Крысы. Она займется хорошим делом и будет счастлива.

В год Змеи (2013)

Змея — естественный враг Крысы. В этот год дела Крысы не пойдут. Пусть воспользуется этим годом, чтобы отдохнуть.

В год Лошади (2014)

Вот уж поистине год катастроф для Крысы со всех точек зрения. Она будет в долгах.

В год Козы (2015)

Крыса в этот год будет опять успешно подниматься по склону и может посвятить себя искусству.

В год Обезьяны (2016)

Всякие выходки развлекают Крысу. Она наконец находит равновесие и счастье. Усилия приносят свои плоды. Пусть в этом году она вступит в брак.

В год Петуха (2017)

Все в этот год идет для Крысы хорошо. Перемены в обществе мало трогают ее.

В год Собаки (2018)

Если Крыса будет заниматься не любовью, а своими делами, то этот год будет хорошим для нее.

В год Кабана (2007, 2019)

Все в этот год для Крысы идет хорошо. Она счастлива жить, она делает планы на будущее.

Некоторые выдающиеся личности, родившиеся в год Крысы

Уильям Шекспир — драматург

Шарлотта Бронте — писательница

Лев Толстой — писатель

Джеймс Болдуин — писатель

Вольфганг Амадей Моцарт — великий композитор

Жюль Верн — писатель-фантаст

Жорж Санд — писательница

Морис Шевалье — певец и композитор

2. Буйвол

Иньское водное животное

Период с 19.02.1901 г. по 08.02.1902 г.
Период с 06.03.1913 г. по 26.01.1914 г.
Период с 25.01.1925 г. по 13.02.1926 г.
Период с 11.02.1937 г. по 31.01.1938 г.
Период с 29.01.1949 г. по 17.02.1950 г.
Период с 15.02.1961 г. по 05.02.1962 г.

Символика знака

Уже в древние времена быку приписывали особую связь с небом. Во многих древних культурах изображение быка было талисманом большой силы воздействия. На пещерных рисунках культовых гротов эпохи палеолита изображения огромных диких быков — зубров и туров наряду с такими же лошадьми является важнейшим мотивом. Первобытный бык должен олицетворять жизненную силу и мужскую власть, хотя его толкование двойственно. Если сила и дикость его импонировали, то тупая и бессмысленная жестокость его нападений, какую приходилось испытывать человеку, внушала ужас. Религиозно-исторически роль быка в высшей степени значительна, что выразилось в культах быка, в которых прежде всего бросается в глаза высокая половая потенция животного. Бык считался символом силы и плодовитости.

Также полны значения его рога, напоминающие серп Луны (хотя в этой связи также рассматривается и корова). Луна и Солнце имели название «бык неба». Буйвол связывается с активным мужским элементом — это символ созидателя, труженика.

Характеристика личности Буйвола

Эти люди терпеливы, немногословны, внушают доверие. Однако порой они могут быть и эксцентричными, легко выходят из себя. В эти моменты их стоит остерегаться — ярость Вола не знает границ. Обычно неразговорчивые, в момент увлечений бывают красноречивы. Обладают превосходными умственными и физическими данными. Слывут людьми легкого характера, но при этом часто проявляют упрямство — не любят противоречий. Некоторые из них смотрят на любовь как на спорт, что ведет к недоразумениям с близкими.

Терпеливый, молчаливый, сдержанный и медлительный, неприметный и уравновешенный, точный, методичный — под этими признаками Буйвол скрывает оригинальный и пытливый ум. У него способность вызывать других на откровенность — это основной его козырь, с помощью которого он добивается успеха.

Буйвол-мужчина

У мужчины, рожденного под этим знаком, характер созерцательный, поэтому он любит одиночество. Он ненавидит нововведения, которые могут поколебать его спокойное состояние. Он фанатичен,

как сектант, часто шовинист, иногда ханжа, за что его часто критикуют. Он из тех, кто высмеивал Пикассо, новый джаз, мини-юбки,
длинные волосы у мужчин, и не допустит, чтобы это было принято
кем-либо из членов его семьи или близких. Он очень властен. Это
приверженец условностей и традиций. Вместе с тем мужчина-Буй-
вол — истинный работяга, который принесет благополучие своей семье. Его присутствие в доме благотворно уже в силу того, что он, как
правило, имеет собственное дело или работает для него. Ему подходят свободные профессии. Он ловок и в физическом, и в интеллектуальном плане, может быть хорошим руководителем. Особенно одарен в области сельского хозяйства.

Буйвол-женщина

На женщину этого знака можно рассчитывать в жизни, но особой
смелости и фантазии ждать от нее не следует, хорошо, если она сможет испечь оладьи и одеться в соответствии с обстоятельствами.

Женщина-Буйвол — домоседка, очень заботится о своем очаге.
Великолепная и внимательная хозяйка, она часто ведет «семейный
корабль».

К сожалению, она редко бывает понята окружающими из-за своего упрямого сектантства. Однако она любит свою семью и гордится
своими детьми.

Достоинства и недостатки

Достоинства. Это тип тяжеловесного руководителя. Хотя он замкнут, при необходимости он может быть красноречив. Буйвол не
терпит нововведений, которые тревожат его покой. Он очень тради-
ционен и любит условности. В его одежде не ждите смелости или
фантазии. Он умен и основателен, может быть хорошим хирургом,
но особенные способности у него к сельскому хозяйству. Ему следует избегать работы в торговле, ибо он с трудом ладит с людьми. Ему
не следует избирать профессию, связанную с путешествиями, он теряет при этом равновесие и здоровье.

Недостатки. Несмотря на внешнее спокойствие, характер у него
гневный и вспыльчивый. Гнев его бывает ужасен. Поэтому предпочтительно в отношениях с ним никогда не упрямиться — это может
быть опасно. Он упрям. Ненавидит неудачу в своих делах. С теми,
кто мешает ему, он беспощаден, и его ничто не остановит.

Идеальные браки

Буйвол много работает и весьма трудолюбив. Материалист, и утонченности в нем мало — Дракону с ним скучно. Женщина-Буйвол верная, идеальная, но совсем не утонченная. Идеальный брак с Петухом — у них полное взаимопонимание, оба консервативны.

Буйвол и Крыса могут составить прекрасную пару. Буйвол успокоит Крысу, ей с ним комфортно и безопасно. Если Крыса влюбится в Буйвола, то будет ему верна до самой смерти.

Змея хотя часто не верна, но семьи не покидает.

Буйвол может быть очарован Обезьяной, потому что ему не будет доставать ее фантазии, воображения. Но с Обезьяной Буйвол не найдет спокойствия.

С Козой, капризной и непостоянной, у Буйвола может получиться настоящая драма.

Буйвол не может жить под одной крышей с Тигром, это сожительство может кончиться настоящей войной. Более сильный Буйвол спровоцирует Тигра, но тот его может уничтожить как более ловкий.

Если Буйвол — мужчина, а женщина...

Крыса

Сто раз да! Все спокойно в этом браке. Пока Буйвол терпеливо жует свою жвачку, Крыса может любить кого угодно, хоть свою Обезьяну.

Буйвол

Оба материалисты и консерваторы. Будут очень счастливыми папой и мамой.

Тигр

Совместная жизнь невозможна: Буйвол уничтожит Тигра. Жизнь женщины будет обречена.

Кот

Все, возможно, будет хорошо. Они не столь хорошо подобранная пара, но женщина-Кот терпелива, дисциплинированна, дипломатична, пуританка.

Дракон

Конфликт. Женщина-Дракон любит блистать, а Буйвол не доверяет ей.

Змея

Если женщине-Змее удастся скрыть свои внебрачные отношения, все может быть хорошо. Она постарается это сделать. Но если что-либо откроется...

Лошадь

Вдвоем им трудно. Они не понимают друг друга. Женщина-Лошадь независимая и терпеливая, будет бояться Буйвола. Она будет страдать.

Коза

Бык не переносит фантазии и любой ценой не хочет носить рога. Они не будут счастливы.

Обезьяна

Бык любит Обезьяну. Он пойдет на многие уступки, но будет страдать.

Петух

Полное согласие. Петух будет спокойно блистать в доме в своей семье.

Собака

Осложнения. Собака — революционер, а Бык — консерватор, у них разная идеология.

Кабан

Кабан выносит все, но не строгость. В длительных отношениях у них не хватит храбрости отреагировать на поступки друг друга.

Жизненный путь

Детство и юность у него проходят без особенных историй.

Во второй части жизненного пути его подстерегают трудности в браке.

Есть риск, что его спутница из-за его безразличия проникнется к нему презрением и станет искать романтические связи на стороне. При таких обстоятельствах Буйвола, если, конечно, благодаря своему интеллекту ему удастся управлять собой, окружающие будут воспринимать с иронией. Этот работяга и семьянин не имеет снисхождения ни к чему, что он считает неправильным. В третьей части его жизни у него встречаются большие трудности, но ему удастся с ними справиться, и старость его спокойна.

Буйвол, рожденный зимой, более счастлив, ему меньше придется работать. Рожденный летом не имеет отдыха, позволяет семье завладеть им.

Металлический Буйвол, 1901, 1961 гг.

Этот Буйвол уверен в себе и обладает железной волей. Он прямолинеен и откровенен и не боится высказывать вслух свое мнение. Как правило, преследует свои цели с завидным упорством и решительностью, но иногда так увлекается своей идеей, что забывает о мыслях и чувствах окружающих, а это может повредить ему. Он честен, откровенен и никогда не обещает больше, чем может предложить. Он обладает способностями к искусству и, как правило, окружен немногочисленными, но верными друзьями.

Водяной Буйвол 1913, 1973 гг.

У этого Буйвола цепкий, хваткий ум. Он прекрасный организатор, работа спорится у него. Он более дальновиден, чем другие типы Буйвола, и стремится посвящать других в свои планы и действия. Это обычно человек высоких моральных принципов и часто занят общественной деятельностью. Имеет хороший характер и настолько дружелюбен и уверен в себе, что ему не доставляет особого труда добиваться цели. Он необычайно популярен и прекрасно ладит с детьми.

Деревянный Буйвол, 1925, 1985 гг.

Деревянному Буйволу свойственны достоинство и авторитет, что помогает легко добиваться лидирующего положения в любом обществе. Он очень уверен в себе и прямолинеен по отношению к окружающим, обладает живым темпераментом и не замедлит высказать свое мнение. У него исключительная сила воли, прекрасная память. Особенно предан своей семье и очень заботлив по отношению к близким.

Огненный Буйвол, 1937 г.

Огненный Буйвол — личность сильная и напористая, трудолюбивый и знающий работник. Он старается придерживаться лишь своего мнения и легко теряет терпение, если дела идут не так, как хотелось бы. Он может легко увлечься под влиянием минуты и не брать в расчет мнение окружающих. Несмотря на это, обладает явными задатками лидера и часто достигает высокого положения и материального благополучия. Обычно имеет узкий круг верных друзей. Он очень верен и предан семье.

Земляной Буйвол, 1949 г.

Этот Буйвол делает все, за что берется, с трезвой головой. Он честолюбив, но при этом реалист и готов работать сутками, чтобы добиться своей цели. Он пройдоха в бизнесе и финансовых делах. У него спокойный характер, его уважают за честность и прямоту, преданность друзьям и близким. Его мнение всегда ценится и принимается в расчет.

Уточнение личности по знаку Зодиака

Уточните, под каким знаком Зодиака рожден интересующий вас человек. Это поможет скорректировать его характер.

Буйвол-Овен

Этот честолюбивый Буйвол — бык для корриды, а не для стойла. Очень опасно его злить: может поднять на рога. Личность темпераментная и непреклонная, хотя порой и кажется медлительной и неуверенной. Такой человек достаточно изящен как в словах, так и в поведении. Ему свойственны самообладание, осмотрительность, он способен защищать свою территорию и свое окружение. Буйвол-Овен редко ищет помощи или обременяет других людей своими проблемами: для этого он слишком самоуверен и даже порой высокомерен. Но уж если решит действовать вопреки интересам других людей или попытается низвергнуть чей-то авторитет, то будет невыносим и непреклонен.

Буйвол-Телец

Это нежный Буйвол. Для него нет конкурентов в сексуальных отношениях. Это обычно личность чувственная, но медлительная. Однако, если такой Буйвол возбуждается, он становится весьма несдержанным и напористым. В то же время Телец, рожденный в год Буйвола, бывает склонен к самоедству, самодисциплине, практичной и конкретной деятельности и может требовать того же от других с решительностью и настойчивостью, граничащими с диктаторством. Язык его примитивен, окружающим он кажется простоватым, но для многих так и остается загадкой, как Сфинкс. Очень редко Буйвол-Телец пускает в ход свои «рога и копыта», но если его раздразнить, то можно ожидать самых неприятных последствий.

Буйвол-Близнецы

Необычный Буйвол, который способен делать одновременно несколько дел, даже в ущерб своим личным интересам. Очень много сил, времени и средств он отдает окружающим, но при этом достаточно вынослив. Несмотря на то что это эмоционально живой и веселый человек, он очень ответственный, способный контролировать себя и других, однако недостаточно инициативный и выполняет только то, что ему предложат или что ему понравится. Особый талант Близнецов-Буйволов состоит в том, что в делах на них можно положиться, и если они не сделают дело сами, то найдут того, кому его можно поручить. Кроме того, это Буйволы, способные одновременно общаться с разными партнерами, учитывать их интересы, склонности и характер.

Буйвол-Рак

Этого Буйвола можно сравнить с морской коровой, которая зависит от окружающих, так как часто ей не хватает инициативы для того, чтобы воспользоваться теми позитивными моментами, которые предоставляет ей судьба или окружение. Буйвол-Рак достаточно сексуальный, но его сексуальность проявляется только в знакомой ему обстановке. Это личность мягкая, любезная, внимательная и деликатная, но только наполовину, поскольку у него часто возникает желание проявить деспотизм по отношению к близким. Кроме того, его нельзя задевать, нельзя на него давить, так как в этом случае вся его любезность и внимательность слетают, как осенние листья. Личность очень понятливая, чувственная, интуитивная, прекрасно разбирающаяся в недостатках других, но слишком занятая собой, своими эмоциями, чтобы помогать окружающим, хотя иногда способная до конца выслушать и направить других на самые необычные дела. Это лидер скрытого плана. В партнерстве он достаточно мягок и, если ему не навязывают прямого конфликта, может пойти на компромисс.

Буйвол-Лев

Это Буйвол-борец, способный ниспровергать троны; это Наполеон, который может подняться с самых низов до императорского величия. Это зубр, который может обитать в холоде и не чувствовать себя ущемленным. Он способен отдавать приказы и управлять другими без видимых усилий. Личность неукротимая и достаточно щедрая, оказывающая влияние на судьбы людей. Стойкость и бескомпромиссность Буйвола помогают Льву проявлять силу воли. Такой человек может в любом обществе, в любой сфере жизни занять достаточно высокое положение. Он способен иметь одновременно много партнеров и несколько семей. Его сексуальная энергия легко восполняется, жизненный потенциал очень высок.

Буйвол-Дева

Это Буйвол домашний, у него на уме только работа в своем огороде, и его лучше не дразнить попытками отобрать принадлежащую ему собственность. Личность сильная, придерживающаяся жесткой дисциплины и систематичности. Буйвол-Дева достаточно образован в тех областях, которые считает важными для себя, и способен работать над собой всю жизнь. Очень часто догматичен и консервативен, придерживается буквы закона и поэтому без колебаний может выступать судьей или прокурором. В эмоциональной сфере достаточно замкнут, не любит шумных сборищ — это аскет, монах. В практическом плане весьма способный человек, ему можно поручить самую тяжелую и ответственную работу и быть спокойным за ее результат. Сексуальный потенциал у Буйвола-Девы очень высок, он порой с этим борется, но не особенно успешно.

Буйвол-Весы

Достаточно безобидная, спокойная разновидность Весов. Этот человек способен давать полезные советы и правильно решать проблемы своих партнеров, определять оптимальные перспективы для бизнеса, но и сам не чужд деловой сметки. Это личность достаточно приятная, поскольку Весы тормозят тенденции Буйвола к упрямству и тирании, а консерватизм Буйвола не позволяет распыляться подвижным и динамичным Весам, и потому окружение таких людей достаточно гармонично реагирует на любые их идеи. Это Буйвол, способный к долговременному труду и доводящий дело до конца. Правда, работу он выбирает не очень тяжелую и не забывает о своих удовольствиях. Эмоциональная жизнь достаточно бурная, однако существуют идеалы, которым Буйвол-Весы хранит верность всю жизнь и требует того же от своих партнеров и друзей.

Буйвол-Скорпион

Весьма опасный Буйвол, который почти всегда пребывает в состоянии весеннего гона. Может быть довольно резким, динамичным, напоминая своим поведением льва или носорога. В такие моменты его боятся даже хищники. Это личность очень упрямая и требовательная, способная быть лидером в любой группе и использовать свою энергию для достижения поставленных целей. Такого Буйвола не остановят никакие законы или предрассудки, он идет напролом, мстит за любое направленное против него действие. Он либо абсолютный друг, либо абсолютный враг и никогда ничего не делает наполовину. Его высокий сексуальный потенциал проявляется в основном только с очень близкими партнерами, поэтому его довольно трудно привлечь к семейной жизни. Если же это удается, он незаменим.

Буйвол-Стрелец

Это величественный, спокойный Буйвол, похожий на бизона, который из-за природной вялости и неумения защищаться обречен на уничтожение. У него не хватает агрессивности для того, чтобы противостоять внешним влияниям, обладает, как правило, хорошим чутьем, достаточно реалистичен и способен выполнить самые рискованные операции и вывести безнадежное предприятие из тупика. Это человек, который может заработать себе солидный авторитет, не опускаясь при этом до конфликтов и противозаконных действий. У него свой стиль, свое представление о жизни, и, как правило, он достигает счастья и успеха, становясь хорошим предпринимателем или руководителем. Как партнер он достаточно надежен. Буйвол нейтрализует двойственность и динамичность Стрельца, и эта комбинация хороша для стабильного семейного счастья.

Буйвол-Козерог

Очень жесткая и мощная комбинация, напоминающая мифическое животное — Единорога. Он притягивает к себе, но опасен, если вы затронете его интересы. Буйвол способен завоевывать самые неприступные вершины, жить в спартанских условиях и достигать невероятных успехов. Он может выдерживать самые тяжелые испытания и преодолевать тяжелые времена, беды, не сворачивая с выбранного пути. Это весьма эксцентричная, самостоятельная личность, выдерживающая двойную нагрузку. Это политический лидер, способный стать опорой для большого количества людей. В деловых отношениях этот человек способен долгое время карабкаться на вершину иерархической лестницы, завоевывая ее не интригами, а только одной уверенностью и своими лучшими качествами. Представления о жизни у него весьма ясные, конкретные, его практически невозможно переубедить. С трудом понимает шутки, в сексуальном отношении весьма примитивен, редко способен к широте чувств и к выражению любви. Поэтому его связи и семья являются как бы продолжением его дела, если они не мешают собственным целям и устремлениям.

Буйвол-Водолей

Это Буйвол, штурмующий горные высоты. Это як, который может жить при недостатке кислорода, питания и тепла и при этом прокладывать дорогу в новые миры и в новые пространства. Внешне бесстрастный, даже жестковатый, это человек внутренне интеллигентный, проводящий в мир гениальные идеи. Делает это он терпеливо, настойчиво, со свойственной ему интуицией, незаметно, но верно подключая к своим идеям других людей. В этом проявляется его захватнический инстинкт. Его основная ставка — заумность и оригинальность восприятия. Рано или поздно такой человек добивается своего. В сексуальном плане он более спокоен и использует секс как топливо для своих целей, так как способен к сублимации сексуальной энергии. Он может подстраивать партнеров под свои сексуальные наклонности.

Буйвол-Рыбы

Это мощное морское животное, царь морей и океанов, и нужно быть весьма осторожными, взаимодействуя с ним. За его скромностью и сдержанностью скрываются сила, надежность и внутренняя целостность. Исповедуя, как правило, искренность и честность в поведении с окружающими, он часто сталкивается с необходимостью менять тактику из-за обманов и самообманов. У этого человека как бы двойная жизнь, за внешним грозным фасадом скрывается легкоранимая душа. Рано или поздно он обязательно создаст коллектив. В партнерстве с ним следует быть очень четким и дипломатичным. Сдержанный в проявлении чувств, Буйвол-Рыбы способен долго хранить обиду и очень редко ее прощает. Нередко накопленные обиды проявляются в виде истерических взрывов, домашних скандалов. Но здоровое начало личности никогда не позволяет ему перешагнуть роковую черту.

Тайный спутник жизни Буйвола

Уточните, в какой час был рожден интересующий вас человек. Сутки разбиты на 12 периодов, каждый из которых также обозначен одним из знаков китайской мифологии. Это поможет полнее уяснить особенности личности данного человека.

Рожденный в часы Крысы — с 23 до 1 часа ночи

Буйвол с легким чувством реальности. Обаяние Крысы смягчает его характер, и он становится более гибок и общителен. Однако он никогда не забывает про свой ущерб или как сосчитать каждый свой грош.

Рожденный в часы Буйвола — с 1 до 3 ночи

Немногое можно сказать о его чувстве юмора или воображении. По духу он бравый сержант: увидит, что один палец вашей ноги выступил за линию, — отрубит без колебаний! В то же время личность весьма одаренная, с экстраординарным самообладанием и чувством ответственности.

Рожденный в часы Тигра — с 3 до 5 утра

Очаровательный бычок с живым характером. Натура застенчивая. Разговор мягкий.

Рожденный в часы Кролика — с 5 ночи до 7 утра

Если вы даже не сможете заставить этого Буйвола изменить свое мнение относительно вас, то, по крайней мере, он будет дипломатичен с вами и осторожен. Благородный Буйвол весьма расположен к коллекционированию предметов искусства и антиквариата и не любит напряженной работы.

Рожденный в часы Дракона — с 7 до 9 утра

Его великая сила и мощь вполне достойны того, чтобы он достиг пределов своих амбиций. Жаль только, что он настолько несгибаем и самоуверен, иначе он мог иметь намного больше, чем имеет.

Рожденный в часы Змеи — с 9 до 11 утра

Эта комбинация состоит из двух таинственных признаков, весьма неблагоприятных для того, чтобы давать ему советы. Он может быть Буйволом-одиночкой, очень скрытным по своей природе.

Рожденный в часы Лошади — с 11 утра до 13 дня

Более счастливый Буйвол с некоторыми из причудливых черт Лошади. Кто знает, он может даже любить танцевать. Однако подвижная Лошадь в нем способна завести его очень далеко от избранных им целей.

Рождённый в часы Козы — с 13 до 15 дня

Артистичный Буйвол с весьма своеобразными чертами характера, которые надо вовремя распознать, и тогда он будет более снисходителен и восприимчив к вашим доводам. Он склонен зарабатывать, и вам будет иметь смысл попробовать сделать деньги на его талантах.

Рожденный в часы Обезьяны — с 15 до 17 дня

Проницательный, но довольно веселый Буйвол, только не стоит принимать его проблемы слишком серьезно. Пасясь на лужайке жизни под влиянием Обезьяны, он никому не будет должен и всегда постарается иметь туза в рукаве.

Рожденный в часы Петуха — с 17 дня до 19 вечера

Динамичный и сознательный в жизни, этот Буйвол будет много спорить перед началом решительных действий и использует красочную риторику вместо собственных кулаков. Есть в нем что-то среднее между солдатом и проповедником.

Рожденный в часы Собаки — 19 до 21 вечера

Серьезный моралист, который мог быть крайне скучным, если бы его не спасал покладистый характер Собаки. Ладно, по крайней мере, кто-то же должен обращать внимание общества на «свинцовые мерзости жизни».

Рожденный в часы Кабана — с 21 до 23 вечера

Нежный Буйвол, хотя он к тому же еще и консерватор. Он частенько испытывает сомнения в правильности предпринимаемых им действий и этим время от времени наживает себе проблемы. Его трудолюбие вполне согласуется с любовью Кабана хорошо покушать.

Гороскоп Буйвола на 12 лет

В год Крысы (2008)

Он должен воспользоваться этим годом, чтобы отложить деньги. Этот год будет ему со всех точек зрения благоприятным.

В год Буйвола (2009)

Великолепный год для всех Буйволов. Его работа будет вознаграждена, и это вселит в него уверенность человека, наделенного властью. Ему стоит поскорее создать семью, если он еще не женат.

В год Тигра (2010)

Тяжело будет в этот год Буйволу. Он будет беспокойным, разгневанным, опасным. Большей частью надо будет оставаться у себя в стойле, ожидая лучших дней.

В год Кота (2011)

Этот год для Буйвола тоже далеко не идеальный, но уже лучше, чем предыдущий. Можно хотя бы спокойно поработать. Это пора свершений, время засевать поля, чтобы в будущем было возможно получить с них щедрый урожай.

В год Дракона (2012)

Успокоенный драконьей пышностью и блеском, Буйвол подумает, что вернулись старые времена. Но это будут лишь иллюзии.

В год Змеи (2013)

Весьма коварный год, чреватый осложнениями. У Буйвола могут быть неприятности.

В год Лошади (2014)

Все у нашего Буйвола улаживается. Его работа принесет прибыль. Пусть он воспользуется этим годом.

В год Козы (2015)

Для Буйвола это весьма плохой год. На всем его протяжении Буйвол будет беспокойным и хмурым.

В год Обезьяны (2016)

Очень плохой год для Буйвола. Он будет всего бояться и почувствует угрозу извне. Он ненавидит непредвиденное.

В год Петуха (2017)

Прекрасный год! Лишь теперь Буйволу можно передохнуть. К нему вернулась уверенность. Он со рвением вновь примется за работу.

В год Собаки (2018)

В этот год Буйвол не удовлетворен. Все плохо. Будущее предвидится мрачным, и еще современную «молодежь» следовало бы приструнить.

В год Кабана (2007, 2019)

Год мог бы быть и получше. Слишком много работы даже для Буйвола. Он с трудом может завершить ее.

Некоторые выдающиеся личности, родившиеся в год Буйвола

Наполеон — император Франции

Хирохито — император Японии

Адольф Гитлер — политический деятель, диктатор

Уолт Дисней — мультипликатор

Ричард Никсон — президент США

Гор Видал — писатель

Роберт Редфорд — киноактер

Джеральд Форд — президент США

Ванесса Редгрейв — киноактриса

Джавахарлал Неру — премьер-министр Индии

Макариос — архиепископ, глава Кипра

Дастин Хоффман — киноактер

Чарли Чаплин — киноактер

Вилли Брандт — канцлер Германии

Ричард Бартон — киноактер

Борис Спасский — шахматист

Винсент ван Гог — художник

Маргарет Тэтчер — премьер-министр Англии

Карло Понти — премьер-министр Италии

Джек Николсон — киноактер

Уоррен Битти — киноактер и режиссер

3. Тигр

Янское древесное животное

Период с 08.02.1902 по 29.01.1903 г.
Период с 26.01.1914 по 14.02.1915 г.
Период с 13.02.1926 по 02.02.1927 г.
Период с 31.01.1938 по 19.02.1939 г.
Период с 17.02.1950 по 06.12.1951 г.
Период с 05.02.1962 по 25.01.1963 г.

Символика знака

Для азиатских народов Тигр — это великолепный знак, он олицетворяет мощь земли и является эмблемой защиты человеческой жизни, его сила вызывала восхищение и страх. В Древнем Китае тигр был символическим зверем третьего знака Зодиака, который соответствовал приблизительно Близнецам. Из суеверного почтения его часто стремились избежать, его имя произносилось не иначе как в окружении слов «царь горы», «большое пресмыкающееся». Его положительное значение определялось тем, что он изгонял и пожирал диких свиней, которые опустошали поля. Его жизненная сила и энергия делали его зверем-ян (мужское начало), тогда как белый тигр-альбинос ассоциировался с инь (женским началом), а также с осенью и западом. «Белый тигр» — таково было в Китае ругательное прозвище скандальных женщин. Сами демоны должны были испытывать перед тигром ужас, поэтому на могилах нередко выставлялись каменные скульптуры тигров. Изображения тигров на дверных косяках также должны были изгонять демонов. Боги-защитники изображались скачущими верхом на тиграх. В Южном Китае до сих пор сохраняется вера в «людей-тигров», оборотней, превращающихся в тигров.

Характеристика личности Тигра

Тигр — это воплощенная энергичность. Он фрондер, часто весьма недисциплинирован. У него вспыльчивый характер, он всегда восстает против старшего по чину. Он из того дерева, из которого делают революционеров, вождей. К несчастью, как все начальники, он не всегда заслуживает доверия, которое ему оказывают, и когда он кричит «Вперед!», как в делах, так и в любви, а также на войне людям следует поразмыслить, прежде чем действовать, и даже иногда удержать его за фалды. Тигр мог бы привести к катастрофе. Вкус к риску у него велик, вплоть до безрассудства, до неосознанных действий, трудно сопротивляться его магнетизму. Его естественная власть придает ему некоторый престиж. Он ненавидит повиноваться, но заставляет слушаться других. Его уважают. Никто не осмеливается сказать ему правду. И даже тогда, когда пытаются его уничтожить, его уважают и почитают.

Если ему удастся поразмыслить, прежде чем действовать, и выслушать советы об осторожности, он может достичь большого успеха.

Тигр-мужчина

Резкий, вспыльчивый борец, он способен пожертвовать собой ради дела. Упорный и упрямый, сутяжнический и мелочный, он часто находится с кем-то в конфликте. Эгоист в мелочах, он способен на бескорыстие в великих делах. Узколобый, он не доверяет никому. Тигр всегда идет вперед, презирает установленную власть, иерархию и консерваторские умы. Парадоксально, но он может отступать перед принятием важного решения вплоть до того момента, когда его принять уже поздно. Тигр может быть военачальником или руководителем предприятия. Он даже может стать опасным гангстером. Он полюбит все виды деятельности, в которых есть риск. То же относится к женщинам-Тиграм, которые будут первыми объявлять войну.

Прямо Тигр не будет заинтересован деньгами, но он сможет составить себе состояние. Это человек необыкновенного действия. Это также человек исключительной судьбы, неожиданных ситуаций. В действительности этот воин чувствителен, эмоционален и способен на глубокое размышление, сильную любовь, но, будучи очень страстным, он редко бывает счастлив в любви.

Тигр-женщина

У женщин-Тигров будет множество приключений, которые часто могут оканчиваться плохо.

Идеальные браки

Тигр в доме может избавить от трех больших несчастий: от вора, от огня, от хитрецов. Однако, если в доме два тигра, один из них должен исчезнуть.

Тигр может связать свою жизнь с честной Лошадью, Драконом, который принесет ему силу и осторожность, с Собакой, которая всегда будет рядом, чтобы отстаивать великие дела. Тигр должен избегать очень умную Змею, которая это поймет, и слишком хитрую для него Обезьяну.

Впрочем, Тигр находится в постоянной опасности.

В любви, дружбе и делах он не должен доверять Обезьяне, недобросовестной и достаточно ловкой, способной одурачить его. Ничего нельзя предпринимать Тигру с Буйволом, поскольку тот сильнее его и нападет на него без промедления, чтобы уничтожить. Если в одном доме окажутся Тигр и Буйвол, то Тигру следует уйти, чтобы не быть уничтоженным. Что касается Кота, он никогда не уживется с Тигром. В народе говорят, чтобы досадить Тигру, Кот заберется на дерево, куда более тяжелый Тигр не сможет подняться, и справит нужду на его морду. В действительности они прекрасно понимают друг друга, так как относятся к одному виду.

Если Тигр — мужчина, а женщина...

Крыса

В этом браке супругам необходимо прийти к компромиссу в отношениях с внешним миром. Жене лучше забыть о существовании посторонних мужчин. Ревность Тигра не знает пределов. Открытость женщины-Крысы восхищает такого мужа только дома. Будем надеяться, что взаимная любовь и восхищение помогут преодолеть сложности в сексуальной жизни. В хозяйственном плане брак прекрасен. Дом — полная чаша — идеал для двоих.

Буйвол

Две воли, две любви. В реальной жизни у супругов почти нет точек соприкосновения. Она — хозяйка, да еще энергичная, безжалостная, требующая такой же активности от мужа. Он — слуга и к тому же любящий спокойствие, уют, тишину, не очень энергичный, эстет по натуре. Волевому мужу не пережить унижения. У брака очень мало шансов сохраниться. Но вдруг случится чудо, и хозяйка пожалеет своего бестолкового и пассивного (с ее точки зрения) мужа, тогда совместная жизнь возможна. Однако смотрите по обстановке. Любовь сменится ревностью... рисковать не посоветуешь.

Тигр

Брак носит закрытый характер. Жена, согретая любовью мужа, полностью растворяется в нем. Мнение мужа — ее мнение. Это эталон брака соратников. В их доме будут тишина, покой и комфорт, вполне возможен культ еды. Обычно жена — очень хорошая хозяйка, муж ограничивается руководством, но ему не следует все тяготы быта перекладывать на хрупкие женские плечи. Щадя друг друга, супруги создадут в семье тот самый покой, без которого они не могут обойтись. Хочется пожелать: не давайте друг другу поводов для ревности. У обоих чувство может стать неконтролируемым.

Кот/Кролик

Духовным исканиям тут есть на что опереться, супруги принадлежат к взлетным знакам, которым доступна материализация слова. Главное — не свести этот высокий стиль отношений к банальным бытовым коллизиям: взлетные знаки не любят заниматься хозяйством. Муж должен забыть о домострое, во всем помогать жене. Жена должна уменьшить круг знакомых и сосредоточиться на муже. Только так вы избежите его жуткой ревности.

Дракон

Брак буквально пропитан романтизмом и мечтами. Жена сочетает это с настойчивостью и целеустремленностью. Ее хозяйственная энергия заставляет и мужа заниматься воплощением в жизнь своих планов. Главное обоим — не стать жертвами накопительства. Муж должен забыть о домострое и забрасывать жену подарками и комплиментами. Без этого он обречен выслушивать постоянные жалобы на жизнь. Ревновать жену тоже не стоит, постоянство — черта ее характера. Она любит пустить пыль в глаза, но семью не променяет ни на что.

Змея

Брак этих двух знаков носит несколько эстетский характер. Оба — аристократы не только в душе, но и в поведении, манере одеваться, стремлении к комфорту и спокойствию. Постоянное взаимопроникновение, потребность жить интересами друг друга долго не отпускают любовь из этого союза.

Лошадь

Вариант неустойчивого брака, где сильны центробежные тенденции из-за энергичного, открытого характера жены и неторопливого, эзотерического — у мужа. К тому же супруг отличается дикой ревностью. Открытость жены мешает ей полностью разделить заботы мужа; его стремление запереть ее дома, заставить жить только семьей она воспринимает как покушение на свою свободу. Хочется пожелать, чтобы муж более спокойно реагировал на контакты жены с внешним миром. Жене же надо признать власть мужа и ограничить внешние связи.

Коза/Овца

Катастрофа может стать неизбежной, несмотря на то что супруги великолепно подходят друг другу: нежная, сексуальная, семейная жена и влюбленный, ревнивый муж. Давление хозяина-мужа может быть чрезмерным — чувствительная жена вряд ли это выдержит. А муж будет в недоумении от ее постоянных истерик. Что же пожелать? Не дышать, замереть...

Обезьяна

Этот брак — один из наиболее удачных романтических браков. Врожденный аристократизм и интеллигентность супругов позволяют долго сохранять им в неприкосновенности свои чувства, не уступать быту. Любовь подтолкнет мужа к карьере. Он откроет для жены ранее неведомый мир. Взаимопонимание почти во всех областях. Даже бытовая пассивность мужа не должна служить причиной ссор.

Петух

Брак, основанный на существенных различиях, где со временем главным становится чувство меры. Муж никогда не добьется от жены такого желанного ему абсолютного подчинения. Не стоит ревновать избранницу ко всему свету. Жена должна приложить все свое умение и талант, чтобы создать изысканный, идеальный, а главное, спокойный домашний очаг. Бесконечные гости будут только раздражать мужа. Все хозяйство в этом браке ложится на жену, мужа сложно заставить что-либо сделать по дому.

Собака

Целеустремленный, достаточно волевой характер жены не позволяет ей жить только интересами семьи. Муж не должен ревновать ее к постоянно возникающим у нее планам, идеям, к ее занятости. Ведь главное в том, что семья для такой жены — смысл жизни. В хозяйственном плане таланты жены компенсируют пассивность мужа в этой области. Жена очень принципиальный человек, муж должен стать большим дипломатом и не пытаться затрагивать эти принципы.

Кабан/Свинья

Оба супруга относятся к эстетическим знакам. Это прекрасное дополнительное качество для духовных поисков. Главное, чтобы приоритет собственной личности не взял верх над духовным единением. Многое зависит от мужа, так как женщина-Кабан может существовать в огромном диапазоне жизненных вариантов. В его силах сделать так, чтобы она предпочла духовную ориентацию. С бытом проблем не должно быть. Жена просто не заметит, что муж самоустранился от домашних забот.

Жизненный путь

Тигр, рожденный днем или ночью, никогда не должен рассчитывать на спокойную жизнь. Впрочем, он и не пожелает ее. Заполненная случайностями, жизнь его будет страстной, бурной. И эта жизнь, вкус к риску толкнет его на то, чтобы постоянно играть ею. Это человек насильственной смерти. Но это также человек удачи. Никто настолько не удачлив, как Тигр. Для азиатских народов это великолепный знак, он олицетворяет мощь земли и является эмблемой защиты человеческой жизни.

Первая фаза жизни Тигра будет спокойной, без трудностей, вторая — страстной и бурной. Ему придется решать проблемы всех видов: финансовую, личных отношений, супружескую, — ни от чего он не будет избавлен. Если эти проблемы не будут полностью урегулированы, они могут перенестись в третью фазу, которая, однако, кончится тем, что принесет ему мир и спокойствие, если он доживет до старости. Но все будет зависеть от того, родился ли Тигр ночью или днем. Рожденный ночью, особенно около полуночи, Тигр будет избавлен от ловушек всех видов, и его жизнь будет менее бурной в противоположность тому Тигру, который родился после восхода солнца, особенно в полдень. Он будет страстным, резким, подвергаться многим опасностям. Во всяком случае, ему никогда не будет тоскливо.

Металлический Тигр, 1950 г.

У Металлического Тигра очень настойчивый характер. Он тщеславен, и хотя его планы могут время от времени меняться, будет беззаветно трудиться, пока не добьется своего. Однако он очень нетерпелив и быстро выходит из себя, если не все идет так, как хотелось бы. У него яркая внешность, его уважают, им восхищаются.

Водяной Тигр, 1902, 1962 гг.

Этот Тигр имеет разносторонние интересы и любит экспериментаторскую и исследовательскую работу. У него гибкий, проницательный ум, он добр. Несмотря на то что он может быть иногда удивительно нерешительным, в моменты кризиса всегда сохраняет выдержку и спокойствие. У него легкие отношения с окружающими, благодаря своим способностям он обычно всегда добивается желаемого. У Водяного Тигра чрезвычайно богатое воображение, а среди собратьев — немало прекрасных ораторов или талантливых писателей.

Деревянный Тигр, 1914, 1974 гг.

У Деревянного Тигра приятный, дружелюбный характер. Он менее независим, чем другие типы Тигров, и более склонен к сотрудничеству. Имеет, однако, склонность перескакивать с одного дела на другое, легко впадать в депрессию. Он, как правило, пользуется большой популярностью, имеет широкий круг знакомств, ведет активную общественную жизнь, а также обладает тонким чувством юмора.

Огненный Тигр, 1926, 1986 гг.

За что бы ни брался Огненный Тигр, все делает с живостью и энтузиазмом. Он человек действия и всегда готов полностью посвятить себя тому, что его привлекает. У него есть определенные задатки лидера и способность заразить своим энтузиазмом окружающих. Он безусловный оптимист. У него приятный, доброжелательный характер, он остроумен и прекрасный оратор.

Земляной Тигр, 1938, 1998 гг.

Этот Тигр ответственный и уравновешенный. Он старается быть объективным и справедливым в своих суждениях. В отличие от других типов Тигра, более склонен посвятить себя какому-то одному делу целиком, но бывает порой так увлечен, что не принимает в расчет мнения других. Он — удачливый бизнесмен, и, как правило, его дело процветает. Имеет широкий круг знакомых, придает большое значение своей наружности и репутации.

Уточнение личности по знаку Зодиака

Уточните, под каким знаком Зодиака рожден интересующий вас человек. Это поможет скорректировать его характер.

Тигр-Овен

Это весьма опасный саблезубый и редко встречающийся Тигр. Кроме того, Тигр-Овен весьма сексуален, способен преодолевать любые запреты и барьеры, сломить любое сопротивление. С ним надо быть осторожным — иногда .он может быть весьма кровожадным. Личность Тигра-Овна — неутихающая огненная буря, огненный шар энергии. Личность чаще всего перевозбужденная, не обладающая ни терпением, ни выдержкой. Он несется вперед, сметая все на своем пути, или вдруг взрывается в капризной истерике. Однако такой человек может быть весьма щедрым как в материальном, так и в эмоциональном плане. Это — новатор, изобретатель, поэтому у него нет недостатка ни в друзьях, ни во врагах. Необузданность чувств и присущие ему от рождения шарм и артистизм привлекают большое количество зрителей, что по сердцу Овну-Тигру. Он любит быть в центре внимания, в центре «сцены».

Тигр-Телец

Это весьма уравновешенный Тигр, способный как самостоятельно охотиться, так и ходить на поводке у дам и демонстрировать разные цирковые номера. Это личность привлекательная и общительная, гармоничная, практичная и активная. Такой человек может стать лидером. Но вместе с тем ему не чужд консерватизм. Тигр-Телец — это интеллектуал, делец, готов к второстепенным ролям, но любит быть и в центре внимания.

Ему присуще чувство юмора, он способен удерживать вокруг себя большое количество людей, контролировать ситуацию, твердо и методично внедрять свои идеи в жизнь и устанавливать с окружающими доверительные и трогательные отношения, щедро делясь с ними своим временем и энергией.

Тигр-Близнецы

Это достаточно активный Тигр, даже несколько перевозбужденный, близкий к леопарду. Никогда не знаешь, когда он бросится из засады. У него в арсенале большой набор разнообразных охотничьих талантов, поэтому он способен осуществлять самые безумные мероприятия в короткий срок и с максимальным успехом. Личность достаточно многогранная, в делах активная и инициативная. Он находится в постоянном движении, но часто такая активность довольно поверхностна. И так же протекает его эмоциональная жизнь: череда увлечений, влюбленностей сменяют друг друга. Этот человек способен сломать любые барьеры, любое сопротивление с помощью слов, магии жеста, неожиданного поворота в общении, может развеселить и разговорить кого угодно. Но как партнер он достаточно ненадежен, поскольку ему постоянно необходимы перемены и он легко забывает о своих обещаниях. Начиная заниматься новыми делами, он оставляет старые незавершенными.

Тигр-Рак

Это Тигр, похожий на пуму, которую можно приручить. Он любит погреться у огонька и без особого труда получить свою порцию мяса. Такой человек достаточно мягкосердечен, оптимистично настроен и способен оказывать полезные услуги своим близким и окружению в весьма деликатной форме; даже если он злится, кипит и ревнует, что бывает часто, то быстро остывает — стоит его только погладить. Это влюбчивый Тигр, неисправимый романтик, готовый ради удовольствий и интересных вечеринок совершать длительные вояжи, лишь бы попасть в элитарное окружение или к тем людям, которые ему нравятся. Однако следует отметить неустойчивость эмоциональной сферы, резкие колебания в настроении. Женщины могут закатывать истерики на грани смеха и слез. Поэтому в деловых отношениях и партнерстве эти люди весьма своеобразны, на них трудно полагаться, но можно использовать в качестве представителя фирмы или посредника.

Тигр-Лев

Это африканский Лев, пытающийся сдерживать свою агрессию и не свойственную Львам жесткость, даже жестокость. Это Тигр, который может быть весьма опасным для своего окружения, а тем более для противников. Если такой человек считает, что ему не выдали его «львиную долю», он способен продемонстрировать богатейшую гамму чувств — от великодушия до примитивной жестокости. Склонен чаще действовать в соответствии с высшими морально-нравственными нормами, если не вполне уверен в себе, но когда уверен и начинает проявлять свою гордыню, тут его надо контролировать. Если же такой человек эмоционально возбужден, его невозможно сдержать и бывает легче убить, чем остановить. Физические достоинства Тигров-Львов весьма высоки, сексуальный потенциал также достаточно высок. Они способны проявлять себя в самых разных сферах, но в основном идут туда, где вокруг них будет большое количество людей, где много зрителей, а вот лидера как раз не хватает.

Тигр-Дева

Это Тигр, приспособленный жить и охотиться на земле, хотя он и хотел бы летать. Это человек, соединяющий Небо и Землю, посредник между Богом и человечеством. Личность требовательная, конкретная, осмотрительная, достаточно гуманная в своих проявлениях. Это Тигр, который, прежде чем что-то скажет или сделает, основательно все взвесит и продумает. Аналитические способности Девы и эмоциональность Тигра создают довольно гармоничную эмоциональную сферу. Вот только в духовном плане у Тигра проблемы — он слишком расчетлив, чтобы оставить свой земной мир и пуститься в дальние путешествия в мир небесный, т. е. выйти на новый уровень сознания.

Тигр-Весы

Этот Тигр дрессированный, и с ним можно выполнять различные трюки как в торговых делах, так и в эмоциональной жизни. Он очень динамичен и артистичен, ему нравятся аплодисменты и рискованные прыжки. Ему свойственно невероятное обаяние и способность притягивать к себе людей, чему очень помогает хозяйка Весов — Венера. Довольно часто их обещания являются пустым звуком, но, тем не менее, если Тигру нравится человек, он готов ради него разбиться в лепешку, пуститься в любую рискованную авантюру. Это личность страстная и азартная, поэтому с ней можно играть и выигрывать. Он способен долго идти по следу и доходить до цели, а своих врагов доводить до истерики различными выходками. Сексуальный потенциал достаточно высокий, но в постоянных связях Тигру-Весам, как правило, не везет. Это Весы, которые часто меняют своих сексуальных партнеров.

Тигр-Скорпион

Это Тигр с очень широким диапазоном возможностей — от ручной зверушки до людоеда. Это бенгальский Тигр, преодолевающий большие расстояния и прыгающий по деревьям. Личность весьма притягательная для окружающих, чему способствуют его самоуверенность, самомнение и гордость. Благодаря этим качествам он может достичь высокого положения, невзирая на препятствия. У него очень высокие динамические качества и точный расчет. Он способен идти по краю пропасти, а его партнерам никогда не следует забывать о его мстительности, так как даже из-за незначительных колкостей он способен делать резкие выпады. Сексуальная энергия очень высока. Этот Тигр — коллекционер партнеров и сексуальных приключений.

Тигр-Стрелец

Очень динамичный дальневосточный Тигр. Действует осторожно, однако иногда рискует, поскольку в нем горит жажда первооткрывателя. У него активный ум, он интеллигентен и не способен на грубость. Человек достаточно общительный, но часто одинок. В партнерстве это очень заметно. Он редко бывает счастлив в семейной жизни, ему не хватает взаимопонимания.

Тигр-Козерог

Это весьма осторожный и опытный Тигр, который способен обходить ловушки, уходить от охотников и строго охраняет собственную территорию. Своих целей он пытается достичь минимальными усилиями и с минимальной опасностью для шкуры. Личность мудрая, вдумчивая и рассудительная, более подвижная в обычных «козерожьих» комбинациях, менее упрямая и более последовательная в поведении. Этот Тигр не доверяет эмоциям, сердечным увлечениям, как это часто бывает с другими Тиграми, и поэтому проявляет свои способности весьма эффективно. В отношениях с окружением весьма притягателен и не давит на партнеров, которые, как правило, принимают активное участие в его собственных делах. Им нравится подчиняться такой личности, поскольку они знают о его способности подключить нужных людей к выполнению самой трудной задачи и умении заинтересовать конечным результатом. В сексуальных отношениях довольно активен, на его измены, если они происходят, нельзя долго обижаться. Он способен разрешить любые конфликты с партнерами.

Тигр-Водолей

Довольно опасное сочетание. Это Тигр-оборотень, который может нападать на людей, выслеживая свою жертву долго и терпеливо. Он способен проводить в жизнь любые опасные идеи в очень мягкой, дипломатичной форме. Этот человек из той породы, кто «мягко стелет, да жестко спать». Личность одинаково мужественная и утонченная, абсолютно независимая. Это кот, гуляющий сам по себе и свободный от любого руководства. Тигр-Водолей редко открывает свои карты, и бесполезно вызывать его на откровенность, так как он может поднять на смех тех, кто пытается это сделать, и создать им затруднительные и неприятные ситуации. В то же время в обществе он способен проявляться мягко и интеллигентно. Обаятельный и веселый, он умеет очаровывать всех. Часто его ум соблазняют великие и несбыточные мечты и ожидания, но он даже не пытается реализовать их. Ему нравится только то, что само приходит в лапы. Он не способен избавить себя или окружение от рутинной работы. В интимных отношениях весьма неустойчив, хотя сексуальный потенциал очень высок.

Тигр-Рыбы

Это хищник — морской лев. Хотя с виду он мягок и кроток, в морских глубинах способен быть настоящим разбойником. Личность элегантная, подвижная, часто маскирующаяся под спокойного, тихого человека. Тот самый вариант, когда «в тихом омуте черти водятся». У него большие способности к танцам, играм, поэзии. Используя их, подчиняет близких, заставляя выполнять свои желания. Эта комбинация весьма динамичная и мистическая. Рыба способна маскировать истинные мотивы Тигра, но нужно помнить, что тот в любой момент готов к прыжку. Такой Тигр имеет кроме когтей еще и сетку для ловли, в которой часто оказываются его партнеры. Семейная жизнь необходима Тигру в качестве отдушины от тягот повседневности. Зачастую она материализуется в постоянные скандалы.

Тайный спутник жизни Тигра

Уточните, в какой час был рожден интересующий вас человек. Сутки разбиты на 12 периодов, каждый из которых также обозначен одним из знаков китайской мифологии. Это поможет полнее уяснить особенности личности данного человека.

Рожденный в часы Крысы — с 23 до 1 часа ночи

Горячая голова с тягой к любви. Может выбрать борьбу только для того, чтобы иметь удовольствие позже составить с вами альянс. Неплохо, если Крыса в нем будет контролировать содержимое кошелька.

Рожденный в часы Буйвола — с 1 до 3 ночи

Решительная и темпераментная комбинация. Хотелось бы надеяться, Буйвол добавит Тигру самодисциплины, и он не будет рвать и метать так быстро. В результате Тигр может обладать более спокойной индивидуальностью.

Рожденный в часы Тигра — с 3 ночи до 5 утра

С зубами и когтями здесь все в полном порядке. Тип весьма оживленный и подвластный многочисленным капризам. Вы хотите кого-то возбудить? Он еще задаст вам жару!

Рожденный в часы Кролика — с 5 до 7 утра

Безмятежный Тигренок, но пожар в его душе определенно еще не подавлен. Кролик может обуздать его порывистость и нетерпение. В результате он изберет лучшее решение и сможет выбраться из неприятностей.

Рожденный в часы Дракона — с 7 до 9 утра

Будет пробовать более тяжелые пути и нацеливаться гораздо выше среднего уровня, потому что Дракон здесь укрепляет его эго. Может быть превосходным лидером, если его не остановит нечто, показавшееся ему слишком подозрительным.

Рожденный в часы Змеи — с 9 до 11 утра

Возможно, Змея здесь могла бы поучить Тигра держать его большую пасть на замке. Прибыль Тигр свою получит, если последует за влиянием Змеи и не потеряет свой характер на переговорах.

Рожденный в часы Лошади — с 11 утра до 13 дня

Лошадь может сделать Тигра немного более практичным и поощрить его брать на себя только тщательно рассчитанные риски. Но эта комбинация составлена из двух причудливо-свободных знаков, которые испытывают недостаток любой реальной ответственности.

Рожденный в часы Козы — с 13 до 15 дня

Тихий и соблюдающий пиетет, но все еще безумно ревнивый и притягательный. Прекрасно было бы, если бы Коза смогла ослаблять агрессивность Тигра и развить его артистическую сторону.

Рожденный в часы Обезьяны — с 15 до 17 дня

Тяжко приходится мускулам, которым поручают выполнять умственную работу. Остается только надеяться, что все сохранится в разумных рамках. Если этого не случится, не имеется никаких указаний на то, как далеко этот человек способен зайти.

Рожденный в часы Петуха — с 17 дня до 19 вечера

Очаровательная индивидуальность.

Нарушитель спокойствия встречается здесь с аварийным монтером. Он не убережет вас от неприятностей, но настоит на том, чтобы вы слышали, как он вам что-то там советовал: как будто у вас когда-либо был выбор.

Рожденный в часы Собаки — с 19 до 21 вечера

Разумный тип с избытком здравого смысла, свойственного Собаке. Его язык острей, чем бритва, но агрессивность его и напор будет утихомириваться чувством справедливости, свойственным Собаке.

Рожденный в часы Кабана — с 21 до 23 вечера

Импульсивный и наивный тип, счастливый и вполне удовлетворенный — пока получает то, что хочет. Может, пожалуй, стать мстительным под давлением обстоятельств, однако он всегда свернет с избранного им пути под давлением семейства и друзей.

Гороскоп Тигра на 12 лет

В год Крысы (2008)

В этот год Тигр может только думать о будущем. Этот год ему покажется скучным и не принесет ничего.

В год Буйвола (2009)

В этот год работа Тигра будет вознаграждена. Пусть он создает скорее семью, если он еще не женат.

В год Тигра (2010)

В этот год он может делать, что хочет. Ему везет. Пусть он возьмется за большие дела.

В год Кота (2011)

Пусть он воспользуется этим годом для отдыха, который ему нисколько не повредит.

В год Дракона (2012)

Для него этот год также будет на руку. В году Дракона есть блеск, он его любит.

В год Змеи (2013)

Пусть не остается бездельником — это год познания. В этот год он должен отправиться в путешествие в поисках неизвестной народности, забытого города...

В год Лошади (2014)

В этот год пусть он что-нибудь предпримет. Нужно, чтобы он был занят. Он в опасности.

В год Козы (2015)

Пусть он опять отправляется в кругосветное путешествие. Это его маленький шанс.

В год Обезьяны (2016)

Тигр поверит, что время наступило, и посвятит все свои силы успеху новых идей. Но Обезьяна смеется потихоньку.

В год Петуха (2017)

Тигр в этот год будет разочарован и несчастен. Этот год будет годом настоящего бунта. Он продолжит борьбу.

В год Собаки (2018)

Беспокойный, но не предприимчивый Тигр в этот год полон рвения. На него можно рассчитывать.

В год Кабана (2007, 2019)

У него хорошие дела: рискуя всем, он получает дивиденды. Пусть продолжает.

Некоторые выдающиеся личности, родившиеся в год Тигра

Александр II — император России

К. Мазуров — политический деятель Белоруссии

М. Суслов — политический деятель СССР

Карел Чапек — писатель

Д. Эйзенхауэр — 34-й президент США

Хо Ши Мин — президент Вьетнама

Шарль де Голль — президент Франции

Джон Шлезингер — кинорежиссер

Мэрилин Монро — кинозвезда

Эдуард Тополь — писатель-эмигрант

Адриано Челентано — певец и киноактер

Натали Вуд — киноактриса

Владимир Высоцкий — певец, поэт и актер театра и кино

Роми Шнайдер — киноактриса

Нил Джордан — киноактер

Том Круз — киноактер

Джим Керри — комедийный киноактер

Джон Бон Джови — рок-певец и гитарист

Гата Камский — шахматист, гроссмейстер

4. Кот
(Кролик)

Иньское древесное животное

Период с 29.01.1903 г. по 16.02.1904 г.
Период с 14.02.1915 г. по 03.02.1916 г.
Период с 02.02.1927 г. по 23.01.1928 г.
Период с 19.02.1939 г. по 08.02.1940 г.
Период с 06.02.1951 г. по 27.01.1952 г.
Период с 25.01.1963 г. по 13.02.1964 г.

Символика знака

У китайцев это знак Кота, но для японцев это часто знак Кролика. Кот или кролик, он всегда падает на свои лапы. Азиатские народы с недоверием относятся к обоим животным. В народе говорят, что колдуны превращаются в котов. В Европе в Средние века их частенько сжигали, обвиняя в сговоре с дьяволом. В японской традиции кот рассматривался как злонамеренное существо, обладающее сверхъестественной силой. В ряде традиций ему приписываются черты вампиризма. Напротив, в Китае верили в его способность рассеивать злых духов.

Но, видимо, столь плохая репутация не столь заслуженна, ведь египтяне обожествляли своих кошек. Нельзя отрицать, что во взгляде кота есть что-то мистическое. Он словно хочет что-то сказать. Его видимая слабость может перерасти в опасную силу. Рожденный под этим знаком человек — счастливец.

Характеристика знака Кота

Кот — консерватор. Он ненавидит все, что может поколебать его жизнь, что может вызвать осложнения. Более всех он нуждается в комфорте и безопасности, поскольку он осторожен и даже немного совестлив, он не предпринимает ничего, не взвесив заранее все «за» и «против». За эту осторожность люди восхищаются им и доверяют ему. Война и голод в мире трогают и касаются его лишь в том случае, если он лично страдает от этого, но он будет страдать так сильно, что может не выдержать и умереть. Меланхоличность женщин этого знака — один из главных козырей их очарования. Кот легко может заплакать, но также быстро утешиться.

Кот не так быстро выходит из равновесия. Он спокоен, невозмутим. В нем более сентиментальности, чем настоящей чувствительности. Он более расстраивается, когда несчастье касается его самого, чем при великих бедах других людей.

Кот-мужчина

В финансовом отношении этот человек всегда будет счастлив. Он ловок в делах, и тот, кто подписывает с ним контракт, ни за что не отступится. Это хороший спекулянт, у него дар совершать мошеннические сделки. Короче, этот спокойный Кот хорош как деловой человек. Он добьется успеха в торговле, у него есть вкус. Он сможет быть также юристом (адвокатом) или выбрать дипломатическую карьеру, при условии что его жизнь не подвергнется риску.

Кот-женщина

Женщина-кот выставляет свою культуру со смакованием. Она может глубоко изучить некоторые предметы с единственной целью блистать, тогда как она может ничего не знать о других, более важных вещах. Женщины этого знака смогут блистать во всех видах деятельности, которые требуют вкуса, гостеприимства и представительности. Человеку политики следовало бы выбрать себе жену этого знака.

Материнский инстинкт этого знака очень ограничен.

Достоинства и недостатки

Достоинства. Кот одарен, честолюбив, в меру приятен, скромный, сдержанный, утонченный, доброжелательный. Это знают хорошо все, ведь Кот умеет говорить и высоко ценит себя. Но при этих достоинствах имеется один недостаток, хотя небольшой, но довольно важный: это поверхностный человек, отсюда его лучшие качества поверхностны тоже. Кот любит общество, общество любит его. Он любит собрания и иногда сплетничает, но делает это тонко, тактично, остроумно и осторожно, поэтому высказывает плохие вещи крайне неохотно.

Кот любит принимать гостей и дома. У него сделано все с утонченным вкусом. Это светский человек, некоторые назвали бы его даже снобом. Он педантичен.

Недостатки. Ласковый, услужливый с теми, кого любит, хотя способный на любовь и верность (он добродетелен), Кот легко разлучается со своими близкими в пользу своих друзей. У него нет чувства ответственности перед семьей, и часто он рассматривает своих близких, своих детей как чужих, которым он предпочитает друзей по своему выбору.

Идеальные браки

Кот хорошо уживается с Козой, в которой он ценит артистический вкус, но капризы которой не тронут его. Он привнесет в ее жизнь собственный комфорт.

Все пойдет хорошо с честной Собакой и скрупулезным Кабаном.

Но Петух выведет его из себя своим фанфаронством, и он должен избегать Крысы, как чумы.

С Тигром его отношения в любви и делах натянуты. Кот, более сильный, всегда может сделать пируэт и выйти из игры, у них общая порода и он не боится Тигра.

Если Кот — мужчина, а женщина...

Крыса

Очень тревожный альянс! Крыса будет в постоянной опасности.

Буйвол

Да, и такое может быть. Мужчина-Кот издевается над тем, кто им командует.

Тигр

Трудно им будет. Женщина-Тигр сложна, но мужчина-Кот довольно-таки ловок и любит посмеяться над кем-нибудь. В этом браке одни минусы, несмотря на внешнюю схожесть знаков.

Кот

Почему бы и нет? Если у них нет детей. Союз идеален... для гомосексуалистов.

Дракон

В крайнем случае, если женщина-Дракон не заскучает в углу у огонька.

Змея

Почему бы и нет? Они вместе будут созерцать друг друга.

Лошадь

Возможно, если женщина-Лошадь не утомится, то Кот может быть понимающим другом.

Коза

Хорошо. Кот любит фантазии Козы. Артистический вкус их сближает.

Обезьяна

Забавно, но часто это счастье за счет других. Они будут развлекаться вместе.

Петух

Кот плохо переносит Петуха в своем доме. И женщина-Петух будет устраивать сцены — ей захочется выходить в свет.

Собака
Все будет хорошо, если не разразится война. Всякое дело, которому женщина-Собака будет предана, сделает жизнь Кота независимой.
Кабан/Свинья
Хорошо. Очень хорошо, если Кабан избежит распутства.

Жизненный путь

У Кота будет спокойное существование в течение трех фаз его жизни при одном условии, что он не встретит исключительных ситуаций, драматического события, неопределенного препятствия. Войны, революция, катастрофы — это не его дело, ему не нравится быть чьим бы то ни было противником. Все, что может поколебать его спокойствие, невыносимо ему, если он не сопротивляется, то может сойти с ума, пойти на самоубийство или покинуть родину, будучи развалиной.

Металлический Кот, 1951 г.

Этот Кот очень способный и честолюбивый человек, четко знает, чего хочет добиться в жизни. Иногда он может показаться замкнутым и чересчур сдержанным, но это лишь потому, что любит держать свое мнение при себе. У него быстрый, хваткий ум, он прекрасный бизнесмен. Ему не чужда некоторая хитрость. Металлический Кот — прекрасный деятель искусства, вращается в высшем обществе, имеет небольшой круг верных и преданных друзей.

Водяной Кот, 1963 г.

Водяной Кот пользуется большой популярностью, обладает хорошо развитой интуицией, всегда принимает в расчет мысли и чувства других. Однако временами очень чувствителен и принимает все близко к сердцу. За что бы он ни брался, делает тщательно и продуманно, у него прекрасная память. Временами он может казаться довольно замкнутым, но зато отлично излагает свои мысли. Его очень любят и ценят и в семье, и на службе.

Деревянный Кот, 1915, 1975 гг.

Деревянный Кот легок в общении, дружелюбен, быстро адаптируется в любой ситуации. Он предпочитает работать в коллективе, а не индивидуально, чтобы быть уверенным в поддержке и помощи.

Однако порой бывает довольно скрытен, и ему пойдет на пользу быть более открытым и держать окружающих в курсе своих планов.

У него обычно много друзей, он ведет активную общественную жизнь. Его ценят за великодушие и щедрость.

Огненный Кот, 1927, 1987 гг.

У Огненного Кота открытый и дружелюбный характер. Он предпочитает со всеми поддерживать ровные отношения. Он благоразумен и дипломатичен, хорошо понимает человеческую сущность, обладает сильной волей и при обеспечении помощью и поддержкой, безусловно, далеко пойдет. Он, однако, плохо переносит неблагоприятную обстановку, быстро теряет терпение и впадает в депрессию, если дела идут не так, как хотелось бы. Огненный Кот обладает повышенной интуицией. Известны случаи экстрасенсорики среди Огненных Котов. Он также легко находит общий язык с детьми.

Земляной Кот, 1939, 1999 гг.

Земляной Кот — тихий и скрытный индивидуум, но, тем не менее, очень проницателен и умен. Он реалист и готов работать долго и упорно, чтобы добиться желанной цели. Как прекрасному бизнесмену, ему почти всегда везет в финансовой сфере. Говорит он всегда так убедительно, что без труда привлекает других на свою сторону. Пользуется заслуженным успехом у друзей и коллег, а его взгляды и мнения высоко ценятся и принимаются во внимание.

Уточнение личности по знаку Зодиака

Уточните, под каким знаком Зодиака рожден интересующий вас человек. Это поможет скорректировать его характер.

Кот-Овен

Это дикий камышовый Кот, гуляющий сам по себе. Как правило, он бродит вокруг человеческого жилья, интересуется жизнью окружающих, поскольку это связано с его собственными интересами. Это Кот-коммерсант. Но это и Кот, который любит женщин, умеет обольстить словом. Хотя много слов, но мало дела. Личность обманчиво-спокойная и кажущаяся благовоспитанной. На деле обнаруживает качества человека со стальными нервами, способного сыграть любую роль (покорность, мягкость, восторженность). Такой человек способен, тщательно и ловко выбрав нужный момент, жестко действовать в своих интересах. И в конце концов, это Кот, который добивается своей цели.

Кот-Телец

Очень нежный Кот, весьма сексуальный, но способный сдерживать свои чувства и порывы ради получения материальных благ. Очень редко пускает в ход коготки, часто просто мурлычет у очага и без особых усилий подчиняет себе хозяев. Это личность деликатная, наблюдательная, склонная к созерцанию и способная обольщать окружающих своей грациозностью, дипломатичностью и внутренним спокойствием. При необходимости Кот-Телец может взять на себя большую ответственность, однако возникающие при этом проблемы очень часто заставляют его замыкаться в себе, и тогда он превращается в угрюмого и неприветливого бычка.

Кот-Близнецы

Это самый спокойный из всех Котов, который не любит бродить по помойкам или по знакомым кошкам, он совсем не ловит мышей. Эта личность способна к различным импровизациям, что позволяет ему заводить новых друзей, устанавливать необходимые связи и таким образом достигать цели с минимальными потерями. Он достаточно благоразумен, у него высокий интеллект и тонкое восприятие. Большую роль в его жизни играет предвидение, ощущение времени. Благодаря своей интуиции Кот-Близнецы быстро определяет, каким наиболее реальным и максимально коротким путем можно получить прибыль без особых физических усилий. Однако кажущаяся легкость, при помощи которой он добивается желаемого, основана на его мистических талантах. Как партнер этот человек достаточно надежен, он способен красноречиво и убедительно объяснить свое поведение. На него трудно обижаться и с ним невозможно конфликтовать.

Кот-Рак

Это типичный Кот, достаточно изнеженный, способный на мелкие шалости, этакий пушистый котенок, который готов играть целыми днями, встречаться при луне, устраивать мартовские концерты.

Он очень замкнут на своих проблемах и не интересуется проблемами других, подвержен иллюзиям, грезам и иногда в результате этого предается слишком глубоким раздумьям о смысле жизни или зацикливается на жалости к себе и способен открыть душу только избранным. Тем не менее этому Коту нравится управлять ситуацией, находясь на крыше дома, правда, желательно, чтобы эта позиция была на безопасном расстоянии для критики. У него хорошая интуиция и есть экстрасенсорное восприятие любых ситуаций, он хороший рассказчик, у него богатая внутренняя жизнь, поэтому есть прекрасная возможность проявить себя в искусстве или литературе. В других же областях возникает много проблем из-за неспособности четко доводить команды начальников до конкретной реализации, так как он часто не понимает, чего от него хотят. То же самое происходит и в отношениях с партнерами. Он способен много обещать, мало давать и страдает от комплекса неполноценности.

Кот-Лев

Это довольно спокойный Лев, но отнюдь не спокойный Кот. Скорее это рысь, которая падает сверху на свою добычу в тот миг, когда та меньше всего ожидает этого. Это очень хитрый Кот, особенно если он не придерживается высоких нравственных принципов. Он достаточно эгоистичен, чтобы думать о своем окружении, и старается использовать свою агрессивность, только если это ему выгодно. Кот-Лев знает, как стать популярным, как склонить толпу на свою сторону, как заставить коллектив следовать его указаниям. В свободное время такие люди могут заниматься каким-нибудь необычным делом, у них своеобразные хобби. На работе они способны использовать запрещенные приемы, могут даже заниматься контрабандой или как-то иначе нарушить закон, лишь бы достигнуть своей цели. Кот-Лев достаточно удачлив в начале жизни, но в дальнейшем его очень часто ждет много разоблачений. Эмоциональная жизнь у таких людей довольно яркая, но они редко надолго привязываются к кому-нибудь.

Кот-Дева

Это Кот ученый, мудрый. Кот-сказитель, предпочитающий одиночество всяким «кошачьим похождениям». Прежде всего ему мешают «цепь златая» и «дуб», к которому он прикован. Если бы не было этой цепи, Кот-Дева мог бы стать гангстером. Однако в этой жизни ему приходится только мечтать о сексуальных похождениях, о чудесах и рассказывать сказки. Кот-Дева организован, аккуратен, способен учитывать интересы партнеров и удовлетворять свои потребности без особого шума. Редко идет на прямой конфликт, противостояние. Любит размышлять о судьбах мира, однако боится взять на себя ответственность за чужую судьбу и способен к активным действиям только тогда, когда видит прямую выгоду для себя. Имея хорошее финансовое чутье, он редко пользуется им, предпочитая оставаться вкладе и терпеть убытки, поскольку слишком верит в силу закона, доверяет лишь конкретным обещаниям и планам и весьма ценит определенность как в сфере чувств, так и в деловых отношениях.

Кот-Весы

Это очень женственное сочетание, притягивающее противоположный пол. Это Кот Леопольд, который даже со своими врагами обходится очень мягко. Личность привлекательная, однако несколько легкомысленная, нацеленная на поиски прекрасного в окружающем мире — в людях, явлениях, вещах. Это Кот-эстет, который имеет высокую способность к самоанализу и к оценке окружающих. Он постоянно находит себе какие-то дела и занятия, не приносящие крупных финансовых результатов, потому что они его не очень интересуют. Он достаточно осторожен, чтобы рисковать, так как не способен прогнозировать ситуацию. У него ясный ум, хорошее воспитание и вкус. Кроме того, он очень осмотрителен и, как правило, не допускает промахов. В отношениях с противоположным полом он предпочитает играть пассивную роль, и хотя сексуальная жизнь его притягивает, он, как правило, ограничивается сексуальными фантазиями.

Кот-Скорпион

Это очень опасное сочетание, которое характерно для мага, колдуна или экстрасенса. Он может выступать как целитель, но его услуги достаточно дорого обходятся пациентам. Это личность независимая, она редко раскрывается и тем более покоряется. Это Кот, гуляющий сам по себе. Его эмоциональная сфера напоминает кипящую воду. Он прекрасно видит слабости человека и знает, как играть на них. В обществе он пользуется безупречной репутацией. Однако те, кто знает его достаточно близко, понимают, что это — маскировка, прикрытие. В деловой жизни Кот использует свои интеллектуальные способности, чтобы с помощью энергии Скорпиона преодолевать любые препятствия. Для достижения цели у него все средства хороши. Сексуальный потенциал очень высокий, и связь с ним может стать роковой для партнеров. Как женщина, так и мужчина этого знака производят неизгладимое впечатление.

Кот-Стрелец

Один из самых уравновешенных Котов, способный ловить мышей и привыкнуть не только к дому, но и к хозяину. Это пушистый и достаточно общительный Кот, рассказывающий сказки и мурлыкающий на печке. Личность весьма динамичная и очень дипломатичная. Быстро схватывает любую информацию и обрабатывает ее. Это массовик-затейник, прекрасный рассказчик и сказочник. Обаятельный в партнерстве, очень хорошо взаимодействующий с детьми, этот Кот просто создан для семейной жизни, хотя его сексуальный потенциал не очень высок.

Кот-Козерог

Его можно сравнить с сиамским котом, который на улице дерется, а в доме может быть очень ласковым. У него независимая натура, он не очень общительный, себе на уме. Это достаточно спокойный, деятельный Кот, хорошо ориентирующийся в общественной жизни, уважающий закон и иерархичность, что несколько смягчает решительный и непреклонный характер Козерогов. Он способен менять убеждения, хотя и делает это крайне неохотно, умеет вести переговоры и быть дипломатичным. Может мудро распоряжаться как собственностью, так и своим временем. Жизнь, текущая вокруг него, может контролироваться им достаточно четко. То же самое относится к партнерам, с которыми он может быть большим конформистом, прощать недостатки. Поэтому в семейной жизни этот Кот стабилен и достаточно романтичен в проявлении своих чувств.

Кот-Водолей

Это Кот в сапогах, который может съесть великана или написать сказку. У него богатое воображение, которое очаровывает людей. Он изучает мир не с целью завоевания, а чтобы понять его. По натуре этот Кот оптимистичен, ему дано контролировать свои довольно бурные эмоции и подчинять их налаживанию взаимоотношений с окружающими. Свойственная ему проницательность помогает прекрасно ориентироваться в достоинствах и недостатках людей, а пророческий дар позволяет предвидеть будущее. На самом деле его фантазии не что иное, как отражение предугаданных событий.

Сексуальный потенциал высокий. Это романтически настроенный человек, который надолго привлекает к себе партнера. У такого человека мало врагов.

Кот-Рыбы

Очень чуткий, гибкий и приятный Кот, удивляющий самыми разносторонними дарованиями. Но делает он это для того, чтобы понравиться хозяину и привязать к себе общество. Личность Рыбы-Кота часто обманчива. Под скромной и непритязательной оболочкой скрываются деловые и рациональные ментальные способности. Этот человек использует ошибки окружения в свое полное удовольствие, считая их винтиками и гаечками для своего механизма. Избегает чужих проблем и конфликтов, необязателен в отношениях и обещаниях.

Наблюдательный и изобретательный ум помогает ему избегать минимального риска в различных предприятиях. Такой Кот идет к цели только при стопроцентной гарантии успеха. В семейных отношениях от него бывает трудно отвязаться, поскольку он умеет угождать и играть на слабостях. Он достаточно высоко ценит себя и, если им явно пренебрегают, может долго оставаться в одиночестве. Сексуальный потенциал очень высокий. Это Кот, который в определенные периоды может терять голову, уходить надолго из дому, но часто возвращается к своим прежним привязанностям, не найдя лучшего.

Тайный спутник жизни Кота/Кролика

Уточните, в какой час был рожден интересующий вас человек. Сутки разбиты на 12 периодов, каждый из которых также обозначен одним из знаков китайской мифологии. Это поможет полнее уяснить особенности личности данного человека.

Рожденный в часы Крысы — с 23 до 1 часа ночи

Проницательный, нежный и хорошо осведомленный. Крыса оживляет рассеянный путь Кота и делает его менее безразличным к жизни.

Рожденный в часы Буйвола — с 1 до 3 ночи

Влияние Вола дает этому Коту больше полномочий, чем он обычно обладает. Может быть очень успешен, обладая силой Вола и его самообладанием.

Рожденный в часы Тигра — с 3 ночи до 5 утра

Быстро говорящий, быстро думающий Кот. Тигр в нем торопит его быть более агрессивным, в то время как сторона Кота поддерживает его самообладание.

Рожденный в часы Кота — с 5 до 7 утра

Вот экстраординарный философ! Замечательный мудрец, который никогда не предпримет никаких действий, потому что он никогда не примет ничьей стороны. Только одну вещь он сделает наверняка и в любом случае — он предпримет все меры, чтобы позаботиться о себе.

Рожденный в часы Дракона — с 7 до 9 утра

Честолюбивый и жесткий Кот. Он терпеть не может никакой грязи и, по всей вероятности, никогда и никому не будет должен. Он любит приказывать и с удовольствием будет смотреть за тем, как другие следуют его изобретательным и похвальным планам.

Рожденный в часы Змеи — с 9 до 11 утра

Капризный и рефлексивный, но самостоятельный Кот. Маловероятно, что он когда-либо станет ходатайствовать перед кем-то. Чрезвычайно чувствительный к среде обитания и строго руководствующийся собственной интуицией.

Рожденный в часы Лошади — с 11 утра до 13 дня

Веселый Кот с большим апломбом и уверенностью в себе. Может быть превосходным комбинатором, поскольку оба признака имеют черты победителя.

Рожденный в часы Козы — с 13 до 15 дня

Овца в нем льстит Коту, снабжая его симпатией и великодушием. Результат — более терпимая и любящая индивидуальность, но он может также быть легко соблазнен тратить средств больше, чем у него имеется.

Рожденный в часы Обезьяны — с 15 до 17 дня

Смешливый, вредный Кот. Интуитивная дипломатичность Кота и ловкость Обезьяны сделают его великим шутником. Подготовьтесь покатиться со смеху от его шуточек.

Рожденный в часы Петуха — с 17 дня до 19 вечера

Кот учится высказывать собственное мнение с петушиной запальчивостью. С его повышенной чувствительностью он не в состоянии стоять и слушать мнение, которое идет вразрез с его собственным.

Рожденный в часы Собаки — с 19 до 21 вечера

Собака в нем делает Кота более дружественным и откровенным. Он может даже быть фактически заинтересован в повышении благосостояния других и менее эгоистичен, заботясь о других.

Рожденный в часы Кабана — с 21 до 23 вечера

Кабан мог бы добавить оттенок гурманства к изысканным вкусам Кота. Влияние Кабана могло бы уменьшить безграничную любовь Кота к самому себе и сделать его более расположенным к окружающим людям.

Гороскоп Кота на 12 лет

В год Крысы (2008)

Пусть Кот в этот год будет поосторожнее в своих делах и не доверяет своим друзьям и компаньонам (особенно рожденным в год Крысы). Этот год может оказаться для него годом предательства.

В год Буйвола (2009)

Применив весьма тонкую дипломатию, Кот выберется из сложностей этого проблемного года без ущерба для себя.

В год Тигра (2010)

Большей частью Кот в этот год будет оставаться у себя, ожидая лучших дней. Год для него сложный, но не безнадежный. В бизнесе ожидаются тенденции к стагнации и упадку.

В год Кота (2011)

Какой хороший год! Кот его проведет в своем уголке, возле огня, никаких проблем не существует в его жизни, во всяком случае пока. Ему тепло в кругу друзей. Время заниматься хорошими делами.

В год Дракона (2012)

Кот в этот год будет преспокойно посматривать из своего уголка на все эти треволнения и делать запасы на будущее.

В год Змеи (2013)

Хороший год для всех, кто находится под надежной домашней крышей. Размышления, философствования, сомнения. И даже супружеское непостоянство его не трогает.

В год Лошади (2014)

Этот год в общем-то спокоен для Кота. Впрочем, это светский человек, и он не будет сломя голову кидаться в непроверенные предприятия.

В год Козы (2015)

Маленькие неприятности года Козы не угрожают спокойствию Кота. Он будет счастлив в этот год, как и каждое домашнее животное, наслаждаясь покоем и комфортом.

В год Обезьяны (2016)

Кот в этот год не будет беспокоиться сверх меры, поскольку принимает Обезьяну за то, что она есть, и подождет, пока все это пройдет.

В год Петуха (2017)

Все происходящее в этот год немного раздражает, поскольку Кот находит и самого Петуха и все эти парады смешными. Антимилитарист, он переживет плохой год.

В год Собаки (2018)

Всем тревожно в этот год, и Кот тоже неспокоен. Он предпринимает свои меры предосторожности и немного занимается политикой.

В год Кабана (2007, 2019)

Успокоенный в этот год общей миролюбивой обстановкой, Кот мурлычет и приобретает своих друзей. Его дела идут хорошо. Он чувствует себя в безопасности.

Некоторые известные люди, родившиеся в год Кота/Кролика

Генри Миллер — писатель

Олаф — король Норвегии

Орсон Уэллс — писатель

Фидель Кастро — политический деятель Кубы

Альберт Эйнштейн — великий физик

Бенджамин Спок — врач, писатель

Дэвид Рокфеллер — миллионер

Гарри Беллафонте — певец

Иосиф Сталин — политический деятель СССР

Ингрид Бергман — кинорежиссер

Джордж К. Скотт — полярный исследователь

Виктория — королева Великобритании

Бхумибол — король Таиланда

Роберт Земекис — кинорежиссер

Стас Намин (Микоян) — певец и композитор

Стивен Сигал — киноактер

5. Дракон

Янское деревянное животное

Период с 16.02.1904 г. по 04.02.1905 г.
Период с 05.02.1916 г. по 23.01.1917 г.
Период с 23.01.1928 г. по 10.01.1929 г.
Период с 08.02.1940 г. по 27.01.1941 г.
Период с 27.01.1952 г. по 14.02.1953 г.
Период с 13.02.1964 г. по 02.02.1965 г.

Символика знака

Дракон — на Востоке это символ радости и удачи. Это знак небесного могущества и самого благотворного астрономического влияния. Он символизирует жизнь и рост. Дракон приносит четыре благополучия: богатство, добродетель, гармонию и долголетие. Но каждая медаль имеет свою обратную сторону, и если возникает впечатление легкой судьбы у Дракона, не забудьте, что это — его лишь иллюзия. Ежедневно Дракон блистает, но блеск его не ярок, он не может ослепить, и его сильная личность — только видимость. Дракон — это химерическое животное. Он не существует реально: это животное для парада, безмятежное и могущественное. В соответствии со всеми нуждами он будет изрыгать огонь, золото и воду, но его сожгут после праздника, и, как феникс, он возродится из пепла для следующего праздника.

Характеристика знака Дракона

Неудержимый энтузиаст, он порой допускает серьезные просчеты — ведь люди этого знака легко увлекаются. Дракон горд и способен ко всему — это человек интеллигентный, волевой, выносливый, великодушный. Его слушают, и он влияет на людей. Всю свою жизнь Дракон не будет нуждаться ни в чем. Он способен преуспеть в любом деле. Выберет ли он карьеру артиста, священника, воина, врача или политика — везде он будет блистать. Если ему придется посвятить себя великому делу, он всегда добьется цели. К несчастью, он с таким же успехом может пойти на плохое дело и выиграет: он прирожденный победитель.

Дракон-мужчина

Эгоцентричный, эксцентричный, догматический, причудливый или вечно требующий внимания, неблагоразумный, мужчина этого знака не мыслит себе жизни без толпы поклонников. Это тип гордый, аристократический и очень прямой. Рожденный Драконом устанавливает свои идеалы рано и от других требует тех же самых высоких стандартов, что он установил для себя.

В любви он часто любим, но сам редко любит. У него никогда не будет любовного разочарования или горя. Вместе с тем иногда Дракон может быть причиной драмы, отчаяния.

Дракон-женщина

Дама знака Дракона — если и не королева, то не меньше, чем гранд-дама. Она — пламенная суфражистка, сторонница равных прав для женщин. Двойные стандарты и дискриминация пробудят в ней самые дикие страсти. В любой области она способна добиться большего успеха. Не вздумайте недооценить ее! Вступив в игру, она способна побить вас на вашем поле — или умереть сопротивляясь. Она никогда не будет стоять праздно и принимать удары судьбы.

Сказать по правде, женщина-Дракон — сугубо деловой человек. Она показывает это, между прочим, когда одевается. Практическая и функциональная одежда подходит ей больше всего. Никаких оборок, излишних шнурков, кнопок и воланов, минимум осложнений. Одежда, которая надевается легко и обеспечивает ей максимальную свободу движений, — вот ее выбор. Она ненавидит ограничения. Она может даже тайно предпочитать униформу, если имеет военные склонности. Этот свой путь, накрахмаленный, свежий и великолепно эффективный, она может соблюдать день ото дня, обходясь без всякого беспокойства по поводу того, что бы ей на сегодня надеть.

Женщины этого знака будут пользоваться успехом и получать предложения руки и сердца.

Достоинства и недостатки

Достоинства. В Драконе наличествует избыток здоровья, жизненной силы, активности. Открытый и чистый, как золото, он не способен к мелочности и лицемерию, злословию и даже к самой элементарной дипломатии. Хотя он не наивен, как добрый Кабан, он доверчив, его можно всегда обмануть. Он чувствителен. Дракон часто беспокоится по ложным причинам, его стремление к совершенствованию делает его требовательным к себе и к другим. Он скрупулезен. Он много требует, но приносит намного больше.

Недостатки. Раздражительный и упрямый, Дракон несдержан на язык, и его слово часто опережает мысль. Вместе с тем следует считаться с его мнением, хорошо или плохо изложенным, поскольку он обычно дает хорошие советы.

Идеальные браки

Дракон редко вступает в брак молодым, некоторые даже остаются холостяками. У него вкус к холостяцкой жизни, это отлично ему подходит, он один будет даже более счастлив. Он может связать свою жизнь с Крысой, поскольку влюбленная Крыса вынесет от него все, даже безразличие. Конечно, Крыса воспользуется всем, что принесет Дракон, в свою очередь она поможет ему своим критическим умом и подскажет, на чем можно сделать деньги. То же можно отнести и к Змее. Петух-фанфарон может найти общий язык с Драконом. Он с удовольствием воспользуется расходящимися лучами его успехов.

Как в любви, так и в других делах Обезьяна его дополнит. Она принесет ему свою хитрость, а он ей свою мощь. Они нуждаются друг в друге, но только Обезьяна будет это сознавать, и Дракону следует быть осторожным: из всех знаков Обезьяна одна может его высмеять. Ее юмор часто будет смягчать гордость Дракона. Кроме того, мужчина Дракон будет привлечен красотой женщины-Змеи, которой будет гордиться.

Союз Дракона с Тигром к спокойствию не приведет, но особенно нужно, чтобы Дракон избегал беспокойную Собаку, пессимиста и реалиста, которая не поверит в него.

Если Дракон — мужчина, а женщина...

Крыса

Хороший альянс. Крыса будет полезна Дракону, и он будет ей за это признателен.

Бык

Неважный союз, в доме этом будет царить вечный конфликт за власть. И еще — Дракону будет с ним скучно.

Тигр

Да, несмотря на столкновения, Дракон сможет повлиять на Тигра, который будет слушаться его советов, даже если они плохие.

Кот

Очень хороший союз. Светские качества и дипломатия Кота послужат на пользу честолюбивому Дракону.

Дракон

Да, два Дракона в одном жилище создадут друг для друга целый фейерверк проблем! Они вечно будут конфликтовать.

Змея

Очень хороший союз двух родственных знаков! Дракон будет весьма гордиться своей женой, даже если ее чары будут распространяться не только на него.

Лошадь

Все хорошо в этой сладкой идиллии, можно пожелать лишь одного: пусть бы это продлилось подольше.

Коза

Коза может быть счастливой, но она не только не поможет Дракону, но и будет ему мешать. Ей все равно.

Обезьяна

Хорошо. Обезьяна всегда будет великолепным советчиком для слишком доверчивого Дракона, а Дракон в свою очередь защитит ее.

Петух

Хороший альянс: оба знака солнечные. Петух воспользуется Драконом, чтобы преуспеть самому.

Собака

Никакой романтики в отношениях. Собака — большая реалистка и видит Дракона таким, какой он есть.

Кабан

Да, Кабан может разыграть восхищение. Он так любезен и так хочет получить удовольствие!

Жизненный путь

У Дракона будут небольшие трудности в первой фазе его жизни, потому что он потребует много от своих близких.

Его артистический темперамент послужит причиной многих проблем во второй фазе его жизни. У превосходящего свое окружение Дракона часто будет чувство непонятости. В действительности им будут восхищаться, его будут слушаться, насколько малы будут его печали, настолько велик успех.

У него трудный характер, он нечасто будет удовлетворен своей жизнью. Но он будет счастлив, даже если не осознает свое счастье в последней фазе своей жизни, которая принесет все, что он пожелает.

Металлический Дракон, 1940, 2000 гг.

Это яркая личность с очень сильной волей. Он энергичен, тщеславен и не старается быть объективным в отношениях с окружающими. Нередко бывает резок и, не раздумывая, высказывает все, что думает. Если люди не соглашаются с ним или не желают сотрудничать, он не особенно расстраивается, а с радостью идет один своим путем. Обычно это человек высоких моральных качеств, уважаемый друзьями и коллегами.

Водяной Дракон, 1952 г.

Этот Дракон доступен, дружелюбен, с ним легко иметь дело. Он остроумен и редко упустит удачу из рук.

Он не настолько терпелив, как другие типы Дракона, и более склонен ждать результатов, чем требовать их немедленно. Ему понятны человеческие слабости, свойственна готовность поделиться с друзьями и близкими своими мыслями. Основным недостатком является тенденция перескакивать с одного на другое, неумение сконцентрироваться на какой-то одной цели. У него плохо развито чувство юмора, но он прекрасный оратор.

Деревянный Дракон, 1904, 1964 гг.

Деревянный Дракон практичен и пытлив, любит вдаваться во все подробности дела и довольно часто подкидывает интересные идеи. Он не только теоретик, но и практик, способный осуществить практически все свои мечты. Он более тактичен, чем другие Драконы, обладает тонким чувством юмора, а также является прирожденным бизнесменом, часто бывает щедрым и великодушным.

Огненный Дракон, 1916, 1976 гг.

Этот Дракон честолюбив, точен и во всем старается преуспеть. Это — трудолюбивый работник, которого уважают за прямоту и честность. Он обладает сильной волей и задатками лидера, однако иногда полагается лишь на свои суждения и не принимает в расчет мысли и чувства других. Замкнутость, свойственная Огненному Дракону, очень мешает ему в жизни, и ему пойдет только на пользу, если он станет посвящать окружающих в свои планы.

Огненные Драконы обычно увлекаются музыкой и искусством.

Земляной Дракон, 1928, 1988 гг.

Земляной Дракон немного более спокоен и уравновешен, чем другие типы Драконов, имеет весьма разносторонние интересы и всегда в курсе того, что происходит вокруг. Он ставит перед собой ясные и четкие цели, и у него, как правило, не возникает проблем с получением материальной или моральной поддержки со стороны.

Он прекрасный бизнесмен и финансист и обычно сколачивает себе приличное состояние. Из Земляных Драконов иногда получаются дельные организаторы. Земляной Дракон легко находит со всеми общий язык, имеет много друзей.

Уточнение личности по знаку Зодиака

Уточните, под каким знаком Зодиака рожден интересующий вас человек. Это поможет скорректировать его характер.

Дракон-Овен

Это сверх-Дракон — человек, уверенный в себе, деловой и как бы не имеющий нервов. Одновременно с этим он может казаться рубахой-парнем, но это впечатление обманчиво. Личность такого человека может символизировать яркий факел, указующий путь другим людям. Он способен поднимать массы, воодушевлять и заражать своим энтузиазмом. Это человек, девизы которого «все или ничего», «красть — так миллион, любить — так королеву». Он властен, самоуверен, храбр до безрассудства и способен воевать со всеми, если оспаривают его права или ущемляют его достоинство — в этом случае Овен-Дракон может быть ужасен.

Дракон-Телец

Это несколько слащавый Дракон, рано или поздно добивающийся своей цели, что помогает ему стать спокойным и уверенным семьянином. Однако мягкость Дракона-Тельца кажущаяся, ибо он никогда не позволит положить себя на лопатки. Это личность привлекательная, справедливая, добросовестная и исполнительная. Такой человек надежен, распределяет время и энергию правильно и целесообразно. У него есть небесные покровители, а также возможны богатые спонсоры. Он знает свои возможности и, преодолевая любые препятствия, твердо и уверенно идет к своей цели. Однако порой Дракон-Телец может раздражать окружающих своей медлительностью и отрешенностью от земной жизни. Но это для него нормальное созерцательное состояние.

Дракон-Близнецы

Это блестящая и активная разновидность Дракона, которая генерирует энергию, похожую на раскаленную плазму или огонь сварки, когда кислород и ацетилен могут разрезать самый твердый металл. Поэтому люди, родившиеся с такой комбинацией, могут достичь успеха в любых начинаниях, при условии что будут обращать внимание на отношение к ним окружающих и их реакцию. К недостаткам Дракона-Близнецов относят нетерпеливость, раздражительность, а также недостаточную настойчивость и целеустремленность при завершении начатых дел. Однако если в процессе жизни он научится управлять своими чувствами и силами, то способен достичь больших высот благодаря своему быстрому и подвижному уму, правильным суждениям. Как партнер этот человек достаточно искренний, однако часто бессознательно раздражает окружающих и в первую очередь из-за того, что действует по принципу «Либо делай как я, либо делай сам». Он не любит навязываться, однако за словом в карман не лезет, поэтому может быть излишне резким. В эмоциональной сфере такие люди достаточно поверхностны, и зачастую вместо чувств у них доминируют эмоции, поэтому партнеры Близнецов-Драконов должны любить огненный фейерверк их мыслей, эмоций и дел и не пытаться превратить его в тлеющий костер.

Дракон-Рак

Этот Рак часто в своих грезах летает, как воздушный змей в облаках. Но для этого ему нужен хороший руководитель, твердо стоящий на земле и имеющий крепкие руки, иначе его унесет ветер. Это типичный Дракон, строящий воздушные замки. Он наименее воинственен из всех Драконов, у него спокойный, царственный характер; он способен умиротворяюще воздействовать на своих близких. В отличие от других Раков этот достаточно ответственен и терпим. Такой человек способен самые необычные приказы воспринимать критически и спокойно, без внутренней суеты. Его эмоциональная сфера богата переживаниями. У него хорошие способности к накопительству, и благодаря интуиции он приобретает именно то, что нужно ему и его близким. Он просто необходим партнерам, так как полон необычных замыслов и идей.

Дракон-Лев

Этот Лев — прирожденный начальник, способный не только возлежать на дереве, но и летать — крылатый Лев. Он зорко охраняет свой прайд и не позволяет никому бросить лишнего взгляда на своих львиц. Блестящая, огненная, искрящаяся личность, он притягивает людей, как огонь притягивает мотыльков. Как бы двойным царственным знаком может быть отмечена его благополучная судьба. Дракон-Лев благороден и галантен со своими подчиненными и способен щедро делиться своим творческим потенциалом с теми, кто обделен судьбой. Встреча с таким человеком часто кардинально меняет судьбы других людей. Он всегда выполняет больше работы, чем нужно, но всегда способен на еще большее. Может одновременно содержать несколько семей и делать царские подарки, поскольку имеет много денег, доставая их неизвестно где.

Дракон-Дева

Это очень конкретный, деловой Дракон, который может принести счастье и удачу. Ему можно верить, поскольку он отвечает за свои слова и стремится реализовать свои обещания. Это посредник между двумя мирами, обладающий исключительной силой и способный изменить чью-то судьбу, а также защищать, создавать. Это — друг, готовый помочь вам в любую минуту. Однако нельзя конфликтовать с ним в открытую, иначе он может превратиться в постоянного врага и не даст вам спать спокойно. Дракон-Дева — сверхсамоуверенный человек, достаточно реалистичный, но склонный к самосовершенствованию и следующий морально-нравственным правилам. Ради идеи, борьбы со злом он может пойти на любые жертвы. Дракон-Дева жаждет физического, эмоционального, духовного совершенства и восхищает своей уверенностью и честностью. При этом он весьма обидчив и злопамятен, поэтому лучше не задевать его. Такой человек может любить долго, пусть даже и безответно.

Дракон-Весы

Это достаточно миролюбивый Дракон, который нападает только тогда, когда чувствует опасность для себя или своих близких. В этой ситуации он становится разгневанным и непредсказуемым. Однако, как правило, он не любит вмешиваться в чужие дела. Это личность добрая и мягкосердечная. В нем есть скрытый магизм и магнетизм. Как правило, его окружает большое количество людей, что его иногда тяготит и заставляет менять окружение, работу, увлечения. Его профессиональная сфера достаточно разнообразна. Этому способствует честность и высокие моральные критерии. Ему вредят излишняя откровенность и несдержанность. Сексуальный потенциал очень высокий. Как мужчины, так и женщины обладают большим сексуальным опытом, притягивающим к ним противоположный пол.

Дракон-Скорпион

Скрытность и яд Скорпиона соединены с магией и динамическими качествами Дракона. Поэтому, чтобы не угодить в пропасть или не натворить злых дел, для такого человека очень важен самоконтроль. Это весьма опасный и колючий Дракон, скрывающий свои свирепые качества за внешней доброжелательностью и мягкостью. Это вампир, который может по ночам высасывать кровь, это летающий индийский кровосос, летучая мышь. В основном он охотится на мелких животных. Личность весьма динамичная, изменчивая, и поэтому очень трудно сказать, на что этот человек будет ориентирован — на добро или зло. В своих искренних, добрых устремлениях и в моменты ярости он способен идти до конца. Он такой же опасный и роковой сексуальный партнер, так же конкретен в своих привязанностях или антипатиях, как и Кот-Скорпион, но в отличие от него гораздо больший интриган, использующий любые средства для устранения ненужного объекта. Он способен на открытый бой. Женщины такого типа если добры, то добры беспредельно, но потеря контроля над собой превращает их в мегер.

Дракон-Стрелец

Это Дракон, довольный своим положением, и потому его редко интересуют проблемы окружающих. Он почти никогда не конфликтует, но его нельзя дразнить, так как в состоянии аффекта он может выпустить когти. Как правило, это веселая и активная личность, постоянно готовая к действию и способная одновременно делать несколько дел. Однако он упрям и всегда настаивает на том, что может больше, чем другие. В этом проявляется его жажда власти. Очень часто насмешлив с подчиненными, особенно тогда, когда его дела идут хорошо. Но при необходимости первым становится на их защиту и приходит на помощь. На него всегда можно положиться. Он бескорыстен, поэтому на него нельзя долго обижаться, даже если он достаточно больно ранит. У этого Дракона большой сексуальный потенциал, и он весьма притягателен для партнеров.

Дракон-Козерог

Одна из необычных разновидностей Дракона, который штурмует высоты, одевшись в броню, и способен быть воином не только на земле, но и в небе. Обладая весьма сильным астральным даром, он похож на самурая, готового передвигать горы, используя как силу воли, так и свои мистические способности. В выполнении любой задачи может быть крайне реалистичным, прилежным и самоуверенным. Это очень сильная комбинация, которая рождает людей волевых, цельных, способных оказывать влияние на окружающую жизнь и ставить перед собой сверхзадачи. Однако ему не хватает рационализма, он переоценивает свои силы и часто терпит поражения. В этот период его лучше не трогать: в уединении он черпает силу, зализывает раны. Партнеры могут оказать на него влияние только в случае, когда он «побит». В силе он не замечает поддержки и часто в своих лидерских устремлениях отрывается от коллектива. Поэтому этот человек достаточно важное место отводит семье, помогающей прикрывать тылы. Он крайне неохотно пускает в свой дом чужих, чувствуя, что партнер для него — дополнительная броня.

Дракон-Водолей

Этот летающий крокодил хочет получить от жизни больше, чем ему предлагает судьба. Избыток воинственности такой Дракон, как правило, направляет на людей, которые раньше были его друзьями, поэтому круг его друзей постоянно меняется. Он гонится за призрачной славой и успехом и, как правило, никогда не удовлетворяется достигнутым. Слава к таким людям всегда приходит слишком поздно, и они редко бывают признаны при жизни.

Дракон-Рыбы

Это морской Дракон, который может жить на очень больших глубинах, где никто, кроме него, не живет. Это чудовище Лох-Несса, хранящее в своем облике историю Земли. Это Дракон-ихтиозавр, пришедший из прошлого и не совсем уютно чувствующий себя в настоящем. Ему свойственны мягкость и деликатность в отношениях с друзьями, но он также способен пуститься в рискованное путешествие, любит приключения, неожиданные встречи, романтические переживания, хотя при этом очень честолюбив и может выполнять самую трудную работу. Он может заставить работать не только себя, но и свое окружение. Обладает интуицией и предвидением, совмещая их с достаточным рационализмом. В своих действиях он мудр, как Змей-искуситель, поэтому редко вспыхивает и взрывается, но с ним надо быть очень осторожным. Если в лице Дракона-Рыб вы приобрели врага, он может медленно довести своего соперника до инфаркта и полного поражения («может утянуть за собой на большую глубину»). Своими партнерами он глубоко и мудро управляет благодаря поистине мистической интуиции. Сексуальный потенциал такого человека достаточно высок, и это еще один из способов притягивать и удерживать нужных ему людей.

Тайный спутник жизни Дракона

Уточните, в какой час был рожден интересующий вас человек. Сутки разбиты на 12 периодов, каждый из которых также обозначен одним из знаков китайской мифологии. Это поможет полнее уяснить особенности личности данного человека.

Рожденный в часы Крысы — с 23 до 1 часа ночи

В нем типичное великодушие Дракона может быть смешано с бережливостью Крысы. Деликатный от природы характер Крысы не позволяет ему быть абсолютно объективным и решительным.

Рожденный в часы Буйвола — с 1 до 3 ночи

Весьма медлительный Дракон, который лишний раз выверяет каждое свое движение, чтобы убедиться в абсолютной правильности всего того, что он предпринимает. Он все еще не утратил способности выдыхать огонь, однако уже не в силах парить под облаками и подобно буйволу не может оторваться от земли.

Рожденный в часы Тигра — с 3 ночи до 5 утра

Может становиться истеричным, если планы его спутываются. Он обладает дикой импульсивностью Тигра и также движим эмоциональными причинами. С другой стороны, он может быть также маниакальным работягой-трудоголиком.

Рожденный в часы Кота — с 5 до 7 утра

Сила и дипломатия объединились в нем, и порождением их стал весьма тихий и меланхоличный Дракоша, склонный к философствованию и размышлениям о бренности бытия, впрочем, натура весьма сильная и тонкая.

Рожденный в часы Дракона — с 7 до 9 утра

Это тип высокого священника или верховной жрицы. В нем сочетаются несомненная преданность и повиновение идеалам. Если не обретет культа, которому станет яро служить, то, скорее всего, установит для себя культ собственной личности.

Рожденный в часы Змеи — с 9 до 11 утра

Этот Дракон тщательно готовит каждый свой очередной ход и выполняет задуманные планы с точностью. Слегка зловещий и склонный к интриганству, но обаяние Змеи маскирует в нем эту деятельность.

Рожденный в часы Лошади — с 11 утра до 13 дня

«Общительность и остроумие» — вот жизненный девиз этого Дракона. Он любит играть на деньги с высокими ставками. Никакая партия не полна без него. Но озабоченность Лошади собственными эгоистичными желаниями может затенить чувство долга Дракона.

Рожденный в часы Козы — с 13 до 15 дня

Скромный и всепонимающий, этот Дракон действительно способен добиваться всего от жизни без необходимости обращаться к грубой силе.

Рожденный в часы Обезьяны — с 15 до 17 дня

Вот поистине суперзвезда в его собственном праве. Хорошая комбинация силы и хитрости. Он шутит и все вокруг него клоуны, но он никогда не сможет быть одурачен — он сделан из стали и потому всегда находится начеку.

Рожденный в часы Петуха — с 17 дня до 19 вечера

Бесстрашный и восхитительный Дракон с неизмеримой гордостью и частью безумного фанфаронства Петуха. Никогда не унывающий даже на мгновение!

Рожденный в часы Собаки — с 19 до 21 вечера

Тип весьма земного Дракона с самыми практическими идеями. Собака в нем заставит его оценивать ситуации более трезвым способом и обеспечит ему хорошее настроение и стабильность. Порой, когда сердит, может также противно облаять или даже укусить.

Рожденный в часы Кабана — с 21 до 23 вечера

Глубоко преданный и участливый Дракон. Замечательно иметь такого другом, поскольку он полностью выложится, чтобы поддержать вас. Влияние Кабана может даже придать этому Дракону легкое смирение.

Гороскоп Дракона на 12 лет

В год Крысы (2008)

Этот год будет благоприятным для Дракона. Он может им воспользоваться, чтобы сделать вложения. Пожелаем ему любви Крысы.

В год Буйвола (2009)

Дракон чувствует себя плохо от слишком больших волнений. Однако он достаточно силен, чтобы сопротивляться этому.

В год Тигра (2010)

Это ему нравится. И он найдет способ блистать и быть представленным к награде.

В год Кота (2011)

Кот не помешает Дракону блистать, напротив, это его развлечет.

В год Дракона (2012)

В этот год Дракон счастлив, он в своей стихии. Это год его успеха.

В год Змеи (2013)

Это его год. Он может делать все, он не подвергается никакой опасности! Он переживает прекрасное любовное приключение.

В год Лошади (2014)

Дракон воспользуется случаем, который обязательно выдастся ему в этом году, чтобы выдвинуться.

В год Козы (2015)

Это для Дракона год отдыха. Ему лучше подольше держаться от всей этой некомпетентности.

В год Обезьяны (2016)

В этот год Дракон будет двигаться вперед, ему бесполезно о чем-либо жалеть.

В год Петуха (2017)

Как всегда, он найдет случай блеснуть, но его разум удержит его от действий.

В год Собаки (2018)

Он в этот год может делать все. Он всегда будет готов к действию, ловкий, великодушный, блестящий... Но что-то будет ему мешать.

В год Кабана (2007, 2019)

В этот год Дракон сверкает. Конечно, у него никогда не будет затруднений с деньгами, но в этот год у него будут очень хорошие дела благодаря его ловкости.

Некоторые известные люди, родившиеся в год Дракона

Пол Гетти — миллиардер, богатейший человек в мире

И. Броз Тито — лидер Югославии, политик

Эмиль Гилельс — выдающийся пианист

Збигнев Бжезински — социолог и общественный деятель

Эдуард Шеварднадзе — политический деятель Грузии

Том Джонс — известный эстрадный певец

Брайан де Пальма — кинорежиссер, сценарист, продюсер

Иосиф Бродский — поэт, лауреат Нобелевской премии

Артур Блайт — джазовый музыкант и композитор

Пеле — величайший из мировых футболистов

Джимми Коннорс — знаменитый теннисист

Владимир Путин — президент России

Сергей Степашин — видный государственный деятель

Патрик Суэйзи — знаменитый голливудский киноактер

Карен Шахназаров — кинорежиссер

Арвидас Сабонис — баскетболист

6. Змея

Иньское огненное животное

Период с 04.02.1905 г. по 25.01.1906 г.
Период с 23.01.1917 г. по 11.02.1918 г.
Период с 10.01.1929 г. по 30.01.1930 г.
Период с 27.01.1941 г. по 15.02.1942 г.
Период с 14.02.1953 г. по 08.02.1954 г.
Период с 02.02.1965 г. по 21.01.1966 г.

Символика знака

Если у змеи плохая репутация в христианских странах, то в странах Азии она, наоборот, почитается за мудрость, прозорливость и волю. Змей также означает плодородие и целительную силу. Он вошел в религиозные ритуалы ранних цивилизаций; некоторые народы поклонялись ему как богу. Связь змеи с деревом (последнее — женский символ обновления земного цветения) имелась в обрядах древнего ближневосточного божества плодородия — богини Иштар – Астарты. Эта связь изображалась в виде змеи, обвивающей ствол дерева; впоследствии эта змея стала змием Райского сада в еврейской мифологии. В Китае змея является шестым животным символом Зодиака и считается очень хитрой и опасной. Народная молва наделяет «двурушников» змеиным сердцем. Однако и реки с их извилистым руслом изображались в виде змей, а в сказаниях и сказках благодарные змеи дарят жемчужины. Обладание змеиной кожей сулит богатство; сны со змеями и в Китае истолковываются преимущественно в сексуальном смысле. Согласно китайской астрологии змея «управляет» 1989, 2001 и каждым последующим двенадцатым годом.

Характеристика личности Змеи

Змея мало болтлива. Она много и глубоко размышляет. Это интеллектуал и философ. У нее есть мудрость, однако она могла бы обходиться без мудрости, ведь у нее замечательная интуиция. Когда она образованна, ее интуиция может стать ясновидением. Она же больше доверяет своим впечатлениям, ощущениям, симпатиям, чем фактам, собственному опыту и опыту других, суждениям и советам. У нее как будто есть шестое чувство. Она очень решительно доводит дела, которые предпринимает, до конца, ей ненавистен провал. Хотя она спокойна по натуре, решения принимает быстро. Она же перевернет всю землю, чтобы достичь намеченной цели. Это плохой игрок.

Змея-мужчина

Он сентиментален и приятен. У него есть юмор. Что касается денег, Змею везет. Ему не нужно о них беспокоиться. Он всегда их найдет, когда они ему понадобятся, причем он это знает (или скорее чувствует это настолько хорошо, что не беспокоится в этом отношении). К старости он может стать скрягой; он редко дает взаймы и немного скуп.

Змея-женщина

Женщина красива и часто пользуется успехом благодаря своей красоте. В Японии, когда хотят сделать женщине комплимент, обычно говорят: «Моя дорогая, вы — настоящая Змея». Этот комплимент прозвучал несколько банально и мог бы не понравиться в наших странах. Змея одевается очень изысканно и даже несколько подчеркнуто: она всегда немного денди. У женщин-Змей мания к изысканным аксессуарам.

Достоинства и недостатки

Достоинства. Змея не любит давать взаймы, но бывает, что из-за симпатии может прийти на помощь. Редко платит звонкой монетой, чаще самой собой. Змея может выполнять любую работу, которая не связана ни с каким риском, даже если речь идет о том, что нужно много работать.

Недостатки. Увы, она почти всегда впадает в крайность, и ее добрая воля помочь другим поглощает ее целиком. В действительности, у нее тенденция к преувеличению, и если она оказала услугу кому-либо, то становится более одержимой, чем полезной. Инстинкт толкает ее на то, чтобы обвиться вокруг обязанного ей и даже задушить. Следовательно, подумайте прежде, чем обратиться за помощью к Змее. А вообще-то она обычно ленива, как уж.

Идеальные браки

В любви, если Змея выбирает партнера себе, будет нетерпимой и ревнивой, даже если она его больше не любит. В любом случае она обовьется вокруг него, не оставляя ему никакой свободы движения, и часто из-за каприза, ибо Змея — ревнивица и в то же время ветреница, особенно мужчина-Змея. Змея будет стремиться к внебрачным связям, которые усложняют ее жизнь.

Желательно, чтобы она боролась против этой тенденции, и если бы она могла посвятить свои лучшие чувства семье, то ее жизнь была бы гармонична, безмятежна. Это ее больное место. Змея часто будет иметь многочисленную семью, что будет для нее, так или иначе, способом сковывать партнера.

Она будет счастлива с Буйволом, который охотно позволит семье завладеть собой при условии, что он будет играть главную роль, которую Змея охотно ему уступит. Борьба Змеи против Петуха, если они женаты, дружат или заняты общим делом, будет благоприятна для взаимного исправления их недостатков. Жалко Кабана, если он попадется в кольца Змеи. Он будет парализован, захвачен, и Змея вывернет его всего наизнанку, уверенная в своей безнаказанности. Змее на своем жизненном пути не следует иметь дело с Тигром, поскольку Тигр выступает как разрушитель ее мира.

Если Змея — мужчина, а женщина...

Крыса
Можно подвергнуться этому риску в крайнем случае: Крыса так слепо привязывается.

Буйвол
Да. Змея оставит власть Быку, и он всегда будет скромным, будет знать свое место.

Тигр
У них ничего общего. Может возникнуть вопрос, каким образом они смогут понравиться друг другу.

Кот
Да, конечно, в домашних тапочках (верх блаженства для Змеи), возле огонька.

Дракон
Трудно! Гордая женщина-Дракон стремится к тому, чтобы ее обожали и ухаживали за ней, но она не хочет быть в цепях.

Змея
Очень сложно: флирт, приключения, вечные попытки нейтрализовать друг друга.

Лошадь
Влюбленная Лошадь верна. Когда она полюбит, она уходит. Неверная Змея остается одна. Они будут несчастны.

Коза
Коза образумится, если Змея достаточно богата. Несколько историй не в состоянии омрачить их дальнейший брак.

Обезьяна

Лишь благоразумие может спасти этот союз льда и пламени.

Петух

Благоприятно. Они вместе будут играть в философов, поскольку превосходно понимают друг друга.

Собака

Змея может жить своей жизнью. И если Собака привязана, она ничего не заметит.

Кабан

Бедный старина-Кабан может прийти к печальному финалу: его надуют.

Жизненный путь

Две первые фазы жизни Змеи будут относительно спокойны. Следует уделить особое внимание последней фазе. Именно в этот момент ее сентиментальный и страстный характер, ее вкус к приключениям могут сыграть плохую роль, вместо того чтобы обеспечить ей спокойную старость.

Но все может измениться в зависимости от того, родилась ли Змея летом или зимой, ночью или днем, и даже в зависимости от того, какая в этот день была погода. Теплота ей подходит, но она боится холода, шквалов, непогоды. Она будет более счастлива, если родилась в жаркой тропической стране, в жаркий день, а не холодной декабрьской ночью. Судьба Змеи настолько зависит от этого, что Змея, родившаяся в день, когда была буря, будет в опасности всю свою жизнь.

Металлическая Змея, 1941 г.

Эта Змея тиха, незаметна и особенно независима, отдает предпочтение работе в одиночку и крайне редко допускает кого-либо к себе в душу. Хорошо ориентируется в любой ситуации, быстро находит выгодное предприятие и принимается за дело с завидной решимостью. Она — дока в вопросах финансов и, как правило, удачно вкладывает деньги, очень любит роскошь и комфорт, умеет ценить предметы искусства, хорошую музыку, любит вкусно поесть. Имеет узкий круг верных и преданных друзей, очень щедра и великодушна по отношению к любимым.

Водяная Змея, 1953 г.

У этой Змеи широкий круг интересов. Она с увлечением учится всю жизнь, имеет ярко выраженные способности к исследовательской работе и может стать классным специалистом в выбранной области. Она умна, обладает прекрасной памятью и хорошо разбирается в вопросах бизнеса и финансов. Говорит сдержанно и тихо, но обладает достаточно сильным характером, чтобы добиться своего. По отношению к семье и друзьям очень преданна.

Деревянная Змея, 1905, 1965 гг.

У Деревянной Змеи хороший характер, ей понятны человеческие слабости. Она довольно общительна, остроумна, интеллигентна и честолюбива. У нее, как правило, немало друзей и почитателей. Круг ее интересов достаточно широк. Она предпочитает вести спокойную стабильную жизнь, дающую возможность работать без посторонних советов и вмешательств, любит и ценит искусство, особенное удовольствие получает, коллекционируя предметы старины и картины. Ее советы, в частности личного характера, очень ценятся и принимаются во внимание.

Огненная Змея, 1917, 1977 гг.

Огненная Змея наиболее живая, энергичная и активная из всех своих собратьев. Она честолюбива, самоуверенна и не замедлит высказать свое мнение по любому поводу. Нередко бывает весьма резкой с теми, кого недолюбливает. Однако, несмотря на нелегкий характер, обладает всеми качествами лидера, а ее уверенная и убедительная манера говорить зачастую вызывает уважение и восхищение. У Огненной Змеи, как правило, хорошо развито чувство юмора, много друзей, она ведет активную общественную жизнь. Огненные Змеи также отличаются страстью к путешествиям.

Земляная Змея, 1929, 1989 гг.

Эта Змея очень дружелюбна и симпатична. К работе относится с ответственностью, на нее всегда можно положиться: все она делает умеренно и с трезвой головой.

Однако ей свойственно иногда терять бдительность и осторожность, допуская тем самым ошибки и просчеты.

Она также крайне не любит принимать немедленные решения. Это хороший финансист, умеющий с толком вложить свои деньги. Всегда имеет много друзей, а по отношению к родным и близким очень преданна и щедра.

Уточнение личности
по знаку Зодиака

Уточните, под каким знаком Зодиака рожден интересующий вас человек. Это поможет скорректировать его характер.

Змея-Овен

Это питон, который заглатывает свою жертву медленно, но верно, личность глубокая и вдумчивая. Если такой человек что-то критикует, то делает это осмысленно, блистая воображением, остротой и точностью сравнений. Если интригует, то идет до конца, хотя, как правило, делает это редко, поскольку обладает мудростью и осторожностью. У него либерально-демократические принципы, но Овен-Змея достаточно умен и отстранен от того, чтобы принимать всерьез любые ситуации.

Змея-Телец

Эта Змея уникальна, поскольку чаще всего очень красива. Она верна не только себе, но и своим партнерам, которых привязывает к себе надолго. В то же время Телец-Змея — самый деловой из всех Тельцов. Личность, поражающая своей цепкостью, рвением правильно прогнозировать ситуацию на длительный срок. Такой человек редко сожалеет о своих неудавшихся планах, быстро создавая новые. Он знает, что «синица в руке» лучше, чем «журавль в облаках», и поэтому внимателен и к партнерам, и к деньгам. Змею-Тельца трудно заставить рисковать, невозможно соблазнить азартной игрой. Ее редко мучают сомнения, страхи, поскольку она верит в свои способности и создает судьбу своими руками. В то же время это весьма чувствительный, эмоциональный человек, способный воспринимать прекрасное, наслаждаться искусством, поскольку это стимулирует, развивает его чувства. Он прекрасно ориентируется во времени и пространстве и способен максимально использовать любые возможности, предоставленные фортуной.

Змея-Близнецы

Очень быстрая и подвижная Змея, не очень крупная, юркая, пронырливая и потому ее поведение нехарактерно для большинства Змей, которые обычно малоподвижны и не обладают такой резкой реакцией. Личность Близнецов-Змей полна внутреннего достоинства, загадок и мистического очарования, у нее достаточно уравновешенные и продуманные поступки. Такой человек никогда не будет делать то, что может серьезно повредить ему или заставить потерять контроль над ситуацией. Он никогда не раскрывает своих целей, но достигает их неожиданно быстро и верно благодаря прекрасной интуиции, хорошим рефлексам, внутреннему балансу. Эта Змея напоминает канатоходца, способного полностью контролировать каждое свое движение. Она весьма притягательна для противоположного пола и проблем с этим, как правило, не имеет, хотя временами кажется, что некоторые ее поступки разочаровывают партнеров. Это Змея, которая шипеть шипит, но практически никогда не кусает. Змея-Близнецы редко работает на хозяина. В делах она способна показать все свои лучшие качества, если работает на себя и заинтересована в результате, но это бывает редко.

Змея-Рак

Это Змея, редко появляющаяся днем на солнце и предпочитающая собственную нору. Нужны активные усилия, чтобы заставить ее покинуть место обитания, но она никогда не нападает первая и всегда предупреждает человека, который хочет ее расшевелить, трещотками на хвосте. Личность очень таинственная, очаровательная, жаждущая безопасности, постоянства, материальной обеспеченности, а для этого ей нужен очень сильный партнер. В этом случае она готова отстаивать как свои, так и его интересы, даже ценой собственной жизни. Она весьма болезненно относится к любым неудачам и поэтому редко рискует, предпочитая медленный успех быстрой удаче. Она не хватает звезд с неба, но знает, что получит свой кусок пирога. Вокруг нее, как правило, много людей практичных, импозантных, которых она очаровывает своей таинственной магической силой. Партнера, который попал в ее объятия, она выпускает крайне редко, несмотря на его желание удрать. Она обладает большой магической и сексуальной силой.

Змея-Лев

Королевская кобра, которая большей частью пребывает в состоянии покоя, достаточно уравновешенна, но весьма своенравна и контролирует свое окружение очень активно. Прежде чем напасть, благородно предупреждает нарушителей, демонстрируя тем самым царственные манеры. Личность Льва-Змеи отмечена самыми противоречивыми качествами. Так, этот человек может быть светским, контактным, интеллигентным и в то же время избалованным, самодовольным, весьма самолюбивым и эгоистичным, если преследует свои цели. Когда ему выгодно, он способен растопить айсберг, если же ему этого не надо, вы будете поражены его холодностью и равнодушием. Поэтому в судьбе Змеи-Льва удачи и трагедии довольно часто чередуются в результате противоречивых, двойственных тенденций натуры. Такому Льву постоянно нужны любовь, понимание и восхищение, которые придают ему спокойствие и уверенность, делают его счастливым. Это весьма продуктивный исполнитель, особенно если его кто-то или что-то вдохновляет на подвиги — тогда он может свернуть горы. Поэтому партнеры могут влиять на него не методом жесткого контроля, а постоянным восхищением.

Змея-Дева

Это настоящая индийская змея — очковая кобра, которая может притягивать и очаровывать свою жертву необычной раскраской, движениями и мистическим очарованием. Она умеет пользоваться слабостями своей жертвы. Это достаточно сконцентрированный, деловой и конкретный человек, умеющий очень точно изучить и решить любую поставленную перед ним проблему. Это — детектив, использующий метод дедукции. Идущий от частного к целому. От него не ускользнут даже скрытые мотивы какого-либо поступка. Такой человек полностью погружается в то, что его интересует, напоминая порой компьютер, просчитывающий множество вариантов, либо библиотеку, в которой собраны разносторонние знания, используемые, когда это необходимо. Эмоциональная жизнь у такого человека также организована достаточно четко и конкретно. Змея-Дева крайне неохотно меняет партнеров, поскольку не любит перемен; весьма болезненно реагирует на любые попытки ограничить ее свободу или продемонстрировать власть над ней. В этом случае она может стать крайне опасной. Змея-Дева всегда имеет цель и способна всю свою жизнь подчинить этой цели.

Змея-Весы

Змея-Весы представляет человека, способного стратегически мыслить. Это Змея, которая идет к своей цели скрыто и может напасть в самый неожиданный момент. Такую Змею можно сравнить с удавом, который, загипнотизировав и схватив свою жертву, ни за что ее не выпустит. Змея-Весы очень общительна и обладает безупречным вкусом. Она приятна в любой компании в первую очередь умением мыслить нетрадиционно и своей загадочностью. Благодаря философскому складу ума она умело подчиняет себе любого человека. Это Змея-философ, которую трудно заставить играть не в свою игру. Она достаточно практична и в достижении своих целей не остановится ни перед чем. Ее независимость и желание идти своим путем делают партнерство с ней затруднительным, а конкуренцию опасной. Человек, который ей нравится, очень редко может получить долгожданную свободу, так как она способна длительное время удерживать около себя нужных людей.

Змея-Скорпион

Очень коварная и ядовитая Змея, песчаная эфа. Она способна, как Змей-искуситель, играть на слабостях, однако довольно часто предпочитает спокойную жизнь в уютном месте. Личность очень скрытная, часто абсолютно непроницаемая для окружения, преследующая свои честолюбивые цели, достаточно самостоятельная и не привязанная к своему окружению. Этому знаку свойственна глубокая внутренняя жизнь. Змея-Скорпион прекрасный тактик и стратег, манипулирующий людьми, ситуациями или вещами. Эта Змея способна к интенсивной учебе, чутко воспринимает нюансы различных отношений, недомолвки. Кроме того, она очень любопытна и почти все время изучает окружающий мир. При этом редко интересуется мнением других людей и сама редко раскрывается полностью. У нее собственный взгляд на жизнь. Если она считает, что ее спокойствию что-то угрожает, она готова выплеснуть такой поток ярости, против которого очень трудно устоять. Сексуальный потенциал очень высокий, но, в отличие от других, эта комбинация довольно сложна для партнерского взаимодействия и семейной жизни.

Змея-Стрелец

Это Змея, способная на резкие броски и выпады. Против ее яда редко можно найти противоядие. Более того, это Змея, повадки которой трудно распознать и потому трудно контролировать. Очень часто она выпускает свой смертельный яд даже в самых безобидных ситуациях и пребывает в состоянии то экзальтации, то депрессии. Личность весьма многогранная, с большим количеством знаний и не испытывающая угрызений совести или чувства долга по отношению к своим близким. У нее огромное стремление к свободе, и ее невозможно привязать к какому-либо делу надолго. Цепкая, способная терпеливо ждать, тщательно изучать ситуацию, знающая слабости своих противников или партнеров, эта Змея обладает внутренней интуицией, которая постепенно переходит в мудрость, благодаря чему она создает свои морально-нравственные критерии. В делах она выбирает только стопроцентно гарантированные варианты и, как правило, не ошибается. Любит успех и аплодисменты, карьера для нее — способ получить их и добиться признания. Она часто бывает недовольна местом пребывания или окружением, в котором вынуждена пребывать. Поэтому ее постоянно тянет к перемене мест, к путешествиям. Такое непостоянство свойственно ей и в сексуальных отношениях, поэтому мужчину и женщину этого знака трудно сковать узами законного брака.

Змея-Козерог

Это Змея, которая любит уединение среди скал и скрытых сокровищ, способная долгое время находиться в мечтах, довольствуясь собственной мудростью. Обладая сильным интеллектом, она производит впечатление весьма умудренной опытом Змеи. У нее хорошая интуиция, помогающая даже из незначительных фактов создавать стройные теории. Весьма способная к учению, последовательная в решении своих задач, она может добиться успеха в сферах деятельности, которые требуют индивидуального подхода и внутренней сосредоточенности: в политике, сыске, исследованиях. Это очень умная и абстрактно мыслящая личность, наделенная чувством собственного достоинства, имеющая определенные морально-нравственные принципы и выступающая охранительницей коллектива или своих партнеров, но партнеры должны быть близки ей по духу. Хотя сексуальный потенциал у нее достаточно высокий, она крайне неохотно идет на контакты. Ее побаивается окружение, поскольку если она не в своей тарелке, то может весьма больно «ужалить» за посягательство на ее внутренний мир.

Змея-Водолей

Это нетипичная Змея, постоянно пребывающая в напряжении. Она ставит перед собой сверхзадачи, которые обычно не может выполнить из-за того, что разбрасывается в своих желаниях. Это уж-рыболов, который ловит только мелкую рыбешку. Все ее проблемы возникают, как правило, из-за постоянного внутреннего беспокойства и напряжения. Ей не хватает сосредоточенности для проявления незаурядных способностей и скрытых талантов. В то же время это личность открытая, веселая, динамичная, яркая и артистичная. Она общительна с партнерами. У нее хорошая интуиция, она предвидит будущее и способна подчинять окружающих своим желаниям. В делах активна: организует встречи, рауты, собирает нужных людей. В динамичном, меняющемся мире чувствует себя как рыба в воде. Однако ей мешают такие черты, как зависть, слабая воля, недостаток равновесия. Поэтому лучше всего она может проявить себя в роли посредника. Сексуальный потенциал средний, и отношения с партнерами довольно неустойчивы. И мужчины, и женщины с удовольствием меняют партнеров, но чаще всего возвращаются в семью, к старым друзьям и знакомым.

Змея-Рыбы

Это водяная Змея, которая может появляться в совершенно неожиданных местах, и никогда не знаешь, откуда, из какого омута, она может всплыть. Весьма ядовитая и очень хищная, но своей сдержанностью, спокойствием, мягкими манерами способна вводить окружающих в заблуждение. В омуте ее чувств можно утонуть, поэтому такой человек редко открывает кому-либо все глубины своей души. Его легко обидеть, особенно если он пытается показать свое расположение, любовь или дружбу. Обиженная Змея-Рыбы превращает любовь в ненависть, и результат может быть довольно печален для обидчика. Она не остановится ни перед чем, даже перед использованием черной магии. И тогда станет мрачной колдуньей, пожирающей себя саму. В отношениях с партнерами Рыбе-Змее не надо много слов, в ее ауре чувствуются некая ясность сознания, психическая сила, тихое спокойствие. Деловое партнерство с такими людьми может быть весьма плодотворным, ведь они способны найти выход даже в тех ситуациях, которые, казалось бы, заведомо проиграны. Они хороши в качестве советчиков, консультантов или юристов. Но завоевать их сочувствие совсем не просто.

Тайный спутник жизни Змеи

Уточните, в какой час был рожден интересующий вас человек. Сутки разбиты на 12 периодов, каждый из которых также обозначен одним из знаков китайской мифологии. Это поможет полнее уяснить особенности личности данного человека.

Рожденный в часы Крысы — с 23 до 1 часа ночи

Приветливая, приятная в общении Змея, которая в реальной жизни может оказаться весьма шустрой. Этот человек сентиментален относительно всего (включая его собственные деньги).

Рожденный в часы Буйвола — с 1 до 3 ночи

Скрытое упорство и неуловимое обаяние. Он способен совершить вдвое больше, чем обычный человек, ибо имеет стойкость Буйвола и силу воли удава.

Рожденный в часы Тигра — с 3 ночи до 5 утра

Шипящая Змея с теплой и разносторонней индивидуальностью. Оба признака являются подозрительными, для вас будет лучше не игнорировать его вражду либо предложения дружбы.

Рожденный в часы Кота — с 5 до 7 утра

Сытая, приятная в общении Змея, но ее укус весьма ядовит. В бизнесе никогда не допустит ошибки, поскольку предпочитает не рисковать.

Рожденный в часы Дракона — с 7 до 9 утра

Змея с легким уклоном в социализм и филантропию. Дополнив природную мудрость с полученной властью, такой человек способен вести общество к реальным и длительным реформам. Склонен строго блюсти свои обязательства, будут они для него выгодными или нет.

Рожденный в часы Змеи — с 9 до 11 утра

Притягательный, загадочный и весьма глубоко копающий тип. Вы никогда не сможете вычислить подоплеку его поступков и предсказать, что он предпримет в очередной момент жизни. Единственное, в чем вы можете быть абсолютно уверены, — если этот человек получит власть, он никогда добровольно ее не отдаст.

Рожденный в часы Лошади — с 11 утра до 13 дня

Счастливая, юмористическая Змея, предпочитающая видеть более яркую сторону жизни. Оба этих признака дополняют друг друга и вполне способны произвести плейбоя (или playgirl) самого высокого порядка.

Рожденный в часы Козы — с 13 до 15 дня

От этих двух женских признаков может появляться артистическая Змея с безупречным талантом. Что является самым интересным, этот человек знает, как навязать другим собственные вкусы и заставить действовать в его интересах. Его хитрые уловки будут старательно замаскированы приятным характером Овцы.

Рожденный в часы Обезьяны — с 15 до 17 дня

Истинный гений. Невероятно трудно сопротивляться его обаянию — в нем мудрость, очарование и остроумие, смешанное со страстью к совершенствованию. Никогда не играет в ту игру, которую он не сможет выиграть.

Рожденный в часы Петуха — с 17 дня до 19 вечера

Очень постоянный и хорошо осведомленный во всем тип. Сообщество «пикейных жилетов» редко принимает всерьез его проекты построения идеального общества или достижения абсолютной власти — и все в связи с его извечной ухмылочкой и жизнерадостным настроением.

Рожденный в часы Собаки — с 19 до 21 вечера

Лояльная Змея с обнадеживающе большим количеством предубеждений Собаки и обремененная соображениями морали. Вероятно, этот человек склонен быть высокоинтеллектуальным типом, поскольку оба признака часто принадлежат мыслителям.

Рожденный в часы Кабана — с 21 до 23 вечера

Вино, женщины и песни — это развеселая Змея, вот кто действительно знает вкус к вольготной жизни, но он все еще достаточно проницателен, чтобы не попасть в ловушку в деловых отношениях. Врожденная доброжелательность Кабана привлекает к нему доверие партнеров.

Гороскоп Змеи на 12 лет

В год Крысы (2008)

Немного слишком бурный год для Змеи. Этот год не будет для нее слишком неблагоприятным. Она ведь столь благоразумна.

В год Буйвола (2009)

Змея слишком ленива в год Буйвола. Пусть подождет, пока он пройдет.

В год Тигра (2010)

Жизнь кажется Змее в этот год чересчур утомительной. Но из всего этого она извлечет урок.

В год Кота (2011)

В этот год Змея наслаждается заслуженным отдыхом и подумает о себе. У нее будет успех.

В год Дракона (2012)

Мудрость в этот год удерживает Змею от беспокойства и вмешательства во всю эту суету. Все спокойно. Все хорошо.

В год Змеи (2013)

Это ее год! В этот год Змея может делать все, она не подвергается никакой опасности! Она переживает прекрасное любовное приключение.

В год Лошади (2014)

Осторожно, Змею в этот год подстерегают любовные неприятности. Этот год очень бурный для нее, ей потребуется вся мудрость, чтобы все преодолеть.

В год Козы (2015)

Змеиная мудрость в этот год с трудом перенесет это безумие. Она забудет об этом, шатаясь по притонам.

В год Обезьяны (2016)

Ее разум гримасничает, она насмехается. Но она способна принимать участие, чтобы увидеть. Она любопытна.

В год Петуха (2017)

Суровый год. Она ленива и должна будет делать усилия, чтобы выжить. У нее часто будут моменты отчаяния.

В год Собаки (2018)

Для нее тоже год будет беспокойным. Она ни в чем не уверена, даже в своих чувствах. Она стремится к другому, но слишком ленива, чтобы действовать.

В год Кабана (2007, 2019)

Ничего хорошего, но Змея мирится с этим и благоразумно ожидает года лучшего прироста.

Некоторые выдающиеся личности, родившиеся в год Змеи

Аллен Даллес — основатель ЦРУ
Генри Фонда — выдающийся киноактер

Джон Ф. Кеннеди — 35-й президент США

Джон Корнфорт — химик, Нобелевский лауреат

Сонни Роллингс — саксофонист, композитор

Николай Рыжков — политический деятель

Одри Хепберн — киноактриса

Лев Яшин — российский футболист

Бернардо Бертолуччи — кинорежиссер

Джоан Баэз — фолк-певица, общественный деятель

Брюс Ли — киноактер, кунг-фуист и каратист

Пол Анка — певец

Энтони Блэр — премьер-министр Англии

Александр Абдулов — актер театра и кино

Бьорк — певица и киноактриса

Сандра Баллок — кинозвезда

7. Лошадь

Янское огненное животное

Период с 25.01.1906 г. по 13.02.1907 г.
Период с 11.02.1918 г. по 01.02.1919 г.
Период с 30.01.1930 г. по 01.02.1931 г.
Период с 15.02.1942 г. по 05.02.1943 г.
Период с 08.02.1954 г. по 24.01.1955 г.
Период с 21.01.1966 г. по 09.02.1967 г.
1906 и 1966 гг. — годы Огненной Лошади

Символика знака

Лошадь — одно из древнейших известных человеку животных. Уже в пещерном искусстве ледникового периода дикие лошади и дикие коровы образуют важнейшие мотивы живописи, и было высказано предположение, что оба этих вида животных говорят о наличии дуалистической программы у доисторических живописцев. Как первоначально зловещее животное, лошадь часто ассоциировалась с царством мертвых и приносилась в жертву умершим, но позднее, по мере приручения, благодаря своей быстроте и скаковой силе, возвысилась также до символа Солнца или упряжного животного небесной колесницы (Аполлона, Митры, огненной колесницы Илии). На Востоке к лошади было издавна суеверно-почтительное отношение. И немудрено: лошадь — животное трепетное, пламенное, неутомимое и работящее. Из этих же граней складывается характер и будущность человека, рожденного под этим знаком.

Характеристика личности Лошади

Лошадь весьма представительна: у нее хорошая стать, она умеет одеваться. Она любит зрелища, театр, концерты, собрания, спортивные состязания — короче, все, где есть толпа. Часто она занимается каким-либо видом спорта.

Лошадь умеет сделать комплимент, она весела, болтлива, симпатична и даже популярна. Она может преуспеть в политике, что принесет ей большое удовлетворение. Она может произнести речь. Она блистательна в этом.

Она с легкостью управляет толпой. Ее ум быстро схватывает мысль людей еще до того, как они их успели высказать, это позволяет ей определять, опровергать или одобрять ее.

Лошадь-мужчина

Это ярко выраженный тип эгоиста. Он без зазрения совести будет топтать тех, кто окажется на его пути, ибо его индивидуалистическое честолюбие весьма велико. Эгоцентричен и чаще всего интересуется собственными проблемами, даже если придется вмешиваться в дела других. Очень независим по природе, не слушает советов и поступает так, как ему взбредет в голову. Было бы хорошо, если бы он в юном возрасте покинул свою семью, чтобы жить своей жизнью, впрочем, он охотно это сделает, так как окружение очень давит на него. Когда он создаст семью, ее присутствие будет благотворным и он будет центральным персонажем. Все будет вращаться вокруг него, его положения, проблем, глаженья рубашек и складок на брюках. Следует сказать, что это отношение будет оправдано фактом его присутствия, которое хранит семью. Если он уйдет, все рухнет как карточный домик.

Лошадь-женщина

Хотя эта эгоистка работает лишь для себя и своего собственного успеха, плодами этой работы пользуются все. Лошадь — индивидуалистка и труженица, ловкая в обращении с деньгами и даже хороший финансист. К несчастью, при своем переменчивом характере она быстро устает от всего, что она предпринимает, работа ли это, какое-либо дело или любовь. Позднее она опять принимается за это дело с тем же успехом и с прежним рвением. Она может иметь любую специальность, не требующую одиночества или созерцания. У нее всегда потребность быть в окружении почитателей и слушать похвалы в свой адрес.

Достоинства и недостатки

Достоинства. В основном Лошадь способная и ловкая не только в умственной, но и в физической работе. Более ловкая, чем интеллигентная, в действительности, и она это знает хорошо, несмотря на то что у нее уверенный вид, у нее нет доверия к самой себе. Это ее слабость.

Недостатки. У Лошади горячая кровь (отсюда, безусловно, выражение «лошадиная горячка»), она легко выходит из себя. Поэтому часто теряет достигнутое своей известной пронырливостью. Те, кто раз были свидетелями ее гнева, никогда не будут ей доверять, поскольку в ее гневе есть что-то инфантильное. Чтобы преуспеть, она должна подавить в себе это.

Идеальные браки

В своих отношениях с противоположным полом Лошадь проявляет слабость. Она все может бросить ради любви. Страсть влюбленной Лошади настолько велика, что она может стать безразличной ко всему остальному. Поэтому она часто терпит неудачи в своей жизни, и если ей удастся подавить в себе эту слабость и если ее честолюбие будет выше ее страсти, она может быть счастливой и иметь успех.

Лошадь может связать свою жизнь с Козой. Они будут соучастниками и вместе пройдут над пропастями. Капризы и переменчивый характер Козы превзойдут эгоизм Лошади. Она даже этого не заметит.

Лошадь может создать хороший союз с Тигром, Собакой по разным причинам. Последняя всегда озабочена решением великих проблем, она не придает никакого значения непостоянности чувств Лошади. Она может жить своей жизнью.

Но Лошадь ни в коем случае не должна связывать свою судьбу с Крысой, особенно если это — Огненная Лошадь. Связь этих двух безумцев высекает искры и может привести к драме.

Если мужчина — Лошадь, а женщина...

Крыса
В их браке будет много эмоциональных проблем, кончится плохо.
Буйвол
Женщина-Бык властный человек, а Лошадь — эгоистка и независима. Она уйдет.
Тигр
Почему бы нет, если Тигр найдет великое дело, которое нужно отстаивать. Лошадь будет жить спокойно своей жизнью.
Кот
Очень хорошо. Кот остается в доме, в тепле, окруженный друзьями. Ему больше ничего не требуется.
Дракон
Нет. Лошадь эгоистична. А ведь женщина-Дракон нуждается в том, чтобы ею занимались и у нее был успех.
Змея
Если женщина-Змея довольна... В ней достаточно для этого благоразумия.
Лошадь
Два страстных человека будут спасены собственным эгоизмом.
Коза
Хорошо. Они не будут вместе скучать. У Лошади будет достаточно проблем, чтобы остаться влюбленной, и Коза будет спокойна.
Обезьяна
Не рекомендуется. Они никогда не будут понимать друг друга.
Петух
В крайнем случае. Но не всегда. Петух будет страдать.

Собака

Да. Почему бы нет. Появится возможность всецело заняться своим идеалом. Собака оставит Лошади ее независимость, и она не ревнива.

Кабан

Слишком эгоистичная Лошадь будет злоупотреблять своим положением во вред Кабану.

Жизненный путь

Первая и вторая части жизни Лошади будут неспокойными. В молодости она покинет семью, и это не обойдется без неприятностей. В области чувств жизнь также будет бурной, поскольку трепетная и чувственная Лошадь питает к окружающим ее людям самые трепетные и чистые чувства.

Третья часть ее жизни будет мирной. Нельзя говорить о Лошади, не сказав о годах Огненной Лошади, которые бывают через каждые 60 лет (1846, 1906, 1966, 2026). Эти Лошади неблагоприятны для всех других видов Лошадей, а также для семей, где есть Лошади. Ее присутствие может принести вред другим Лошадям. Возможно, несчастье или болезни коснутся эти семьи.

Металлическая Лошадь, 1930, 1990 гг.

Эта Лошадь смелая, решительная и прямолинейная. Она честолюбива и прогрессивна, предпочитает сама делать выбор, получает особое удовольствие от раскладывания всех проблем по полочкам. Она предпочитает свободу действий и не терпит вмешательства со стороны. Металлическая Лошадь обладает определенным очарованием и талантами, но порой бывает упрямой и импульсивной; имеет, как правило, немало друзей, ведет активную общественную жизнь.

Водяная Лошадь, 1942 г.

У Водяной Лошади дружелюбный характер, хорошо развитое чувство юмора, способность вести умные речи на любую тему. В вопросах бизнеса она — профессионал, моментально использует подвернувшиеся благоприятные возможности. Однако довольно легко впадает в отчаяние и имеет тенденцию менять свои планы, интересы и мнения, что иногда идет ей во вред. Несмотря ни на что, она очень талантлива и часто достигает в жизни больших высот. Она уделяет огромное внимание своей внешности, прекрасно выглядит и со вкусом одета. Любит путешествовать, заниматься спортом и работой на свежем воздухе.

Деревянная Лошадь, 1894, 1954 гг.

У Деревянной Лошади наиболее покладистый и дружелюбный характер из всех Лошадей. Она легка в общении и так же, как и Водяная Лошадь, довольно коммуникабельна. Это очень трудолюбивый и добросовестный работник, друзья и коллеги ценят и уважают его, а мнение и взгляды практически всегда принимаются во внимание. Благодаря богатому воображению Лошади часто приходят в голову оригинальные практические идеи. Она очень начитанна, ведет активную общественную жизнь, щедра и великодушна, в основном придерживается высокой морали.

Огненная Лошадь, 1906, 1966 гг.

Элемент Огня в сочетании с темпераментом Лошади образует один из наиболее ярких характеров в системе китайского Зодиака. Огненная Лошадь как бы волею судеб ведет активную, богатую событиями жизнь. Это могучая личность, способная вызвать всеобщее восхищение своим острым умом и решительными действиями. Огненная Лошадь — человек действия, вся жизнь ее в движении. Она, однако, бывает несколько грубоватой, чересчур напористой и прямолинейной, с яростью воспринимает вмешательство в личные дела и ненавидит приказы и подсказки. Это яркая личность, обладающая чувством юмора, как бы созданная вести активную общественную жизнь.

Земляная Лошадь, 1918, 1978 гг.

У этой Лошади более сдержанный характер. Она несколько осторожнее своих собратьев. Земляная Лошадь отличается мудростью и исключительными способностями. Хотя порой проявляет некоторую нерешительность, она прирожденный бизнесмен и финансист, имеет легкий дружелюбный характер, очень заботлива по отношению к близким и друзьям.

Уточнение личности по знаку Зодиака

Уточните, под каким знаком Зодиака рожден интересующий вас человек. Это поможет скорректировать его характер.

Лошадь-Овен

Такое сочетание наиболее опасно, особенно если человек родился в год Огненной Лошади (1906, 1966). Но в любом случае этой Лошади свойственны многие качества необъезженного мустанга, способного до конца быть преданным своему хозяину, такому же смелому, горячему и крутому, такому же дикому, но умеющему приручить. Это бесстрашная и нетерпеливая личность, которая находится в постоянном движении, выражается ярко, но порой опрометчиво. Не доделав одного дела до конца, торопится начать другое, но очень часто такому человеку недостает упорства, чтобы закончить начатое. Однако это его не смущает, поскольку остроумие и вдохновение, грация и ловкость позволяют делать несколько дел одновременно. Такую Лошадь трудно загнать, но так же трудно удержать в стойле.

Лошадь-Телец

Эта Лошадь менее эгоистичная и сумбурная, чем остальные Лошади, она более практична и не гоняется за призрачными целями. Это скорее лошадь для кареты, чем лошадь, свободно бегающая в табуне. Характер ее представляет смесь добросовестности, постоянства, разумного риска и умения использовать предоставляемые судьбой возможности для управления людьми. Такую Лошадь очень опасно допускать к власти, поскольку у нее часто бывает больное самолюбие и она мнит себя Коньком-Горбунком, а тех, кто в это поверит, будет долгими обещаниями водить за нос. Такие личности могут остаться в одиночестве, если окружающие начинают прозревать. Но это, как правило, не создает для них больших проблем, поскольку Лошадь-Телец готова встретить в спокойном, созерцательном состоянии любые испытания. Такой человек руководствуется в своих действиях и поступках разумом и здравыми суждениями. Он всегда способен проанализировать и объяснить как свое поведение, так и поведение окружающих. Для Лошади-Тельца характерен недостаточно глубокий самоанализ, ей не хватает широты мышления, но она никогда не сломает себе шею, гоняясь за мифическими сокровищами.

Лошадь-Близнецы

Очень подвижная Лошадь, хороших кровей, это арабский скакун, в котором есть чувство собственного достоинства, желание показать все, на что он способен, но при этом может сбросить неопытного седока. Это Лошадь, которая редко доводит до конца то, что начинает, она любит скакать на воле, сама по себе или с немногочисленными партнерами. В личности Лошади-Близнецов много хамелеонских черт. Резкие и неожиданные изменения планов, целей, смены партнеров не позволяют узнать об истинных мотивах ее поведения. Она никогда не копает глубже того уровня, который можно назвать поверхностным, часто несется сломя голову, преодолевая большие расстояния, легко увлекается и так же быстро теряет интерес. Это очень взрывчатая, «гоночная» комбинация. Тяга к постоянному движению достигает у нее максимально возможного уровня. Партнером такой Лошади может стать только очень хороший наездник, такой же профессионал, как и она сама, и тогда дела могут идти весьма неплохо.

Лошадь-Рак

Очень чувствительная цирковая Лошадка, приспособленная для выполнения трюков, которые на ее спине делают другие звери. Это манежная Лошадь, бегающая по кругу. Но ее не так просто приручить, как это кажется, и, позволяя проделывать на своей спине любые номера, сама она избегает всяких трюков, особенно с теми, кого уважает и кто ее кормит. Личность активная, спокойная и собранная. Ей свойственны хорошие манеры, речь, очень жесткий самоконтроль, ее трудно вовлечь в любую авантюру, но так же трудно сделать жертвенной и фанатичной. Ее общительность имеет границы, которые партнеры не должны переступать. Внутренняя жизнь весьма неустойчива, с резкими сменами настроений, капризами, частым комплексом неполноценности, хотя внешне она не показывает этого. Несмотря ни на что, эта Лошадь будет чувствовать себя в жизни достаточно уверенно и жить так, как ей хочется, а не так, как ей предписывают или советуют. Поэтому в практической деятельности она способна доводить до конца только то, что нравится ей, а не то, что необходимо для дела.

Лошадь-Лев

Это кентавр, соединивший в себе силу животного и мудрость человека. Однако эта Лошадь руководствуется принципом: «Кто не с нами, тот против нас». Ее невозможно остановить или переубедить. Это личность очень страстная, честолюбивая, но вместе с тем открытая и искренняя. Обладает жизнерадостным характером, широтой взглядов, очень общительна. Такой человек щедр и импульсивен, способен переворачивать миры и сдвигать горы, поскольку редко сомневается в своей правоте, как и вообще в чем-либо. Эмоциональная жизнь бурлит, как фонтан, и Лошадь-Лев щедро расходует свою энергию. Единственное, чего ей не хватает, так это интуиции. Поэтому очень часто там, где можно достичь успеха с меньшими затратами, такой человек выкладывается куда больше, чем надо, и расплачивается за все двойной ценой.

Лошадь-Дева

Это быстрый, деятельный рысак, которого не заставишь тянуть нудную и тяжелую лямку. И в то же время этой Лошади необходим хозяин, который поможет найти применение ее способностям для того, чтобы быстрее достичь своих целей. Лошадь-Дева личность весьма непостоянная, хотя достаточно предсказуема в своем непостоянстве. Она способна правильно все рассчитать, однако из-за излишней эмоциональности эффективность этих расчетов часто снижается. В то же время, если такой человек научится сдерживать свою страстную натуру, он может быть весьма результативен в практической деятельности. В отношениях с противоположным полом это наиболее активная и сексуальная Дева, так как Лошадь добавляет ей страстности. С другой стороны, Дева контролирует страстную и буйную лошадиную натуру, поэтому такой человек может быть достаточно ответственным в любом деле как перед самим собой, так и перед своими партнерами и близким окружением.

Лошадь-Весы

Дрессированная цирковая Лошадь, которой нравятся аплодисменты, внимание, красивая сбруя. Самомнение ее настолько велико, что она способна все заслуги и аплодисменты приписывать только своим способностям и талантам, очень часто забывая о том, кто ей в этом помог. Личность жизнерадостная и добродушная, демонстрирующая самые лучшие свои качества, способная доказывать любому партнеру выгоду даже в самых невыгодных ситуациях. Лошадь-Весы очень эгоистична, но тяготеет к корпоративным и коллективным действиям. Это Лошадь-дипломат, способная выполнять желания самых разных людей, но при этом не забывающая о своей выгоде. Может быть надежным партнером, если четко знает свой интерес, и всегда попытается оставить себе большую часть прибыли. Но она не способна долгое время заниматься каким-то одним видом деятельности. Ей надо идти сразу несколькими путями или заниматься несколькими делами. У нее, как правило, несколько увлечений, несколько партнеров, она не способна долго хранить верность.

Лошадь-Скорпион

Это Лошадь, которая выпадает из привычного представления об этих животных. Это Лошадь монгольского типа, дикая, свободная, подчиняющаяся такому же сильному наезднику, как и она сама. Это личность слишком серьезная и даже мрачная. Она замкнута на себе, на своих проблемах, хотя очень хорошо понимает слабость и силу окружающих. Ее невозможно переубедить, у нее собственное мнение обо всем, она живет по своему кодексу. Правда, Скорпион дает Лошади некоторое постоянство, что несколько смягчает ее характер, и она может использовать свои лучшие качества для достижения поставленных целей. Сексуальный потенциал очень высокий, но проявляется в основном в семье, с постоянным партнером. Это Лошадь, которую временные партнеры не могут удержать надолго.

Лошадь-Стрелец

Это Кентавр, который постоянно выбирает самых неожиданных партнеров или самые неожиданные дела и всегда удивляет свое окружение перепадами чувств, настроений, увлечений. Такая Лошадь проживает жизнь в стремительном темпе, полагаясь на свою интуицию, и довольно часто перенапрягает нервную систему. Она удовлетворяет свой сиюминутный интерес и рискует всем ради призрачных целей, делая это с абсолютной убежденностью в своей правоте. Очень необычная комбинация, в которой соединены духовность, материалистичность, динамизм, остроумие, отвага, страсть к эффектам и непостоянство. Имеет большое количество сексуальных партнеров, которые никогда ее не удовлетворяют, и поэтому она часто остается одинокой.

Лошадь-Козерог

Исключительная Лошадь, коренник любой тройки. Может оперативно организовать любое дело и объединить разных людей для достижения какой-либо цели. Весьма последовательна и постоянна в своих устремлениях. Ее отличают надежность и отзывчивость. Такой человек способен решать свои и чужие проблемы с учетом общих интересов. Он удачлив в бизнесе, потому что знает, как отстоять свое право и довести до конца любое дело. Эмоциональная сфера жизни является для него источником деловой активности и интуиции. Эта Лошадь более ответственная, чем другие Лошади, поскольку способна заботиться о семье, если воспринимает ее как продолжение своих дел и планов. В проявлении эмоций достаточно активна, не вызывает особенного раздражения со стороны окружающих, гармонично вписываясь в коллектив.

Лошадь-Водолей

Эта Лошадь годится только для опытного смелого всадника, лучше всего военного. Она все время стремится получить первое место на скачках и добивается этого, если жокей находит с ней общий язык. Слабого наездника такая Лошадь сбрасывает. Она предназначена не для развлечений, а для завоевания, для штурма. Лошадь-Водолей — личность активная, оптимистичная, живая. Такой человек всегда полон энтузиазма, новых идей и одержим поисками истины и высшей справедливости. Он окружает себя толпой поклонников, заставляя их верить в себя и свои замыслы. Все время устремлен в будущее, а прошлый опыт его, как правило, ничему не учит. Он, как Данко, готов ради будущих призрачных целей поставить на карту все и пожертвовать настоящим. В делах он ставит нереальные задачи и пытается их осуществлять с помощью недостаточно компетентных людей. Однако иногда благодаря помощи покровителей и своей природной привлекательности эта Лошадь приобретает нужного седока. Сексуальный потенциал высокий, ее партнеры должны быть такого же уровня. Секс для нее — продолжение соперничества и деловых отношений.

Лошадь-Рыбы

Весьма необычная комбинация, заставляющая воспринимать эту Лошадь как отбившуюся от табуна. Это морской конек, не нуждающийся в окружении, у него совершенно другая сфера обитания, чем у обычных рыб. Это Лошадь, которая может одновременно быть свободной и двигаться в упряжке. Очень часто она сама по себе бороздит морские просторы и не привязана ни к одной гавани. Такая комбинация представляет собой сочетание долготерпения Рыб с подвижной и активной натурой Лошади. Такому человеку очень трудно понять себя, и очень часто он обманывается в других. С трудом находя применение своим способностям, часто меняя окружение, профессию, эмоциональные привязанности и круг общения, практически всю жизнь он остается ни кем до конца не понятым, так и не найдя ответа на часто задаваемый себе вопрос: «Что же мне сделать, чтобы измениться?» В отношениях с коллективом Лошадь-Рыбы в основном предпочитает плыть по течению, однако всегда ждет того поворота, где могла бы свернуть без усилий и поплыть своей дорогой. Такому человеку дарована храбрая душа, тонкое восприятие настроений, желаний других людей, однако идти на поводу у кого бы то ни было он не готов, так как считает, что каждый должен доходить до всего самостоятельно. Это индивидуал, работающий вне коллектива, способный трудиться долго, но не всегда эффективно. Его отношения с партнерами весьма неустойчивы, им не хватает глубины и полноты.

Тайный спутник жизни Лошади

Уточните, в какой час был рожден интересующий вас человек. Сутки разбиты на 12 периодов, каждый из которых также обозначен одним из знаков китайской мифологии. Это поможет полнее уяснить особенности личности данного человека.

Рожденный в часы Крысы — с 23 до 1 часа ночи

Веселая, весьма общительная Лошадь с нежной Крысой внутри. Оба признака хороши при приобретении и прокручивании денег.

Рожденный в часы Буйвола — с 1 до 3 ночи

Серьезная, возможно, даже последовательная Лошадь после того, как Буйвол ослабит ее неугомонность. Способен придерживаться одной вещи одновременно и не так легко будет впадать в безумную влюбленность.

Рожденный в часы Тигра — с 3 ночи до 5 утра

Хорошая комбинация смелости и чуткости. Тигр имеет смелость, Лошадь же — способность быстро и адекватно реагировать на неприятности. Теперь только сильное сомнение относительно Тигра не позволит Лошади последовать первоначально избранным путем.

Рожденный в часы Кота — с 5 до 7 утра

Лошадь с легкой медлительностью в действиях. Его причудливые и иногда вульгарные вкусы будут умерены проницательной интуицией Кота.

Рожденный в часы Дракона — с 7 до 9 утра

Гоночная Лошадь, которая, даже победив и придя к финишу, не может удержаться и прекратить бежать в этом отношении. Слишком мощный скакун для неопытных рук, легко его не приручить. Он также имеет тенденцию горячиться!

Рожденный в часы Змеи — с 9 до 11 утра

Давайте надеяться, что Змея может дистиллировать часть своей мудрости в эту Лошадь. Результатом будет то, что он под руководством Змеи станет двигаться чуть помедленнее, но с большей уверенностью относительно успеха избранного пути.

Рожденный в часы Лошади — с 11 утра до 13 дня

Чистокровный скакун, вот кто действительно знает свое дело. Он может иметь очень беспокойный характер, но перемещается с удивительным изяществом. Но он также тщеславен и невыносимо капризен.

Рожденный в часы Козы — с 13 до 15 дня

Лошадь, которая по натуре является менее неистовой. Ее украшают некоторые из гармоничных и сострадательных черт Козы. Все еще кокетливый и любящий забавы тип.

Рожденный в часы Обезьяны — с 15 до 17 дня

Весьма сильный союз проворства и остроумия. Оба признака чрезмерно самовлюбленны и быстры. Он всегда будет изобретать для себя новые пути. Вы вскоре поймете, что это весьма бойкий источник сообщений.

Рожденный в часы Петуха — с 17 дня до 19 вечера

Компетентная и проницательная Лошадь с ультрасолнечным расположением. С бесстрашной проекцией Петуха на жизни, этот человек никогда не будет чувствовать потребность волноваться.

Рожденный в часы Собаки — с 19 до 21 вечера

Самая преданная и честная Лошадь. Обе черты характера вполне оправданны. Это человек снисходительный, нетерпеливый, его легко взволновать.

Рожденный в часы Кабана — с 21 до 23 вечера

Более устойчивая и склонная бежать в упряжке Лошадь с частью искренности Кабана. Этот человек может быть менее увертлив, но время от времени он также бывает слишком самодоволен.

Гороскоп Лошади на 12 лет

В год Крысы (2008)

Плохой год для Лошадей. Крыса сделает все, чтобы повредить ей. Потребуется крайняя осторожность как в делах, так и в любви.

В год Буйвола (2009)

Хороший год для любви, но разочаровывающий в делах.

В год Тигра (2010)

Возможно, Лошади стоит воспользоваться этим годом, чтобы уйти от своего спутника. Во всяком случае, какие-то изменения произойдут.

В год Кота (2011)

Хороший год для Лошади. Любовь, работа, светские обязанности и, возможно, немножко политики.

В год Дракона (2012)

Этот год будет неплохим для Лошади. Она любит парады, и теперь ей выдастся возможность погарцевать вволю. Она будет весьма удовлетворена.

В год Змеи (2013)

Еще раз Лошадь может оставить все из-за любви. Но она будет неправа, поскольку любовь года Змеи недолговечна.

В год Лошади (2014)

В противоположность другим знакам, свой год — недобрый год для Лошади. Что касается года Огненной Лошади, он может быть даже трагичным.

В год Козы (2015)

Лошадь будет сопротивляться, но все в ее жизни в этот год пойдет отлично.

В год Обезьяны (2016)

Все это довольно забавно. Можно заняться политикой, обеспечивая себе тылы.

В год Петуха (2017)

Тылы Лошади обеспечены, смело можно приниматься за работу. Все пойдет хорошо.

В год Собаки (2018)

Лошадь слишком эгоистична, чтобы беспокоиться о других. Она рьяно будет работать ради собственного благополучия.

В год Кабана (2007, 2019)

У Лошади будут деньги, и она оплатит то, о чем давно мечтала (квартиру, машину).

Некоторые известные люди, родившиеся в год Лошади

Владимир Ульянов (Ленин) — основатель СССР

Франклин Д. Рузвельт — 32-й президент США

Александр Довженко — кинорежиссер

Петр Капица — физик и академик

Леонид Брежнев — лидер СССР (1966–1982 гг.)

Роман Кармен — режиссер и кинооператор

Жан Люк Годар — кинорежиссер, актер

Роберт Джофри — хореограф

Джон Франкенхаймер — кинорежиссер и продюсер

Клинт Иствуд — актер, кинорежиссер

Мартин Скорсезе — кинорежиссер и продюсер

Барбра Стрейзанд — киноактриса и певица

Харрисон Форд — киноактер

Фил Эспозито — хоккеист

Джими Хендрикс — рок-музыкант и гитарист

Майк Тайсон — боксер, чемпион мира

8. Коза
(Овца)

Иньское огненное животное

Период с 13.02.1907 г. по 02.02.1908 г.
Период с 01.02.1919 г. по 20.02.1920 г.
Период с 01.02.1931 г. по 06.02.1932 г.
Период с 05.02.1943 г. по 25.01.1944 г.
Период с 24.01.1955 г. по 12.02.1956 г.
Период с 09.02.1967 г. по 29.01.1968 г.

Символика знака

В Песни песней говорится: «Волосы твои, как стадо коз, сходящих с Галаада». Острые глаза козы сравниваются с господином, который все предусмотрел и обо всем дальнейшем узнал. В древности как жертвенное животное простого человека коза не получила какого-нибудь большого религиозного значения. Лишь в Мендесе (египетское Деде) был значительный культ козы. После смерти священные козлы даже бальзамировались. В отличие от козочек, самец козы является в большинстве случаев отрицательно трактуемым персонажем в зоосимволике, как символ похотливости и распутства. На Востоке коз ценили как неприхотливое и безропотное домашнее животное бедняков. С этими качествами и связана символика знака Козы в древней китайской календарной системе.

Характеристика личности Козы

Капризная, элегантная, артистичная, любящая природу, Коза могла бы быть самым очаровательным из знаков, если бы она не была колеблющейся, пессимистичной, беспокойной и надоедливой.

Коза никогда не довольна своей участью, она приводит в отчаяние окружающих своими капризами. Она захватчица, хотя сама этого не сознает.

Коза-мужчина

Его недисциплинированность, систематические опоздания (у него нет чувства времени) делают его невыносимым, но вместе с тем он умеет нравиться, когда это в его интересах, или использовать других и жить за их счет.

Несмотря на это, он легко приспосабливается к любому образу жизни с того момента, когда ему обеспечивают минимум безопасности.

И пусть не идет на войну — он никогда не будет ни командиром, ни солдатом.

Коза-женщина

Робкая, женственная, иногда изнеженная, она любит жаловаться, поскольку ей нравится, когда о ней говорят, ею руководят, ей советуют, принимая вечные ее колебания, ее уловки, жалобы. Она никогда не знает, какое направление выбрать, и полагается всегда на других. Говоря о ней, можно сказать, что ей свойственен безмятежный пессимизм. Ее манеры мудры и нежны, но характер ее капризен. Иногда она чувствует потребность помолиться, но она выполняет обряды в той мере, чтобы они не вносили в ее жизнь существенных изменений. Вместе с тем она часто увлекается фантастическим, сверхъестественным оккультизмом.

Если у вас есть загородный дом, благоустроенный и посещаемый артистами, избегайте впускать туда Козу. Иначе вы рискуете тем, что не сможете ее сдвинуть с места. Комфорт необходим ей для равновесия, присутствие артистов способствует ее расцвету (она это обожает).

Достоинства и недостатки

Достоинства. Коза кажется доброй, даже славной, она на самом деле склонна к благотворительности, охотно делится с другими, более несчастными, чем она. К несчастью, то, чем она делится, не всегда ей принадлежит. Следует сказать в ее оправдание, что у Козы нет никакого чувства собственности.

Коза легко позволяет себя привязывать, но она тянет свою веревочку. Народная мудрость гласит, что Коза, пасущаяся на хорошем лугу, будет спокойной и послушной по сравнению с Козой, пасущейся на лугу с плохой травой, которая беспрерывно будет блеять и жаловаться. Все происходит, как если бы жизнь зависела не от нее самой, а от других или, по крайней мере, от везения. Что бы ни произошло, это никогда не бывает по ее вине.

Недостатки. Ее недобросовестность приводит в замешательство. У нее нет никакого чувства ответственности, никакой инициативы, никакой воли. Может показаться, что она командует, но это не так. Она создана для послушания, при хорошем влиянии может преуспеть, даже блистать в каком-нибудь виде искусства, ибо у нее есть вкус и талант. Она может быть хорошим специалистом, успешно выполнять работу, которая одновременно сочетает техническое и артистическое мастерство, ведь она умна. Но она никогда не будет играть первую роль, и это лучше для нее, поскольку, будучи благоприятным компаньоном (если только речь идет о спокойной работе), она может стать хорошим начальником. Ее существо, наполненное фантазиями, нуждается в твердой воле, при условии что ей льстят, так как она весьма чувствительна к лести. Ее речь бессвязна, она рождает свои мысли тяжело, говорит то слишком быстро, то слишком медленно, косноязычна.

Идеальные браки

Коза в своей жизни часто будет сталкиваться с любовными проблемами, и что касается ее чувств, то ее жизнь будет бурной.

Если Коза связывает свою жизнь с Котом, Кабаном и Лошадью — все может пойти хорошо. Они смогут обеспечить ей счастье по различным причинам. Ее капризы развлекают Кота, Кабан их снесет (до определенного предела), и они не обеспокоят эгоистку Лошадь. Никакой другой знак не сможет выносить Козу слишком долго, особенно Бык. Если же Буйвол и обеспечивает спокойствие в своей семье, он также много требует от нее взамен, а Коза думает только о себе. Что касается пары Коза — Собака, то и в любви и в работе их связь обречена на провал. Эти два пессимиста всю жизнь были бы как в железном ошейнике, недовольные друг другом. Во всяком случае, под каким бы знаком ни был ее партнер, Коза не будет держать его под башмаком.

Если Коза — мужчина, а женщина...

Крыса
Невозможно даже представить себе такого союза! Не пытайтесь. Ваше любопытство будет наказано.

Бык
Плохой альянс, скорее даже мезальянс. Кончится все тем, что женщина-Бык выставит мужчину-Козу за дверь безо всякого раскаяния.

Тигр
Девять против десяти, что изведенный ее бесконечным блеянием Тигр запросто разделается с несчастной Козочкой.

Кот
Почему бы нет, если женщина-Кот так удачлива? Они могут надолго остаться друзьями даже безо всякой любви.

Дракон

Ни в коем случае! Женщина-Дракон стремится к тому, чтобы восхищаться и чтобы ею восхищались, а вот мужчина-Коза ничем и никем не восхищается, поскольку считает себя объектом восхищения.

Змея

Трудно. Может быть, Змее лучше вовремя улизнуть. Здесь мудрость не спасет Змею.

Лошадь

Не рекомендуется пробовать подобный альянс, если только женщина-Лошадь не имеет достаточно денег. В противном случае они не могут быть счастливыми.

Коза

И тут и там сплошная богема! На что она будет жить? Проводить жизнь в тоске, ожидая богатого мецената? К счастью, тут вроде бы что-то такое удалось!

Обезьяна

Обезьяна может на это легко пойти. Но будет ли она настолько безумна, чтобы считать прочным союз с Козой?

Собака

Нет. Это было бы очень грустно. Они оба очень пессимистичны, чтобы быть счастливыми.

Свинья

Свинья хорошо переносит Козу, если та не выходит за рамки. В противном случае она будет неуступчивой.

Жизненный путь

Коза — это женский знак. Она хочет жить спокойно и мечтает о браке, который принесет ей богатство, или о выгодном друге, или о великодушном меценате. Она также может жить у богатых родителей. Она из того материала, из которого делают куртизанок, сутенеров, паразитов. Кстати, как ни странно, но из этого же материала делают и великих артистов, писателей, художников.

Все в ее жизни зависит от удачи, от перенесенных влияний, от качества травки на ее лугу. Но пусть она избегает коммерции: это жалкий продавец.

Для Козы не будет серьезных проблем там, где речь идет об одежде, столе, комфорте, так велика ее способность стучаться в нужную дверь.

Вторая фаза жизни Козы затронет ее чувства, но будет удачной. Следует помнить, что на хорошем лугу без материальных забот, имея советников, Коза может иметь успех.

При плохом повороте судьбы Коза может кончить жизнь под мостом.

Металлическая Коза, 1931, 1991 гг.

Эта Коза делает все, за что бы ни бралась, сознательно и тщательно и, как правило, преуспевает в выбранной профессии. Несмотря на некоторую самоуверенность, зачастую беспокоится по пустякам, и ей не вредно чаще делиться своими проблемами с окружающими, а не замыкаться в себе. По отношению к семье и сотрудникам она очень доброжелательна и, как правило, имеет немало друзей. Обладая прекрасным артистическим даром, она вполне способна сотворить шедевр. Иногда Металлическая Коза коллекционирует антиквариат, а ее квартира обставлена с большим вкусом.

Водяная Коза, 1943 г.

Водяная Коза очень коммуникабельна и приобретает друзей с завидной легкостью. У нее хороший нюх на выгодные дела, но, к сожалению, она не всегда доводит дело до конца. Больше всего на свете Коза ценит свой покой как дома, так и на работе и очень не любит перемены обстановки. Имеет выразительную мимику, хорошо развитое чувство юмора и, как правило, хорошо ладит с детьми.

Деревянная Коза, 1955 г.

Она добросердечна, великодушна и всегда готова услужить. У нее широкий круг друзей и знакомых, и она занята самыми разными видами деятельности. Из-за доверчивого характера она легко попадает под чье-то влияние. Ей, безусловно, пошло бы на пользу больше полагаться на свои, а не на чужие суждения. В финансовом отношении она просто счастливчик и так же, как и Металлическая Коза, легко находит общий язык с людьми.

Огненная Коза, 1907, 1967 гг.

Эта Коза, как правило, прекрасно знает, чего хочет добиться в жизни, и зачастую пускает в ход присущее ей обаяние, чтобы добиться своей цели. У нее, однако, есть тенденция слишком поддаваться своему богатому воображению и игнорировать разумные советы окружающих. Она вполне способна на неожиданные и ненужные траты, и ей, безусловно, не вредна некоторая сдержанность в этом отношении. Характер у нее живой и общительный, друзей всегда хватает, она обожает посещать вечеринки и другие массовые мероприятия.

Земляная Коза, 1919, 1979 гг.

Эта Коза очень заботлива и внимательна. Семье и близким друзьям она преданна всей душой. Как правило, всегда производит благоприятное впечатление. Она надежный, ответственный работник, но деньги в ее руках не задерживаются, поскольку ей трудно отказать себе в чем-то. Интересы у нее самые различные, она, как правило, очень начитанна и получает большое удовольствие, помогая кому-то из близких.

Уточнение личности по знаку Зодиака

Уточните, под каким знаком Зодиака рожден интересующий вас человек. Это поможет скорректировать его характер.

Коза-Овен

Это особая Коза: слишком бодливая для того, чтобы играть роль кроткой овечки, поэтому иногда ее нужно держать на поводке. Такая Коза часто забирается в чужие огороды, хотя временами берет на себя роль борца за справедливость. Она может порой казаться кроткой и нежной, а также терпеливой и чуждой хитрости и предательству. Но очень часто это только игра. Иногда Коза-Овен бывает чересчур настойчива и агрессивна по отношению к своим близким, особенно если чувствует угрозу с их стороны. И в то же время частенько случается так, что эта личность оставляет свои актерские дарования и становится хорошим руководителем.

Коза-Телец

Это очень обаятельная Коза, существо с аристократическими манерами, доверчивое и ранимое. Весьма привлекательная в обществе, эта Коза открыта любым предложениям, однако в ней развиты инстинкт самосохранения, потребность в личном комфорте, уюте и безопасности. В то же время она поражает безошибочным чувством красоты и интуицией. К слабостям Козы-Тельца можно отнести некоторую нерешительность и боязливость, поскольку она слишком цепляется за прошлое, опасаясь настоящего.

Коза-Близнецы

О, это антилопа! Безудержная, как стрела в полете, способная уходить от любой погони, готовая на любые выходки, которые сама же и провоцирует. Эта Коза завлекает и капризничает. Она любит, чтобы за ней охотились. Личность Козы-Близнецов очень разносторонняя и интересная, что позволяет ей проявлять свои лучшие качества в самом широком диапазоне: это и театр, и литература, и коммерция. Это деятельная, активная личность, которая имеет очень четкие практические взгляды на жизнь и знает, как реализовать то, что задумала, которая любит и умеет управлять ситуацией, однако делает это неважно. От нее можно ожидать любых выходок по отношению к партнерам, которых она же и провоцирует на различные действия. У нее хороший вкус, утонченные манеры, приятный юмор, очень необычный ум и — большая возможность проявить все это в самых различных сферах и с самыми различными партнерами, в которых у нее не будет недостатка. Такую Козу невозможно удержать силой или принуждением, ее нужно очаровывать и приманивать морковкой или играть на ее слабостях.

Коза-Рак

Умная, деловая Коза, способная скрывать свои намерения. Часто те, кто думает, что может управлять ею, ошибаются, недооценивая ее интуицию и волю. Личность достаточно благожелательная, положительная, но легко обижается и быстро отступает от тех людей, которые не отвечают на ее симпатии. Очень чувствительна к различным неудобствам, переездам, к смене людей и предпочитает стабильное и верное окружение. Это Коза верующая. Она способна интуитивно чувствовать ситуацию не только в своей жизни, но и в жизни других людей, однако не может эту интуицию проецировать на своих сексуальных партнеров, довольно часто меняя их, но никогда не жалея о своих интимных связях. Это хорошие любовники или любовницы в молодости и надежные супруги в зрелом возрасте, способные подарить счастье своему партнеру.

Коза-Лев

Такая Коза слишком высоко держит голову, напоминая жирафа. Однако ее слабость в сочетании с львиными претензиями делает такого человека весьма уязвимым для окружающих, и часто ему приходится избегать трудностей и испытаний, находясь под влиянием внутренних противоречий. Эта Коза хотела бы твердо стоять на ногах, однако без поддержки окружающих постоянно ощущает робость и нерешительность. Лев, родившийся в год Козы, всегда будет стремиться оправдать доверие, которое ему оказывают окружающие. Он достаточно критично относится к самому себе, замкнут и бывает загадочен и непонятен для окружения. В то же время избыток львиной теплоты помогает Козе проявлять себя в разговоре, она бывает болтлива и поэтому утомительна, однако способна менять свое поведение — это для нее способ управлять окружением. Сексуальные возможности Козы весьма средние, но в семейной жизни она способна на многое. Партнерам нельзя забывать о гордости и обидчивости таких людей, поскольку, если вы хотя бы раз нарушили их покой или пытались подорвать авторитет, они никогда не забудут этого.

Коза-Дева

Это грациозное животное, похожее на ламу, обладающее очень сильным сексуальным притяжением и долго преданное своим юношеским идеалам. Иногда своим поведением напоминает осла, а динамикой и тактикой — пугливую серну. Поэтому в отношениях с Козой-Девой необходимы и кнут и пряник. Элегантная, изысканная Коза придерживается морально-нравственных принципов, однако достаточно занудна и любит поучать других. Из негативных черт можно отметить нерешительность и двойственность такой Козы, которая часто пытается как бы идти одновременно в двух направлениях. То же самое происходит в ее эмоциональной сфере. Ей, как правило, бывает трудно выбрать лучшего партнера, поэтому она часто упускает удачные варианты, которые предлагает ей судьба. В то же время, если у нее появляется хороший руководитель или партнер, она может добиваться успеха, особенно в делах, требующих методичности, точности и внимательности.

Коза-Весы

Это ангорская Коза, которая может быть заносчива и снисходительна, мудра и легкомысленна, беззаботна, спокойна и абсолютно неуправляема. Это Коза, которая не поддается дрессировке. Она любит постоянное внимание к себе и одобрение, пытается превратить свою слабость в силу и играет на силе и слабости других. У нее сильная тяга к культуре, желание быть гармоничной во всем, а также восприимчивая эмоциональная сфера. Если потерпит в чем-либо крах, она почувствует себя никому не нужной и одинокой. Но это случается редко, поскольку тонкая интуиция Козы позволяет заранее прогнозировать различные ситуации. В сексуальной сфере это весьма опасная комбинация, поскольку такая Коза очень часто наставляет рога своему партнеру и мало приспособлена к семейной жизни.

Коза-Скорпион

Очень опасная и грозная Коза, напоминающая горного тура или козерога. Диапазон ее проявлений достаточно широк — она может подняться очень высоко и упасть очень низко. Это сильная и творческая личность, как правило, добивающаяся успеха. Она постоянно нацелена на улучшение своего общественного положения и редко останавливается на достигнутом. Обладает очень ярким умом и достаточно крепким телом. Ей не чужды моменты творческого озарения, проявления интуиции и умение приспосабливать общественное мнение под свои устремления. Эта Коза редко жалеет о прошлом, практически не способна на компромисс, но именно это и позволяет ей проявлять свои способности. Женщины этого знака весьма сексуальны, даже в детстве, кокетливы и лукавы и всегда вызывают интерес мужчин. То же относится и к мужчинам, которые, как правило, одной партнершей или одним браком не ограничиваются.

Коза-Стрелец

Очень активная и динамичная Коза, которую можно сравнить с северным оленем, способным преодолевать большие расстояния в совместной упряжке. Обладает внутренним благородством и служит, как правило, высокопоставленным людям так же, как северный олень служил Снежной Королеве. Имеет постоянное желание покорять новые высоты и осваивать новые территории. Крайне непоследовательная Коза, старающаяся достичь своих целей оригинальными способами. Достаточно уверена в своих силах и всегда прямо и откровенно говорит о своих намерениях. Поэтому вокруг нее, как правило, много людей, которых она притягивает своим оригинальным мышлением, хорошими манерами и интересными теориями. Восприимчива к критике, обладает хорошим вкусом и умеет следить за модой. Поэтому партнеры такого человека также должны иметь эти качества и соответствовать его представлению об идеале. Это вносит некоторое беспокойство в семейную жизнь, однако, несмотря на это, Коза-Стрелец достаточно привязана к семье и к своим детям, что делает жизнь ее семьи очень устойчивой.

Коза-Козерог

Это весьма медлительная Коза, похожая на верблюда, способного питаться исключительно колючками и долгое время обходиться внутренними запасами. У нее есть ощущение собственной важности, ведь она может приносить пользу, отдавая шерсть, молоко, защищая людей от песчаных бурь и других трудностей, возникающих во время любого длительного путешествия. В то же время она способна внезапно «оплевать» обидчика так, что того поднимут на смех. Личность, знающая, чего хочет, и способная принимать решения, эта Коза весьма удачлива благодаря подвижности и коммуникабельности, а ее доброжелательность и способность защищать близких вызывают уважение. Как правило, такие люди редко остаются в тени. Они способны играть активную роль в формировании своего окружения и создавать жизнь по образцу, который считают правильным. Судьба рано или поздно вознаграждает их за перенесенные трудности. Здесь твердое руководство Козерога помогает определить и ограничить уклончивый, подвижный и хитрый характер Козы. Эмоциональная и сексуальная сфера играют в жизни Козы немаловажную роль. Она неохотно меняет партнеров, хотя ее сексуальность достаточно высока. Поэтому на решительную перемену партнера она идет, тщательно взвесив все плюсы и минусы нового претендента.

Коза-Водолей

Эта необычная Коза соединяет в себе противоречивые качества. Во-первых, она наделена гораздо большим умом, чем требуется для жизни, но ум этот находится во власти ее капризов. Во-вторых, эту Козу очень трудно завоевать, так как она слишком подвижна и весьма высоко себя ценит. По крайней мере, находясь рядом с ней, надо быть постоянно готовым к жертвам и подвигам. Это Коза, которую можно приносить в жертву богам. Личность достаточно альтруистическая и при этом весьма своеобразная, она ценит как свою свободу, так и свободу других, и поэтому у нее складываются теплые и дружеские отношения со многими людьми. Коза-Водолей довольно чувствительна, хорошо понимает эмоциональную сферу другого человека, способна на компромиссы. Такой человек может быть хорошим советчиком или судьей. Коза-Водолей не ищет постоянных связей, не очень честолюбива, не способна к длительному труду ради карьеры. Предпочитает получать удовольствия в счет долгов, которых обычно делает много, а расплачивается советами или дружеским участием. К ней трудно предъявлять какие-либо претензии и требования. В практической деятельности эта Коза проявляет интуицию и мистические способности. Ее внешний вид обманчиво простодушен, и лишь узнав ее поближе, партнеры меняют свое отношение к ней. Для семейной жизни такой человек не очень приспособлен. Однако в редких случаях он может встретить достойного партнера и стать хорошим семьянином. Коза всегда считает, что партнер недостоин ее.

Коза-Рыбы

Эта Коза действует вдохновенно и способна добиваться успеха в самых различных областях, которые считает для себя важными. Она похожа на кенгуру, преодолевающего огромные пространства, но для планомерной и конкретной деятельности ей не хватает устойчивости, мешает излишняя суетливость. Личность Козы-Рыб весьма притягательна и очаровательна, производит самое благоприятное впечатление своей мудростью, вдумчивостью, умением говорить комплименты, беседовать о высших материях и проявлять все свои лучшие качества. Однако она бывает излишне сентиментальной. Такой человек способен искренне заблуждаться и вести за собой таких же сентиментальных и иррационально мыслящих людей. Он, как правило, не претендует на лидерство и предпочитает управлять из-за кулис. Это «серый кардинал», умело исполняющий посреднические функции, оставляя себе при этом хорошие комиссионные. Он может объединить вокруг себя большое количество людей под знаменем добра и гуманистических устремлений. Также способен надолго притягивать к себе сексуальных партнеров, во-первых, благодаря своим романтическим качествам и, во-вторых, благодаря своей щедрости и теплоте. В сексе Коза-Рыбы способна сочетать и спорт, и искусство, и поэзию. Как правило, привязана к семье, ради которой готова на любые жертвы.

Тайный спутник жизни Козы

Уточните, в какой час был рожден интересующий вас человек. Сутки разбиты на 12 периодов, каждый из которых также обозначен одним из знаков китайской мифологии. Это поможет полнее уяснить особенности личности данного человека.

Рожденный в часы Крысы — с 23 до 1 часа ночи

Авантюристическая и лукавая Коза. Она эмоциональна и снисходительна к собственным проступкам. Присутствие Крысы могло бы сделать этого человека более надежным и менее склонным к падению в период кризиса.

Рожденный в часы Буйвола — с 1 до 3 ночи

Овечка, излучающая обаяние, смешанное с бурной властностью Буйвола. Пунктуальный, консервативный и более разборчивый в средствах.

Рожденный в часы Тигра — с 3 ночи до 5 утра

В нем кошачья порывистость подчеркнута изящными, но причудливыми путями Овцы. Творческий тип, нерешительный на начальной стадии, его темпераментная сторона делает его изменчивым и ненадежным партнером.

Рожденный в часы Кота — с 5 до 7 утра

Умная, но скромная Коза, не столь благодетельная, как она притворяется. Не всегда может согласиться на предприятие, которое потребует от нее больших трудов или жертв. Избегает слишком большого вовлечения в какую-либо деятельность.

Рожденный в часы Дракона — с 7 до 9 утра

Коза с большими амбициями. Дракон передает ей необходимую храбрость и убежденность для выполнения ее идей и планов. Но Овца порой перевешивает, поскольку она все еще имеет потребность в лести и оценке ее деятельности со стороны.

Рожденный в часы Змеи — с 9 до 11 утра

Коза с большим потенциалом и прекрасным, незагроможденным предубеждениями мнением. Змея делает ее самоуверенной и компетентной. Этот человек вполне способен составить собственное мнение и держать эмоции при себе.

Рожденный в часы Лошади — с 11 утра до 13 дня

Коза, которая действительно любит побегать. Очень выразительный, дерзкий и причудливый тип человека. Лошадь в этом человеке будет подстегивать его в горячем желании заработать деньги, в то время как доминирующая сторона Козы будет заинтересована в том, чтобы раздать заработанное.

Рожденный в часы Козы — с 13 до 15 дня

Очень горячий и отзывчивый тип, но также весьма стремящийся к разнообразию удовольствий. Предпочел бы, чтобы другие обслуживали его или делали за него грязную работу. Может иметь много талантов, но в основном он — воин, раздражительный и нерешительный.

Рожденный в часы Обезьяны — с 15 до 17 дня

Обезьяна могла бы сделать Козу более склонной к принятию решений и сообщить ей побольше уверенности в сделках. Этот человек мог бы также взять у Обезьяны хорошую манеру видеть прежде всего солнечную сторону вещей.

Рожденный в часы Петуха — с 17 дня до 19 вечера

Он постоянно носится с идеями, которые никогда не смогут осуществиться. Коза слишком зависима, и Петух подсказывает ей бессмысленные решения. Без сомнения, он будет башковитым созданием и будет иметь много положительных качеств, но кто-то еще будет должен выявить его затаенные ресурсы и организовывать его жизнь.

Рожденный в часы Собаки — с 19 до 21 вечера

Коза более рациональная и разумная, чем остальное овечье стадо. Собака дает ей силу характера и помогает выстоять перед суровой действительностью. Этот человек не будет легко поддаваться слезам или жалости к себе.

Рожденный в часы Кабана — с 21 до 23 вечера

Эта Коза всегда предоставит вам свое плечо, чтобы вы смогли на нем выплакаться. Но и вы держите свое плечо наготове, поскольку он ожидает той же самой привилегии и от вас, если вы назвались его другом. Хотелось бы надеяться, что крепкий Кабан сделает его более способным перенести грядущие испытания и он вынесет затруднения, не впадая в истерику.

Гороскоп Козы на 12 лет

В год Крысы (2008)

Пусть Коза остается в деревне и рассчитывает на сбережения друга, ибо сама не сможет этого сделать.

В год Буйвола (2009)

Очень подходящий год для Козы. Можно любить деревню, но не обязательно сельское хозяйство.

В год Тигра (2010)

Все вокруг заняты тем, чтобы изменить мир, и забывают про Козу. Ей будет грустно.

В год Кота (2011)

Наконец Козою занимаются, ценят ее компанию. Очень хороший год для нее.

В год Дракона (2012)

Отовсюду и понемножку для нее сверкает солнышко, Коза воспользуется этим и будет чувствовать себя хорошо.

В год Змеи (2013)

Коза развлечется и заинтересуется многими вещами.

В год Лошади (2014)

Хороший год для Козы. Все ее привлекает, все нравится, все подходит.

В год Козы (2015)

В свой год Коза будет опять успешно подниматься по склону и может посвятить себя искусству.

В год Обезьяны (2016)

Козою больше не занимаются, за исключением тех моментов, когда все собираются дома. Она участвует в игре.

В год Петуха (2017)

Коза в этот год отказывается работать. Будет жить этот год как богема. Пусть это продлится очень долго.

В год Собаки (2018)

Плохой год для Козы. Каждый слишком занят собой, чтобы подумать о Козе. Она чувствует себя покинутой.

В год Кабана (2007, 2019)

Преуспевание других приносит Козе счастье, поскольку она умеет этим пользоваться. Следовало бы ей быть поосторожнее. Но она игнорирует смысл этого слова.

Некоторые известные люди, родившиеся в год Козы

Энди Уорхол — художник, дизайнер

Мохаммед Али — боксер

Эндрю Карнеги — промышленник

Мигель Сервантес — писатель

Дино Ди Лаурентис — киноактер и кинорежиссер

Дуглас Фэрбенкс — киноактер

Пьер Трюдо — премьер-министр Канады

Катрин Денев — киноактриса

Бобби Фишер — шахматист

Георг IV — король Англии

Рудольфо Валентино — киноактер

Сэр Лоуренс Оливье — театральный и киноактер

Реза Пехлеви — шах Ирана

Микеланджело Буонаротти — художник и скульптор

Мел Гибсон — киноактер

Николь Кидман — модель и киноактриса

Памела Андерсон — модель и киноактриса

Марк Твен — писатель

9. Обезьяна

Янское металлическое животное

Период с 02.02.1908 г. по 22.01.1909 г.
Период с 20.02.1920 г. по 03.02.1921 г.
Период с 06.02.1932 г. по 26.01.1933 г.
Период с 25.01.1944 г. по 13.02.1945 г.
Период с 12.02.1956 г. по 31.01.1957 г.

Символика знака

Обезьяны вообще символизируют низшие силы, тьму или бессознательную активность, но в этом символизме — подобно символизму легендарных мифических существ — сочетаются два аспекта. С одной стороны, эта бессознательная сила может быть опасной, ибо она может разрушить индивида, однако она также может оказать благо, как все бессознательные силы, когда этого меньше всего ожидают. Вот почему в Китае обезьяне приписывается сила обеспечивать хорошее здоровье, успех и защиту; это соотносит ее, таким образом, с эльфами, волшебниками и феями. В Южном Китае и на Тибете семьи с гордостью вели свою родословную от предков-обезьян, которые якобы похищали женщин и те рожали от них детей.

Характеристика личности Обезьяны

Будучи самым взбалмошным из всех знаков, Обезьяна, тем не менее, остается душой общества, у нее есть юмор, она всегда лукава и хитра.

Обезьяна общительна, и создается впечатление, что она ладит со всеми знаками, но это согласие бывает часто лишь тактикой. Обезьяна очень корыстна, игрива, даже услужлива, прикрывает нелицеприятное мнение о других своей неискренней приветливостью. На самом деле она презирает все другие знаки и поэтому считает себя выше других. Она тщеславна.

Обезьяна-мужчина

Другие знаки ищут сближения с ним из-за его проницательного ума. Очень ловок для предприятий большого размаха, хитер в финансовых сделках, великолепный работник во всех областях, которые требуют сообразительности, осведомленности. Иногда же он может пойти на сделку с совестью. Может добиться успеха на любом поприще: политика, дипломатия, коммерция, промышленность не представляют для него секрета — он может браться за все, все себе позволить, особенно если у него высшее образование.

Часто он может достичь известности, если следует своему призванию. Только ему следует избегать словесных излияний, которые могут утомить людей. Несмотря на некоторые финансовые затруднения, у Обезьян в общем хорошее положение в обществе.

Обезьяна-женщина

Она изобретательна и оригинальна до крайности и способна разрешать самые трудные проблемы с удивительной быстротой. Но, если она не начинает их сразу осуществлять, она бросает их, так и не начав. У Обезьяны много здравого смысла и восхитительной ловкости одурачивать людей. Ей удается даже высмеять Дракона, который, однако, является самым могущественным, выносливым и ловким и не поддается магнетизму Тигра, над которым она смеется. Будучи очень дипломатичной и хитрой, Обезьяна всегда может вывернуться из самых трудных ситуаций. Она независима, и ей ничего нельзя навязывать или внушать. Это она выбирает.

Достоинства и недостатки

Достоинства. Обезьяна — интеллектуал, у нее большая жажда к знаниям. Она все читала, знает бесконечно много вещей, в курсе всего, что происходит в мире. Она хорошо образованна и обладает такой прекрасной памятью, что может вспомнить мельчайшие детали виденного, прочитанного или слышанного. В конечном счете, эта память ей необходима, поскольку все у нее в беспорядке. Она малощепетильна, не колеблется быть недобросовестной и солгать, когда это необходимо для ее дела. Она может совершать нечестные поступки, если уверена в безнаказанности, но Обезьяну легко поймать.

Недостатки. Некоторых Обезьян такое гибкое сознание доводит до воровства, но не все они воры и лжецы. Что бы ни произошло, на нее не слишком сердятся, поскольку по натуре Обезьяна очаровательна и очень преуспевает в искусстве нравиться. Обезьяна карьеристка. Для этого есть все основания и шансы, чтобы преуспеть. На самом деле, несмотря на ее отрицательные черты (тщеславие, лживость, отсутствие щепетильности), она весьма привлекательна.

Идеальные браки

В любви Обезьяна не найдет счастья. Отношения с противоположным полом будут плохими. Будучи страстной, она легко найдет себе увлечение, но быстро пресытится и будет искать себе другую любовь. К сожалению, будет искать напрасно. Несмотря на страсть, ее принципиальный и критический ум быстро приведет ее к охлаждению. Но свойственный ей юмор спасет ее от отчаяния. Более чем кто-либо она может смеяться над собственными печалями и сделать соответствующие выводы. Обезьяна может быть в хорошем союзе с Драконом. Она принесет ему свою хитрость, но воспользуется его могуществом. Они могут быть также компаньонами в деле — хотя у Обезьяны всегда мысль обставить Дракона. Обезьяна будет ладить с Крысой, которую очарует. Крыса перенесет от Обезьяны все и будет страстно любить ее всю жизнь, даже если ей не будут платить взаимностью. Обезьяна смеется над Тигром, но следовало бы этого остерегаться. Всякий союз в любви или в делах между Обезьяной и Тигром приведет к трениям и вспышкам. Обезьяна не любит чрезмерности и будет высмеивать Тигра, что не помешает ей стать его жертвой. Осторожная, она рискует быть им съеденной. Кто бы ни стал ее спутником, у Обезьяны тенденция иметь много детей.

Если Обезьяна — мужчина, а женщина...

Крыса
Самое лучшее сочетание. Женщина-Крыса будет обожать Обезьяну, и они будут счастливы.

Бык
Бык любит Обезьяну, а Обезьяна достаточно умна, чтобы без ущерба выйти из этого многосемейного конгломерата.

Тигр
Не совсем спокойно. Обезьяна может завести Тигра.

Кот
Милая семья, при условии если Обезьяна не окажется слишком плодовитой.

Дракон
Возможно. Ведь Обезьяна — хорошая комедиантка. В ней много очарования. Он, как всегда, будет разочарован, но не покажет этого.

Змея
Возможно. Если Бог и Змея этого хотят. Все зависит от Обезьяны и от Бога.

Лошадь
Нет, сей альянс недолговечен. Лошади нужны настоящие страстные чувства. Она презирает ловкость и хитрость в любви.

Коза
Если у Обезьяны есть деньги, то почему бы нет? Коза ее так развлекает.

Обезьяна

Настоящие соучастники. Могут пойти дальше.

Петух

Обезьяна может посмеиваться над Петухом всю жизнь, а он даже и не заметит — это главное.

Собака

Не рекомендуется. Собака будет страдать — она ведь большая идеалистка.

Кабан

Возможно. Слишком легко одурачить Кабана, но Обезьяна не испытывает такого желания. Она уважает Кабана.

Жизненный путь

Первая часть ее жизни будет счастливой.

Вторая — бурной, смутной, ее планы часто будут рушиться.

Третья часть будет спокойной, но у нее будет одинокая старость, она умрет вдали от своей семьи, иногда от несчастного случая.

Металлическая Обезьяна, 1920, 1980 гг.

У Металлической Обезьяны очень сильная воля, за что бы она ни бралась, все делает целеустремленно и в основном предпочитает работать самостоятельно, а не в коллективе. Она тщеславна, мудра и самоуверенна и. не боится тяжелой работы; может считаться знатоком в финансовых делах и, как правило, с умом вкладывает свои деньги. Несмотря на независимый характер, Металлическая Обезьяна любит общество, присутствие на вечеринках и участие во всевозможных мероприятиях. По отношению к близким она заботлива и добра.

Водяная Обезьяна, 1932, 1992 гг.

У Водяной Обезьяны чуткий, восприимчивый характер. Она более дисциплинированна, чем другие типы Обезьян, и более склонна работать ради какой-либо одной цели, чем отвлекаться и разбрасываться по пустякам.

Ей не свойственна откровенность в отношении своих замыслов, и в разговоре она старается избегать этой темы. Довольно чувствительная к критике, она, благодаря умению убеждать, сравнительно легко приобретает сторонников. Ей понятны человеческие слабости, что помогает неплохо ладить с людьми.

Деревянная Обезьяна, 1944 г.

Это умелый и ответственный работник. Имеет богатое воображение и всячески старается приобретать новые знания, прогрессивна в своих идеях. Однако ее энтузиазм может быстро угаснуть; она легко теряет терпение и опускает руки, если дела идут не так, как хотелось бы. Ей не чужды дух авантюризма и стремление к риску. Деревянная Обезьяна обожает путешествия. Среди коллег и друзей пользуется доверием и уважением.

Огненная Обезьяна, 1896, 1956 гг.

Огненная Обезьяна умна, полна жизненных сил и без труда завоевывает уважение других. У нее богатое воображение, разносторонние интересы, правда, они порой отвлекают ее от более полезных и выгодных дел.

Она любопытна и всегда в курсе всех происходящих событий. Однако бывает весьма упрямой, если не все идет по ее плану, и порой подавляет тех, кто не обладает столь сильной волей.

Характер имеет очень живой, у противоположного пола пользуется большой популярностью, очень преданна своему партнеру.

Земляная Обезьяна, 1908, 1968 гг.

Земляная Обезьяна любознательна, начитанна и обычно добивается многого в выбранной профессии. Она не так общительна, как другие Обезьяны, и предпочитает более спокойные и солидные занятия. У нее высокие принципы, заботливый характер, большое великодушие по отношению к несчастным. Она удачлива в бизнесе и финансах и к старости может обладать значительным состоянием. Обладая умиротворяющим влиянием на окружающих, она, как правило, любима и уважаема всеми. Особенно внимательна к тем, кому оказывает доверие.

Уточнение личности по знаку Зодиака

Уточните, под каким знаком Зодиака рожден интересующий вас человек. Это поможет скорректировать его характер.

Обезьяна-Овен

У этой Обезьяны молниеносная реакция, ей присуща крайняя агрессивность, внезапность в проявлениях. В то же время она способна на глубокие чувства и бывает весьма замкнута и спокойна. Однако это впечатление обманчиво, поскольку Обезьяна-Овен стремится к лидерству и нередко проявляет это качество своего характера в сексуальной сфере. Она весьма сексуальна и даже похотлива: Обезьяна, прыгающая «с одного дерева на другое». Она способна к саморекламе и рекламе своих идей, которые умеет показать в самом выгодном свете. Может дорого себя продать. Ее трудно заставить свернуть с выбранного пути. Обезьяна-Овен может быть честной, если ей это выгодно, искренне и твердо выражать свои чувства, смотря вам прямо в глаза. Но если выгоды нет, станет лукавить, а вам трудно будет усовестить ее или доказать, что она не права. Она способна к резким бескомпромиссным диалогам, но умеет доказывать свою правоту и в очень корректной форме.

Обезьяна-Телец

Это безобидная и спокойная Обезьяна, даже порой беззащитная, немного ленивая и наивная, но имеющая достаточно высокий сексуальный потенциал и любящая веселую жизнь. Такой человек способен порождать яркие идеи и весьма привлекателен для окружающих. Она очень впечатлительна и обладает гибким умом. Общительная, способная управлять своим окружением, достаточно честолюбивая, она не всегда целеустремленна и последовательна в своих действиях и желаниях. Из положительных качеств можно отметить способность приводить интересы окружающих в соответствие с собственными интересами и находить компромиссы в различных критических ситуациях.

Обезьяна-Близнецы

Весьма вздорная Обезьяна, склонная к интригам и скандалам. Это макака, на которую, впрочем, нельзя долго сердиться. Личность весьма изобретательная, которая полагается в основном на свои силы и способности и прекрасно знает себе цену. Иногда эта Обезьяна, надеясь на свою ловкость и сообразительность, совершает необдуманные поступки, и трудно угадать, какие новые затеи роятся в ее голове. И все же некоторые идеи, которые у нее возникают, просто гениальны, но, как правило, осуществлять их будут другие люди. Эта Обезьяна чем-то напоминает фокусника, который способен доставать зайца из шляпы. Она любит дурачить своих партнеров, особенно если они недостаточно умны и осторожны. Поэтому будьте внимательны и старайтесь контролировать ее даже в мелочах. Именно Обезьяна-Близнецы способна делать из мухи слона, а из самой простой идеи извлекать огромную выгоду.

Обезьяна-Рак

Производит впечатление домовитой, скромной Обезьяны, которая не способна к коммерции. На самом деле она прекрасно соблюдает свои интересы и общается с другими только тогда, когда может выгодно обменять лишний банан на то, что ей нужно в данный момент. Обезьяна-Рак отличается богатой фантазией и стремлением жить не по средствам — больше тратить, чем зарабатывать, при этом у нее отличные финансовые способности и безошибочное чутье на деньги, на их приобретение и использование. Кроме того, ей очень нравится демонстрировать свой интеллект и победы над противоположным полом. Она достаточно артистична, любит дорогие вещи и очень трудно с ними расстается. В деловом плане это партнеры, с которыми можно сотрудничать при условии постоянного контроля, поскольку они занимаются несколькими делами одновременно. Эмоциональная жизнь такой Обезьяны достаточно активна, сексуальный потенциал очень высокий. Обезьяна-Рак частенько злоупотребляет алкоголем и очень увлекается противоположным полом.

Обезьяна-Лев

Это Обезьяна, которая способна подергать Тигра за хвост, готова к любым экспериментам ради самих экспериментов. Очень непрактичная Мартышка прожигает свою жизнь, двигаясь только из любви к движению. В ее характере причудливо соединяются авторитет и надежность Льва с обезьяньей ловкостью. Обезьяна-Лев, как правило, хороший друг, способный проявлять величие и широту духа, активизировать любые, даже безумные, идеи, однако неожиданно ее дружба может переродиться в авторитарность, чреватую дерзкими, бестактными попытками лезть в чужие дела. Это происходит в основном из-за непомерного любопытства, а не по злому умыслу. Такой человек никогда не держит «камень за пазухой» и быстро забывает обиды. Партнерам он легко прощает их слабости.

Обезьяна-Дева

Это Обезьяна, которая постоянно контролирует свой характер и свою хитрость. Она живет в своем собственном мире, появляется и исчезает тогда, когда ей это выгодно, и этим напоминает снежного человека, который вроде бы есть и вроде бы его нет. Это находчивая и изобретательная личность с очень хорошей памятью, с весьма динамичным исследовательским умом, способная добиваться больших успехов как в бизнесе, так и в личных делах. Правда, ей часто не хватает интуиции, и она предпочитает спокойному, вдумчивому анализу ситуации суету и множество контактов. Эмоциональная жизнь достаточно активна, но чувства весьма неглубоки. Обезьяна-Дева может стать хорошим посредником или секретарем и таким образом использовать свойственные ей административные таланты. Кроме того, она может быть достаточно своеобразным руководителем.

Обезьяна-Весы

Это Обезьяна, которая всю свою жизнь проводит в подвижных играх и жаждет произвести на окружающих самое лучшее впечатление. Она способна на самые рискованные прыжки и не задумывается о крепости веток, за которые хватается. Поэтому довольно часто она оказывается на земле и может стать добычей хищников. Она достаточно вежлива и внимательна к другим, кажется приятным и очаровательным собеседником. Однако будьте внимательны с Весами-Обезьяной, поскольку ее обещания, ее улыбки очень редко бывают искренними. Как правило, это ловушка или западня для нужных людей. Это Обезьяна, способная из каждой ситуации, из любого партнерства извлекать выгоду. Для достижения своих целей эта Обезьяна может соединить самых различных людей. У нее часто возникают проблемы с партнерами, которым она создает массу неприятностей, если они перестают ее интересовать. Особенно это касается мужчин, которые, расставаясь с женщинами, могут нанести им психологическую травму. В других случаях Обезьяна-Весы представляет собой вполне оптимальное сочетание и пытается пройти между двух огней с минимальными потерями.

Обезьяна-Скорпион

Это очень подвижная мартышка, напоминающая хитрого чертенка. На нее весьма сложно полагаться, поскольку никогда не знаешь, какую очередную хитрость или шалость она выкинет. Такой человек способен преодолевать любые установки, как внешние, так и внутренние, демонстрируя непокорность и неуважение, отсутствие любых компромиссов, но действуя очень эффективно и ловко. Это игрок, самовлюбленный и властный, не гнушающийся никакими средствами, чтобы свалить своего конкурента. Сексуальная жизнь этой Обезьяны проходит достаточно динамично и активно, и она редко довольствуется одним партнером.

Обезьяна-Стрелец

Спокойная Обезьяна. Волевая личность с незаурядным, организаторским талантом. У нее светлая голова и хорошая интуиция. Она собирает различные точки зрения в единое целое и достигает своей цели, которую редко скрывает. У нее высокий авторитет, которым она очень дорожит, поэтому ее невозможно ни подкупить, ни переубедить. В этой комбинации находчивость Обезьяны и аристократичность Стрельца позволяют быстрее достигать личного счастья и успехов в делах. На службе эта Обезьяна высокомерна со своими подчиненными, но умеет ладить с вышестоящими лицами, что положительно сказывается на ее карьере. Кроме того, у нее обширные источники информации, позволяющие ей знать больше, чем другие. Очень часто такую Обезьяну воспринимают как возможного конкурента или карьериста, что, однако, не мешает ей добиваться своего.

Обезьяна-Козерог

Эта Обезьяна способна стать храмовой Обезьяной. Ее озорство сдерживает Козерог. Рано или поздно подвижность берет свое, и принцип «Делу время, потехе час» не всегда ею соблюдается. Она способна к продолжительной, тяжелой работе, но довольно часто ее дела все равно превращаются в мартышкин труд. Мирный нрав, старательность и ответственность в ее характере уживаются с ловкостью и хитростью. Эта Обезьяна способна занять положение в обществе и управлять окружением, не обременяя себя слишком большой ответственностью. Может выполнить любую сверхзадачу, но в то же время не воспользуется до конца плодами своего труда. Сексуальные отношения достаточно динамичны, но менее надежны. Люди, с которыми она расстается, не могут долго держать на нее обиду. Непоколебимая сила Козерога помогает такому человеку объяснять мотивы своих поступков с позиции несокрушимой логики и делать при этом верные выводы.

Обезьяна-Водолей

Эта Обезьяна предпочитает жить в лесу, однако, если требуется, выходит к людям и забирает то, что ей надо. Ее можно сравнить с орангутангом, похищающим женщин из близлежащих селений. Хотя эта Обезьяна производит впечатление очень мудрой, полностью ей доверяться нельзя: никогда не знаешь, что у нее на уме. Личность очень необычная, обладающая оригинальным характером, соединяет в себе щедрость Водолея, его способность к разносторонним знаниям и умение Обезьяны ловко ими оперировать. Такой человек способен проводить свою политику очень гибко и осмотрительно. В то же время он энергичен, динамичен и чрезвычайно любопытен, обладает хорошей интуицией и очень общителен. Свою силу Обезьяна-Водолей использует в практической деятельности, может быть прекрасным коммивояжером и посредником. Используя свои незаурядные качества, может завоевывать любые высоты, не забывая при этом о своей выгоде. Необходимых ему людей такой человек удерживает с помощью хитрости и обмана до тех пор, пока ему это выгодно. Сексуальный потенциал достаточно высок, и Обезьяна-Водолей умело использует его, обогащаясь сексуальным опытом.

Обезьяна-Рыбы

Такой Обезьяне осталась лишь одна ступень, чтобы превратиться в Человека. У нее высокие интеллектуальные способности, она легко обучается и поэтому может оказывать своему окружению массу мелких услуг. Это очень хороший коммерсант, коммивояжер, объединяющий все, вся и всех, не без выгоды для себя. Обезьяна-Рыбы умеет пользоваться своими мистическими чарами, чтобы добиться желаемого. У такого человека чаще всего прекрасный актерский дар, он умеет читать в сердцах и душах окружающих, хорошо знает их достоинства и недостатки, а его главный талант состоит в умении получить с каждого по максимуму. Поэтому в деловых отношениях, особенно в непроизводственных и гуманитарных сферах, такой человек может быть весьма полезен. Однако поверхностность Обезьяны-Рыб проявляется в отношении к сексуальным партнерам. Эмоциональные связи неглубоки. Очень часто в конце жизни, оглядываясь на пройденный путь, она понимает, что у нее, запутавшейся в лабиринте встреч и расставаний, не осталось даже воспоминаний. Часто Обезьяна-Рыбы имеет несколько семей, несколько партнеров, много детей, может легко разрешать разные конфликты, постоянно ладить со всеми и содержать всех своих любовников и детей.

Тайный спутник жизни Обезьяны

Уточните, в какой час был рожден интересующий вас человек. Сутки разбиты на 12 периодов, каждый из которых также обозначен одним из знаков китайской мифологии. Это поможет полнее уяснить особенности личности данного человека.

Рожденный в часы Крысы — с 23 до 1 часа ночи

Искрящаяся индивидуальность. Ничто не остановит этого человека от смакования всех прелестей, которые должна предложить ему жизнь, и в то же самое время он будет испытывать искреннюю скорбь по потраченным им деньгам. Старается и рыбку съесть и на крючок не подсесть.

Рожденный в часы Буйвола — с 1 до 3 ночи

Тяжелая на подъем Обезьяна, по характеру пуританская, но с лучшими верительными грамотами. Менее склонный интриговать против вас. И даже когда он это делает, трудно его понять, поскольку держит такое искреннее лицо!

Рожденный в часы Тигра — с 3 ночи до 5 утра

Действительно резвая и обильная в проявлении своих чувств Обезьяна. Оба знака здесь слишком уверенны в себе и осторожны. Он предпочел бы вляпаться в историю, нежели принять чей-то добрый совет или признать собственное поражение.

Рожденный в часы Кота — с 5 до 7 утра

Тонкая, менее вредная Обезьяна с большой мнительностью и множеством самоограничений. Может быть тонким психологом в своих оценках и в деловых отношениях с другими людьми.

Рожденный в часы Дракона — с 7 до 9 утра

Вдвойне честолюбивая Обезьяна. С собственным феноменальным мастерством и мощными челюстями Дракона, она обычно откусывает больше, чем может прожевать.

Рожденный в часы Змеи — с 9 до 11 утра

Если в эту комбинацию добавлена мудрость Змеи, мы могли бы получить нового Гарри Гудини. Обезьяна с большим интеллектом и проницательным взором. Способен оказаться в нужном месте прежде, чем вы сообразите, как он это сделал.

Рожденный в часы Лошади — с 11 утра до 13 дня

Обезьяна не столько упорная, сколько расчетливая, которая преспокойно перейдет на сторону соперника без уведомления бывших союзников. Игрок, который обычно играет по собственным правилам.

Рожденный в часы Козы — с 13 до 15 дня

Мечтательная, романтичная Обезьяна, снабженная некоторой хитростью. Все еще склонна к авантюризму и потворствованию собственным слабостям, но имеет более приятный и уступчивый характер.

Рожденный в часы Обезьяны — с 15 до 17 дня

Это чрезвычайно ловкий человек, и его высокоразвитая индивидуальность будет дружелюбна и в высшей степени оптимистична. Но... если не случится чего-то экстраординарного, ему не избежать неприятностей.

Рожденный в часы Петуха — с 17 дня до 19 вечера

Нетрадиционная и предприимчивая Обезьяна с очень высокими стремлениями. Со способностями Обезьяны, возможно, даже мечты Петуха могли бы сбыться.

Рожденный в часы Собаки — с 19 до 21 вечера

Эмоционально обделенная и простоватая Обезьяна. Из профессий ей более всего подойдет стать сатириком. Однако этот человек очень популярен, поскольку никогда не теряет чувства юмора и не бежит от действительности.

Рожденный в часы Кабана — с 21 до 23 вечера

Спортивная и менее застенчивая Обезьяна. В присутствии Кабана она менее фальшива, и с ней в принципе можно иметь дело. Будет трудно удержать ее под конец сделки.

Гороскоп Обезьяны на 12 лет

В год Крысы (2008)

Великолепный год для Обезьяны. Все ей удастся.

И если какая-либо Крыса влюбится в нее, она будет самой счастливой из всех Обезьян.

В год Буйвола (2009)

Все будет хорошо. Обезьяна воспользуется посредником и выйдет из положения. Бык будет по-дружески относиться к ней.

В год Тигра (2010)

Обезьяна проживет этот год в качестве довольного зрителя. У нее чувство бесплодности всяких действий.

В год Кота (2011)

У Обезьяны будут великолепные дела. Этот год, со всех точек зрения, благоприятен для нее.

В год Дракона (2012)

Роль Обезьяны в этот год будет главной, ибо Дракон всегда нуждается в ней.

В год Змеи (2013)

Обезьяна всегда найдет свое место. Она настолько полезна! Эта карьеристка становится даже необходимой.

В год Лошади (2014)

Хотя Обезьяна и не любит представлений, она может найти для себя видную работу.

В год Козы (2015)

Она будет интриговать, играть на двух столах и весьма хорошо развлечется.

В год Обезьяны (2016)

Обезьяна ликует. Она не замечает лап, но ненадолго. Эта суета ее развлекает, если посмотреть со стороны.

В год Петуха (2017)

Год Обезьяны окончился. Это менее забавно, хотя усилия Петуха ее занимают.

В год Собаки (2018)

Обезьяна слишком умна, чтобы в этот год по-настоящему беспокоиться.

В год Кабана (2007, 2019)

Завершилась фортуна предшествующего года.

У Обезьяны снова дела, она рьяно рвется получить свою долю жизненных удовольствий.

Некоторые выдающиеся личности, родившиеся в год Обезьяны

Федерико Феллини — кинорежиссер

Леонардо да Винчи — художник и скульптор

Гарри Трумен — президент США

Джон Мильтон — поэт

Чарлз Диккенс — писатель

Поль Гоген — художник

Элеонора Рузвельт — жена Ф. Д. Рузвельта

Сирикит — королева Таиланда

Мик Джаггер — эстрадный певец

Линдон Джонсон— президент США

Эдвард Кеннеди — политический деятель США

Джоан Кроуфорд — киноактриса

Бетти Дэвис — актриса

Нельсон Рокфеллер — миллионер

10. Петух

Иньское металлическое животное

Период с 22.01.1909 г. по 10.02.1910 г.
Период с 03.02.1921 г. по 23.01.1922 г.
Период с 26.01.1933 г. по 14.02.1934 г.
Период с 13.02.1945 г. по 02.02.1946 г.
Период с 31.01.1957 г. по 16.02.1958 г.

Символика знака

У китайцев образ Петуха олицетворяет принцип инь, смелость, благожелательность, достоинство и верность. Красный петух — это первоначальная форма Солнца и защищает от огня; белый петух защищает от духов. Петух — десятое символическое животное Двенадцати Земных Ветвей. Корона на его голове означает литературный дух, склонность к литературе; а шпоры подчеркивают воинственный характер. В некоторых китайских церемониях петуха даже убивают, чтобы подчеркнуть смерть старой жизни и чистоту новой. Даже иероглиф, обозначающий слово «петух», соотносится со значением иероглифа «удача» и потому используется в погребальных церемониях, в которых отгоняет злых духов. В Китае петух символизирует рассвет; он агрессивен — это символ войны, а в астрологическом смысле петух соответствует Плеядам.

Характеристика личности Петуха

Хотя у китайцев и японцев этот знак называется Петухом, вьетнамцы часто именуют его «цыпленком». Имеется два отличных один от другого типа людей-Петухов. Одни — быстрые в движениях, легкие на подъем, стремительные, чрезвычайно болтливые и другие — торжественные и неторопливые созерцатели, довольно проницательные при этом. С обоими одинаково трудно иметь дело. Петух таит в себе много выдающихся, но нереализованных качеств, и если он их так и не реализует, то чем-то станет смахивать на ворону.

Этот мечтатель принимает себя всерьез и любит лесть. Петух не стесняется в выражениях и иногда проявляет себя резко и агрессивно. Это не обходилось бы без столкновений, если бы эти жертвы не относили подобное отношение на счет откровенности и эксцентричности. Его жертвы обманываются. В откровении Петух — золото. Он говорит то, что думает, без обиняков. Но эта откровенность, скорее всего, тенденция к эгоизму. Он полностью безразличен к чувствам и уязвимости других и считает, что нет никакой причины их щадить. Это, конечно, преграждает ему путь к дипломатической карьере. Что касается его эксцентричности — это только видимость. Конечно, он любит чтобы его замечали (это выражается, например, в манере одеваться), но в действительности он глубоко консервативен, даже в политических взглядах, даже в ущерб себе.

Петух-мужчина

Он думает, что он прав всегда и что только он знает, что делать. Он не доверяет никому и полагается только на самого себя. Вместе с тем он щедро раздает советы. Вполне определенно он кажется дерзким искателем приключений. Не верьте этому. Его распирает от абсурдных и неосуществимых проектов, но это необыкновенные мечты. Он любит мечтать, воображать, что он герой, но он мечтает, воображает, созерцает в уюте, в домашних туфлях. Это философ с несколько кабинетными взглядами, который редко отдается импровизации. Петух способен к сельскому хозяйству и к профессиям, где сталкиваются с другими людьми. Он любит рисоваться. Он расточителен, он постоянно расходует все, что зарабатывает, у него даже есть тенденция подвергаться большому финансовому риску. Нередко его может коснуться разорение, банкротство, катастрофа в награду за его излишнюю мечтательность. Он никогда не будет экономен.

Петух-женщина

Вьетнамцы утверждают: в силу того что Петуху приходится скрести и клювом и лапами, женщина этого знака всегда найдет червячка, даже в пустыне, и себе, и своим цыпляткам. Этот символ характеризует постоянное действие. Но если она позволит себе отдаться мечтательности или лени, то может стать одной из забавных дам-философов, которые в поисках жемчужных зерен роются на помойке, так как в конечном счете это способ, которым они пользуются для того, чтобы на них обратили внимание. Женщина-Петух любит общество других женщин и специальности, которые приведут ее к общению с ними.

В любви ей придется трудно, придется приложить значительные усилия, чтобы завоевать и удержать привязанность любимого человека. Часто ее пылкость его разочаровывает, ибо действительность не всегда на уровне мечты, которая владеет ею. Однако она всегда будет искренней.

Достоинства и недостатки

Достоинства. Петух не робок, напротив, он отважен (это объясняет многое), храбр, если это вызвано необходимостью. Смел до такой степени, что может рисковать своей жизнью с улыбкой на устах. Поэтому из него может выйти хороший воин. У него есть основания быть активным. Деньги ему не упадут в клюв без труда. Он должен работать, чтобы обеспечить себе жизнь, и, если поле деятельности благоприятно, он может стать богатым. Вместе с тем он способен извлечь деньги даже в неблагоприятной ситуации.

Недостатки. Имея натуру, расположенную к созерцательности, он может проявить тенденцию к лени. Вместе с тем он часто великий труженик. Он всегда хочет сделать больше, чем может, и берется за задачи, превышающие его силы, но ему частенько не удается их хорошо выполнить. Люди в основном находят его интересным, но если он не будет относиться к этому очень осторожно, то рискует их разочаровать. Хвастун, в действительности он всегда говорит больше, чем может сделать. Блистая, он более приятен в обществе, чем в интимных отношениях.

Идеальные браки

Мужчина-Петух любит общество женщин, среди которых он может блистать и гарцевать, ухаживать. Но дальше этого не пойдет. Вместе с тем он будет нередко выбираться на пирушки со своими старыми друзьями. Мужчины надоедают ему. Петух будет счастлив с Буйволом, семьянином и консерватором. Он сможет философствовать со Змеей. В делах и любви Змея принесет ему свою мудрость, но пусть она остерегается, чтобы не слишком ярко блистать, Петух сможет уничтожить ее. С Драконом Петух будет полностью удовлетворен, если станет действовать через посредника, особенно если это женщина. Петуху следует избегать Кота! Кот плохо переносит фанфаронство Петуха, его яркое оперение и попросту презирает Петуха.

Если Петух — мужчина, а женщина...

Крыса
Оба так любят рыть землю в поисках зерна, что, пожалуй, весьма быстро придут к нищете.

Бык
Это было бы великолепно, если бы у тщеславия Петуха не было бы желания командовать или делать вид. Следует воздержаться.

Тигр
Нет. Женщина-Буйвол не переносит фатовства Петуха, она будет относиться к нему предвзято.

Кот
Никоим образом. Кот будет в полном отчаянии от фанфаронства Петуха.

Дракон

Да, альянс возможен. Если у женщины-Дракона в жизни создалась блестящая ситуация, то Петух воспользуется этим, чтобы полюбезничать с нею.

Лошадь

Нет. Она сбежит от него. Для нее любовь — это слишком серьезная вещь.

Коза

Нет. Коза не смогла бы жить любовью и чистым воздухом, а работа не ее дело. Вид работающего Петуха утомит ее.

Обезьяна

Сможет много вытянуть из Петуха, но Петух будет несчастным, а Обезьяна неудовлетворенной.

Петух

Невозможна их совместная жизнь. Вечные семейные сцены им обеспечены.

Собака

Нет. Собака плохо переносит фатовство. Она будет всегда цинична.

Кабан

Слишком агрессивный Петух утомляет Кабана. Они явно не подходят друг другу.

Жизненный путь

У Петуха будут подъемы и срывы в течение трех фаз его жизни как в области финансов, так и в области чувств. Он пройдет путь от бедности к богатству, от идеальной любви до самых отвратительных ее проявлений. Его старость будет счастливой. Народная мудрость гласит, что два Петуха в одном доме сделали бы вам жизнь невозможной.

Металлический Петух, 1921, 1981 гг.

Этот Петух — трудолюбивый и ответственный работник. Он точно знает, чего хочет в жизни, и поэтому делает все, за что бы ни брался, уверенно и настойчиво. Порой он может казаться чересчур резким, и ему, безусловно, пошло бы на пользу почаще находить компромисс, а не настаивать на своем. Металлический Петух прекрасно разбирается в вопросах бизнеса и финансов. Он предан друзьям и отдает много времени и сил для общего блага.

Водяной Петух, 1933, 1993 гг.

У этого Петуха очень убедительная манера говорить, и он легко контактирует с людьми. Он умен, начитан и любит принимать участие в дебатах и дискуссиях; обладает неистощимой энергией и способен работать дни и ночи напролет, чтобы добиться желанной цели. Однако он может тратить время попусту, волнуясь по поводу всяких мелочей. Он доступен для других, наделен чувством юмора и уважаем окружающими.

Деревянный Петух, 1945 г.

Деревянный Петух честен, надежен и полон благих намерений. Он честолюбив, но склонен работать в коллективе, а не самостоятельно. Как правило, преуспевает в жизни, но порой ставит перед собой невыполнимые задачи. У него широкий круг интересов, он любит путешествовать и очень заботлив по отношению к близким и друзьям.

Огненный Петух, 1897, 1957 гг.

Этот Петух — человек исключительной силы воли. Он обладает всеми качествами лидера, прекрасными организаторскими способностями. Имея сильный характер, как правило, всегда добивается своего в жизни, но, будучи излишне прямолинейным, порой забывает о чувствах других. Если бы Огненный Петух был более тактичен, то, безусловно, сумел бы осуществить самые заветные мечты.

Земляной Петух, 1909, 1969 гг.

Земляной Петух имеет глубокий, проницательный ум. Он очень толковый работник и обычно преуспевает в вопросах бизнеса и финансов. Он очень настойчив и, единожды поставив перед собой какую-то определенную цель, всеми силами будет добиваться ее осуществления. Он очень трудолюбив, и за это его ценят друзья и коллеги.

Уточнение личности по знаку Зодиака

Уточните, под каким знаком Зодиака рожден интересующий вас человек. Это поможет скорректировать его характер.

Петух-Овен
Этот бойцовый Петух, задира и фантазер, часто ищет арену для проверки своих сил. Прекрасно видит слабые стороны людей, перс-

пективы отношений с ними, способен давать правильные советы, однако не скупится и на невыполнимые обещания. Трудно не заметить, невозможно игнорировать и сложно терпеть — вот три основных признака Овна-Петуха. Настроенный позитивно, он может быть просто необходимым в любом деле, любому человеку. Но пребывая в неважном настроении, может демонстрировать и достаточно неприятные качества. Убежденный в своей правоте, способен с фанатичным упорством идти на любые битвы и с чистой совестью, не задумываясь, совершать крайне рискованные поступки. Это личность прямая, как стержень, часто страдает манией величия, что проявляется в разговорах. Доказать что-либо Петуху-Овну бывает очень трудно.

Петух-Телец

Это очень грациозный Петух, может быть, даже в чем-то лебедь, превратившийся из гадкого утенка в красивую птицу. Такие люди живут с ощущением, что рано или поздно у них на голове появится корона. Они верны своим принципам, чистосердечны, возвышенны и главное место в своей жизни отводят любви. Это тот самый сексуальный Петух, который способен свои достаточно низменные чувства перевести на высокий уровень одухотворенности. Петуху-Тельцу присуща поистине лебединая верность. Это человек, способный одерживать победы, не знающий усталости, умеющий контролировать свои слова и поступки. Он готов к тяжелым испытаниям, спартанским условиям жизни, способен много и долго трудиться и из-за этого иногда кажется несколько замкнутым и суховатым. Достаточно серьезный взгляд на жизнь, на отношение к партнерству делает таких людей весьма полезными в конкретной деятельности.

Петух-Близнецы

Необычный Петух, прежде всего потому, что не очень держится за свой курятник. Это Петух-завоеватель, Петух-буян. По натуре — захватчик и уверен, что он — ястреб. Очень самолюбив, заносчив, мстителен, однако способен к некоторой демократичности поведения и к осторожности. Но это маскировка. Это нетерпеливый деятельный человек, полный различных практических идей и устремлений, направленных, как правило, в сторону от главной цели. У него много хобби, которые часто становятся главными в его жизни.

Однако будьте осторожны, если хотите покритиковать за это Петуха. Он очень обидчив и способен расценить даже самый мелкий укол как крупный вызов. У него спортивный талант, и он способен быстро и четко достигать желаемого, используя точный расчет, жизненную силу и скорость. Эти же качества он демонстрирует по отношению к своим партнерам и очень часто из своих врагов делает друзей. Но бывает и наоборот, поскольку он может с излишней прямотой и без намеков говорить весьма неприятные вещи. В любом случае, это человек яркий и деятельный.

Петух-Рак

Это очень расторопный Петух с чересчур прямым характером, поэтому его часто обманывают или он сам обманывается. Это тетерев-показушник, который очень много обещает, но мало делает, иногда скандалист и драчун. Тем не менее это человек, который может быть приятным и обаятельным в компании, всегда хорошо осведомлен о потребностях других, но иногда бывает навязчив и может оказать медвежью услугу. Эмоциональная сфера его достаточно гармонична, однако этот Петух склонен к злоупотреблению наркотиками и алкоголем, и тогда он становится весьма агрессивным.

Как партнер Петух очень любит контролировать всех своих коллег, создавая свой собственный гарем, что доставляет ему большое количество хлопот и проблем.

Петух-Лев

Этот Петух способен стать орлом, царем птиц, и демонстрировать львиные качества во время высоких взлетов ради идеи, ради силы духа. Правда, порой такой Петух камнем падает на добычу, и горе тому, кто ему попался. Личность сильная, ловкая, склонная к успеху, всегда имеет реальные шансы достичь поставленных целей. Опасность возникает тогда, когда цель достигнута и Петух-Лев начинает командовать и возвышаться над всеми. В этом случае у него могут проявиться некоторые тоталитарные наклонности. В партнерстве его постоянно необходимо ориентировать на высокие цели и высокие идеалы, только тогда он будет чувствовать себя орлом.

Петух-Дева

Это Петух, который способен окружать себя множеством сторонников (сельский Петух со своим курятником). Этот знак наиболее благоприятен для женщин, поскольку Петухи-Девы — это люди, крепко стоящие на ногах и всегда хорошо знающие, что им надо. Такой человек — мыслитель, обладающий способностями как в математике, так и в философии; его цель — решение различных интеллектуальных задач. Петуха-Деву отличает энциклопедичность знаний, однако эти знания часто бывают поверхностными. Кроме того, он чересчур критичен по отношению к окружающим, и если вы хотите узнать что-то о своих партнерах, Петух-Дева снабдит вас любой информацией, так как все запоминает, регистрирует и в нужное время «выдает на-гора». Но бойтесь затронуть его эмоциональную жизнь! Он не способен на глубокие чувства, однако весьма обидчив. Такой Петушок может очень болезненно клюнуть в макушку своего обидчика. Как партнер он достаточно надежен, но только если сам определил, кто его друг, а кто — враг. Сексуальность Петуха-Девы невысока. Женщины этого знака часто фригидны, хотя и производят впечатление сексуально активных; мужчины больше демонстрируют свои мнимые сексуальные достоинства, чем действуют.

Петух-Весы

Это Петух, который более всего ценит популярность и внимание со стороны своего курятника. Он любит распускать свой пышный хвост, становясь похожим на павлина, особенно если хочет кому-то понравиться. Это Петух, предназначенный для услады королей, сановников, и он это знает. Внешне это спокойный, способный к компромиссам человек, который может разумно и толково соединить и примирить различные мнения. У него прекрасная наблюдательность и умение понимать других. Он редко критикует по мелочам, однако опасайтесь стать его врагом. Тогда его язык, клюв и шпоры будут обращены против вас, и он не успокоится только демонстрацией своей силы. Ему свойственно внутреннее равновесие, благодаря чему он выходит на более высокий уровень сознания. Его деловая активность достаточно высока, хотя конкретных результатов приходится ждать дольше, чем предполагалось. Свой дом он старается превратить в комфортное и уютное гнездышко, и в партнерских отношениях Петух-Весы всегда помнит о своем доме, близких и о своих обязанностях перед ними.

Петух-Скорпион

Это довольно крепкий, закаленный Петух, который восхищает многих. Скорпион помогает Петуху проявлять свои лучшие качества, что привлекает к нему партнеров. Это павлин, оперение которого переливается всеми цветами радуги, яркая индивидуальность, чуждая компромиссов или дипломатии и способная на многое. Такой человек может проводить исследования в самых разных направлениях, опираясь только на силу духа и стойкость. Это знак алхимика, который многократно делает одну и ту же работу, добиваясь цели. Что касается деловой сферы, то здесь он способен находить драгоценности в навозной куче и не позволяет себе расслабляться при удачах или неудачах. Хотя вокруг него много друзей, внутренне он изолирован, и даже его близкие чувствуют себя рядом с ним одиноко. Поэтому для людей такого знака семья и близкое партнерство необходимы.

Петух-Стрелец

Это Золотой Петушок, который высоко сидит и далеко глядит. Он выделяется из всех остальных Петухов тем, что ему не нужно сидеть в курятнике. Ему нравится быть одному и на ранней заре смотреть на все сверху. Он представляет себя орлом, хотя на самом деле привязан к своему шпилю — своему окружению. Однако это весьма опасный Петух, наказывающий непокорных или безответственных людей. Личность честолюбивая и активная, иногда достигающая вершин успеха и использующая при этом, как правило, только честные средства. Он не любит ложь и предпочитает прямой, откровенный диалог. Любит споры, и переспорить его практически невозможно. Так же сложно получить у него конкретную информацию относительно каких-то практических дел: он знает многое, но знания эти неглубоки. Дела его не всегда удачны, так как, помогая другим, про свои дела он вспоминает в последнюю очередь. У него нередки проблемы с партнерами и сложности в семье, так как ради карьеры он может забыть о своих близких.

Петух-Козерог

Это сокол, хороший охотник, у него верный глаз и железная хватка. Если такой Петух выбрал жертву, он обязательно настигнет ее. Личность Козерога-Петуха отличается способностью реализовывать в конкретику честолюбивые планы. У него очень рациональный ум, он спокоен и сдержан, не мелочен, бесхитростен и способен ради принципов выходить на бой с превосходящими силами противника. Это боец, самурай, готовый ради победы пойти на любые жертвы. Так же обстоит дело и в отношениях с партнерами. Партнер должен быть покорен, завоеван и только тогда будет представлять для него интерес. К такому партнеру он привязывается на долгий срок. Его принцип: «Красть, так миллион, любить — так королеву». Сексуальный потенциал средний, однако высокие целевые установки позволяют ему проявлять чудеса героизма и эмоциональной страсти, а значит, побеждать.

Петух-Водолей

Этот Петух, с одной стороны, может быть Синей птицей счастья, а с другой — птицей феникс, сжигающей себя ради будущих наград. В этом сочетании в большой степени проявляются авантюристические наклонности Петуха-Водолея. Личность динамичная, устремленная в будущее и способная ради будущих выгод рисковать настоящим. Ради своих моральных принципов, которым фанатично предан, такой человек готов на любые жертвы. Ему нравится быть впереди всех, и часто он опережает свое время, иногда шокируя окружающих. Наиболее благоприятны для него виды деятельности, в которых можно проявить свои индивидуальные качества. Он способен быть гениальным изобретателем, исследователем, ученым, идеи которого опережают будущее. В партнерских отношениях это достаточно сложный и непримиримый человек, которому редко удается найти достойного партнера. Он постоянно ищет новые связи.

Петух-Рыбы

Этот Петух очень любит украсить себя разноцветными перьями и чванится этим. Он похож на глухаря, который, очаровывая подружек, попадает под выстрел охотника. Тем не менее личность Петуха-Рыб достаточно миролюбивая, способная к корпоративным действиям. Петух охотно идет на компромисс, когда его принимают в какой-то круг людей, и вполне способен покривить душой, подлаживаясь под чье-то влиятельное мнение. Если его слушают, хвалят, льстят ему, то он подчиняется своему окружению и способен проявить максимум своих позитивных индивидуальных качеств. У него собственные взгляды на мораль и нравственность, и к нему нельзя применять другие принципы, кроме тех, которые он сам исповедует, поэтому в деловых отношениях от него можно ожидать самых невероятных выходок. Он часто меняет свой облик и свою роль, не любит длительной и методичной работы, особенно если появляется возможность переезда или какой-либо индивидуальной или новой деятельности. Сексуальный потенциал такого человека достаточно высок, и поэтому он способен расходовать его, как говорится, направо и налево, не задумываясь о последствиях.

Тайный спутник жизни Петуха

Уточните, в какой час был рожден интересующий вас человек. Сутки разбиты на 12 периодов, каждый из которых также обозначен одним из знаков китайской мифологии. Это поможет полнее уяснить особенности личности данного человека.

Рожденный в часы Крысы — с 23 до 1 часа ночи

Смесь пикантного обаяния и любопытства. Цыпленок более дружелюбен и приемлем с Крысой, сидящей внутри. Все еще спорит, но в более приятной манере.

Рожденный в часы Буйвола — с 1 до 3 ночи

Вол, с его копытами, твердо стоящий на земле, смог бы добавить непостоянному Цыпленку чувство степенности. Но оба признака жаждут власти и срываются, когда вот-вот могут получить полномочия. Это тот самый тип, который может схватиться за кувалду, чтобы убить муху.

Рожденный в часы Тигра — с 3 ночи до 5 утра

Тип динамичный, но немного неорганизованный по природе. Может проявлять тепло и холод в одно и то же время. Аналитические качества Петуха могут быть оттеснены непроницаемыми путями Тигра. Результат — больше неуместной уверенности в себе, чем у нормальных людей.

Рожденный в часы Кота — с 5 ночи до 7 утра

Тихая, эффектная птица, всегда постарается обеспечить себя червячком. Этот Петух не стремится никому причинять неприятности, но свой червячок для него важнее.

Рожденный в часы Дракона — с 7 до 9 утра

Петух, который никогда не позволит вам узурпировать хоть йоту своих полномочий. Дракон делает его сверхсамоуверенным, скрупулезным и бесстрашным. Будет нападать на любую оппозицию с ловкостью бульдозера, атакующего вернисаж.

Рожденный в часы Змеи — с 9 до 11 утра

Мудрая домашняя птица. Змея делает его более отстраненным и скрытным. Этот Цыпленок может даже поучиться послушать чужое мнение и все равно останется при своем.

Рожденный в часы Лошади — с 11 утра до 13 дня

Изящный, практический Петух с быстрыми и резкими движениями. Оба признака здесь имеют красочные и яркие вкусы, но Лошадь могла бы поучить Петуха не тратить впустую время на невыполнимые предприятия. Результатом будет то, что его достижения могли бы принести более высокие дивиденды.

Рожденный в часы Козы — с 13 до 15 дня

Любезный Петух. Коза своею скромностью могла бы сдерживать нахальный нрав Петуха. Скромность — хорошая вещь, в конце концов.

Рожденный в часы Обезьяны — с 15 до 17 дня

Лукавый, но благонамеренный Петух, более целеустремленный и при этом знаток при создании примирительных ситуаций. «Счастливым сопутствует удача», — мог бы сказать про себя этот преуспевающий и мужественный Цыпленок.

Рожденный в часы Петуха — с 17 дня до 19 вечера

Двойная доза дотошности, въедливости и критиканства, которую лишь немногие способны проглотить. Вероятно, может быть очень известной, высокоэксцентричной и чрезмерно специфической личностью.

Рожденный в часы Собаки — с 19 до 21 вечера

Взбалмошный, беспорядочный, но справедливый Петух. Собака делает его менее дерзким и самоуверенным. Однако вы должны ожидать больших плодов от этой комбинации двух одинаково идеалистических умов и острых языков.

Рожденный в часы Кабана — с 21 до 23 вечера

Весьма довольный собой Петух, он настоит на помощи вам, хотите вы этого или нет! Его блеск может быть поверхностным, но по натуре он бескорыстен и совершенно не способен к непорядочности.

Гороскоп Петуха на 12 лет

В год Крысы (2008)

Пусть Петух будет поосторожнее в отношении плохих дел. У него будет тенденция класть все свои яйца в одну корзину.

В год Буйвола (2009)

Петух в этот год будет счастлив, посмеется исподтишка и будет торжествовать. Тем хуже, если ему придется еще и поработать в этот год.

В год Тигра (2010)

Все меняется, как же трудно каждое утро прославлять восход. Все это для Петуха весьма неприятно. Как этот год суров к нему!

В год Кота (2011)

Немного травмированный предыдущим годом, Петух в этот год остается начеку и ничего не предпринимает.

В год Дракона (2012)

Он может любезничать с дамами, сколько ему пожелается. Этот год ему подходит. Пусть он вступает в брак.

В год Змеи (2013)

Петух будет заинтересован обаянием Змеи. Возможно, у него возникнет семейная проблема.

В год Лошади (2014)

Все для Петуха пока идет хорошо. Эти перипетии развлекают его до тех пор, пока это не коснется его спокойствия.

В год Козы (2015)

Невозможный год! Такое положение кажется Петуху нестерпимым. Он создаст себе много хлопот.

В год Обезьяны (2016)

Он агрессивно захочет установить свой порядок и будет говорить пустые слова, распространяться о своей морали. Он отважен, способен к самопожертвованию.

В год Петуха (2017)

До чего же хороший год в перспективе! У Петуха все расцвечено флагами. Но, увы, нужно будет много работать, чтобы выжить. Год суровый. К счастью, повсюду царит порядок.

В год Собаки (2018)

Закончены парады и смолкли фанфары. Собака своим лаем прогоняет Петуха со двора. Он уничтожен. В этом году у него будут большие финансовые затруднения.

В год Кабана (2007, 2019)

Кабан нароет богатую навозную кучу, и Петух сможет рядышком прокормиться. Много работы! Он с трудом взбирается по финансовому склону и остается консерватором, вопреки своим интересам.

Некоторые выдающиеся личности, родившиеся в год Петуха

Акихито — император Японии
Бирендра — король Непала
Питер Устинов — писатель, актер, режиссер
Элтон Джон — эстрадный певец
Ив Монтан — киноактер
Редьярд Киплинг — писатель
Кэтрин Хепберн — актриса
Элиа Казан — режиссер
Гровер Кливленд — 22-й и 24-й президент США
Юлиана — королева Нидерландов

11. Собака

Янское металлическое животное

Период с 10.02.1910 г. по 30.01.1911 г.
Период с 23.01.1922 г. по 16.02.1923 г.
Период с 14.02.1934 г. по 04.02.1935 г.
Период с 02.02.1946 г. по 22.01.1947 г.
Период с 16.02.1958 г. по 08.02.1959 г.

Символика знака

В Древнем Китае собака — одиннадцатый знак Зодиака, и ее символическое и мифологическое значение выражается довольно разнообразно. Прежде всего собаки изгоняют из дома демонов. А в других регионах (Южный и Западный Китай) собака считается подателем средств пропитания — риса или проса (а в некоторых местностях и сами собаки употребляются в пищу). У представителей народности яо в Южном Китае собака выступает как прародитель народа. Сказания о людях с собачьими головами весьма широко распространены в Китае. У китайцев образ собаки символизирует верность, неколебимую преданность. Приход собаки значит будущее процветание. Красная Небесная Собака Тьен-ку относится к принципу ян и помогает Эрлангу отгонять злых духов; но, будучи стражем ночных часов, собака становится инь и символизирует разрушение, катастрофу, становится связанной с метеорами и затмениями. В эти периоды собака приходит в бешенство и кусает Солнце или Луну. Львиная Собака Будды часто изображается в китайском искусстве. В Японии собака считается символом преданности и верного стража, в японских святилищах можно обнаружить указания на псов, фигурирующих в качестве стражей.

Характеристика личности Собаки

Собака всегда беспокойна, всегда на страже, никогда не отдыхает, она всегда начеку. Собака замкнута, она часто упряма до крайности и знает, чего хочет. Часто бывает циником, ее боятся за резкие и неприятные замечания. У Собаки часто наблюдается стремление увязнуть в деталях, критиковать по поводу и без повода, искать какой-либо разрыв систематически. В действительности это большой пессимист, она ничего не ждет от жизни.

Собака-мужчина

Независимо от того, живет ли он в роскоши или на улице, у него преобладает интеллектуальное начало и он обходится без материального комфорта. Даже если он этим пользуется, у него нет расположенности к роскоши. Однако, если ему понадобятся деньги, он лучше других может их достать.

Эта честная Собака будет хорошим руководителем в промышленности, активным профсоюзным деятелем, воспитателем. Но чем бы она ни занималась, она всегда будет идеально честной. Она может управлять людьми, было бы мудрым, если бы великие нации привлекали таких людей, поскольку никто не обладает такой трудоспособностью и прямотой, которая сочетается с небольшим честолюбием. Это философ-моралист, человек левого направления, он не заинтересован в деньгах. Собака великодушна и бескорыстна.

Собака-женщина

В ходе истории известны такие ярые сторонники справедливости (ими всегда были люди знака Собаки). Любая несправедливость вызывает в них протест, они не успокоятся, пока не сделают все, чтобы исправить положение (известно, что Брижит Бардо, рожденная в 1934 г., провела кампанию в защиту животных на бойнях). Женщина-Собака страдает, когда есть несчастья, безработные, войны, она страдает от голода на земном шаре, страдает за прошлое, настоящее, за то, что может произойти, и за то, чего произойти не может, но могло бы произойти, если бы...

Достоинства и недостатки

Достоинства. Смело действует против всякой несправедливости. Это скептик, у него критический ум, чувство юмора и неоспоримое величие души спасают его от мелочности. Собака не любит всякие сборища толпы. В области чувства она кажется холодной, но это впечатление обманчиво, ибо она постоянно обеспокоена всем, что касается ее чувств и чувств других. Несмотря на все эти недостатки, все благородные черты человеческой натуры слиты воедино в Собаке. Она лояльна, верна, честна, в ней развито чувство долга. Можно рассчитывать на нее, она не предает. Лучше, чем кто-либо, она может хранить секрет. Она очень скромна. Впрочем, она ненавидит как исповедоваться, так и исповеди других. У нее слишком простая речь. Она даже с трудом выражает свои мысли. У нее глубокий ум, и никто не умеет слушать, как она. Собака внушает доверие, и это доверие оправданно. Она делает все возможное для других, ее преданность велика, вплоть до самоотвержения. Люди часто уважают ее, посколь-ку она этого действительно заслуживает.

Недостатки. К счастью, Собака редко встает на защиту глупых дел, но иногда они берут верх над ней.

Идеальные браки

К любви Собака также относится честно и разумно. На протяже-нии всей жизни у нее будут любовные затруднения, впрочем, она са-ма их вызывает своим непостоянством и беспокойством.

Собака может быть счастлива с Лошадью, которая предоставит ей возможность защищать великие дела в обмен на некоторую незави-симость. В силу обстоятельств она часто сталкивается с Тигром, ко-торому успешно помогает, оставаясь в тени. С Тигром они переживут большие приключения и будут сражаться бок о бок во имя справед-ливости. Но только с благодушным и безмятежным Котом Собака может обрести покой. Дракон очень горд, чтобы принять критиче-ский и язвительный ум Собаки. А что касается Козы, то Собака не выдержит ее капризов. Она найдет ее корыстной и поверхностной.

Если Собака — мужчина, а женщина...

Крыса

Почему бы нет! Крыса принесет в ее будку сентиментальность и реализм.

Бык

Трудно, но возможно, если женщина-Буйвол удовольствуется руководством дома.

Тигр

Хорошо. Но немножко по-сумасшедшему. У него будет отсут-ствовать чувство обыденного.

Кот

Хороший альянс. Женщина-Кот будет хорошим советчиком. Она привнесет в жизнь Собаки свою безмятежность, и дома станет спо-койно.

Дракон

В крайнем случае они могут сойтись. Собака ведь не тот человек, чтобы слепо чем-либо восхищаться. У нее другие планы.

Змея

В самом крайнем случае. Если женщина-Змея окажется не слишком требовательной.

Лошадь

Да, союз этот возможен. Собака посвятит себя устроению своих дел. Все будут довольны.

Коза

Нет, это будет не альянс, а соревнование на выживаемость: у кого первого наступит нервная депрессия?

Обезьяна

Возможно, но очень сдержанно, так как они оба циники немного. У них иллюзии в отношении друг друга.

Петух

В самом крайнем случае. Пусть женщина-Петух организует вечер с чаем и бриджем, и все пройдет.

Собака

Да, но, будучи слишком бескорыстными знаками, они будут иметь финансовые неприятности.

Кабан

Хорошо. Кабанье умение радоваться жизни уравновесит меланхоличность Собаки. Оба они великодушны, а Кабан, как мы знаем, часто бывает богат.

Жизненный путь

Три фазы Собаки пройдут под знаком непостоянства.

Беспокойное детство, трудная юность, зрелый возраст с чувством скептицизма и страха перед работой, старость, полная сожаления о сделанном.

Собака, рожденная днем, будет, однако, более спокойной, чем Собака, рожденная ночью. И в самом деле — ведь именно ночью Собаке приходится стеречь дом, быть всегда на страже; она будет лаять и не успокоится до тех пор, пока пришелец не удалится. Словом, «собачья жизнь» ей обеспечена.

Металлическая Собака, 1910, 1970 гг.

У нее самоуверенный и прямолинейный характер, она берется за любое дело смело и решительно, верит в себя и свои способности. При этом придерживается лишь своего мнения и способна посвятить себя целиком выбранной цели. Временами она бывает чересчур серьезной и легко раздражается, если дела идут не так, как задумано. У нее довольно узкий круг интересов. Ей, безусловно, не мешает быть более открытой и коммуникабельной. Беззаветно предана родным и близким.

Водяная Собака, 1922, 1982 гг.

У этой Собаки общительный характер; она хорошо ладит практически со всеми и без особых усилий приобретает друзей и единомышленников. Однако она довольно беззаботна и не слишком дисциплинированна, не очень тщательно следит за своими расходами, но по отношению к семье и друзьям щедра и не способна ни в чем отказать.

Деревянная Собака, 1934, 1994 гг.

Эта Собака — честный и трудолюбивый работник и везде, где бы ни появлялась, производит самое благоприятное впечатление. Она менее независима, чем остальные типы Собаки, и предпочитает работать в коллективе, а не в одиночку. Она пользуется большой популярностью, обладает чувством юмора и всегда принимает живейшее участие в делах близких. Ее привлекают предметы искусства, поэтому она нередко коллекционирует марки, монеты, картины или антиквариат. Жить предпочитает в деревне, а не в городе.

Огненная Собака, 1946 г.

У этой Собаки живой, общительный характер, она заводит друзей с необыкновенной легкостью, а будучи честным и трудолюбивым работником, любит принимать участие в различных мероприятиях. У нее есть явная исследовательская жилка, она — приверженец прогрессивных идей и способна преуспеть там, где другой потерпит неудачу. Она, однако, довольно упряма. Если бы она сумела побороть в себе эту черту, то добилась бы в жизни славы и успеха.

Земляная Собака, 1898, 1958 гг.

Очень талантлива и проницательна. Она знаток своего дела и способна добиться больших высот в выбранной профессии. Она довольно сдержанна и уравновешенна, но умеет быть столь убедительной, что добивается намеченной цели без особых усилий. Она великодушна, добра, всегда готова протянуть руку помощи нуждающемуся. Ее популярность среди коллег и друзей чрезвычайно велика. Она, как правило, наделена неординарной внешностью.

Уточнение личности по знаку Зодиака

Уточните, под каким знаком Зодиака рожден интересующий вас человек. Это поможет скорректировать его характер.

Собака-Овен

Бойцовая Собака — очень близка по своему характеру к волку, но часто боится мнимых опасностей, «красных флажков». Она труслива, если нет необходимости защищать свою жизнь. Но когда голодна, пойдет на любой риск. Это гусар, способный как на геройские, так и на весьма низменные поступки. Очень часто Собака-Овен может быть в центре внимания, поскольку самоуверенна, откровенна и в то же время достаточно хорошо чувствует проблемы других людей. На нее невозможно обижаться. Она способна реально оценивать ситуацию, всегда стремится к эмоциональной и духовной наполненности, справедливости. Такой человек инициативен, а материальные выгоды не имеют для него первостепенного значения. Для личности Собаки-Овна главное — высшие принципы. И даже если она в них разочаровывается, то достаточно быстро находит новые. С такой же легкостью может сменить окружение.

Собака-Телец

Это очень верная Собака, сильно привязанная к своему хозяину. Она может сопровождать его на охоте, хороша в упряжке. При общении с такой Собакой нужно действовать очень четко и уверенно, поскольку даже небольшой промах чреват обрывом постромки, а собачью упряжку не так-то просто остановить. Когда ее захлестывает азарт, она может в пылу охоты или гонки забыть о своих близких. В то же время Собака-Телец осмотрительна и тяготеет к стабильности, но она также общительна, щедра и способна дарить всем теплоту дружеских чувств. По характеру открытая и честная, иногда бывает слишком поверхностна в своих суждениях и не может глубоко понять проблемы другого человека. Ее сила в том, что своим веселым, иногда даже несколько угодливым поведением она помогает близким расслабиться, не забывая, впрочем, и о своих собственных интересах.

Собака-Близнецы

Это подвижная Собака, не привязанная к дому и хозяину, способная быстро и самостоятельно добывать пропитание. Это бродячая Собака, типа койота, однако у нее хорошая интуиция и добрая душа и весьма независимое поведение. Обладая высоким сексуальным потенциалом, она не желает сдерживать его, меняя свободу на кусок хлеба. Личность весьма привлекательная для окружающих. Это хороший массовик-затейник, менеджер, актер, тамада, умеющий объединить разных людей в одну приятную компанию. У Собаки очень много всяких талантов, она легко приспосабливается ко всяким переменам, демонстрируя самые разные черты своего характера, но никогда не позволяет заглянуть в свою душу. В глубине души эта Собака страдает от того, что не может найти себе партнера и кажется поверхностной и легкомысленной. В эмоциональной сфере очень восприимчива, легко очаровывается и влюбляется и в таком состоянии готова сломя голову лететь на край света. Но если она остыла — ее очень трудно вернуть назад.

Собака-Рак

Это весьма сексуальная Собака, способная ради удовлетворения своих потребностей идти на край света, частенько злоупотребляя своими слабостями, и бывает весьма ранима. Личность такого человека — это конгломерат опрометчивости, эмоциональности и в то же время равновесия и справедливости. Весьма противоречивая Собака, которая, с одной стороны, ценит красоту, чистоту, имеет религиозные устремления, а с другой стороны, материалистична и любит потакать своим слабостям. Эмоции проявляет легко и непринужденно, покоряет партнеров благородными взглядами на жизнь, являющимися в основном ее фантазиями, но нормальная жизнь с ней достаточно проблематична, поскольку внутренняя двойственность не позволяет такому человеку быть полностью счастливым и он испытывает постоянную неудовлетворенность. В плане практической деятельности тоже возникают противоречия, поскольку он способен на большие дела, но в то же время достаточно безответственен. Как партнер и семьянин — часто ненадежен.

Собака-Лев

Вернее всего будет сказать, что это собака породы колли, которая любит пасти стадо. Охранять, чтобы охранять, ради самого процесса — установка полицейского и пастуха. Взгляды такого человека на мир очень конкретны и реальны, он уверен в себе и в своей правоте. Собаке-Льву свойственны точные и выверенные решения, основанные на правильных суждениях и восприятии. Такой человек — борец за справедливость, не способный на измену. Он считает, что ради успеха не стоит жалеть времени и сил, и будет добиваться цели конкретной практической деятельностью.

Собака-Дева

Это собака-поводырь редкой породы, которую можно использовать для вполне конкретных дел. Это Собака-руководитель, но руководит она, как правило, не очень одаренными людьми. Достаточно ровная и устойчивая по темпераменту, трудолюбивая и непредубежденная личность. В основном Собаки-Девы хорошие исполнители и судьи. В профессиональной сфере им более всего импонирует выполнение второстепенных дел, они не стратеги, а тактики. Такая Собака достаточно эмоциональна, хотя ее сексуальный потенциал не очень высок. Собаки-Девы создают семьи лишь для того, чтобы не быть одинокими. Очень часто берут на себя обязанности, которые не способны выполнить, например начинают заниматься общечеловеческими проблемами. Таких людей всегда интересуют вопросы морали и даже общий уровень нравственности всей цивилизации.

Собака-Весы

Очень дипломатичное создание, способное жить проблемами других и втайне мечтающее о хозяине или начальнике, без которых ей не хватает внутренней стабильности. Как правило, она не агрессивна и способна проявлять мягкосердечие и искреннее участие, но иногда может облаять ни за что, поскольку ценит свою свободу. Это личность открытая, достаточно активная, способная выполнять самую разную работу. Она любит оказывать услуги людям, не способна на интриги и не таит долго зла. Ей присуще чувство собственного достоинства, и у нее отсутствует комплекс неполноценности. Иногда у нее возникают несколько анархические устремления, и из-за этого случаются проблемы с партнерами. Она не всегда правильно оценивает те дела, которые планирует, и свои силы — она больше хочет, чем может. Можно сказать, что это активный труженик, который иногда готов трудиться за идею. Он способен жить в гармонии со своей душой, и поэтому его советы могут быть правильными, своевременными. Он достаточно хороший партнер, который даже вопреки себе будет вытягивать другого из болота. Сексуальная сфера весьма активная, и секс для таких людей важный, но не главный фактор для взаимодействия с партнером.

Собака-Скорпион

Это Собака, которая разочаровалась в своем хозяине, дикая собака Динго, готовая превратиться в волка. Такая Собака оказывает только мелкие услуги, а ее чувства поверхностны. Часто она опирается только на свои личные интересы. Личность сильная, увлеченная, динамичная, способная глубоко проникать в любые ситуации и доводить каждое дело до конца. На ее обещания можно положиться, однако надо помнить, что такая Собака служит добру и злу с одинаковым усердием и, как правило, испытывает при такой двойственности дискомфорт. Если друг, то друг до конца, если враг, то тоже до конца. Довольно часто она бывает жалостлива на словах, но на самом деле знает, что испытания даются человеку для избавления от слабостей. Нередко испытывает робость и нерешительность в любви и сбивается на платонические отношения из-за своей недоверчивости. Поэтому в партнерских отношениях она непостоянна.

Собака-Стрелец

Эту Собаку можно представить как борзую, рвущуюся на охоту. Для нее процесс охоты важнее, чем конечная цель. Собака очень привязана к хозяину и к его лошади. Личность, как правило, коллективная, предприимчивая, открытая. Несмотря на свою игривость и подвижность, эта Собака глубоко порядочна. Она редко виляет хвостом или выпрашивает что-либо на задних лапах. У нее очень развито чувство собственного достоинства, которое она ценит и в других людях. Поэтому с другими людьми она сохраняет определенную дистанцию, редко нарушая ее. Особенно это касается мужчин, так как женщины достаточно активны и общительны. В то же время у Собаки-Стрельца не последнее место занимают сексуальные похождения, которые она склонна рассматривать как охоту, и не способна долго скрывать свои увлечения, в результате чего это часто становится достоянием гласности. Поэтому в партнерстве ей приходится сталкиваться с ревностью, с попытками ограничить ее свободу и привязать к дому.

Собака-Козерог

Это Собака, охраняющая имущество хозяина. Она привязана к своему двору, работе, хозяину и часто живет по принципу «собака на сене» — и сам не ам, и другому не дам. В то же время человек этого знака может быть весьма щедрым и доброжелательным, но лишь к тем, кто его интересует. Собака-Козерог может изменить свои взгляды и морально-нравственные принципы, если в этом есть необходимость, если она чувствует, что новый хозяин будет лучше старого. Но все же чувство справедливости, веры в себя заставляет ее в минуты испытания претворять в жизнь то, что она считает правильным, невзирая на запреты и старые привязанности. У нее есть своя система самооценки, которая основывается на принципах исполнения своего долга. Люди этого знака — хорошие полицейские и законодатели, начальники и исполнители.

Собака-Водолей

Это собака, которая может стать верным другом человеку, хотя и исповедует принцип, что каждый должен заниматься своим делом. Такая собака использует все свои лучшие качества, чтобы защитить близких, хорошо поддается дрессировке, а если любит своего хозяина, то готова на самые невероятные трюки. Это очень подвижная, смелая, открытая и дружелюбная Собака, у нее хорошее чувство юмора и способность к комплиментам. Остро чувствуя социальную опасность, она первая готова противостоять ей, поднимая людей на борьбу. Очень подвижная, не способная долго оставаться на одном месте, такая Собака кажется иногда слишком рассеянной и погруженной в свои мысли. На самом деле в это время она может разрабатывать грандиозные планы и обдумывать различные идеи. Легко меняет окружение и, входя в новый коллектив, часто полностью его трансформирует. Имеет несколько провокационный характер и с трудом подчиняется, особенно если это противоречит ее взглядам. Для партнерских отношений этот знак очень благоприятный: если партнер готов следовать за причудами и идеями этой личности, связь может продолжаться всю жизнь. Сексуальные отношения носят дружеский характер, поэтому с таким человеком трудно быть в постоянной романтической связи.

Собака-Рыбы

Такая Собака всегда готова для спасения утопающего броситься в волны океана. Это ньюфаундленд, водолаз, который будет вытаскивать из воды всех и вся, пока у него хватит сил. Личность весьма чуткая, внимательная, сочетающая в себе храбрость и уважение к авторитетам, способная ценить комфорт и покой, притягивающая окружающих своими приятными манерами. У нее глубинное понимание внутренней сущности человека. Она редко конфликтует с окружающими, наоборот — своим поведением, присутствием способна сглаживать любые разногласия и находить компромиссы. У Собаки-Рыбы достаточно высокий сексуальный потенциал и устойчивые отношения с партнерами. Редко пускаясь в приключения, даже самые романтичные, она способна отзываться на чувства только тогда, когда уверена в них.

Тайный спутник жизни Собаки

Уточните, в какой час был рожден интересующий вас человек. Сутки разбиты на 12 периодов, каждый из которых также обозначен одним из знаков китайской мифологии. Это поможет полнее уяснить особенности личности данного человека.

Рожденный в часы Крысы — с 23 до 1 часа ночи

Он может полюбить, но не способен красиво представить свои чувства. Всегда имеет денежно-кредитный запасец, даже тогда, когда плачется, что совсем обнищал. Он внимателен и осторожен с деньгами — главным образом с собственными.

Рожденный в часы Буйвола — с 1 до 3 ночи

Имеет бесцеремонную, но неоспоримую правдивость. Может иметь безупречную репутацию, но слишком консервативен и строг, чтобы стать действительно популярным. Верный защитник веры!

Рожденный в часы Тигра — с 3 ночи до 5 утра

Оба признака здесь неустанно активны и храбры. Однако Тигр может сделать Собаку более нетерпеливой и критичной, чем ей свойственно. Но в целом эта комбинация могла бы также произвести на свет более цельную и страстную Собаку.

Рожденный в часы Кота — с 5 до 7 утра

В Собаке тут все уравновешенно. Он обязательно тщательно взвесит все «за» и «против», перед тем как встать на чью-то сторону. Может быть прямодушным и не любит обнажать клыки.

Рожденный в часы Дракона — с 7 до 9 утра

Очень догматическая комбинация. Он идеалист, его легко убедить в каком-то чуде, он может даже стать миссионером. Он даже может приобрести репутацию святого, если будет способен признать другие версии религии, кроме его собственной.

Рожденный в часы Змеи — с 9 до 11 утра

Собака с тихим, задумчивым характером — это тип далеко не поверхностный. Он компетентный во многих вопросах и обладает широтой мышления. Змея в нем отвратит его от поиска кратчайших путей к достижению целей.

Рожденный в часы Лошади — с 11 утра до 13 дня

Солнечная Собака с электрическими искрами в гриве. Никогда не пропустит реплику. Он — всеобщий лучший друг, но не просите его, чтобы он доказал вам это. Он будет весело трусить рядом по избранному вами пути, если только вы не будете его подавлять своим влиянием!

Рожденный в часы Козы — с 13 до 15 дня

Мягкосердечная, приятная Собака, в меру артистическая, пессимистическая и сочувствующая по природе. Однако даже если она задремлет, то не утратит контроля над происходящим, хотя и будет продолжать дремать одним глазом, прикрывая его время от времени, чтобы сделать скидку на ваши слабости.

Рожденный в часы Обезьяны — с 15 до 17 дня

Собака с поддающейся изменению оценок совестью и неизменным остроумием. Мышление у нее разнообразное и веселое. Роскошное переплетение легкого характера и изобретательности.

Рожденный в часы Петуха — с 17 дня до 19 вечера

Собака, склонная к проповедничеству. И, поверьте мне, он предпочел бы проповедовать, чем заниматься какой-либо практической деятельностью. Очень аналитический ум и вполне способный достичь избранных целей, но ему на это потребуется весьма долгий путь.

Рожденный в часы Собаки — с 19 до 21 вечера

Сторожевая Собака. Постоянно ищет причины побороться за правду, за права неправедно обиженных и оскорбленных, за спасение кого-то там от чего-то там. Имеет открытый и честный характер, но по своей природе совершенно фанатично преданный идее революционер.

Рожденный в часы Кабана — с 21 до 23 вечера

Большой, чувственный и эмоционально заряженный Пес. Полностью выложится, отстаивая собственное мнение, в то время как другие предпочтут промолчать.

Гороскоп Собаки на 12 лет

В год Крысы (2008)

Вложения в этот год Собаку не интересуют, если не представляют высший интерес. Она будет скучать.

В год Буйвола (2009)

Хотя у Собаки критический ум, она как-то приспособится к этому нелегкому году.

В год Тигра (2010)

Наконец-то появится случай для самопожертвования. Собака будет в своей стихии и будет счастлива.

В год Кота (2011)

Собака вздохнет с облегчением и будет почти радостной. Кот принесет ей мир. Она должна этим воспользоваться, чтобы вступить в брак.

В год Дракона (2012)

Все происходящее в этот год вызовет у Собаки отчаяние и покажется бесполезным. Пусть она держится в стороне.

В год Змеи (2013)

В этот год Собака будет заниматься философией и изысканиями и отнюдь не будет несчастной, ибо жизнь ее будет преисполнена глубокого смысла.

В год Лошади (2014)

Все в этот год вызывает у Собаки раздражение. Она хотела бы прорваться вперед, но не очень-то верит в успех.

В год Козы (2015)

От раздражения Собака придет к отчаянию. Она рискует уединиться и закончить свои дни в одиночестве, если уж слишком стара.

В год Обезьяны (2016)

Как и Тигр, Собака поверит, что настал решающий момент. Будет действовать стремительно. Она будет скомпрометирована, но будет готова начать все сначала.

В год Петуха (2017)

В этот год Собака будет разочарованна, как и Тигр, но продолжит борьбу.

В год Собаки (2018)

У Собаки скромный триумф. Она верит в Деда Мороза, но каждое усилие оправдывает себя.

В год Кабана (2007, 2019)

Собака в этот год немного подумает о своем благополучии и о своей семье. Пусть воспользуется этим, поскольку успех не будет длиться все время.

Некоторые выдающиеся личности, родившиеся в год Собаки

Вольтер — писатель, философ

Карл Густав — король Швеции

Чарльз Бронсон — киноактер

Уинстон Черчилль — премьер-министр Англии

Пьер Карден — модельер

Герберт Гувер — политик, 31-й президент США

Шер — певица

Элвис Пресли — певец

Лайза Миннелли — киноактриса

Ава Гарднер — киноактриса

Норман Мейлер — писатель и публицист

Брижит Бардо — киноактриса

Софи Лорен — киноактриса

Дэвид Боуи — эстрадный певец

Наоми Кемпбелл — модель

Джуди Гарленд — актриса, мать Л. Миннелли

Бенджамин Франклин — один из основателей США

Джордж Гершвин — композитор США

Ицхак Рабин — премьер-министр Израиля

Голда Меир — премьер-министр Израиля

12. Кабан
(Свинья, Боров)

Иньское водное животное

Период с 30.01.1911 г. по 18.02.1912 г.
Период с 16.02.1923 г. по 05.02.1924 г.
Период с 04.02.1935 г. по 24.01.1936 г.
Период с 22.01.1947 г. по 10.02.1948 г.
Период с 08.02.1959 г. по 28.01.1960 г.

Символика знака

Согласно Моисееву закону, Свинья (Кабан) — животное нечистое; в Средние века символ алчности и вожделения. Она выступает как атрибут персонифицированного распутства. У китайцев же свинья — животное хоть изначально жадное и грязное, но полезное и плодородное после приручения. В Древнем Китае Свинья была последним из 12 знаков Зодиака и символизировала «мужскую силу». Как символ плодовитости и неиссякаемости источника жизни Свинья со своими поросятами вплоть до наших дней дошла как любимый амулет египтян и знак благополучия.

Характеристика личности Кабана

У Кабана рыцарский характер, он галантен, услужлив, щепетилен до крайности, Кабан всегда размахивает знаменем чистоты. Вы можете оказать ему доверие, он не предаст вас никогда, не будет стремиться обмануть вас. Он наивен, доверчив, беззащитен. Короче, можно сказать, что Кабан — «шляпа». На самом деле он легко позволяет себя дурачить, принимая свои неудачи безмятежно, а недостатки других — терпимо. Будучи всегда хорошим игроком, он никогда не обнаруживает дух соревнования. Он настолько беспристрастен, что для уверенности в своей правоте будет бесконечно задавать себе вопросы, поступает ли он честно и лояльно в том или ином случае.

Кабан-мужчина

Кабан может посвятить себя любой профессии. Он всегда проявит себя добросовестным и трудолюбивым работником. Благодаря своей чувствительности он может добиться успеха в некоторых видах искусства, так же как в поэзии и литературе. Но дела его могут принять плохой оборот. Одна из самых его несимпатичных черт — пристрастие к грязи, где он может распластаться во всех видах. С материальной точки зрения и какой бы ни была среда, он всегда найдет то, что ему необходимо для прожиточного минимума. У него будут и работа, и деньги, и для этого он не затратит больших усилий. В течение всей жизни ему будут помогать, и благодаря этой помощи он сможет достичь самых высоких финансовых сфер. Народная мудрость гласит, что Кабану всегда доставят пищу с задней мыслью, чтобы он стал жирным и можно было бы съесть его на новогодний праздник.

Кабан-женщина

Женщины этого знака очень любят делать подарки и организовывать маленькие праздники. Это хорошие хозяйки. У Свиньи довольно живой характер, и она могла бы быстро вспылить, если бы не питала ненависти к ссоре или даже спорам. Она предпочитает в основном уступать или делать вид, что меняет мнение, и она вам не окажет чести дискутировать с ней, если она вас не любит. Она пойдет на разговор с людьми, которых уважает. Короче, она не расположена к сутяжничеству и будет готова на все уступки, чтобы избежать эксцесса, и она всегда будет права. Будучи импульсивной и честной, она всегда проигрывает в пользу того, кто менее щепетилен.

Достоинства и недостатки

Достоинства. Необыкновенно искренний до такой степени, что полностью уничтожает свои сомнения и обезоруживает своих соперников, Кабан редко лжет, и то лишь в целях защиты. Хотя он и умен, в нем нет хитрости ни на грош, и часто даже случается, что не хватает сноровки. Беспомощный против лицемерия, он запутывается, чтобы оправдаться. Он очень строг и редко идет на компромиссы. Он всегда верит в то, что ему говорят, и испытывает потребность дать доказательство того, что он утверждает. Кабан — веселый товарищ в обществе, часто немного распущен. Он редко говорит, но если на это решается, то высказывает все одним разом, и ничто не может его остановить до того, как он исчерпает свою тему.

Недостатки. Японская поговорка гласит: «Свинья широка спереди, но узка спиной». Хотя Кабан, как и Обезьяна, интеллектуален: у него большая жажда к знаниям и он много читает, знания он хватает без разбора. У него эрудиция хорошо осведомленного человека, но в действительности он дилетант и сведущ лишь частично. Если проверить его знания, можно заметить, что они отрывочны. Кабан — всегда материалист. Ему свойственна любовь к эпикурейству, чувствительности. Под благодушным видом он скрывает волю и даже властность. Какими бы ни были его честолюбие, намеченные задачи и цели, он выполняет свой долг со всей силой, на которую способен. Эта внутренняя сила велика, ничто не может противостоять ей. Если Кабан принял какое-либо решение, ничто не может остановить его. Но прежде чем принять его, он долго будет взвешивать все «за» и «против», и может возникнуть впечатление, что он колеблется и не знает, чего хочет. Он это отлично знает, но, чтобы избежать осложнений, ему приходится так долго размышлять, что это вредит делу. Также не доверяйте его видимой слабости, он только миролюбив.

Идеальные браки

Пусть Кабан будет осторожен и не доверяет никому. Обычно его наивностью злоупотребляют. То же произойдет в области чувств. Он часто будет одурачен, разочарован, но чаще любим. Женщина-Кабан будет хорошей матерью.

Кабану следует связать свою жизнь с Котом, это будет для него способ избежать излишних споров. Пусть он избегает Змею, поскольку быстро попадет от нее в зависимость. Змея обовьется вокруг него вплоть до того, что Кабан не сможет пошевелиться.

Боров обретет счастливую жизнь, если разделит ее с нежной Козой, которая, правда, будет злоупотреблять его наивностью. Он также хорошо поладит и с Тигром. Крыса, Вол, Дракон, Лошадь, Петух и Собака будут в его жизни играть роль товарищей по команде и не будут иметь никаких серьезных конфликтов с Кабаном. Он не найдет счастья в компании других Кабанов, но вместе они будут способны на большие достижения. Большинство проблем Кабан получит в результате общения со Змеей и Обезьяной, поскольку он не в силах будет выдержать состязания с их хитростью и остроумием.

Если Кабан — мужчина, а женщина...

Крыса
Хороший союз. Они будут счастливы, если Крыса не будет проявлять себя слишком агрессивно.

Буйвол
Кабан будет искать на стороне удовольствия, которые способен найти и дома. И у него будут неприятности.

Тигр
Почему бы и нет? Если Тигрица бессознательно не злоупотребит любезностью Кабана.

Кот
Все было бы хорошо, если бы Кошка не была так распутна, но Кабан найдет и себе утешение, так что ей не найдется что сказать.

Дракон

Да. Кабан будет слишком услужлив по отношению к Драконихе. Тем хуже для нее.

Змея

Бедный Кабан, он будет заворожен. Его уже не хватит на вольную шутку.

Лошадь

Свинья страдает от эгоизма Лошади, страсть которой она не сможет удовлетворить.

Коза

Так как у Свиньи всегда много денег, Коза будет счастлива. Сколько понадобится времени, чтобы ее укротить?

Обезьяна

Почему бы нет? Обезьяна уважает Кабана.

Петух

Кабан терпелив, даже снисходителен. Союз возможен.

Собака

Хорошо. Любовь основана на взаимоуважении и понимании.

Кабан

Хороший союз. Взаимные уступки. Они хорошо ладят друг с другом.

Жизненный путь

У Кабана мало друзей, но он их сохранит на всю жизнь и ради них будет способен на большие жертвы. Он очень внимателен к тем, кто ему нравится.

Первая фаза жизни Кабана будет относительно спокойной, в течение второй могут возникать всевозможные проблемы в супружеской жизни. Но какими бы они ни были, скромный, робкий Кабан никогда не прибегнет к посторонней помощи.

Он сам будет искать выход, его скромность ему может повредить, так как никто не догадается о его переживаниях.

Если Кабан рожден задолго до праздников, то избежит неприятностей, но чем ближе дата его рождения ко дню китайского Нового года, тем больше вероятность, что его предадут, он подвергнется риску быть «съеденным».

Металлический Кабан, 1911, 1971 гг.

Металлический Кабан наиболее честолюбивейший из всех типов этого знака, энергичен, целеустремлен и занят самой различной деятельностью. Это открытый человек с определенными взглядами, хотя порой бывает чересчур доверчив и принимает все за чистую монету. У него прекрасное чувство юмора, страсть к всевозможным вечеринкам и сходкам. У него дружелюбный, приветливый характер и, как правило, много друзей и поклонников.

Водяной Кабан, 1923, 1983 гг.

У этого Кабана золотое сердце. Он очень великодушен и старается со всеми поддерживать ровные отношения, но порой из-за своей легковерности становится жертвой злого умысла.

Ему более, чем другим, надо стараться быть тверже блюсти свои интересы и научиться наконец отличать черное от белого. Несмотря на то что он, как правило, ведет тишайший образ жизни, круг его интересов достаточно широк. Он очень любит общество, зачастую бывает душой компании, а как работник обладает бесценными качествами: трудолюбием и чувством долга, — поэтому практически всегда преуспевает в любой выбранной профессии.

Деревянный Кабан, 1935, 1995 гг.

Этот Кабан имеет дружелюбный характер и убедительную манеру говорить и приобретает друзей и сторонников с завидной простотой.

Он любит находиться в курсе происходящих событий и порой взваливает на свои плечи непосильную ношу. Он предан партнеру и друзьям и находит удовольствие, оказывая ближнему посильную помощь. Деревянный Кабан обычно оптимист, ведет активный образ жизни, не обделен чувством юмора.

Огненный Кабан, 1947, 2007 гг.

Он энергичен и предприимчив, берется за любое дело весьма основательно. Он довольно прямолинеен в высказываниях и часто идет на сознательный риск во имя достижения цели. Однако под влиянием минуты легко отвлекается, теряет интерес, и ему не вредно быть более осмотрительным в делах, за которые он не глядя берется.

В финансовом отношении ему обычно везет, он известен своей щедростью, а также заботливостью и вниманием к домашним.

Земляной Кабан, 1899, 1959 гг.

Это поистине добрая душа, прекрасный организатор, по-умному распоряжается своими средствами и хорошо разбирается в бизнесе. Он ведет активную общественную жизнь, хотя порой может переборщить в отношении выпивки.

Уточнение личности по знаку Зодиака

Уточните, под каким знаком Зодиака рожден интересующий вас человек. Это поможет скорректировать его характер.

Кабан-Овен

Это вепрь — благородное, но достаточно жестокое, грубое животное, которому не хватает тонкости и ума. Это человек крутой, активный, не терпящий холопства и чинопочитания, способный держать дистанцию с большинством людей. Это личность жизнерадостная, оптимистичная и страстная, с щедрым сердцем. Кабана-Овна отличают сексуальная привлекательность и бурлящая энергия. Он может быть надежной опорой, способен подставить другому плечо в трудную минуту и открыть свое сердце. Всю жизнь он ищет новые пространства, новые «пастбища», новые «дубы» и новые «желуди».

Кабан-Телец

Это — «Кабан-копилка», поросенок, который, копя по мелочам, может помочь хозяину решить крупную финансовую проблему. У Тельца-Кабана всегда есть «двойное дно», и если внешне он кажется твердым, то внутренне достаточно мягок. Он часто притягивает к себе своей простотой и яркостью, однако необходимость в нем появляется только в крайние моменты. Личность такого человека солидно «скроена», надежна, непоколебима, он терпелив, добросовестен, трудолюбив и настойчив, может быть другом или доверенным лицом. Здоровый, чувственный, не чуждый чревоугодия, он может быть душой компании, особенно той, которая занимается крупным бизнесом.

Кабан-Близнецы

В отличие от остальных этому Кабану трудно живется в коллективе, поэтому он ссорится с начальством и с коллегами. Зато отношения с детьми хорошие, и ради них он готов на любые жертвы. Кабаны-Близнецы весьма подвижны, инициативны, общительны, но из-за своей повышенной активности кажутся легкомысленными. Их дела и поступки не всегда продуманны, хотя базируются на добрых намерениях, честности и желании помочь окружающим. Кабан-Близнецы способен видеть ситуацию достаточно ясно и четко и всегда рассматривает проблему с гуманистических позиций. Он не любит устоявшихся традиций и предпочитает перемены во всех сферах жизни. В отношениях с партнерами кокетлив, однако в сексуальном плане женщины часто бывают фригидны, а вот мужчины этого знака не уделяют этому вопросу должного внимания, для них секс — это нечто побочное, дополнительное.

Кабан-Рак

Этот Кабан обычно весьма нравится окружающим. Без зазрения совести его используют близкие, играя на его мелких слабостях. Это очень эмоциональный и сексуальный Кабан, который в основном тратит свое время на поиск внутреннего комфорта, удовольствий, роскоши и потому легко развращается самопотаканием и сексуальными излишествами. Однако ему присущи и высокие чувства, и необычные состояния сознания, и если такой человек способен к самоконтролю, ему может улыбнуться удача в разных сферах жизни. К сожалению, большинство людей этого знака не способны владеть своей впечатлительностью и внутренней нежностью, а их щедрая, широкая натура не желает подчиняться жесткой дисциплине, и они предпочитают оставаться там, куда их загнали обстоятельства.

Кабан-Лев

Для Кабана это одна из наиболее удачных комбинаций, поскольку его сила в соединении с львиным сердцем создает возможность реализации самых смелых проектов. Кабан-Лев ни на кого не нападает первым, но при необходимости может защитить свое семейство. Он бескорыстен, обладает избытком жизненных сил и способен к выполнению самых трудных задач. Эмоциональная жизнь Кабана-Льва часто бывает сумбурной и непонятной окружающим, поскольку такой человек склонен к драматизации всего происходящего вокруг. Такой Лев более ленив, чем все остальные Львы, довольствуется своим окружением и не пытается завоевывать новые пространства. Кроме того, этот самый семейный из всех Львов имеет нежное, чадолюбивое сердце, но не умеет проявлять свои чувства, а потому часто остается непонятым окружающими.

Кабан-Дева

Это — нетипичный Кабан, скорее домашний Кабанчик, который любит проводить время вместе со своим партнером, так как в одиночестве совершенно теряет аппетит и ему нужна общая кормушка. Это достаточно интеллигентная, подвижная и доброжелательная личность, хороший компаньон и прекрасный друг. Ему можно поручить любую нудную и продолжительную работу, и он привлечет к ее исполнению необходимых людей, доведет все до конца, поскольку достаточно ответственен и честен. В эмоциональной сфере чувственный и щедрый, что компенсирует некоторую сухость и педантизм, свойственные Деве. Из всех знаков — это наиболее семейный знак.

Кабан-Весы

Этот Кабан напоминает весьма породистую свинку, которую, увы, используют для получения бекона. Поэтому все стараются вложить в него как можно больше, чего ему следует опасаться, так как рано или поздно его могут направить на мясокомбинат и тогда он потеряет все сразу. Поэтому для него крайне важно знать, с кем он общается. Это весьма чувствительная и артистичная личность, в которой сочетаются устойчивость Кабана и немного инертный, благородный характер Весов. Поэтому несколько ленивый Кабан становится достаточно чувственным человеком, способным быть великодушным и бескорыстным. У него сильно развито честолюбие и, как правило, есть скрытые внутренние пороки, которые он пытается спрятать от окружающих. Если вы сблизитесь с ним, то будете представлять для него опасность, поскольку сможете приоткрыть то, что он прячет от других. Он очень влюбчив и сентиментален, но постоянен в любви, так как очень боится одиночества и интриг за своей спиной. Его сексуальная жизнь достаточно интенсивная и позволяет трансформировать сексуальную энергию на более высокий уровень. Это человек, который использует сексуальную энергию для творчества.

Кабан-Скорпион

Это Кабан, способный перерыть целый огород, чтобы найти то, что ему необходимо. Он не очень привлекателен с виду, но душой, как правило, обращен к человеку и может быть очень домашним.

Личность весьма чувствительная, честолюбивая, производит впечатление рассудительного и толкового человека. Внешне щедр и готов отдать последнюю рубаху, но бывает очень мстителен в том случае, если ему противоречат и стоят у него на пути. Он знает свои права и способен отстаивать их и даже превращаться в диктатора. Нужных же ему людей он использует достаточно долго и жестко, не отпуская в другое стадо. У него много творческих талантов, он способен объединить партнеров в коллективы, но любого, кто попытается уйти от него, готов уничтожить. Умеет идти на компромиссы, уступать в мелочах, чтобы выиграть в главном. У него высокий сексуальный и творческий потенциал и, как правило, очень хорошие и способные дети.

Кабан-Стрелец

Это Кабан, который никогда не знает до конца, для чего его выращивают — на сало, на продажу или для увеличения потомства. Поэтому, чтобы доказать, что он — более ценная порода, чем о нем думают, он всегда готов на подвиги. Это личность щедрая, доверчивая и довольно часто нерасчетливая в своей щедрости, готовая делиться со своими близкими последним.

У этого человека постоянное желание добиться одобрения у своего окружения и доказать, что он лучше, чем кажется. При внешней наивности ему присущи внутреннее благородство и желание стать лучше. Часто из-за неумения распознавать людей такой человек бывает окружен неискренними друзьями.

Он может выполнять работу, которая требует ответственности, например быть полицейским или судьей, если ему удается преодолеть свою суетливость и он знает, как правильно поступать, опираясь на закон или определенные нормы поведения. Сексуальный потенциал средний, однако такому человеку необходимо иметь надежные партнерские отношения и прочную семью, чтобы рядом был мудрый советчик. В этом случае его жизнь будет удачной.

Кабан-Козерог

Это чистокровный Кабан, который, охраняя свое стадо, способен иногда на крайние поступки. В спокойном состоянии абсолютно безопасен, но если возникнет опасность со стороны конкурентов либо охотников, его трудно остановить. Такому человеку свойственны честолюбие и амбиции. Он хорошо знает законы иерархии, придерживается консервативных взглядов на общество, уважает мнение других людей. Его грезы сходны с реальностью и представляют собой ступеньки лестницы, по которой он намерен подняться к успеху. Как правило, Кабан-Козерог не уходит от ответственности, способен долго и скрупулезно трудиться, не боится столкновений и проблем, которые могут возникнуть у него с партнерами. У него психология человека, который медленно, но верно закладывает фундамент будущих замков. Он поддерживает отношения с родственниками и гордится своими детьми, окружением, своей семьей. Приверженец традиций, он обращает внимание на атмосферу в семье будущего партнера, редко способен на фривольные приключения и легкие связи. Женщины этого знака весьма сексуальны и способны иметь много любовников, в основном высокопоставленных. Мужчины более сдержанны, хотя их сексуальный потенциал довольно высок.

Кабан-Водолей

Эта комбинация наиболее мягкая и уравновешенная из всего водолейского племени. Такой Кабан способен к долгому поиску желудей и постоянно контролирует свое окружение, свое стадо, своих свиней, своих детей, поэтому его легко одомашнить и привязать к хозяину. Личность весьма странная. С одной стороны, это человек искренний и деловой, с другой — склонный к опрометчивым и вызывающим поступкам. Тем не менее благодаря своей работоспособности и широте взглядов Кабан-Водолей может объединять коллективы ради какой-либо цели. Поэтому даже колебания его характера не шокируют окружение, а, наоборот, будоражат воображение и увеличивают творческий потенциал. Такой человек часто скрывает свою способность к стратегии, рациональному мышлению под различными масками. В то же время он способен добиваться успеха и исправлять сделанные ошибки. Он очень влюбчив, но эмоции, отвлекающие его от повседневных дел, никогда не захватывают настолько, чтобы завести в тупик. Долго эксплуатировать его чувства нельзя. Этот человек способен долгое время соответствовать партнерским отношениям при условии, что никто не будет пытаться ограничить его свободу и деловую активность.

Кабан-Рыбы

Этот Кабан напоминает домашнюю свинью, способную даже из скудных запасов продуктов приготовить вкусное блюдо. Он очень быстро набирает вес, и у него прекрасная способность к воспроизводству потомства. Это личность, соединяющая в себе уверенность с хорошей интуицией и глубоким проникновением в человеческую душу, создающая вокруг себя позитивный настрой.

Такой человек способен объединить коллектив, демонстрируя всем свою любовь и готовность защитить в нужную минуту, может направлять свое окружение на достижение конкретной цели. Не выносит конфликтов и не меняет слишком быстро свое мнение о людях, так как не любит судиться или выяснять отношения.

Кабан-Рыбы — очень стабильное сочетание, позволяющее человеку использовать с максимальной пользой для себя любые, даже не очень выгодные ситуации, которые предлагает судьба. Кабан-Рыбы может вызвать на откровенность своего партнера, и поэтому таким людям многие любят поплакаться в жилетку. У них достаточно высокий сексуальный потенциал, они любят детей и дорожат своей семьей. Для Рыб, родившихся в год Кабана, семья — это как бы арена проявления их позитивных качеств, хотя сами они часто пребывают в состоянии меланхолии, тщательно скрывая это состояние от окружающих и считая, что получают меньше, чем заслужили.

Тайный спутник жизни Кабана

Уточните, в какой час был рожден интересующий вас человек. Сутки разбиты на 12 периодов, каждый из которых также обозначен одним из знаков китайской мифологии. Это поможет полнее уяснить особенности личности данного человека.

Рожденный в часы Крысы — с 23 до 1 часа ночи

С Крысой, маячащей позади него, это — Кабан, гораздо лучше подготовленный, чтобы делать инвестиции и оценки. Маловероятно, чтобы он стал высокопоставленным лицом, хотя и не исключен большой финансовый успех. Оба признака здесь очень общительны и знают, как выжать по максимуму из своей тщательно выращенной дружбы.

Рожденный в часы Буйвола — с 1 до 3 ночи

Весьма привольно пасущийся Кабанчик со своенравными привычками и самоуверенными представлениями. Буйвол проследит, чтобы он не переборщил с чувственностью. Вряд ли он надолго сохранит тонкую талию.

Рожденный в часы Тигра — с 3 ночи до 5 утра

Смелый, великодушный и спортивный Кабан — прекрасный исполнитель и организатор. Оба качества выступают здесь в единстве с эмоциями, и это делает этого человека легковосприимчивым к влиянию других.

Рожденный в часы Кота — с 5 до 7 утра

Неторопливый, но проницательный Боров не будет брать на себя особо больших обязанностей. Сторонник партийности, компанейская личность, — но он также никогда не забывает позаботиться о своих интересах.

Рожденный в часы Дракона — с 7 до 9 утра

Сильный, сознательный Кабан с огромной преданностью тем, кого полюбит. Оба знака имеют сильные стороны, и они же порождают слабость. Успехи этого человека будут скомпенсированы его неудачами.

Рожденный в часы Змеи — с 9 до 11 утра

Задумчивый и более таинственный Кабан, преследующий свои цели с похвальной последовательностью. Змея могла бы расслабить сомнения Кабана и заставить его быть порешительней. Он может также иметь на жизненном пути столкновение с правосудием.

Рожденный в часы Лошади — с 11 утра до 13 дня

Кабан с сильным характером. На этот раз Лошадь должна настроить Кабана стать более эгоистичным и целеустремленным для достижения персональной прибыли и признания.

Рожденный в часы Козы — с 13 до 15 дня

Сострадательный и сентиментальный Кабан. Слишком вежливый и легко подставляемый. Он будет упорно трудиться для других или может быть чрезмерно щедрым. Эта личность частенько привлекает к себе паразитов (так же, как и влиятельных сторонников).

Рожденный в часы Обезьяны — с 15 до 17 дня

Это Кабан, скрывающий жадность под внешним дружелюбием. Обезьяна снабдит его способностью определить обманщиков и защищать Кабана от его же собственной наивности.

Рожденный в часы Петуха — с 17 дня до 19 вечера

Неортодоксальный и непрактичный Кабан, правда, с самыми хорошими намерениями. Решает сложнейшие задачи в быту и нелепо стоек в бесполезных упражнениях. Петух придает ему слишком много донкихотства, и Кабан порой забывает об его истинно стоящих вещах.

Рожденный в часы Собаки — с 19 до 21 вечера

Прямой, логический и менее чувственный Кабан, который будет руководствоваться в соответствии с трезвым суждением Собаки. Никогда не будет допускать обман. Если вы вздумаете обмануть его, ожидайте жестокого возмездия.

Рожденный в часы Кабана — с 21 до 23 вечера

Неограненный алмаз, все еще ожидающий мастера по огранке и полировке. Все его прекрасные качества сохранены в нем в неприкосновенности и только ожидают, чтобы быть обнаруженными. Взгляните на него более пристально, пожалуйста.

Гороскоп Кабана на 12 лет

В год Крысы (2008)

В этот год у Кабана будут блестяще идти дела. Он может встретить любовь. Год хорошего прироста для этого человека, творческие Кабаны имеют все шансы для обретения известности.

В год Буйвола (2009)

В этот год предпочтительно не выводить Кабана из себя — не ровен час сорвется.

В год Тигра (2010)

Повсюду изменения. Кабан приспосабливается. Само великодушие, он вытерпит любые революции.

В год Кота (2011)

Все было бы хорошо, если бы не прогресс. Пусть Кабан постарается его избежать любой ценой. Такой, с позволения сказать, прогресс ему не нужен.

В год Дракона (2012)

Уверенный в том, что можно жить проще и скромнее, Кабан найдет себе убежище у добрых друзей. Эта надежность угнетает его, впрочем, у него будет хорошая пища, он даже потолстеет.

В год Змеи (2013)

Кабан будет в этот год счастлив в деньгах, несчастлив в любви. Год Змеи приносит Кабану особенно много беспокойства, особенно в области чувств.

В год Лошади (2014)

Неприятности в области чувств продолжаются. Неблагоприятный период. Кабан в этот год должен как можно лучше организовать себя.

В год Козы (2015)

Кабан в этот год полон надежд. Все это кажется ему незначительным. В отношении финансов все идет хорошо, и в области чувств все меняется к лучшему.

В год Обезьяны (2016)

И с одной и с другой стороны Кабан делает то, во что верит с энтузиазмом. Его личные дела устраиваются. Она обретет свою радость в жизни.

В год Петуха (2017)

Работа в этот год принесет Кабану много удачи. Все устраивается к лучшему. Жизнь прекрасна.

В год Собаки (2018)

Финансы у Кабана в этот год в хорошем состоянии. Он не несчастен, наступил мирный период. Он одобряет Собаку, но принимает мало участия во всем происходящем вне ее семьи.

В год Кабана (2007, 2019)

Этот год устраивает Кабана. Он будет счастлив и в любви, и в делах. Он может получить наследство или неожиданно крупную сумму.

Некоторые выдающиеся личности, рожденные в год Кабана

Хьюберт Хэмфри — киноактер

Франсуаза Саган — писательница

Эрнест Хемингуэй — писатель

Рональд Рейган — президент США

Хуссейн — король Иордании

Чан Кайши — диктатор

Хэмфри Богарт — киноактер

Арнольд Шварценеггер — киноактер

Генри Киссинджер — политик

Альфред Хичкок — кинорежиссер

Эндрю Джексон — президент США
Мария Каллас — греческая певица
Альберт Швейцер — врач, гуманист
Вуди Аллен — кинорежиссер, писатель
Аль Капоне — криминальный авторитет
Биби Андерсон — актриса театра и кино

Глава 3.
Календарь
Зенд-Авесты

Зороастрийский календарный цикл

№	Годы	Изед	Тотем
1	1938, 1970	Ахура-Мазда, Творец	Олень
2	1939, 1971	Фраваши, Предки	Баран, муфлон
3	1940, 1972	Атар, Небесный Огонь	Мангуст
4	1941, 1973	Рамман, Сила	Волк
5	1942, 1974	Асман, Небо	Аист
6	1943, 1975	Вайю, Великая Пустота	Паук
7	1944, 1976	Апам-Напат, Божественные Воды	Уж
8	1945, 1977	Ардвисура-Анахита, Небесные Воды	Бобёр
9	1946, 1978	Зем, Таинство Земли	Черепаха
10	1947, 1979	Мараспент, Святое Слово	Сорока
11	1948, 1980	Даэна, Вера	Белка
12	1949, 1981	Тиштрия, Звёзды	Ворон
13	1950, 1982	Сраоша, Благовестие	Петух
14	1951, 1983	Геуш-Урван, Живая Душа	Бык, корова
15	1952, 1984	Кейван, Хранитель кладов	Барсук
16	1953, 1985	Рашну, Благо	Верблюд
17	1954, 1986	Хварна, Благодать	Ёж
18	1955, 1987	Арта, Правда	Лань
19	1956, 1988	Аша-Вахишта, Высшая Праведность	Слон
20	1957, 1989	Митра, Око Божье	Конь, лошадь
21	1958, 1990	Шахривар, Небесное Воинство	Гепард
22	1959, 1991	Спента-Майнью, Святой Дух	Павлин
23	1960, 1992	Хаурват, Высшая Истина	Лебедь
24	1961, 1993	Хаома, Божественный Напиток	Рысь
25	1962, 1994	Спента-Армаити, Благодетельный Мир	Осёл
26	1963, 1995	Анграоша, Бесконечный Свет	Белый медведь
27	1964, 1996	Амертат, Бессмертие	Орёл
28	1965, 1997	Вата, Ветер	Лисица
29	1966, 1998	Воху-Ман, Благая Мысль	Дельфин
30	1967, 1999	Вертрагна, Победа	Вепрь, кабан
31	1968, 2000	Мах, Луна	Филин, сова
32	1969, 2001	Хваршат, Солнце	Сокол

Священный зороастрийский календарь основан на цикле Сатурна, который до грехопадения дьявола имел цикл вращения вокруг Солнца 32 года. (Сейчас его цикл, как известно, составляет 29,5 года.) Поэтому малый цикл этого календаря составляет 32 года. Каждый год этого календаря соотносится со святым, божеством и/или «чистым» животным зороастрийского пантеона, 32-летний цикл образовывает более многолетние циклы, но продолжает лежать в их основе. По мнению П. П. Глобы, это наиболее совершенный календарь, особенно подходящий для народов России (и др.), как наследников арийских племен, и с ним трудно не согласиться хотя бы потому, что каждый год этого календаря начинается с астрономически значимого события.

Зороастрийский год (календарь) начинается в соответствии с реальными космическими ритмами — 21 (22) марта (первый восход Солнца после весеннего равноденствия — нуля градусов Овна). Не то, что у нас: начало нового года — произвольная точка. Единственный плюс нашего календаря — Солнце 31 декабря — 1 января идет по II градусу Козерога, а это Королевский градус Зодиака.

Все равно наш новый год все встречают по-овенски: салютами и всякой пиротехникой, т. е. огнем первородным. Первый день нового года можно связать с 1-м градусом Овна — градусом большой силы, платы кармических долгов, своих и чужих; зажигаемый огонь, пиротехника очищают всякие эгрегоры: и себя, и соседа. Надо же задать всякой нечисти жару, которая от взрывов и огня гибнет, а у людей повышаются настроение и энергетика.

Начать надо хорошо, потому что окончание пути зависит от его начала и определяется им. Следовательно, начало нового года всегда связано со знаком Зодиака — Овном — и весенним равноденствием. А помещать Овен посреди зимы нелогично. Начало есть начало и связано с развитием, произрастанием, с весной, наконец, и уж никак не с зимней спячкой.

Составляющие 32-летний цикл более малые циклы: годичный, месячный и дневной — базируются на видимом обращении Солнца вокруг Земли (или реальном — Земли вокруг Солнца) и, соответственно, в идеале представляют движение Солнца по всему Зодиаку (год), по знаку Зодиака (месяц) и по градусу Зодиака (день). Поэтому каждый год зороастрийского календаря содержит в себе 12 месяцев по тридцать дней в каждом и тринадцатый месяц составляет

5 (6) дней — так называемые выпавшие дни, образовавшиеся от изменения времени оборота Земли вокруг Солнца по причине дьявольского грехопадения и вторжения на Землю, о чем было упомянуто выше. Заметьте, что в любом круге упоминается 360 градусов, а не 365,25, как в году.

Раньше каждые сутки года точно равнялись прохождению Солнцем одного градуса Зодиака. В каждом месяце, кроме тринадцатого, имеется тридцать дней (суток). Каждый день имеет свою характеристику, посвящен тому или иному божеству, святому или священному животному (см.: П. П. Глоба. Когда наступит день).

Дни этого календаря называются солнечными. Характеристика солнечных дней действует только на творческих людей и в таком случае может перекрывать влияние лунных дней, как радикального, так и транзитных. Например, человек родился в 29-й день Луны, но солнечные творческие качества у него представлены сильнее лунных (Солнце сильнее Луны в гороскопе), поэтому для него важнее будет солнечный день рождения, а лунный день рождения будет лишь более менее слабым фоном.

Анализируя годичный цикл зороастрийского календаря, можно сделать вывод, что зороастрийцы в определенном смысле расшифровали или закодировали на свой лад каждый градус Зодиака (каждые сутки года), при этом каждый по счету градус (солнечный день) знака Зодиака имел в своем роде такую же характеристику в аналогичном по счету градусе, но ином знаке Зодиака (месяце), правда с особенностями своего знака Зодиака (месяца). Однако, для сравнения, характеристика градусов Зодиака по тэбоическому символическому календарю не носит повторяемости символов аналогичных по счету градусов Зодиака в разных знаках Зодиака. Это может объясняться тремя моментами или любым их сочетанием. Во-первых, символика зороастрийских солнечных дней (в нашем смысле — градусов Зодиака) является основанной на творческом подходе, оторванном от самопроисходящей действительности, и поэтому действующей только для тех, кто ей следует. Во-вторых, тэбоический градусник может давать описания градусов в смысле приближения их к реальной жизни, поэтому они все имеют разную характеристику, а так как любой аналогичный по счету зороастрийский солнечный день (градус), как я уже писал, в каждом месяце (знаке Зодиака) имеет свои особенности, то, значит, каждый градус (солнечный день) по зороастрийскому календарю всегда отличается от аналогичного. И в этом случае никакого противоречия между ними нет, а есть другое — описание одних и тех же градусов с точки зрения разных критериев: простое описание градусов (тэбоический градусник) и более сложное описание градусов (солнечные дни и месяцы зороастрийского календаря). И наконец, в-третьих, зороастрийский календарь был точным для того времени, когда оборот Земли вокруг Солнца происходил за 360 дней. Впоследствие же, когда цикл увеличился и градусы перестали совпадать с сутками, символика градусов в связи с этим изменилась, и тэбоический календарь был написан уже в новых условиях.

Вообще, в своих трудах П. П. Глоба, ссылаясь на традиции зороастризма, говорит, что воплощенный мир не будет существовать вечно, лишний раз подтверждая конечность существования зла. Зороастрийцы давным-давно, еще в глубокой древности, рассчитали срок этого мира. И это имеет непосредственное отношение к зороастрийскому календарю. На данный момент времени подходит к концу только первая половина этого срока. Середина этого срока (2008 год — начало глобальной эпохи разделения) совпадет с наступающей вскоре эпохой Водолея, когда добро будет отделено от зла, «зерна отделены от плевел», но мир будет существовать еще много времени и «плевелы» будут иметь возможность реабилитироваться. Вообще в зороастризме длительность Страшного суда определена в несколько миллионов земных лет, а конец земного мира, в котором все мы живем, произойдет через много миллиардов лет. Видимо, с книгами Библии никакого противоречия здесь нет, так как они написаны в некотором роде эзотерическим, сокровенным языком, а потому не всегда их следует понимать при помощи обыденного сознания.

Как пользоваться
зороастрийским календарем

Зороастрийский календарный цикл составляет 32 года. Каждый год этого цикла имеет своего небесного покровителя (изеда) и соответствующее священное животное — тотем. С тотемами связана определенная символика и свойства, которые человеку, родившемуся в данный год, надо в себе воплотить. Каждому тотему противостоит свой антитотем, предупреждающий о дьявольских искушениях, уготованных людям данного года рождения. Тотем года рождения подсказывает, что и как нужно делать, чтобы стать достойным харизмы, то есть отмеченности, благодати. Потакание своим порокам и недостаткам приводит к тому, что во внешности проявляются черты антитотема — это начало деградации личности. Чем ближе человек к образу своего тотема, тем больше шансов найти высшую защиту от проявлений зла. В зороастрийском календаре год начинается с 21 марта, когда Солнце входит в Овен. Люди, родившиеся в феврале — марте (до 20 марта), попадают под влияние тотема года предыдущего и последующего.

1. Год Оленя
1906, 1938, 1970, 2002

Символика знака

Олень — это символ восхождения и знак высшей силы. Из-за своих ветвистых, древоподобных, периодически обновляющихся рогов олень символизировал омоложение жизни, новорожденность и ход времени.

Изед

Покровителем этого года является Ахура-Мазда. Великий цикл открывается верховным зороастрийским божеством. Это бог света, правды, доброты и творец всего сущего.

Характеристика личности

Люди этого года имеют дар видеть зло насквозь, делать его очевидным для всех и ставить преграды всем злокозненным делам. Тотем Оленя предполагает стремительность и гордость, ощущение своей отмеченности и некоторое одиночество, неудовлетворенность тем, что уже достигнуто, желание создавать нечто новое и вести за собой других. Чем меньше он станет сомневаться и оглядываться, тем лучше.

Внешность

Человек, имеющий тотемом Оленя, поджарый, длинноногий и ни в коем случае не болтлив.

Характеристика года

Для людей этого знака Олень несет сладкие плоды признания и успеха. У Оленя гон — возможно, он обзаведется новой дамой сердца. Плохой год для Ослов и Медведей. Хороший год для Павлина и Сороки. Подобно Орлу и Льву, Олень — извечный враг Змеи; это указывает на то, что символически он рассматривался в положительном смысле; он тесно связан с небом и светом, тогда как Змея ассоциируется с ночью и жизнью под землей.

Антитотем

Если человек становится безобразно толстым, лысым, скользким, а кожа покрывается бородавками, значит, в нем проявился антитотем — бородавчатая жаба. Этот человек подавляет других, вечно чем-то недоволен, наглый, чванливый, любит приписывать себе чужие достоинства и жаждет власти.

В год Оленя родились

Сирано де Бержерак, К. Глюк, Р. Шуман, П. Кропоткин, Н. Рерих, У. Черчилль, Д. Шостакович, Д. Андреев, Лукино Висконти, Л. Брежнев, В. Черномырдин.

2. Год Барана
1907, 1939, 1971, 2003

Символика знака

Баран, Овен — один из древнейших символических знаков (первый знак западного Зодиака) и одна из распространеннейших во всем мире эмблем (в вариантах: агнец, золотое руно, голова барана, рога барана). Он символизирует твердость, упрямство, несгибаемость.

Изед

Изедом этого года являются Фраваши, то есть духи предков.

Характеристика личности

Дети, родившиеся в этот год, находятся под особым контролем своих ушедших в мир иной предков. Семья для них свята и незыблема. Люди с тотемом Барана не мыслят себя вне родовых, семейных или национальных традиций. Для них важнее всего вовлечение больших масс в свои дела, но внутри они спокойны и послушны. Без энергии коллектива они жалкие овечки. Баранам необходимо руководство. Им надо быть связанными с землей, сеять разумное, доброе, вечное.

Внешность

Люди этого года ни толсты, ни тонки, у них кучерявые волосы, глаза немножко навыкате и слегка выдвинуты вперед зубы.

Характеристика года

Этот год проходит под знаком покорности. Отдельный человек покорно идет туда, куда влечет его стадо. Знаки, которые относятся к хищным (Волк, Мангуст, Змея), пусть поберегутся: на них начнется охота. Травоядные да возрадуются, ибо это их год.

Антитотем

Антитотем этого знака — козел. Это человек без корней, без традиций, оскверняющий свой род и предков, мародер, космополит, воспринимающий все худшее, что есть в его роду. Он считает, что все вокруг — стадо баранов и лишь он достоин почитания.

В год Барана родились

В. Белинский, Ф. Лист, Ч. Диккенс, Т. Манн, М. Скобелев, Р. Кох, А. Луначарский, Д. Лондон, Л. Ландау.

3. Год Мангуста (Ихневмона)
1908, 1940, 1972, 2004

Символика знака

Мангуст появляется среди священных животных относительно поздно. Боги-мангусты из храма мертвых Аменемхета III и в гробницах Рамессидов считались духами потустороннего мира. Мангуст в древности был символом постоянства, верности, быстроты, умения мгновенно ориентироваться в любой ситуации.

Изед

Изедом-покровителем этого года является священное зороастрийское божество — Атар, Небесный Огонь.

Характеристика личности

Человек, родившийся в этот год, должен постоянно поддерживать высшее творческое начало в самом себе и в окружающих людях. Ему нужно быть ловким, проворным, готовым в любой момент вступить в борьбу со злом и уничтожить любую гадость.

Люди, связанные с этим тотемом, должны уметь быстро реагировать на любые перемены, должны быть неожиданны и непредсказуемы в своем поведении, но обязательно очень откровенны.

Внешность

Благоприятный признак, если у человека этого года рождения худые и подвижные руки и ноги, а движения слегка напоминают танец. В таком случае он полностью соответствует своему тотему и в состоянии обеспечить предначертания божества.

Характеристика года

О боге Солнца Ра известно, что он однажды превратился в ихневмона, чтобы победить змею преисподней Апопа. Высшая харизма, связанная с этим годом, — вечная жизнь, побеждающая смерть. Год жертвенности и лучших устремлений. Для людей, имеющих тотемом Змею, — это не самый лучший год.

Антитотем

Если человек-Мангуст проявляет свои прямо противоположные качества, то есть туп, беспомощен и неуклюж и к тому же коварен и лжив, — значит, в нем начали проступать черты антитотема — хорька.

В год Мангуста родились

И. Босх, П. Ж. Беранже, И. Репин, Д. Тухманов, А. Миронов.

4. Год Волка
1909, 1941, 1973, 2005

Символика знака

Покровитель года Волка — Рамман, божество стихийных сил природы, связанное с круговоротом жизни во Вселенной. Рамман дарует человеку, достойному этого, силу вулкана и огонь могущества, позволяющие вписаться в мощные ритмы стихийных сил и подняться на гребне гигантской волны. Это — харизма победы над силами стихий, возможность выживания в экстремальных условиях.

Изед

Изедом этого года является Рамман, стихийная Сила Природы.

Характеристика личности

Это активный человек, любящий бороться в экстремальных условиях, не боящийся никаких опасностей, человек чести, путешественник, которому трудно усидеть на месте.

Внешность

Считается благоприятным показателем, если у человека этого года рождения плотно сбитая, атлетическая фигура и мощная шея.

Характеристика года

В годы Волка возможны войны, кровавые злодеяния, измены и интриги. Этот год благоприятствует птицам и плотоядным зверям. Прочие же должны опасаться этого года.

Антитотем

Антитотем этого знака — шакал — связан с потребностью ломать и крушить все вокруг и нагло глумиться над окружающими, причем у такого человека тоже будут огромные силы, но он окажется невероятно труслив и озлоблен.

В год Волка родились

Екатерина I Романова, П. Верлен, Ф. Ницше, Н. Бурденко, Р. Плятт.

5. Год Аиста
1910, 1942, 1974, 2006

Символика знака

На Востоке аист — популярная эмблема долголетия, а в даосизме — бессмертия. Его спокойное стояние на одной ноге производит впечатление достоинства, задумчивости и бдительности (чуткости), что делает его образом медитации и созерцания. За то, что он единственное животное, которое в старости проявляет заботу о своих родителях, кормит их, переносит их с собой на большие расстояния, аист и получил название благочестивого.

Изед

Изедом-покровителем этого года является Асман, само Всемогущее Небо.

Характеристика личности

Аисты — странники, но они очень привязаны к родным и близким. Несмотря на тягу к перемещениям, они все равно возвращаются к своему дому. Человек с тотемом Аиста — молчаливый одиночка, однолюб. Он рассчитывает только на свои силы. На людях-Аистах лежит печать меланхолии или непризнания, им бывает трудно вписаться в общество.

Внешность

Внешний вид человека с тотемом Аиста отличается общей худобой, задумчивостью, у него несколько удлиненное лицо и длинные ноги.

Характеристика года

Высшая харизма этого года — прозрение далеко за пределы того, что дано знать другим людям. Это открытие может быть не только радостным, но и тягостным.

Антитотем

Антитотем Аиста — дятел — проявляется в витиеватой, замусоренной сорными словами речи, нарушении координации движений, любвеобилии и пренебрежении к родному дому, к своим воспитанникам, в привычке сеять вокруг себя раздоры и дрязги. У такого человека короткие ноги, кожа в бородавках, расплывшееся лицо.

В год Аиста родились

А. Сальери, Н. Паганини, М. Бакунин, М. Лермонтов, А. Дункан, А. Эйнштейн, Врангель, И. Сталин, Р. Рейган.

6. Год Паука
1911, 1943, 1975, 2007

Символика знака

Паук — один из символов абсолюта. Его восемь лапок символизируют восемь сторон света, а паутина служит символом мироздания.

Изед

Изедом-покровителем этого года является Вайю, Великая Пустота.

Характеристика личности

Люди с тотемом Паука проявляют себя тихо и скромно. Им нравится создавать какие-то объединения, т. е. как бы ткать свою паутину. Тотем Паука связан с познанием, знанием, уничтожающим Тьму, побеждающим незнание. Паук медлительный, целеустремленный, хваткий, чувствительный. Паук проявляет себя тихо, скромно, как бы из тени. Он может тихо пресечь любые попытки врагов объединиться против него. Часто бывают неформальными лидерами.

Внешность

У такого человека должны быть длинные руки, цепкие пальцы, он должен хорошо уметь работать руками — шить, вязать, прясть, штопать, латать...

Характеристика года

Год Паука — год обретения гармонии и высшего смысла. Добрый год для людей тотемов-хищников, дурной для тотемов-птиц, нейтральный для травоядных.

Антитотем

У человека с проявленным антитотемом — тарантулом — руки-крюки, он ведет себя вызывающе, силы свои он потратит на разъединение людей.

В год Паука родились

Б. Паскаль, О. Бисмарк, Петлюра, Л. Троцкий, Ж. Помпиду, М. Бернес, А. Райкин, Р. Де Ниро.

7. Год Змеи (Уж)
1912, 1944, 1976, 2008

Символика знака

Жизнь и смерть получили в образе змеи столь уникальное символическое значение, что практически нет культур, в которых змея была бы совсем обойдена вниманием. Символика образа змеи обнаруживает сильнейшие контрасты. Быстрая, обладающая яркой красотой, зловещая и опасная змея вызывает почитание и отвращение.

Изед

Изедом-покровителем этого года является Апам-Напат, великий змей, олицетворявший Божественные Воды.

Характеристика личности

Тотем этого года дает человеку изменчивость, гибкость, мистически настроенный ум, интуицию. Уж преданный, верный. Тайное и скрытое для них всегда будет важнее внешнего, явного.

Внешность

Человек с проявившимся тотемом ужа должен быть худым, гибким, подвижным и малоразговорчивым. У него глубоко посаженные глаза и умение «держать взгляд».

Характеристика года

Год находится под покровительством Апам-Напата, божества бурных потоков небесных, земных и подземных вод. Высшая харизма этого года — очищение от кармы, овладение великими тайнами мировой гармонии. Этот год напоминает о том, что все возвращается на круги своя — «змея, кусающая свой хвост». Год связан с кармическим воздаянием. В этот год часто повторяется начатое когда-то давно.

Антитотем

Проявление антитотема — гадюки — разболтанный, с бегающими, несколько косящими глазками.

В год Змеи (Ужа) родились

О. Хайям, Ф. Петрарка, Д. Давыдов, П. Гоген, А. Грин, Саша Черный, А. Белый, А. Блок, А. Павлова, Р. Никсон.

8. Год Бобра
1913, 1945, 1977, 2009

Символика знака

Бобер — животное мудрое и жертвенное. Рассказывают, что преследуемый охотниками бобер откусывает свои яички, чтобы спастись, так как он знает, что именно ради яичек (из-за содержащейся в них бобровой струи) и ведется на него охота.

Изед

Бобер — священное животное Адвисуры-Анахиты, Владычицы Небесных Вод, богини Природы.

Характеристика личности

Характерные черты Бобра — трудолюбие, аккуратность, рачительность, гостеприимство, твердость убеждений. Такой человек всегда придерживается ритуала и свой мир обустраивает в полном соответствии с устройством мира небесного, т. е. красиво и надежно. Он никогда не унывает — все время что-то благоустраивает, восстанавливает или ремонтирует, мастерит своими руками.

Внешность

Человек с проявившимся тотемом бобра бывает плотного телосложения, с объемными бедрами. Он любит свою семью и имеет несколько детей.

Характеристика года

Это год красоты и гармонии, любви, побеждающей ненависть. Это год законотворчества.

Антитотем

Антитотем этого знака — нутрия — делает человека неряхой, он не дорожит семейными узами, отказывается от собственных детей и легко меняет жизненные ориентиры.

В год Бобра родились

И. Айвазовский, И. Павлов, С. Ковалевская, П. Пикассо, А. Керенский, Ф. Рузвельт, А. Камю.

9. Год Черепахи
1914, 1946, 1978, 2010

Символика знака

У китайцев черепаха — одно из четырех духовно одаренных существ наряду с драконом, фениксом и цилинем; символизирует водную стихию, инь, зиму, северные районы, черный цвет изначального хаоса. Черепаху называют Черным Воином — символом силы, выносливости и долгожительства. Знамя с драконом и черепахой несли воины императорской армии как символ неуничтожимости, поскольку оба существа, сражаясь друг с другом, остаются живы: дракон не может сокрушить черепаху, а та не может дотянуться до дракона.

Изед

Изедом, покровителем этого знака, является Зем, Таинство Земли.

Характеристика личности

Черепахи всегда достаточно скрытны, медлительны, уверенны в себе, идут по проторенным дорогам, прикармливают массу приживальщиков и приживалок. У черепах отменная память, они постоянно возвращаются к одному и тому же — словно «воду в ступе толкут». Такие люди всегда намечают себе какую-то цель и пытаются медленно, но неуклонно ей следовать. Высшая харизма этого года связана с мудростью и полной гармонией во взаимоотношениях с природой, познанием устройства мира.

Внешность

Считается хорошим признаком, если у человека этого года рождения очень плотная, толстая кожа, а на спине есть несколько чередующихся темных отметин.

Характеристика года

Будучи животным земли, черепаха символизирует либо начало некоего великого процесса, либо его окончание. Год благоприятный для тех, чьи тотемы летают в воздухе, прочие же рискуют пострадать от толчков, сотрясающих мать-Землю.

Антитотем

Антитотем этого знака — слизень — проявляется в отсутствии «черепашьего панциря». Такие люди нервозны, легко возбуждаются, пытаясь создать себе искусственный «панцирь», стараются защитить себя различными масками, но легко попадают в зависимость от других.

В год Черепахи родились

Иван IV Грозный, П. Бойль, Людовик XVI, Павел I, Александр II, Карл Маркс.

10. Год Сороки
1915, 1947, 1979, 2011

Символика знака

В Китае эта птица символизирует удачу и считается птицей удовольствия. Трещащая сорока приносит хорошие новости и весть о том, что придут гости. Будучи знаком принципа ян и священной птицей Манчуса, сорока часто появляется на китайских поздравительных открытках. В христианстве сорока символизирует дьявола, распутство и тщеславие.

Изед

Изедом, покровителем этого знака, является Мараспент — Святое Слово. Всего лишь звук, оно, тем не менее, обладает великой силой.

Характеристика личности

Это год обретения защиты — многие молитвы сбываются, пожелания осуществляются. В этот год нельзя бросать слов на ветер. Родившиеся в год Сороки должны быть быстрыми, бойкими на язык, лукавыми; они бесстрашно распутывают козни и интриги, мгновенно разбираются в происходящем и самостоятельно комбинируют ситуации. Этот человек должен уметь делать несколько дел одновременно. Они изворотливы, прирожденные игроки. Хотя Сороки и трещат без умолку, им нельзя бросать слов на ветер.

Внешность

Если человек ловкий, подвижный, у него логическое комбинаторское мышление — значит, проявился тотем Сороки. Кроме того, человек может несколько раз в жизни поменять цвет волос.

Характеристика года

Этот год благоприятен для тех, кто рожден под знаками Оленя и Сороки. Жизнь успокаивается и входит в колею, им рекомендуется обратить пристальное внимание на окружающих противоположного пола — возможен удачный брак.

Антитотем

Антитотем этого знака — черный грач — проявляется в речи. Такие люди косноязычны, не произносят многие буквы; у них замедленная реакция на происходящее, им невозможно доверить никакого секрета — они тут же проболтаются.

В год Сороки родились

Клеопатра, Дж. Г Байрон, Я. Гашек, А. Шопенгауэр, А. Желябов, Кафка.

11. Год Белки
1916, 1948, 1980, 2012

Символика знака

Смышленое и весьма быстрое в движениях животное, белка в народной мифологии всегда пользовалась симпатией за свою сообразительность.

Изед

Изедом, покровителем этого знака, является Даэна, Вера. Вера укрепит даже слабого.

Характеристика личности

Человек с проявленным тотемом Белки живой, умный, домовитый, проворный, очень работоспособный, всегда стремится создать семью. Характер у Белок неровный, возможны депрессии, спады. Однако смерти они совершенно не боятся — воспринимают ее как переход в мир иной. В своих привязанностях и привычках Белки очень консервативны.

Внешность

Человек с проявившимся тотемом Белки — подвижный, худенький, с мелкими чертами лица. Глаза его постоянно находятся в движении.

Характеристика года

Этот год рождает преступления против невинных, именно в этот год зло выступает под маской добра. Чем больше люди суетятся и мечутся — тем хуже для них, тем больше возвращается к ним то, от чего они хотели убежать (потому они и мечутся, «как белка в колесе»). В этот год надо остерегаться порчи.

Антитотем

Антитотем — крыса — проявляется в мелочности, медлительности, в страхе смерти. У людей этого знака жирное тело и глаза навыкате.

В год Белки родились

Юлий Цезарь, В. Шекспир, Р. Декарт, Г. Галилей, В. А. Моцарт, Ф. Энгельс, Л. Фейхтвангер, А. Модильяни, В. Леонтьев.

12. Год Ворона
1917, 1949, 1981, 2013

Символика знака

В мифологии и символике собирательное название ворона, вороны и грача толкуется чаще всего негативно, реже — положительно из-за переимчивости этой птицы. В скульптурах, связанных с культом Митры, также часто изображались вороны.

Изед

Изедом, покровителем этого знака, является Тиштрия, великие, непостижимые, бесчисленные Звезды.

Характеристика личности

Люди с проявившимся тотемом Ворона — серьезны, суровы, обособленны. Они не любят ни командовать, ни подчиняться и способны стряхнуть с себя любую опеку и любой гнет. Они способны предугадывать события. Люди этого года рождения в брак вступают, как правило, очень поздно или вообще не обзаводятся семьей. И даже в браке они все-таки остаются одинокими внутри. Настоящий Ворон очень брезглив и чистоплотен. Ворон никогда не живет за чужой счет.

Внешность

У людей с этим тотемом цепкий и пристальный взгляд, они чуть сутулятся и ходят целеустремленным крупным шагом.

Характеристика года

Высшая харизма Ворона — это харизма пророка. Год Ворона — год несправедливости, отверженности, гонений, эпидемий.

Антитотем

Если человек, родившийся в год Ворона, начинает лебезить, приспосабливаться, жить подачками и подаяниями, значит, в нем проступили черты антитотема — удода. Такой человек редко вылезает из долгов, вечно обременен семейными проблемами, лизоблюд, подхалим, имеет бледный и тщедушный вид.

В год Ворона родились

Ф. Купер, Ш. Бодлер, А. Писемский, Ф. Достоевский, Н. Некрасов, С. Перовская, Дж. Кеннеди, И. Ганди.

13. Год Петуха
1918, 1950, 1982, 2014

Символика знака

Петух у древних иранцев — это птица Славы, означающая превосходство, смелость, бдительность, рассвет. Наряду с другими животными, которые противостоят дэвам в мировой битве Добра со Злом, петух противостоит дэву лени, «долгорукой» Бушьясте, и прогоняет ее каждое утро.

Изед

Изедом, покровителем этого знака, является Сраоша, Благовестие.

Характеристика личности

В отличие от Петуха, известного по восточным гороскопам, это Петух-воин, реформатор, не прячется в кусты. Ему бывает трудно довести начатое дело до конца, он все бросает на полдороге, но лучшие Петухи всегда найдут в куче жемчужное зерно. Петухи — рыцари, активные и бесстрашные. Они не мыслят себя без дома и детей.

Внешность

Человек с тотемом Петуха всегда проявляет кипучую энергию, полон планов, обожает наряды (особенно головные уборы), любит рисоваться и часто краснеет. У этого человека подвижное лицо и живая мимика. Он откровенен и склонен «сжигать за собой мосты».

Характеристика года

Это год суда, год разоблачений. Год Петуха проявляет всю нечисть на земле, но отнюдь не карает ее.

Антитотем

Антитотем этого знака — перепел — проявляется на внешности человека как бледность и маскообразность лица. Такой человек труслив, беспомощен и жалок как мокрая курица. Он ненавидит всякую власть и бессмысленно жесток.

В год Петуха родились

Вольтер, Робеспьер, Р. Бернс, С. Трубецкой, О. Уайльд, Н. Гумилев, В. Чапаев, Галич, А. Солженицын.

14. Год Быка (Коровы)
1919, 1951, 1983, 2015

Символика знака

В Авесте написано, что, когда умер единосотворенный бык (т. е. первая созданная Ахурой сущность), там, где из него вышел мозг, проросли семена пятидесяти пяти видов (зерновых) и двенадцати — целебных растений. Семя быка было вознесено к стоянке луны, там оно было очищено и (из него) было создано много видов животных. Во-первых, (были созданы) два (животных) — бык и корова, а затем пара каждого вида была пущена на землю. Таким образом Бык — могучая созидающая сила, которая изливается на землю.

Изед

Изедом, покровителем этого знака, является Геуш-Урван, Живая Душа всего мира.

Характеристика личности

Люди, родившиеся в этот год, немного пассивны. У них душа ребенка, они нуждаются в опеке, в пастыре, им нужны дополнительные импульсы для развития. За бескорыстие, доброту, мягкость, умение терпеть, помогать окружающим, лечить людей — за все это их ждет награда. Бык — идеалист по натуре, он мягок, как воск, у него очень нежная, ранимая душа, его легко оскорбить и унизить. Однако за свои убеждения, за своих близких, особенно за детей, он будет стоять насмерть.

Внешность

Внешне это довольно упитанные люди, женщины отличаются пышным бюстом.

Характеристика года

Это год мира. В этот год надо постараться заплатить долги, много работать, уметь подчиняться.

Антитотем

Антитотем — лось — проявляется как нервозность, отсутствие смирения, агрессивность и злобность, строптивость и желание любой ценой настоять на своем. Этих людей нередко отличает заметная худоба.

В год Тура родились

Нострадамус, св. Серафим Саровский, Н. Бестужев, Ф. Шиллер, М. Врубель, А. Макаренко.

15. Год Барсука
1920, 1952, 1984, 2016

Символика знака

Это животное в символическом отношении отличается тем, что обитает в темной норе (боится света) и существует за счет своего собственного жира. Это сделало его, как и крота, воплощением алчности.

Изед

Изедом, покровителем этого знака, выступает Кейван, Хранитель кладов.

Характеристика личности

Человек с этим тотемом должен быть очень рачительным хозяином, бережливым и практичным, работоспособным и достаточно скрытным. У него всегда есть множество решений, по его внешности и поступкам невозможно судить о том, чем он занимается. Главное дело своей жизни он может сохранить в тайне даже от самых близких людей. Барсуки всегда живут воспоминаниями и очень консервативны. Их отличительная черта — способность к логике и математике, дар исследователя и психолога.

Внешность

Фигура у такого человека плотная, склонная к полноте, лицо заострено, рост средний, глаза удлиненные.

Характеристика года

Год Барсука связан с воспоминаниями о прошлом, с хранилищами, фондами, банками, складами, тяжким грузом воспоминаний. Год считается прочным, устойчивым.

Антитотем

Антитотем — крот — беспечный, легковесный, жадный, разболтанный, ненадежный и злобный, он ни во что не верит и ненавидит людей.

В год Барсука родились

Будда, Н. Коперник, Б. Спиноза, Н. Лобачевский, З. Фрейд, В. Бехтерев, Махно, И. Кожедуб, Г. Явлинский.

16. Год Верблюда
1921, 1953, 1985, 2017

Символика знака

Животное, которое своей неприхотливостью сделало проходимыми для человека степи и пустыни Азии и Северной Африки, играет в символике двоякую роль. Неудивительно, что оно рассматривалось как высшее воплощение умеренности и трезвости.

Изед

Изедом, покровителем этого знака, является Рашну, Благо.

Характеристика личности

Тотем Верблюда предполагает аскетизм, выносливость, умение довольствоваться малым. У Верблюда нет практически ничего. Все свое он всегда носит с собой, причем распределяет всегда очень разумно и гармонично. Он не скрывает своего отношения к людям, резок на язык, знает себе цену и до всего старается дойти самостоятельно. Это надежный и работящий человек, порой прячущий под маской насмешливости чрезвычайно серьезное отношение к жизни. Он недоверчив, всегда ожидает худшего, может всех оплевать. Кстати, чем больше Верблюд человека любит, тем сильнее осмеивает его. Он всегда готов многое простить жене, своим близким и детям, которых рано приучает к самостоятельности.

Внешность

Ширококостный, малоразговорчивый, предпочитает больше делать и не тратить время на досужие разговоры.

Характеристика года

Год трудов и забот для всех людей, имеющих тотемами травоядных животных. Их труды будут увенчаны щедрыми плодами, от которых смогут прокормиться и менее удачливые люди с тотемами птиц.

Антитотем

Если вы в человеке этого знака увидите слащавость, бесконечное сюсюканье, отсутствие здравого цинизма, желание получать удовольствие — это проявление антитотема — гиены.

В год Верблюда родились

Екатерина II, П. Пестель, М. Салтыков-Щедрин, Ч. Чаплин, А. Гитлер, А. Ахматова, А. Сахаров, Ю. Никулин.

17. Год Ежа
1922, 1954, 1986, 2018

Символика знака

Еж невелик и совершенно беззащитен — он не имеет ни быстрых ног, чтобы избежать опасности, ни острых зубов и, несомненно, был бы постоянно под угрозой повреждения, если бы природа не позаботилась о его безопасности. Своими иглами он может сделать больно любому животному, который на него нападет. С другой стороны, этому зверьку приписывают скаредность и яростность, поскольку он при драке угрожающе выставляет свои иглы.

Изед

Изедом, покровителем этого знака, является Хварна, Благодать.

Характеристика личности

Еж колючками протыкает мир Тьмы и либо побеждает ее, либо дает ей встряску. Человек с тотемом Ежа сильно напоминает домового из народных сказок — такой же непредсказуемый, ершистый, внешне несколько суетный, даже суетливый.

Внешность

У него, как правило, большая голова, взъерошенные волосы, заостренный нос и довольно нудный голос. Такие люди обладают великолепной памятью, особенно зрительной, очень дотошны и любят цепляться к деталям, «прокалывать» на мелочах. В дружбе они очень верны.

Характеристика года

Это год благодати, непредсказуемости и свободы. В этом году можно столкнуться с неожиданными явлениями.

Антитотем

Антитотем людей этого знака — землеройка — проявляется, когда человек становится неразборчив в связях и контактах, внешне приглажен и прилизан, охотно мирится с ложью и предает друзей. Он труслив, пакостлив, любит все сокрушать и при этом чувствует полную безнаказанность.

В год Ежа родились

С. Радонежский, А. Суворов, П. Чаадаев, Ф. Д. Рузвельт, В. Немирович-Данченко, П. Кащенко, О. Мандельштам.

18. Год Лани
1923, 1955, 1987, 2019

Символика знака

Во многих мифах образ Лани представляет собой женскую животную природу потенциально демонического характера, хотя нам она представляется существом изящным. В родовом древе Чингисхана праматерью является мать-олениха, праотцем — волк.

Изед

Изедом, покровителем этого знака, является Арта, Правда.

Характеристика личности

Люди с тотемом Лани романтичны по натуре, артистичны, капризны, тонко чувствуют и переживают. Они обычно ярко проявляют себя в искусстве. Им порой, правда, не хватает разума и здравого смысла.

Внешность

Эти люди отличаются грациозностью, изяществом фигуры, легкой походкой, аристократизмом и утонченностью манер. Женщин этого года легко узнать по божественно прекрасным глазам с поволокой.

Характеристика года

Год Лани связан с поисками высшего смысла, с гармонией, красотой, с проявлением материнского начала. Год Лани — год проверки человека на совесть.

Антитотем

Антитотем этого знака — коза — связан с грубостью, большим рационализмом и малоподвижным образом жизни. Такие люди сквернословят, у них короткие толстые ноги и оплывшее лицо. Тем не менее они любят наряжаться в красивую одежду, которая лишь подчеркивает их уродство. На женщинах, родившихся в год Лани, влияние тотема и антитотема — коровы — бывает заметно особенно сильно.

В год Лани родились

Чингисхан, Дж. Свифт, Бомарше, Дж. Вашингтон, К. Рылеев, А. Конан Дойл, А. Чехов, С. Прокофьев, М. Булгаков.

19. Год Слона
1924, 1956, 1988, 2020

Символика знака

Слон — это символ силы, верности, терпения, мудрости, супружеской верности, долголетия, процветания, счастья; символ царской власти в Индии, Китае и Африке. Белый же слон вообще является солярным созданием и в буддизме посвящен Будде. Слон был величественным ездовым животным и возил не только индийских правителей, но и индуистского бога грозы и дождя Индру. Так что немудрено, что весь наш мир держится на слонах.

Изед

Изедом, покровителем этого знака, является Аша-Вахишта, Высшая Праведность.

Характеристика личности

Слон уравновешен, его трудно вывести из себя, но потом бывает очень трудно остановить. У него гигантская сила. Хотя он и консервативен по натуре, но способен сломать любые препятствия, если видит, что это необходимо. Слон — хранитель устоев, традиций, домашнего очага, глава семьи и ее опора. Он медлителен, но очень упорен, ценит сотрудничество с другими людьми. Несмотря на свою могучую внешность, Слон мнителен и не доверяет самому себе, из-за чего упускает многие хорошие возможности.

Внешность

Человек с проявленным тотемом Слона имеет крупное, массивное туловище и такие же ноги. У него длинный нос и короткие уши.

Характеристика года

С этим годом связаны особая прочность, устойчивость, серьезность. Дела, начатые в этот год, имеют далекоидущие последствия.

Антитотем

При проявлении антитотема — муравьеда — появляется человечек чахлый, суетливый, бесхребетный, болтливый и лживый, ненадежный в семье.

В год Слона родились

Л. Толстой, И. Левитан, К. Паустовский, М. Цветаева, Б. Окуджава, Дж. Буш, Дж. Картер.

20. Год Коня
1925, 1957, 1989, 2021

Символика знака

В отличие от норовистой, эгоистичной Лошади восточного гороскопа, Конь зороастрийского календаря — олицетворение выносливости и справедливости.

Изед

Коням покровительствует божество Солнца Митра, Око Божье, называемый также Хозяином равнин. Как Хозяин неба, он выполняет задачу сопровождать души, когда они возвращаются на небеса.

Характеристика личности

Человек с проявленным тотемом Коня — кузнец своего счастья. Он честный и отважный человек по натуре, любит природу и простор, путешествия и занятия спортом. Стоя на страже порядка и справедливости, может «смять» любого, кто попытается нарушить какую-то формальность. Но добиваясь своего, может идти наперекор обществу. Конь проявляет силу только в массе, т. е. в «табуне» единомышленников.

Внешность

У человека этого знака хорошая фигура, атлетическое телосложение, гордая осанка, большие зубы, жесткие волосы и большие красивые глаза.

Характеристика года

Этот год связан с клятвой и договором, а также с карой за несправедливость. Люди, имеющие в своих тотемах травоядных животных, могут рассчитывать на удачу. Хищники должны их опасаться, пусть попробуют поточить зубы на кого-то другого.

Антитотем

Если человек, родившийся в год Коня, необязателен, нерасторопен, труслив, если у него к тому же кривые слабые ноги и гнилые зубы, значит, в нем проявились черты антитотема — лошака.

В год Коня родились

Патриарх Никон, А. Бестужев, Г. Гейне, Ф. Нансен, В. Маяковский.

21. Год Гепарда
1926, 1958, 1990, 2022

Символика знака

Гепард — символ быстроты, свирепости и доблести. Подобно тигру и пантере, он выражает качества агрессивности и могущества льва без его солнечного значения.

Изед

Изедом, покровителем этого знака, является Шахривар, Небесное Воинство.

Характеристика личности

Гепард быстро бегает, мгновенно осваивает большие пространства, умеет жить в экстремальных условиях. Человек этого знака всегда стремится к тому, чтобы предугадать любую опасность, просчитывает все ходы и выходы. Он любит сражаться, но в некоторых случаях может и отступить, чтобы, набрав силу, снова напасть с тыла. Люди-Гепарды воинственны, агрессивны, с неукротимым нравом, бесстрашные, коварные. Они умеют и любят играть, но после их игр все в доме вверх дном.

Внешность

Человек с проявленным тотемом Гепарда, как правило, человек честный, благородный борец; он должен быть подтянутым, поджарым, по-кошачьи грациозным, но очень сильным, с твердым взглядом.

Характеристика года

В эти годы часто происходят войны и разоблачения. Этот год может положить начало какому-то новому политическому курсу.

Антитотем

Антитотем этого знака — болотная кошка; человек труслив, слаб, жалок, неразборчив в связях.

В год Гепарда родились

А. Дельвиг, П. Столыпин, К. Станиславский, В. Вернадский, А. Довженко, М. Монро, Ф. Кастро, Мадонна, М. Джексон, К. Кинчев.

22. Год Павлина
1927, 1959, 1991, 2023

Символика знака

Павлин — это солнечная птица, связанная с культом дерева и Солнца, а также с пеоном. Она символизирует бессмертие, долголетие, любовь. Павлин — это естественный символ звезд на небе и, как следствие, вознесения на Небеса и бессмертия. Связан с бурей, поскольку становится беспокоен перед дождем, а его танец во время дождя отражает символику спирали.

Изед

Изедом, покровителем этого знака, является Спента-Майнью, Святой Дух, осеняющий и проникающий во все сущее на земле.

Характеристика личности

Человек с проявившимся тотемом Павлина весел и многолик, неожиданен, любит играть. Он стремится к максимальному раскрытию своего творческого потенциала и блещет всеми гранями своего таланта. В нем постоянно раскрываются все новые и новые черты, он никогда не стоит на месте и не только не перестает удивлять окружающих, но и не перестает удивляться сам. Он не цепляется за имущество и за другие земные блага. Человека, родившегося в год Павлина, очень часто не любят из-за того, что он слишком выставляется. У него всегда множество планов, иногда совершенно безумных, которые он далеко не всегда способен воплотить в жизнь.

Внешность

Грациозные манеры, склонность к самолюбованию, порою неоправданный апломб и абсолютная уверенность в собственной правоте.

Характеристика года

Это год обольщений, игры, год страшных обманов. Зло в эти годы маскируется, рядится в белые одежды и обманывает людей.

Антитотем

Антитотем — дрозд — серый человек, мрачный, замкнутый, злобный, с резким скрипучим голосом.

В год Павлина родились

О. де Бальзак, А. Пушкин, С. Есенин, Л. Кэрролл, Г. Форд, В. Обручев, Л. Утесов, М. Ростропович, Э. Рязанов, М. Ульянов, В. Тихонов.

23. Год Лебедя
1928, 1960, 1992, 2024

Символика знака

Еще античные авторы отмечали, что лебедь любит музыку и, умирая, поет великолепную песню. Несмотря на миролюбивый нрав, в случае нападения на них лебеди вступают в борьбу даже с орлами. Они являются царями водных птиц и олицетворяют мир, спокойствие, мирную жизнь.

Изед

Изедом, покровителем этого знака, является Хаурват, Высшая Истина.

Характеристика личности

В материальном смысле люди этого тотема — тяжелые. Для человека с проявившимся тотемом Лебедя характерны бескорыстие, гордость, верность высоким идеалам, склонность к самоуглублению и медитации. На материальные блага он не обращает никакого внимания. Он замкнут в своем внутреннем мире и в чем-то оторван от мира внешнего, однако крайне привязчив к дорогим для него людям и очень верен в любви.

Внешность

У человека с тотемом Лебедя длинная грациозная шея, плавные движения, томный взор.

Характеристика года

Год Лебедя связан с духовным объединением людей. В этот год нельзя осквернять воду. В этот год могут быть чудеса, в худшем случае — проявление жадности, обмана, закулисные интриги, обещания, которые не выполняются.

Антитотем

Антитотем — утка — проявляется как неуемная жадность, зацикленность на материальных проблемах, лживость, неверность и ненадежность.

В год Лебедя родились

Петр I, В. Баженов, И. Боткин, Ш. Фурье, А. Тулуз-Лотрек, Г. Жуков, К. Рокоссовский, Д. Марадона.

24. Год Рыси (Соловья)
1929, 1961, 1993, 2025

Символика знака

Рысь символизирует слепую силу и ярость. Эта мощь плохо контролируется вследствие буйного нрава и злокозненности Рыси. В то же время этот тотем странным образом совмещается с тотемом Соловья, который тоже символизирует силу и могущество, но на этот раз могущество красоты и силу искусства.

Изед

Изедом, покровителем этого знака, является Хаома, Божественный Напиток парсов. Принятый в чрезмерных количествах, он охмеляет и приводит к безумию.

Характеристика личности

У Рыси всегда беспорядок, развал, но другим она этого не прощает. Люди с этим тотемом часто кажутся разболтанными, но на самом деле в нужный момент они всегда сумеют мгновенно собраться и мобилизоваться. Они полны оптимизма, переполнены идеями. Они по-своему вдохновенны и обладают даром пророчества. Иногда, когда люди этого заслужат своей праведностью, в них может проявиться тотем Соловья. У людей с тотемом Соловья благородная осанка, красивый серебристый голос. У них строгий нрав, они миролюбивы, с чувством собственного достоинства.

Внешность

У людей с тотемом Рыси в облике есть что-то кошачье. Их поведение непредсказуемо. То мирные и спокойные, то внезапно проявляют злобу и ненависть.

Характеристика года

Год Рыси связан с испытаниями, неожиданными явлениями. Раскрываются глаза на истинные события, перемены, катастрофы.

Антитотем

Если человек робкий, ханжа, труслив, услужлив, аскетичен, мелочен и зануден — это проявление антитотема — мыши.

В год Рыси (Соловья) родились

Л. Гальвани, Наполеон, А. Аракчеев, В. Даль, В. Гюго, А. Нобель, Д. Менделеев, Р. Киплинг, Б. Брехт, В. Шукшин.

25. Год Осла
1930, 1962, 1994, 2026

Символика знака

Осел — символ мира и стабильности, терпения, большой внутренней силы.

Изед

Изедом, покровителем этого знака, является Спента-Армаити, Благодетельный Мир.

Характеристика личности

Тотем Осла предполагает в человеке большую работоспособность, выносливость, терпение, миролюбие, покладистость, спокойствие, умение и желание многое делать своими руками, большую скромность. Такой человек к любой жизненной ситуации подходит здраво и уравновешенно, обладает достаточно твердым характером, но для работы ему нужен какой-то дополнительный импульс. Когда в мире неспокойно, во времена конфликтов и смуты, Осел становится пассивным, замкнутым и упрямым, не желает ничего делать.

Внешность

Считается благоприятным признаком, если у человека, родившегося в год Осла, удлиненный овал лица, крепкие, несколько выступающие вперед зубы, крупные уши.

Характеристика года

Это год начала изобилия, год выхода из кризисов.

Антитотем

Если человек труслив, мелочен, похотлив — это проявление антитотема — мула.

В год Осла родились

Д. Пожарский, Г. Гегель, И. Крузенштерн, Л. ван Бетховен, П. Нахимов, Г. Уэллс, Г. Лорка, Э. М. Ремарк, Б. Ельцин, М. Горбачев.

26. Год Белого медведя
1931, 1963, 1995, 2027

Символика знака

Медведь от природы обладает тихим характером, и его нелегко привести в возбужденное состояние. Но в состоянии озлобления он становится очень смелым и активным; особенно самка в тех случаях, когда у нее воруют детенышей. Медведь как дикое животное символизирует жестокость и пагубное влияние. В Ветхом Завете он символизирует Персидское царство, которое принесло в мир смерть и растление и в конце концов было уничтожено Богом.

Изед

Изедом, покровителем этого знака, является Анграоша, Бесконечный Свет, проистекающий с небес на все создания и озаряющий темницу наших потаенных стремлений.

Характеристика личности

У человека с тотемом Белого медведя должен быть строгий, рыцарский, в чем-то непредсказуемый характер. Любит играть, в игре доходит до экстаза. Любит жизнь, широкая душа. В нем нет подлости, садизма, он не терпит предательства. У него всегда есть гигантские планы и проекты, которые он умеет воплотить в жизнь. Умеет хорошо организовать людей и вести их за собой.

Внешность

Люди этого знака, если в них полностью воплотился этот тотем, крупные и сильные, с размашистыми движениями и добродушным, отходчивым нравом.

Характеристика года

Это годы серьезных испытаний. Если в эти годы совершаются ошибки — они непоправимы. Закладываются основы будущих серьезных событий, начинает медленно раскручиваться то, что произойдет через некоторое время.

Антитотем

Человек с проявленным антитотемом — бурым медведем — становится носителем хаоса — наглым и в то же время мелочным. Он прилипчивый, въедливый, занудный, склонный к садизму, маскируется под доброго «дядю».

В год Белого медведя родились

Рафаэль Санти, М. Сервантес, И. Ньютон, Ф. Тютчев, Н. Добролюбов, В. Набоков, Э. Хемингуэй, А. Хичкок, И. Дунаевский.

27. Год Орла
1932, 1964, 1996, 2028

Символика знака

Орел — это птица, живущая при ярком свете солнца, и поэтому его считают в некотором смысле светящимся; он относится к стихиям воздуха и огня. Он символизирует высоту духа, как солнце, и духовный принцип в целом. Он же отождествляется с солнцем и идеей мужской активности, которая оплодотворяет женскую природу, и также символизирует отца.

Изед

Изедом, покровителем этого знака, является Амертат, Бессмертие.

Характеристика личности

Эти люди не мыслят себя вне коллектива, вне своего клана, они способны принести себя в жертву большому делу. Люди-Орлы провидят будущее. Они — защитники государственности, их не пугают никакие препятствия и преграды. Многие не любят их за аристократизм, высокие идеалы, рыцарское поведение. В личной жизни эти люди весьма аскетичны.

Внешность

Те, у кого проявился тотем Орла, отличаются гордой осанкой, красивым, как бы чеканным профилем, хорошо поставленным голосом, умением достойно держать себя в любом обществе.

Характеристика года

Это годы строительства, серьезных планов и проектов, которые начинают воплощаться в жизнь. Год объединения людей.

Антитотем

Антитотем Орла проявляется как зловредность, невоздержанность, прожорливость, слюнявость, прилипчивость, нечистоплотность. У таких людей часто бывают выпученные глаза, тонюсенькие руки и длинные худые ноги.

В год Орла родились

Леонардо да Винчи, М. де Сад, Ж. Санд, Н. Склифосовский, Николай II, А. Тарковский.

28. Год Лисицы
1901, 1933, 1965, 1997

Символика знака

Лисица — это традиционно устоявшийся символ хитрости и коварства. Но это же и символ тонкого и изощренного ума, насмешливости и проницательности.

Изед

Изедом, покровителем этого знака, является Вата, привольный дух Ветра, уносящего все печали.

Характеристика личности

Лисица обладает острым умом, позволяющим разоблачать интриги.

Внешность

Внешне человек-Лисица тонкий, с острой мордочкой и вкрадчивыми интонациями в голосе.

Характеристика года

В год Лисицы многое решают мелочи, много зависит от случая. Год благоволит тотемам хищников и неблагоприятен для тех, чьим тотемом являются птицы.

В год Лисицы, как правило, рождаются люди с очень загадочными, странными и переменчивыми судьбами, и редко кого из них ждет монотонная жизнь. Люди с проявленным тотемом Лисицы отличаются ловкостью, насмешливостью и хитроумием. Они, правда, немножко трусоваты, никогда не лезут на рожон, но зато очень предусмотрительны, умеют раскусить любую интригу и указать нужный путь другим. Они любят наказывать подлость и разгадывать тупость и чванство.

Антитотем

Черты антитотема — ласки — отчетливо проявляются в людях с расплывшейся фигурой и одутловатым лицом, в мерзостных, трусливых приспособленцах, холуях и жадинах.

В год Лисицы родились

А. Вивальди, И. Крамской, Г.-Х. Андерсен, У. Дисней, М. Дитрих, Ж. П. Бельмондо, Ю. Гагарин.

29. Год Дельфина
1902, 1934, 1966, 1998

Символика знака

Это грациозное морское животное — аллегория спасения, вдохновленная древними легендами, которые изображают его как друга человека. Изображение дельфина ассоциируется с языческими, эротическими божествами и с другими символами.

Изед

Изедом, покровителем этого знака, является Воху-Ман, Благая Мысль.

Характеристика личности

Люди, родившиеся в год Дельфина, вдохновленные идеалисты, мудрые и четко разграничивающие Свет и Тьму, приходящие на помощь в трудный момент. Они преданы высшим идеалам, обладают склонностью к философии и миротворчеству. Они весьма таинственны и загадочны в своем поведении, постоянно за всем следят и умеют незаметно оказать помощь. Берут на себя самую тяжелую часть работы. Умеют принимать и передавать мысли на расстоянии.

Внешность

Этим людям присущи плавные движения, властный и уверенный взгляд, быстрота в принятии решений.

Характеристика года

Это самый разумный год. Год путешествий, больших замыслов, таинственных явлений, год помощи и спасения.

Антитотем

У людей с проявившимися чертами антитотема — карася — все иначе. Они злобны, мстительны, не устают сеять раздоры и гражданские войны, заводятся с пол-оборота, всеми силами способствуют искажению истины, пытаются перемешать добро и зло. Результатом их деятельности становятся хаос и разорение.

В год Дельфина родились

В. Ленин, А. Куприн, И. Бунин, С. Лемешев, И. Курчатов, С. Лорен, Б. Бардо, Э. Пресли.

30. Год Вепря
1903, 1935, 1967, 1999

Символика знака

В противоположность свинье как женской особи домашнего животного, дикий лесной вепрь представляет собой мужскую особь дикой формы данного вида и имеет преимущественно положительное символическое значение. В основном же вепрь символизирует необузданную дикость и властность бесовских сил, например жестоких тиранов.

Изед

Изедом, покровителем этого знака, является Вертрагна, Победа.

Характеристика личности

Люди, рожденные в год Вепря, храбры, отважны, бесстрашны, решительны. Вепрь всегда готов дать отпор врагу, стремится к первенству. Он умеет верно оценивать свои силы и не приемлет бесцельных действий. В мирной обстановке он прислушивается к чужому мнению и достаточно терпим, особенно к своим. Вепри очень многое прощают своим близким, позволяя им сесть себе на шею.

Внешность

У людей с проявленным тотемом Вепря атлетическое телосложение, крупная верхняя часть туловища и большая голова. Вепри обладают неукротимым нравом, но при этом умеют отлично подчиняться власти высшей идеи.

Характеристика года

В этот год обостряются напряжение, борьба, противоречия. Войны, начавшиеся в этот год, достигают особого накала.

Антитотем

Человек с проявленным антитотемом — свиньи — жаден, злобен, коварен, изворотлив, подчинен иерархии зла и бесстрашно действует в интересах крупного преступника.

В год Вепря родились

М. Ломоносов, Г. Державин, А. Лавуазье, Дж. Гарибальди, Н. Пржевальский, Н. Заболоцкий, А. Делон.

31. Год Совы
1904, 1936, 1968, 2000

Символика знака

Говорят, что сова обманывает других птиц, заманивая их в сети птицеловов. Кроме того, сова символизирует одиночество, и именно в этом смысле она фигурирует в сценах, изображающих молящихся отшельников. Однако издревле считается, что сова наделена мудростью, и именно в этом значении она присутствует на изображениях эллинской богини Афины Паллады.

Изед

Изедом, покровителем этого знака, является Мах, Луна. Это означает, что людям этого тотема будут удаваться занятия оккультными науками и им будут открыты тайные знания.

Характеристика личности

У людей с этим тотемом свой график жизни, они могут днем спать, а ночью бодрствовать. Из них выходят провидцы, предсказатели будущего, организаторы тайных обществ. Эти люди весьма замкнуты, склонны к мистицизму и мнительны (особенно мужчины). Они живут загадочной жизнью и не менее загадочно уходят из нее. Деятельность лучших представителей этого года рождения направлена на защиту высших ценностей, хотя противостоять превосходящим силам противника они не могут и полноценно проявляют себя лишь в дружественной среде.

Внешность

Эти люди обладают большой головой и глазами, зачастую их зрение во второй половине жизни ослабевает.

Характеристика года

В год Совы нужно обращать внимание на теневую сторону вещей, так как именно темные силы очень сильно проявляют себя в этот год. Этот год благосклонен для тех, кто увлекается эзотерическими науками.

Антитотем

Если человек этого знака подлый, мстительный, трусливый, пресмыкается перед сильными — это проявление антитотема — филина.

В год Совы родились

Ж.-Ж. Руссо, Ч. Дарвин, А. Линкольн, П. Чайковский, О. Роден, О. Ренуар, Р. Амундсен, Н. Деникин, Ф. Шаляпин, С. Дали, М. Пришвин, С. Рерих, В. Терешкова.

32. Год Сокола
1905, 1937, 1969, 2001, 2033

Символика знака

Сокол — это воодушевление, победа, восхождение через все уровни. Эта прекрасная и гордая птица также означает свободу, а значит, и надежду для тех, кто в оковах, моральных либо духовных.

Изед

Изедом, покровителем этого знака, является Хваршат, Солнце. Это финальный год, завершающий зороастрийский цикл.

Характеристика личности

Люди с проявившимся тотемом Сокола — это люди большого полета, проповедники и реформаторы религий, храбрые, очень гордые, одержимые патриотическими идеями, воскрешающие утраченное знание. Для Сокола характерна какая-то бесшабашность. Правда, потом эти люди могут жалеть о сделанном, но удержаться не могут. Они могут сделать много хорошего при мудром руководстве, но никогда не потерпят диктата над собой. К тому же они прекрасные дезорганизаторы: если надо что-то развалить, Сокол с удовольствием это сделает. Очень многое в их жизни преувеличенно и театрально. Многие люди этого года рождения часто думают о смерти и о том, что останется после них.

Внешность

Стремительный и резкий в движениях Сокол красив внешне и сохраняет стройность и зоркое зрение до самой глубокой старости.

Характеристика года

Год Сокола — время раскола, битва за справедливость. В год Сокола добьются успеха те, кто по-настоящему независим. Хотя иногда стоит прислушиваться к тому, чему учит история. В этот год стоит приниматься за новые проекты, только если вы уверены в собственных силах.

Антитотем

Антитотем — воробей — появляется в людях крикливых, сварливых, трусливых, не дорожащих ни любовью, ни своим собственным прошлым.

В год Сокола родились

Д. Алигьери, М. Кутузов, С. Мамонтов, С. Рахманинов, Н. Бердяев, Б. Ахмадуллина, В. Высоцкий.

Историческая справка

В переводе имя Заратуштры означает «Сын звезд». Этот человек был выдающимся пророком и создателем зороастризма. Точную дату рождения пророка трудно определить, но греческие философы Плиний, Геродот, Платон относят ее примерно к 6400 г. до Рождества Христова. Согласно «Вендидаду», одному из священных текстов «Авесты», Заратуштра родился в городе Раи провинции Бактрия. Перед его рождением мать его, Догдо, видела вещий сон с предсказанием святой миссии ее будущего сына. Как утверждают, Заратуштра родился с улыбкой на устах и его аура своим светом озарила весь город. Маги хотели его уничтожить и бросили в костер, но он чудесным образом спасся. В 7 лет Заратуштра проявил выдающиеся способности, а в 15 его мудрость и благочестие уже были несравненны. Он проповедовал свое учение в Восточном Иране, Средней Азии, на территории современного Афганистана. Главным источником биографических сведений о Заратуштре является 13-я книга «Авесты».

А десять лет спустя он удалился в некую уединенную местность, чтобы предаться глубокой медитации и общению с Творцом Маздой и Божественным Планом. Как только пророк убедился, что получил откровение от Ахура Мазды, он приступил к осуществлению своей миссии по реформированию существующей в стране маздейской веры. Но чтобы распространять новую религию, он принужден был бежать из родных мест и искать убежища в соседнем королевстве. Но и там придворные жрецы (маги) навесили на него ярлык колдуна и заключили в тюрьму.

Но, наперекор магам, Заратуштра обратил в свою веру царя Виштаспу, чудесно исцелив его любимого коня. Он долгое время пробыл царским советником, имел трех жен, оставил четырех дочерей и шестерых сыновей.

Благодаря его чудесам все в конце концов уверовали в святость Заратуштры. Признанный великим пророком, он упразднил древних богов персидского пантеона и утвердил единого и подлинного Владыку — Ахура Мазду. Когда учение Заратуштры было принято персидским королем Виштаспой, реформированная маздейская вера, зороастризм, стала национальной религией Ирана. В течение многих лет она господствовала в большей части цивилизованного мира и оказала свое влияние на все последующие мировые религии. Со временем Заратуштру стали чтить как полубога.

В возрасте 77 лет Заратуштра погиб от руки своего заклятого врага.

Глава 4.
Гороскоп друидов

Гороскоп друидов

ЯБЛОНЯ	23 декабря - 01 января;	25 июня - 4 июля
ПИХТА	02 января - 11 января;	05 июля - 14 июля
ВЯЗ	12 января - 24 января;	15 июля - 25 июля
КИПАРИС	25 января - 03 февраля;	26 июля - 04 августа
ТОПОЛЬ	04 февраля - 08 февраля;	05 августа - 13 августа
КАРТАС	09 февраля - 18 февраля;	14 августа - 23 августа
СОСНА	19 февраля - 28/29 февраля;	24 августа - 02 сентября
ИВА	01 марта - 10 марта;	03 сентября - 12 сентября
ЛИПА	11 марта - 20 марта;	13 сентября - 22 сентября
ОРЕШНИК	22 марта - 31 марта;	24 сентября - 03 октября
РЯБИНА	01 апреля - 10 апреля;	04 октября - 13 октября
КЛЕН	11 апреля - 20 апреля;	14 октября - 23 октября
ОРЕХ	21 апреля - 30 апреля;	24 октября - 02 ноября
ЖАСМИН	01 мая - 14 мая;	03 ноября - 11 ноября
КАШТАН	15 мая - 24 мая;	12 ноября - 21 ноября
ЯСЕНЬ	25 мая - 03 июня;	22 ноября - 01 декабря
ГРАБ	04 июня - 13 июня;	02 декабря - 11 декабря
ИНЖИР	14 июня - 23 июня;	12 декабря - 20 декабря
ДУБ	21 марта - весеннее равноденствие	
БЕРЕЗА	24 июня - летнее солнцестояние	
МАСЛИНА	23 сентября - осеннее равноденствие	
БУК	21-22 декабря - зимнее солнцестояние	

Кельты — это племена, по некоторым данным зародившиеся в районе современной Греции и Эгейского моря в III—IV тысячелетии до н. э. (см.: X. Патерсон. Кельтская астрология), затем заселившие Европу и впоследствии перебравшиеся на Британские острова. Друиды — жрецы кельтских племен. Календарь друидов основывается также на солнечно-лунно-земных отношениях, которые, правда, трактуются весьма своеобразно. Солнечный год (оборот Земли вокруг Солнца) делится на 13 лунных месяцев (каждый по 28 солнечных суток — это что-то среднее между сидерическим и синодическим лунными циклами), и остаются еще одни сутки. Существовало два вида деления лунных месяцев. Первый вид: первые 12 месяцев были равнозначны, а 13-й отличался, был самым меньшим по продолжительности. Второй вид: первые пять месяцев были равнозначны по протяженности; следующие четыре тоже равнозначны, но меньше первых пяти; следующие три месяца также были равнозначны и каждый равнялся любому из первых пяти месяцев; и наконец, последний месяц был самым большим по протяженности. Счет месяцев начинался 24 декабря, через два дня после зимнего солнцестояния (0 градусов Козерога). Каждый месяц относился к тому или иному дереву.

Друиды придавали большое значение лесу, деревьям, среди которых им приходилось жить. Отсюда, очевидно, и проводимая ими связь человеческих характеров с деревьями. Они утверждали, что каждый человек, как и дерево, имеет свои определенные черты, достоинства и недостатки. Каждый требует определенных условий жизни.

Очень важное значение друиды придавали зимнему и летнему противостоянию Солнца, весеннему или летнему равноденствию. В эти дни устраивали торжественные шествия и приносили в жертву белых быков. Вообще положение Солнца относительно Земли служит основой их гороскопа. В соответствии с ним судьба человека, его будущее, характер и способности зависят от удаления Солнца от Земли в день его рождения. Поэтому каждый знак и имеет два периода действия. Допустим действие знака Яблоня распространяется и на людей, рожденных с 23 декабря по 1 января, и на тех, кто рожден с 25 июня по 4 июля.

Как видим, это очень сложная и запутанная система, а тем более искаженно основывающаяся на реальных астрономических событиях.

Возле названия каждого знака мы приводим рисунок древнего друидического талисмана — покровителя человека этого знака.

Яблоня
23 декабря — 1 января;
25 июня — 4 июля

Основные черты характера

Эмоциональность, сердечность, интеллектуальность, склонность к размышлению, логика, аналитический ум.

Психологический портрет

Бескорыстна, нерасчетлива, легко поддается на обман. Отдала бы собственную рубашку, поделилась бы последним куском хлеба. При всем этом, однако, Яблоня не простушка. Не думая о завтрашнем дне, она живет со дня на день, временами делает долги и забывает о них, что вообще для нее естественно. Она — полный фантазии философ, радующийся жизни и не желающий никого ни удивлять, ни убеждать. Не принимайте ее, однако, за существо легкомысленное. Интеллигентная, вдумчивая и логичная, Яблоня имеет склонность к науке. Читает все, что относится к интересующей ее области. Сумма ее знаний на удивление велика, но она не старается никого изумить, просто читает все для того, чтобы удовлетворить свою любознательность. Научные теории, как видно, интересуют ее в такой же степени, как и хорошая кухня. Предпочитает удовольствия этого мира блаженству в мире ином.

Мужчины этого знака

Мужчины-Яблони редко бывают высокими, радуют глаз хорошей осанкой, много в них такого, что привлекает к ним симпатии людей, они хорошо сложены, в них много обаяния и сердечности.

Женщины этого знака

Эмоциональная жизнь девушки-Яблони разнообразна, ей скучно монотонное счастье без изъянов. Это непосредственность девушки, которая любит от времени до времени что-то осложнить и дать проглотить горькую пилюлю.

Женщина-Яблоня внушает мысль о любви даже тогда, когда о ней сама и не думает (что случается редко).

Под знаком Яблони рождаются люди очень сентиментальные и чувствительные. Любовь интерессует их как теоретически, так, безусловно, и практически.

Любовь и брак

Зачастую решается на замужество, не чувствуя к партнеру больших чувств (Яблоня — дерево весьма разностороннее), однако это не означает окончательного отказа от любви и чувств. Если она случайно встретит партнера, соответствующего ее духу и вкусу, то их супружество будет блаженством. Яблоня всегда верна в любви (как в свободной, так и в супружеской и даже после супружества) до позднего возраста.

Великие люди, рожденные под этим знаком

П. Рубенс, Генрих VIII, Ж.-Ж. Руссо, Ж. Санд, М. А. Нексе.

Пихта
2 января — 11 января;
5 июля — 14 июля

Основные черты характера

Интеллектуальный склад ума, склонность к анализу, размышлению, логика, аскетизм.

Психологический портрет

Люди-Пихты красивы скорее холодной, строгой красотой, любят старинные украшения, а также пригашенные лампы, запахи духов, старые вещи и полные величия праздники. Они капризны и не всегда легки в общении и совместной жизни. В них развито чувство обособленности, поэтому часто они ощущают себя одинокими даже в большом коллективе. Человек-Пихта мало поддается постороннему влиянию, однако редко высказывает свое мнение, не отличается большой разговорчивостью и веселостью. Он очень горд, настойчив в достижении поставленных целей.

Мужчины этого знака

Исключительно умны, обладают аналитическими способностями, научными наклонностями, но не всегда достигают успеха. Случается, что они работают в области, не имеющей ничего общего с их наклонностями и специальностью. К работе относятся серьезно и достигают определенных высот добросовестностью и скрупулезностью. Поставленные перед выбором среди различных решений избирают обычно самое трудное. Создание трудных ситуаций для себя и других — вот, собственно, их призвание.

Женщины этого знака

Женщина-Пихта благородна, и что бы ни случилось — можно положиться на нее целиком. В любой ситуации умеет не терять присутствие духа, надежду и веру. Пихта выше мелочей. Она разборчива и мелким удовольствиям предпочитает удовлетворение в большом.

Любовь и брак

В любви Пихты редко удовлетворены, поскольку требовательны и несговорчивы. Всегда хотят много получать от жизни, так как знают о своих достоинствах, и им обычно это удается. Случается им также влюбляться без памяти, и тогда весь их мир терпит крушение. Их любовь может быть безграничной.

Великие люди, рожденные под этим знаком

В январе — Ж. д'Арк, А. Толстой;
в июле — Наполеон, Дж. Голсуорси, Г. де Мопассан.

Вяз
12 января — 24 января;
15 июля — 25 июля

Основные черты характера

Наблюдательность, организационные способности, реализм.

Психологический портрет

Большой, стройный, красивый. Весьма привлекательный для окружающих, но имеет в себе что-то сдерживающее. Не слишком, однако, следит за собой, одевается с некоторой простотой, часто не может расстаться со старым любимым свитером. Вяз непритязателен и не любит усложнять себе жизнь. Для него характерны спокойствие и уравновешенность. Наиболее заметный недостаток — медлительность. Склонность к морализированию — самая несносная черта.

Мужчины этого знака

Отнеситесь к нему терпеливо — он стоит этого. Умеет быть очень преданным. Имеет здравый рассудок и искусные руки. Отличается живым умом, конкретным и практичным. Обладает чувством юмора, и часто это чувство спасает его в моменты разочарований.

Любит руководить и значительно в меньшей мере — подчиняться. Оказывает влияние на других и нередко пользуется своим влиянием. Искусен в управлении людьми. Его требования так же велики, как и любовь, которую он дает сам.

Женщины этого знака

Вопреки видимости, у женщин этого знака слабое здоровье. Прямолинейна и открыта, разоружает щедростью. Верит в людскую доброту. Дело, которое защищает, всегда благородно, и она верит, что рано или поздно добьется признания. Сильней, чем другие, переживает неудачи. Умеет много сделать для пользы своих и близких, обладает развитым чувством ответственности, долга.

Любовь и брак

В чувствах страстен, может быть даже пылким. Если выбор его будет удачным, любовь в его доме доживет до бриллиантовой свадьбы.

Его жизнь будет приятной и безо всяких потрясений, т. е. такой, какую он себе желает.

Великие люди, рожденные под этим знаком

Ж. Б. Мольер, Э. По, Стендаль, А. Швейцер.

Кипарис
25 января — 3 февраля;
26 июля — 4 августа

Основные черты характера

Постоянство чувств, лояльность, склонность к размышлениям, аналитический ум, логичность.

Психологический портрет

Его интеллигентность носит умозрительный характер. Любимое занятие человека-Кипариса — рассуждения на любую тему. Впрочем, его суждения продуманны и толковы. Он не придает значения успеху в жизни, не гонится за славой, за деньгами. Единственное, чего он желает, — быть счастливым. Избегает всего, что ставило бы перед ним проблемы. Любит летние прогулки, животных и охоту. Это его можно увидеть в лодке, задумавшегося над удочкой, и, несмотря на это, он не любит одиночества. Старается устроить свою жизнь так, чтобы находиться среди многочисленной семьи или (смолоду) в постоянном обществе приятелей.

Человек этого знака не сентиментален. Чаще всего он несколько грубоватый, но не лишен душевного тепла; это человек суровый, но одновременно и спокойный. Приятен в обществе. Его присутствие действует на людей успокаивающе.

Мужчины этого знака

Стройный, крепкий, с точеным сильным силуэтом и простыми правильными чертами. Однако есть в нем что-то суровое, что-то от человека природы. Не лишен изысканности, есть в нем нечто от неиспорченного цивилизацией человека. Удовлетворяется малым и приспосабливается к ситуации. Может жить при любых условиях и быть при этом счастливым. Быстро достигает зрелости и самостоятельности.

Женщины этого знака

Женщина-Кипарис любит мечтать и скорее дает себя нести течением жизни, чем организует ее. Погружена в мечты, мыслями всегда где-то в ином месте. Избегает острых дискуссий независимо от предмета спора. Собственно, податливость, мягкость ее характера — то, что ищут в ней. Недосягаема в своей верности. Бывает верна своей любви, дружбе, воспоминаниям, и если кого одарит чувством, то, не колеблясь, можно обращаться к ней за помощью.

Любовь и брак

Жизнь его чаще всего течет спокойно и ровно среди тех, кого он любит... Пока те, кого он любит, при нем. В верности он уникален и свято верен своей любви, дружбе, воспоминаниям, а если отдает кому-то свое чувство, то навсегда.

Великие люди, рожденные под этим знаком

Ф. Шуберт, В. А. Моцарт, Р. Роллан, Т. Рузвельт.

Тополь
4 февраля — 8 февраля;
5 августа — 13 августа

Основные черты характера

Потребность в независимости, склонность к неврастении, окрыленный ум, чувство синтеза, интуиция, фантазия.

Психологический портрет

Декоративность, стройность и красота сопровождают человека-Тополя с самой ранней молодости. С годами, однако, сам создает себе проблемы. Очень чувствителен к течению времени, слишком рано начинает бояться старости, от этого страха еще больше стареет. Только хорошее влияние окружающих может оказать помощь, поэтому необходимо внимательно выбирать людей, с которыми приходится общаться.

Мужчины этого знака

Необходимо проявлять осторожность при перемене места пребывания: не всякая среда благоприятствует развитию мужчины-Тополя. Он плохо чувствует себя в тесноте, но не любит, однако, жить обособленно. Чувствует потребность в товарищах, но мучается от окружения особ, не выбранных им самим. Очень чувствителен к ущемлению собственной свободы и легко впадает в пессимизм. Старается не показывать этого, но никто не может долго заблуждаться на этот счет.

Женщины этого знака

Женщины этого знака имеют тонкий врожденный ум, который совершенно не стареет. Их проницательность и критический склад ума могут даже иногда оказывать влияние на их амбиции. Много Тополей встречается среди медиков.

Любовь и брак

Влюбленный, он чувствителен к малейшим неприятностям, и даже мелочи могут вывести его из равновесия. Временами умиляется сам себе, но чаще удается ему это скрыть, и в этом умалчивании находит своеобразное удовольствие. В супружестве — трудное счастье: бывает слишком чувствителен и излишне независим. Его оружием в супружеских стычках является безразличие, дополненное улыбкой и шуткой. Если он не справится с ситуацией — может агрессивно повести себя по отношению к партнеру. У человека-Тополя утонченный ум, не ослабевающий с возрастом. Его проницательность и критические способности могут иногда даже тормозить его честолюбие.

Великие люди, рожденные под этим знаком

Д. Менделеев, Ж. Верн, С. Дали.

Картас южный
9 февраля — 18 февраля;
14 августа — 23 августа

Основные черты характера

Импульсивность, оптимизм, интеллигентность, способность к дедукции.

Психологический портрет

Раскидистый, мощный и хотя не очень стройный, он производит впечатление солидного и красивого. Такой человек без труда приспосабливается ко всяким условиям. Правда, он тоже мечтает об удобствах, но в случае необходимости может переночевать под открытым небом. Обладает хорошим здоровьем. Всюду он чувствует себя как дома и не знает, что такое робость. Динамичный, уверенный, заставляет считаться с собой, одновременно весьма чувствителен к шуткам по поводу своей особы и не очень понимает их.

Мужчины этого знака

Любит поразить, захватить врасплох, быть центром всеобщего внимания, готов на любые жертвы, чтобы этого достичь. Считает, что именно он должен принимать решения и произносить решающее слово. С блеском разрешает самые сложные вопросы. Не ведает опасности, непредусмотрителен и обладает даром впутываться в непредвиденные ситуации. К счастью, однако, умеет легко из них выходить. Горд, самолюбив, прямолинеен, при этом неисправимый оптимист, что приводит зачастую к неосторожным поступкам как в деловой, так и в личной жизни. Имеет натуру, склонную к эксцессам. При видимой самостоятельности склонен поддаваться постороннему влиянию. Направляемый опытной рукой, может стать оружием чужой воли. Душой и телом отдается делу, которое сам выбрал, поэтому среди Картасов есть много героев, но много и мучеников.

Подверженный чужим влияниям, этот человек сам также обладает способностью оказывать влияние на других. Оказывает на окружающих вдохновляющее воздействие. Весьма настойчив и принадлежит к числу тех, кто всегда прав.

Женщины этого знака

Интеллигентна и обладает способностью к синтезированному восприятию проблем. Поразительна скорость, с которой обдумывает и принимает решения. Часто обнаруживает склонность к артистизму, преимущественно в области музыки. Во всяком случае, ее отличает развитое чувство ритма. Рожденная для приключений, ведет обычно подвижную и разнообразную личную жизнь.

Любовь и брак

Человек-Картас впечатлительный, чуткий, сентиментальный, способен полюбить навсегда, поскольку глубоко воспринимает любовь с большой буквы. Другие привязанности трактует как приятный, не имеющий значения способ проводить время.

Великие люди, рожденные под этим знаком

Г. Галилей, Б. Брехт, Т. Эдисон, Ч. Дарвин, Гёте, Б. Прус, Костюшко.

Сосна
19 февраля — 28/29 февраля;
24 августа — 2 сентября

Основные черты характера

Эстетическое чутье, организаторские способности, склонность к анализу.

Психологический портрет

Несмотря на приветливость в обращении и умение быть милым приятелем, в ней не бывает излишней усложненности и щедрости. Собственное благополучие и удобства — прежде всего. Неудачи других несильно волнуют ее, хотя случается, она упоминает о них с сочувствием в товарищеских беседах. Только в одном проявляет слабость — в любви. Чувственна и импульсивна — легко увлекается, а потом бывает уже поздно.

Мужчины этого знака

Они отважны, сопротивление встречают с поднятой головой и не позволяют невезению одолеть себя. Благодаря смелости и умению рисковать мужчина-Сосна всегда идет впереди. В работе он способен иметь успех, независимо от рода деятельности, который избирает. Мужчину-Сосну отличает упорство, с которым он идет по избранному пути и с которого его трудно сбить. Он умеет выйти из самой сложной ситуации. Очень быстр и точен в действии. При всем этом имеет ум проникновенный и мышление упорядоченное, часто бывает хорошим организатором. Умеет приложить необходимые усилия для достижения поставленных целей и, как правило, достигает их.

Женщины этого знака

У женщины этого знака изысканный силуэт, красивая фигура. Она умеет подчеркнуть свои достоинства. Любит дом, ценные предметы, красивый интерьер. Часто тот милый дом, без которого она не могла бы развиваться, создает сама себе. Говорят, что она знает, чего хочет, но не дает себя нести по воле волн, что недостаточно ей того, что жизнь дает сама. Нет в ней ничего покорного, способна планировать и подчинять условия своим потребностям.

Любовь и брак

Слабость человек-Сосна проявляет только в одном — в любви. В чувствах они импульсивны, легко увлекается, а потом уже поздно отступать. Впрочем, из любых, даже из любовных, неприятностей Сосна умеет выйти с честью. Знак этот чрезвычайно благоприятен для женщин.

Великие люди, рожденные под этим знаком

В феврале — Н. Коперник, М. Монтень, Ф. Шопен, Дж. Вашингтон, Э. Карузо;

в августе — Конфуций, Калигула.

Ива (верба)
1 марта — 10 марта;
3 сентября — 12 сентября

Основные черты характера

Ум, соединенный с фантазией, чувство синтеза, интуиция.

Психологический портрет

Вас никогда не должны отталкивать раздумья человека-Ивы над приближающейся осенью или мимолетностью жизни, ибо в действительности эти люди не грустны и совсем не апатичны. В Иве нет настоящего пессимизма, просто есть немного раздражающее чувство собственной исключительности. Верба бывает довольно трудным партнером, поскольку не сразу приспосабливается к ситуации и не любит компромиссов.

Мужчины этого знака

Порой он кажется беззащитным и беспомощным, но это часто только маневр. Иногда в шутку, а порой с целью он прекрасно умеет изображать из себя слабое создание. В сущности же он умеет великолепно защищаться. В чувствах он скорее романтичен, чем сентиментален. Ценит чувственные переживания, но при условии, что они окрашены поэзией. Он не любит эмоций будничных, бесцветных. Очень умен, одарен художественным чутьем и интуицией. У него богатое воображение, он также хороший психолог, в соединении с проницательностью это позволяет ему разгадывать чужие мысли.

Женщины этого знака

Меланхоличность женщины-Ивы вошла в поговорку. В ней есть что-то деликатное, и если это внешнее, то придает ей очарование. В ней чувствуется что-то таинственное, она полна неясных мыслей и неуловимых ощущений, которые ей самой было бы трудно определить. Очень чувствённа, любит солнечное тепло и прикосновение воды, восприимчива к запахам и вкусу. Как никто другой, она умеет использовать каждое мгновение и не упустит ни малейшей радости. Не слишком доверяй ее кроткому внешнему виду, на самом деле она решительна, хотя и деликатна. Хорошо знает, чего хочет, но другим никогда ничего не навязывает. Ей препятствуют в этом терпимость и отсутствие властности.

Любовь и брак

Жизнь человека-Ивы могла бы протекать совершенно спокойно, если бы не ее исключительная страсть к любовным страданиям. Можно сказать, что они ей необходимы, притягивают ее, возбуждают. Если потом она жалуется — не верь ей. Чувство, не окрашенное страданием, было бы для нее пресным.

Великие люди, рожденные под этим знаком

В марте — Микеланджело, Б. Сметана, А. Маньяни;
в сентябре — Ю. Словацкий, Елизавета I, М. Шевалье.

Липа
11 марта — 20 марта;
13 сентября — 22 сентября

Основные черты характера

Общительность, наблюдательность, реализм, организационные способности.

Психологический портрет

Липа — это символ хрупкости. Полный противоречий, человек-Липа часто бывает существом, которое трудно разгадать. Одно в нем несомненно — он привлекателен, и общение с ним кажется легким и приятным.

Мужчины этого знака

Мужчина-Липа часто идет по жизни с ощущением скуки — это его главный враг. Бывает непостоянен, чувствителен к лести.

Женщины этого знака

Женщина-Липа полна очарования и великолепно умеет это использовать. Может любому вскружить голову. Мечтает об удобствах, о стабильной жизни и порой не отдает себе отчета в том, что это не имеет особого значения, что она может приноровиться к любым условиям. Ей довольно палатки, чтобы создать домашний уют. Спокойна (на вид) и даже немного безвольна, боязлива, одновременно мягка и пессимистична.

Любовь и брак

Человек-Липа терпеливо выслушивает признания, он терпим к окружающим, не старается их исправлять. Поэтому все его любят, даже когда нельзя на него вполне положиться. У него ум практический, он находчив и точен. Однако в супружеской жизни Липа проявляет сильное чувство собственности, бывает ревнива, даже без повода.

Великие люди, рожденные под этим знаком

В марте — А. Эйнштейн, С. Дягилев;
в сентябре — Ю. Тувим, Людовик XIV.

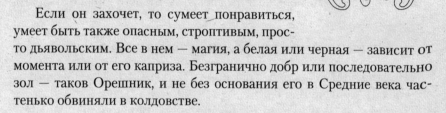

Орешник (лещина, лесной орех)
22 марта — 31 марта;
24 сентября — 3 октября

Основные черты характера

Если он захочет, то сумеет понравиться, умеет быть также опасным, строптивым, просто дьявольским. Все в нем — магия, а белая или черная — зависит от момента или от его каприза. Безгранично добр или последовательно зол — таков Орешник, и не без основания его в Средние века частенько обвиняли в колдовстве.

Психологический портрет

Человек этого знака часто болезненный, неказистый. Не навязывает своего общества, но если уж ты его узнал, то нельзя не поддаться его обаянию, не заметить его оригинального ума. Человек-Орешник довольствуется малым, приноравливается ко всяким формам жизни и все понимает. Его обаяние почти магическое.

Мужчины этого знака

Вообще он обладает обширными познаниями, одарен тонким умом и интуицией, необычайно легко все схватывает и понимает. Но только от его доброй воли зависит, применит ли он это, где надо, и полностью ли использует. Он изменчив, и настроение его меняется даже в течение дня. Если не боишься риска, вступи в игру.

Женщины этого знака

Привязавшись к кому-то, она сделает все, чтобы облегчить ему жизнь. Но будьте осторожны, если не сумеете завоевать ее симпатии. Хотя она сдержанна и скромна — почти никогда не остается незамеченной. Глубоко оригинальная, женщина-Орешник ни на кого не похожа, относится к жизни иначе, чем все, и немножко наперекор. Она и вправду неровна — может проявить массу инициативы или может все предоставить естественному течению событий. Впрочем, она отдает себе в этом отчет, даже если прикидывается особой рассудительной.

Любовь и брак

В любви человек-Орешник может быть либо милейшим, либо самым мучительным партнером. Даже когда его любят — он вызывает чувство беспокойства. Он способен отгадывать самые сокровенные мысли, выводы его неожиданны, поэтому от него можно ожидать всего.

Великие люди, рожденные под этим знаком

В марте — М. Марсо, А. Тосканини, Б. Барток, Г. Манн, Рафаэль, Ф. Гойя, П. Верлен, Ван Гог;

в сентябре — Г. Грин, С. Есенин, Дж. Гершвин, П. Мериме, Г. Нельсон, М. Сервантес, С. Лорен.

Рябина
1 апреля — 10 апреля;
4 октября — 13 октября

Основные черты характера

Впечатлительность, ум, фантазия, чувство синтеза, интуиция.

Психологический портрет

Пусть вас не обманывает деликатная внешность человека-Рябины. Он необычайно устойчив. Человек-Рябина обаятелен, мил, и его легкая походка дает возможность узнать людей этого знака еще издали. Улыбка почти никогда не сходит с его лица, что скорее вызвано самоконтролем, чем безмятежностью. Он умеет подчеркнуть свои достоинства, хорошо одевается (любит это). У нее хороший вкус.

Мужчины этого знака

Он легко адаптируется к переменам. Любит доставлять радость близким, даже жертвуя собой. Он не эгоистичен, но несколько эксцентричен. Хотя он вполне самостоятелен, однако можно заставить его подчиниться. Хотел бы жить своей жизнью, что бы ни случилось, но у него бывает комплекс вины, поскольку он из тех людей, которые чувствуют себя за все в ответе. Контакт с ним может быть трудным — ему недостает простоты. Его характеризуют впечатлительность и художественные наклонности. Он лоялен и честен, на него можно положиться. Он порой бывает даже наивен и потому позволяет себя эксплуатировать.

Женщины этого знака

Ее эмоциональная жизнь очень богата. Она полна забот о завтрашнем дне, предусмотрительна, хозяйственна, в результате чего о ней часто думают как о супруге. Очень умна, часто блестяще, но, к сожалению, редко реализует свои намерения. Всецело поглощена повседневными делами (все из-за того же чувства собственности).

Любовь и брак

В любви человек-Рябина непредвиден, много дает, но много и требует. Непрестанно проверяет собственное чувство. Его нельзя разочаровывать: он не простит предательства.

Великие люди, рожденные под этим знаком

В апреле — Й. Гайдн, Н. Гоголь, С. Рахманинов, Г. Х. Андерсен, Э. Золя, Г. Пек;
в октябре — Д. Дидро, Дж. Верди, Ле Корбюзье, Ф. Мориак.

Клен
11 апреля — 20 апреля;
4 октября — 23 октября

Основные черты характера

Живость натуры, богатое воображение, чувство юмора, аналитический ум, способность к дедукции.

Психологический портрет

Это человек аккуратный, ухоженный, иногда даже немного кокетливый, часто бывает в местах модных, элегантных, занимательных, принадлежит к разряду недюжинных личностей. Полон энергии и бодрости, неутомим. Как говорят, клен может все преодолеть, он несмел, однако может принять дерзкое решение, не столько из материальных соображений, сколько из любопытства.

Мужчины этого знака

Он очень любит бывать вне дома, знакомиться с новыми людьми и, не прилагая усилий, умеет вызывать на откровенность. У него всегда масса замыслов, иногда экстравагантных. Любит всяческие новинки, с энтузиазмом заступается за передовое, но редко реализует собственные проекты. Однако это не мешает ему получить удовлетворение от широты собственных взглядов.

Женщины этого знака

Она чуточку цинична, не считается с чужим мнением, наоборот, любит, чтобы о ней говорили. У нее ясный, проницательный ум. Хоть она рационалистка, но не лишена воображения и интуиции — одним словом, у нее разносторонний интеллект и способность к дедукции.

Любовь и брак

В любви человек этого знака довольно сложен. Он выбирает оригинальные и неожиданные пути. Это не значит, однако, что он не сумеет найти счастья, если встретит партнера со сходным образом мыслей и вкусов.

Великие люди, рожденные под этим знаком

В апреле — К. Медичи, Леонардо да Винчи, А. Франс, Ч. Чаплин; в октябре — О. Уайльд.

Грецкий орех
21 апреля — 30 апреля;
24 октября — 2 ноября

Основные черты характера

Решительность, реализм, наблюдательность, чувство юмора, аналитический ум, способность к дедукции.

Психологический портрет

В его глазах естественность — не достоинство. Его заботит стиль, рафинированность, манеры. А в сущности он просто застенчив. Он бывает существом противоречивым. У него много друзей и столько же врагов, но он считает, что полагаться можно только на самого себя. Старается сохранить свою исключительность и независимость, поэтому его замечают и с ним считаются. Часто он ослепляет окружающих своим блеском, но попадаются также Орехи-молчуны.

Мужчины этого знака

Его упрекают, что он капризен, агрессивен и эгоистичен. А он также гостеприимен, щедр, его замыслы смелы. Может быть лояльным, но и своевольным, верным и непостоянным, и никогда не известно, чего от него ждать. Старается не жить банальной жизнью. В жизни он умеет быть превосходным стратегом, оценивать последствия своих начинаний, решаться на прямо-таки макиавеллиевские поступки и не позволять излишней щепетильности тормозить свои действия. Этот человек не боится рисковать, старается понравиться, не идет на компромиссы, не ходит избитыми путями.

Женщины этого знака

Без видимого повода эта женщина дарит и отнимает дружбу и любовь. Порой она и сама любит страдать и с удовольствием заставляет страдать других. Склонна усложнять ситуации. Мучимая потребностью исключительности, ревнивая и уязвимая, она не отличается уравновешенностью.

Любовь и брак

Если ты его любишь или дружишь с ним, тебя ждут непрерывные сюрпризы. Займись им, если ты чувствуешь, что в силах ему сопротивляться, иначе он может тебя поработить.

Великие люди, рожденные под этим знаком

В апреле — Екатерина II, И. Кант, И. Менухин, В. Шекспир;
в октябре — Ж. Бизе, Н. Паганини, Х. Колумб, Ф. Достоевский, шах Реза Пехлеви.

Жасмин
1 мая — 14 мая;
3 ноября — 11 ноября

Основные черты характера

Критические способности, ум в соединении с фантазией, дар синтеза, интуиция.

Психологический портрет

То, что у других подозрительность, у него только глубоко спрятанная сдержанность, и поэтому люди знака Жасмин, как никто другой, понимают преимущество дипломатии и умеют поддерживать гармоничные отношения с окружающими. К сожалению, в собственном доме это им не удается. Здесь они удовлетворяют свою потребность в независимости.

Мужчины этого знака

Всем он кажется уравновешенным, веселым и незадумывающимся. Только близкие люди знают, как он в действительности впечатлителен и как его легко разочаровать, ибо Жасмин — хоть и старается это скрыть — от рождения пессимист. Но то, что у других бывает неуверенностью, у него проявляется как благоразумие, и он действует осторожно и осмотрительно. Он не материалист, но часто хорошо зарабатывает. Работы он не боится, а его живой ум высоко ценится начальством.

Женщины этого знака

Подвижная, живая и общительная, она привлекает своей внутренней раскрепощенностью и умением поддерживать беседу. Сама того не желая, становится центром внимания. Именно от нее ждут, что она поднимет настроение. Не любит чувствовать себя связанной, не любит ограничений. Обязательства тягостны для нее. И хотя она им подчиняется (у нее очень развито чувство долга), это вызывает у нее иногда дурное настроение.

Любовь и брак

Супружеская жизнь с человеком этого знака трудна. Тем более что он легко обижается и становится необъективным. В отношении детей он гораздо терпимее. Не ожидая многого от жизни, он именно на детей возлагает большие надежды. Самые серьезные вопросы он умеет разъяснять им просто и ясно, воспитывает их разумно и тщательно. Дети и приносят ему больше всего радости и удовлетворения.

Великие люди, рожденные под этим знаком

В мае — Д. Дарье, Н. Макиавелли, Ю. Сенкевич, О. Хепберн, З. Фрейд;
в ноябре — М. Складовская-Кюри, Р. Клер, М. Лютер.

Каштан
15 мая — 24 мая;
12 ноября — 21 ноября

Основные черты характера

Смелость, реализм, наблюдательность, проницательность, организационные способности.

Психологический портрет

Красивое, даже декоративное дерево, но человек этого знака не старается завлечь кого-нибудь своим очарованием. Ему нужен простор, он силен и полон энергии. Он обладает врожденным чувством справедливости, импульсивно восстает против каждого ее нарушения, готов бурно реагировать, не думая о последствиях. Ему противны всякая расчетливость, всякие дипломатические маневры, поэтому он часто невольно вооружает против себя людей. Вот из-за этого неумения обходиться с людьми ему и приходится переживать много неудач и разочарований, которые он запоминает надолго, так как он впечатлителен и чувствителен.

Мужчины этого знака

Хотя он последовательный и стойкий, но не упрямый. Умеет быть рассудительным и прозорливым, поэтому обычно материальные дела его неплохи. Придает большое значение моральным устоям, поэтому бывает слегка пуританином (несмотря на свою чувствительность). Он — весьма способный, быстрый, точный, но у него проявляется склонность к мечтательности и философским раздумьям.

Женщины этого знака

Эта странная любовь к удобствам кажется в ней неожиданной. Иногда она производит впечатление неприспособленной, но это только впечатлительность и недоверчивость к себе и к другим. Она слишком самобытна, ее не понимают, часто считают не очень щепетильной. Может быть, оттого, что она любит порой шокировать окружающих. У женщины-Каштана живой и прагматичный ум, основанный на наблюдательности. Очень многое в ее жизни зависит от окружения. Она достигает полного расцвета только тогда, когда встречает понимание и сочувствие, но ведь это не всегда бывает.

Любовь и брак

У человека знака Каштана очень велика потребность в любви, но сам он однолюб, поэтому ему трудно найти себе счастье, жажда любви и одновременный страх, что его не любят, усложняют его отношения с партнером. Все его переживания часто находят выражение в поведении, непонятном и странном для партнера.

Великие люди, рожденные под этим знаком

Нинон Ланкло, Ж.-Ж. Руссо, П. Кюри, О. де Бальзак, Вольтер.

Ясень
25 мая — 3 июня;
22 ноября — 1 декабря

Основные черты характера

Честолюбие, ум, склонность к фантазии, интуиция, воображение, чувство синтеза.

Психологический портрет

Это сильное, стройное, красивое дерево, приятное для глаза. Оно нравится, но, наверное, жить с ним вместе нелегко. У него живой характер, и оно очень требовательное. Хочет, чтобы о нем заботились, думали о нем, желает жить, как ему нравится и делать только то, к чему есть охота. А поскольку его влечет к самостоятельному и независимому образу жизни, не все могут его выносить. Заметно тяготится ограничениями, которые обычно ставит жизнь, и можно бы подумать, что он очень хорошо знает, чего хочет, а еще лучше — чего не хочет. Честолюбив и в отношении своих успехов, и в отношении собственного счастья.

Мужчины этого знака

Его ум основан прежде всего на интуиции. Он оригинален и полон фантазии. Подобно Рябине, Вербе и Орешнику, Ясень одарен особой проницательностью. Нередко даже любит играть в пророка, а когда его предсказания сбываются — надолго сохраняется слава о его прозорливости. Ясень всегда немного играет с судьбой. Но это дерево, приносящее удачу, поэтому не бойтесь укрыться в его тени.

Женщины этого знака

Когда она решит, что будет счастлива, то оказывается настолько эгоистичной, что растопчет все, что станет на ее пути к цели. Очень эгоистична, но не скупа, щедро делится всем, что имеет.

Любовь и брак

Эта капризная натура в любви проявляет совсем иные черты — бывает предусмотрительна, постоянна, прозорлива. Именно здесь у Ясеня наибольшие успехи — он умеет хорошо выбирать. Взвешивает все «за» и «против». Его брак по любви — это также брак и по рассудку. Редко ошибается и прилагает много усилий, чтобы наладить жизнь вдвоем, и ему это часто удается.

Великие люди, рожденные под этим знаком

Ш. де Голль, Д. Кеннеди, М. Твен.

Граб
4 июня — 13 июня;
2 декабря — 11 декабря

Основные черты характера

Ум, интуиция, фантазия, чувство синтеза, любовь к искусству, особенно изобразительному.

Психологический портрет

Статное дерево, но не очень привлекательное. Смолоду иногда бывает красиво, но со временем теряет свое очарование. Человек, похожий на граб, относится ко всему с несколько снисходительным равнодушием. Это тип эстета. Для него форма важнее содержания.

Мужчины этого знака

Сильно выражено стремление к дисциплине и послушанию. Любит, чтобы его отличали, мечтает о наградах, почестях, хочет, чтобы окружающие удивлялись ему. Больше всего его устраивает подчинение установленным правилам, поэтому он редко проявляет инициативу, всегда боится ошибиться. Зато обладает чувством долга и законности.

Женщины этого знака

В личной жизни ее более всего интересует собственное совершенство. Она не любит отступать от принятых правил, неохотно сворачивает с прямой, проторенной и проверенной дороги. К новым идеям в моде относится сдержанно, но не равнодушно.

Любовь и брак

В любви его характеризует большая честность. Чувство считает делом серьезным, бывает приятным и милым партнером. Но если придется выбирать между любовью и долгом, наверное, выберет долг.

Великие люди, рожденные под этим знаком

П. Корнель, Т. Манн, П. Гоген, Д. Веласкес, А. Хачатурян, Р. Шуман, Р. М. Рильке, М. Стюарт.

Инжир (смоковница, фиговое дерево)
14 июня — 23 июня;
12 декабря — 20 декабря

Основные черты характера

Чувствительность, практический ум, наблюдательность, реализм, организаторские способности.

Психологический портрет

Дерево с четкими очертаниями. Не отличается красотой, зато его нельзя не заметить. Фиговое дерево весьма подвержено влиянию окружения, не везде хорошо себя чувствует. Ему нужно пространство и тепло. В неблагоприятных условиях чахнет. Ему трудно переносить превратности судьбы, становится грустным, полным горечи и засыхает. В такие периоды его защитные силы ослабевают, и нужно быть очень осторожным, иначе его легко погубить.

Мужчины этого знака

В сущности, он работает непрерывно, а в глубине души ленив. Чувствителен и полон добрых намерений, поэтому его жизнь идет в непрерывном преодолении собственных слабостей. Он реалист и бывает деятельным и предприимчивым. Он истинное сокровище для своих близких. Посади его в саду и заботься о нем. Не пожалеешь.

Женщины этого знака

У нее сильно развиты родственные чувства. Она ощущает потребность в постоянном контакте с близкими, даже если они не могут этого почувствовать и оценить или не оправдывают всех ее ожиданий. У нее есть также потребность в стабильности, хотя она сама не очень устойчива. Ласкова и эмоциональна. Платит за это порой хорошим настроением и жизнерадостностью, тем более что не очень устойчива перед искушениями. Хоть непостоянна (обычно только в мыслях), старается усердно выполнять повседневные обязанности. На нее можно положиться.

Любовь и брак

Смоковница принадлежит к людям, с которыми стоит заключать брак. Однако не жди от нее чудес: она не из романтических любовников. Простые чувства она ценит выше всяких фантазий. Человек без комплексов, сумейте его понять, это весьма важно для него. Помните: он очень чувствителен.

Великие люди, рожденные под этим знаком

Г. Гейне, Л. ван Бетховен, И. Стравинский, Э. Григ, Ш.-Ф. Гуно.

Дуб
21 марта —
весеннее равноденствие

Основные черты характера

Решительность, точность в поступках, практический ум, реализм, наблюдательность, организаторские способности.

Психологический портрет

Прочно стоящий на ногах, как бы вросший в свое окружение, продолжает и развивает сложившиеся ситуации. Не стремится к переменам и с недовольством принимает изменения, вызванные воздействиями других. Он — консерватор. Несмотря на то что время от времени способен на бескорыстные поступки, всегда помнит о своей выгоде и все внимание концентрирует на личных проблемах. Чужая жизнь его не интересует. Он полон жизни, силы и красоты, не имея в себе ничего хрупкого. Движения человека этого знака величественны и полны достоинства. Он будит в людях уважение своим солидным видом. Абсолютно здоров, что в его случае очень важно, так как не переносит слабости и болезней, а вид крови может привести его к обмороку.

Мужчины этого знака

Очень отважен, но его смелость происходит не столько от его духовных качеств, сколько от его чрезмерной гордости. Не хочет, чтобы его считали трусом, и, предупреждая острые обстоятельства, реагирует резче, чем требуется. Предпочитает конкретные дела, мыслит ясно и по-деловому, является человеком действия, не лишен интуиции. Относится к числу людей, которые, независимо от обстоятельств, всегда «остаются при своих интересах». Обычно своим близким он обеспечивает жизнь в полном достатке.

Женщины этого знака

Выдержанная и волевая, не имеет привычки отходить от ранее принятого решения и, как правило, всегда добивается поставленной цели. Но ее неуступчивость имеет также плохие стороны: женщина-Дуб не умеет быть гибкой, и ее непримиримость доставляет ей хлопоты. Добилась бы многого, если бы смогла хоть немного быть дипломатом. Сама она более чем независима. Не переносит никаких ограничений, и ее действия часто граничат с произволом. Тем не менее она уважает мнение и независимость других.

Любовь и брак

Человек этого знака приветлив и гостеприимен, верен в дружбе, но не всегда бывает таким в любви. Представляет собой существо непостоянное, жертву очередных увлечений, уверенную, что «теперь это уже навсегда». В браке может со временем остепениться.

Великие люди, рожденные под этим знаком

И. С. Бах, Б. Хуарес.

Береза
24 июня — летнее
солнцестояние

Основные черты характера

Мягкий характер, ум и воображение, интуиция, чувство синтеза.

Психологический портрет

Гибкая и изящная, породистая, одаренная живым характером, приятная и милая в общении (в общежитии). К ней очень тянутся, так как она никогда не злоупотребляет ничьей любезностью, умеет быть деликатной и сдержанной, не навязывает своих мнений, ни к чему не принуждает, ничего не требует. Она скромна, может быть, даже с налетом пуританства, но у нее это всегда проявляется легко и элегантно, без нравоучительности. Ее никогда не покидает чувство меры и терпимость. Одного она лишь не выносит — вульгарности. Меньше всего ее заботит внешнее, показное — изысканная кухня, роскошь. В ней нет и тени снобизма.

Мужчины этого знака

Город его тяготит. Ему приятнее было бы жить в деревне, но он может привыкнуть к любому месту — лишь бы только спокойно работать. Ибо, несмотря на внешнее изящество, мужчина-Береза живет только своим трудом. Самая заметная особенность в этом человеке — это его ум. Его воображение и находчивость просто не знают границ. К работе он всегда относится творчески. Все двери перед ним открыты благодаря его синтетическому мышлению, фантазии, созидательным возможностям и трудолюбию.

Женщины этого знака

Хотя она могла бы работать в любой области, более всего она преуспевает в искусстве. Она очень общительна — это ее единственный недостаток. Всякое пребывание в свете, отношения с влиятельными людьми — все это не для нее. Береза часто бывает счастливой, в сущности, она так мало требует от жизни — ей достаточно какой-нибудь близкой души и хорошей библиотеки.

Любовь и брак

Ее тонкая и деликатная натура влечет ее к спокойной, безмятежной жизни, любви... Она чувствительна, но боится слишком пылких эмоций. Она преданна и верна, умеет создать в доме спокойную и счастливую атмосферу. Случается, что вступает в брак отчасти по рассеянности, но не жалеет о своем выборе.

Великие люди, рожденные под этим знаком

Иоанн Креститель, Я. Матейка, И. Гуттенберг.

Маслина (олива, оливковое дерево) 23 сентября — осеннее равноденствие

Основные черты характера

Верность суждений, ум спекулятивного типа, способность к анализу и дедукции, склонность к размышлениям.

Психологический портрет

Она невысокая, иногда ее внешность на грани красоты и уродства, но не лишена обаяния. Часто докучает ей ревматизм, поэтому любит солнце и без него·страдает. Она степенна, спокойна, лишена агрессивности. Этим она обязана врожденной уравновешенности и тому, что не любит усложнять свое существование. Умеет быть терпимой, и, хотя у нее есть своя концепция жизни, она не оспаривает концепции других и никогда не вмешивается в их дела. Она настолько далека от этого, что ее можно упрекнуть чуть ли не в равнодушии, но она не равнодушна, напротив, в случае нужды как раз ее можно попросить о помощи, и не обманешься.

Мужчины этого знака

В нем сильно врожденное чувство справедливости. Все понимает, умеет войти в чужое положение, и его беспристрастие порой заставляет его забыть о собственном положении. Впрочем, он отдает себе в этом отчет и сознательно идет на это. Так что его любят, ценят, даже уважают, хотя он ничего не делает, чтобы кому-то нравиться, и в отношениях с людьми бывает несколько пассивен.

Женщины этого знака

При любых обстоятельствах она не теряет способности улыбаться — отчасти из-за самообладания, но прежде всего оттого, что не видит смысла попусту тратить нервы. Ее спокойствие заразительно. Хоть она вправду добра и благожелательна, ей хватает разума и интуиции, чтобы не позволить себя использовать. Без всяких стараний она почти всегда привлекает внимание окружающих, иногда даже становится известной.

Любовь и брак

В любви Олива старается не ревновать, уважать автономию своего партнера, хотя бы приходилось страдать втихомолку. Способна на далекоидущие успехи (даже жертвуя собственным чувством). Но это не означает слабости или отречения, просто спокойствие ей всего дороже. Она отличается большим умом, много времени посвящает размышлениям, любит читать, учиться, удовлетворять свои духовные запросы. Человек этого знака принадлежит к людям, приносящим другим покой и счастье и оставляющим после себя долгую сердечную память.

Великие люди, рожденные под этим знаком

Император Август, П. Яблочков, Р. Шнайдер.

Бук
21–22 декабря — зимнее солнцестояние

Основные черты характера

Находчивость, точность, организаторские способности, реализм.

Психологический портрет

В благоприятных условиях ему удается добиться успеха в любой области, так как он ловок и находчив. Создает проекты (и не только в мечтах) и умеет их реализовать. Его трудно сбить с пути. Умеет неплохо организовать свою жизнь. Бывают у него приступы щедрости, хотя в общем-то он не бескорыстен и прекрасно строит свой бюджет, не слишком любит делиться своим добром, что не мешает ему говорить о себе, что он добрый человек.

Мужчины этого знака

Он дорожит своим трудом и экономит во всем. Это человек порядочный, солидный, всегда взвешивает «за» и «против», никогда не полагается на случай. Тщеславие заставляет его убеждать себя и других, что он остается молодым, привлекательным и полным сил. Умен, хороший организатор, очень здравомыслящий. Материалист. Прежде всего хочет быть богатым, а потом, если возможно, счастливым.

Женщины этого знака

Стройная и интересная, женщина-Бук принадлежит к тем дамам, которые доживают до поздней старости, сохраняя все достоинства и способности молодости. Кокетливая и всегда ухоженная, она умеет надолго удерживать себя в хорошей форме.

Любовь и брак

В любви ему недостает воображения, тем не менее он может быть отличным мужем или женой. Стремится иметь детей, образцово поставленный дом, хотел бы хорошо проводить отпуск. В зрелые годы может пережить одно-другое приключение.

Великие люди, рожденные под этим знаком

Дж. Пуччини, И. Сталин.

Глава 5.
Календарь
древних майя

Давным-давно, около 70 000 лет назад, в течение всего ледникового периода уровень Мирового океана понизился на 100–250 м, благодаря чему образовался широкий мост, соединивший между собой полуостров Сиуки (в Азии) и американскую Аляску. Этот мост сначала был пересечен животными, затем его преодолели растения. Позже, примерно от 40 000 до 20 000 лет назад, согласно последним исследованиям, этот трудный путь проделал человек.

Также как и многие другие американоиндейцы, такие, как эскимосы или алеуты, ацтеки или микстеки, первобытные таины с острова Куба или удивительно развитые инки, как и все народы, начиная с Полярного круга и кончая Огненной Землей, народ майя тоже произошел от суиатской расы — но не от современных жителей Монголии, Китая или Японии, а от предков забытых племен юго-востока, западной и центральной частей Азии.

Культура майя распространяется примерно на территории 325 тысяч кв. км, в которые входят современные штаты Мексики: Чиапас (с еще высокой концентрацией населения майя), Кампече, Табаско, Кинтана Роо и Юкатан, а также Гватемала, Белиз, западная часть Гондураса и север Сальвадора.

В настоящее время предполагают, что культура майя зародилась где-то около 1500 г. до н. э. По мнению Морли, историю народа майя можно разделить на три этапа: доклассический, длившийся от 1500 г. до н. э. по 300 г. н. э., классический, занимавший место с 300 по 900 г. н. э., и послеклассический — 900–1530 гг. н. э. Наука майя достигла расцвета именно в классический период.

Если сравнивать памятники культуры майя, то можно признаться, что культура майя стоит особняком от общечеловеческой. Взять хотя бы архитектуру.

Нет никаких сомнений в том, что архитекторы майя были настоящими мастерами в своем деле. Они преодолели много препятствий, чтобы изобрести и построить свои знаменитые арки; к счастью, их ясное понимание принципов равновесия и геометрии привело к результатам, которые можем наблюдать и в наши дни. Чтобы построить эти арки, противоположные стены постепенно наклонялись, приближая их до тех пор, пока не появлялась возможность закрыть верх одним камнем.

Каменные блоки соединялись между собой специальной смесью, сделанной из извести и песка, что помогало создавать очень крепкие структуры. Майя тоже построили длинные дороги (сакбэ): из обнаруженных до сих пор некоторые достигают 100 км в длину, как та, которая соединяет город Коба с Яшуна, близко от Чичен Итца. Тем не менее в течение многих лет археологи задавали себе вопрос о том, как их построили майя, ведь они не имели ни машин, ни животных для перевозки груза, а строительство этих дорог через непроходимые джунгли представляло собой титаническую работу. Все города майя были построены в основном по одному и тому же принципу: храмы, платформы и пирамиды, которые использовались для религиозных церемоний, концентрировались вокруг центральной площади, и это представляло собой самую главную часть города. Потом следовали резиденции для жрецов и знати и после этого, на окраине города, — дома обычных жителей, построенные из менее прочных материалов.

Некоторые из городов имели сложную канализационную систему, как та, которую нашли в Паленке, и системы для отбора и хранения дождевой воды, как в городе Тикаль. Часто стены строений покрывались толстым слоем штукатурки, несколько хорошо сохранившихся ее образцов находятся в городе Тикаль. Строительные материалы меняются в зависимости от географического расположения: в Юкатане и в Петене использовался известняковый камень; в районе майя Киче было много вулканического камня; в Чиапасе основные из блоков, используемых в строительстве, готовились и обжигались. Тем не менее, во всех больших центрах, найденных до сих пор, стены были покрыты штукатуркой и раскрашены яркими натуральными красками.

Все это и многое другое создает интересный контраст с примитивной технологией, которую использовали майя. Они не были знакомы с твердым металлом в архитектуре, не применяли арку с центральным камнем, и похоже, что майя не знали или, возможно, не использовали колесо, как индейцы в Северной Америке. Это культура контрастов и тайн: блестящие математики и астрономы и примитивные земледельцы, мирные торговцы и воинственные жертвоприносители. Эта восхитительная цивилизация в течение веков озадачивала людей.

О космогонии майя известно немного. Верховным божеством провозглашался Творец мира Хунаб Ку, его сын Ицамну отождествлялся с Солнцем. Почиталась также богиня Иштаб (ср. с вавилонской Иштар!) — покровительница женщин.

Жрецы майя работали с четырьмя стихиями — Чаками: Красный Чак юга, Белый Чак севера, Черный Чак запада, Желтый Чак востока.

Над землей, согласно верованиям майя, было небо, но не одно, а тринадцать, и у каждого неба — свой бог. Под землей — потусторонний мир. И опять-таки не один. Этим подземным миром также правили боги. В девятом, самом темном и глубоком, владычествовал бог смерти Ах Пуч. Собственный бог имелся и у каждого дня их календаря. Имели своих богов и цифры от 0 до 13.

В каждом городе-государстве майя был свой первосвященник — князь-змей. Князь-змей являлся высшим теологом государства и преподавал другим жрецам космогонию, астрономию и астрологию. В центре всех городов майя возвышались астрономические обсерватории.

Астрономы майя обладали достаточно высокой «квалификацией». С необычайной точностью они определили период обращения Луны вокруг Земли: 29,53059 дня. Предсказывали фазы Марса, затмения Луны, особое внимание уделялось созвездиям Близнецов и Плеядам.

Чичен-Итца — столица погибшей империи майя. Даже по современным меркам Чичен-Итца весьма большой город. Точнее, сейчас это не город, а два десятка сохранившихся и реставрированных основных построек культового назначения. Вся религиозная, научная, спортивная и управленческая деятельность протекала вокруг площади и Великой Пирамиды. Отлично сохранились стадион, обсерватория и несколько храмов. Вокруг культурного центра было море жилых домов и лавок мастеровых.

Вот впечатления нашего современника, побывавшего в Чичен-Итца: «Великая Пирамида удивительное сооружение. По инженерной мысли она куда сложней и тоньше своих египетских аналогов, но намного меньше. Квадратное основание, на котором уложено девять скошенных, как в детской пирамидке, ярусов, и все это венчает домик на самой вершине. Сейчас бы его назвали часовней. К часовне со всех четырех сторон пирамиды поднимаются широкие лестницы. 92 ступени. Пока их осилишь под лучами испепеляющего солнца Юкатана, карабкаясь по расплавленным жарой камням, — подурнеет. И тут главное не распрямиться и не оглянуться назад, желая оглядеть весь город. Потеряете равновесие, ноженьки подломятся, рученьки онемеют, и того... Живым из такого полета еще никто не возвращался. Когда доберешься до вершины, только прислонившись спиной к часовне, можно без ужаса и страха потерять равновесие, осмотреться. Зрелище невероятное. Море зеленой сельвы на сотни километров вокруг. Вершина мира. Ветер колышет далеко внизу листву и волнами расходится до горизонта. Люди вопят от ужаса. Подняться — это самое простое. А вот как спускаться? У женщин слезы на глазах: они боятся подойти к лестнице и ползут до нее на четвереньках, а после все 92 ступени медленно пересчитывают попой. Добравшись до земли, еще несколько минут не могут ходить — ноги не держат. Следующее сооружение — поле для игры в мяч. По краям поля стоят вертикальные стены высотой около 10 метров. В двух местах, на огромной высоте, из стен торчат каменные кольца внутренним диаметром 30 сантиметров. Если игрок попадал мячом в кольцо — это была победа команды. Учитывая, что мяч был каучуковым и тяжеленным, а отбивать его можно было только бедром, то попадание в кольцо было делом практически безнадежным, а вот получение инвалидности и бездетности гарантировалось стопроцентно. Основные очки зарабатывались на перебросах мяча от одного края поля к другому».

Игра в мяч была почти религиозным ритуалом. Мяч символизировал движение звезд по небу, а команды играли роль противостояния ночи и дня или что-то в этом роде. Игра заканчивалась обезглавливанием капитана команды.

Майя считали, что до нашего мира было четыре других — менее совершенных и потому разрушенных. И чтобы умилостивить богов в их вечном стремлении к совершенству, необходимы были человеческие жертвы как знак высшей веры и преданности, готовности лучших из смертных пойти на все ради своего мира и народа. Быть принесенным в жертву считалось высшей почестью и лучшей смертью для молодого человека. Поскольку войн майя не вели, предпочитая выяснять отношения с соседями на спортивном поле, то как же еще хорошо воспитанный молодой человек мог продемонстрировать свое благородство и храбрость?

Перед смертью они принимали наркотические вещества, и кто хоть раз испытывал действие окиси азота, может понять, что вырвать голой рукой сердце из груди в этот момент — не слишком болезненная операция.

Достигнув пика своего могущества, некогда великая цивилизация начала клониться к упадку, города по неизвестным причинам были оставлены, и к моменту испанского нашествия цивилизация майя представляла собой довольно слабое государственное образование — империю, раздираемую междоусобицами, которая под натиском нескольких десятков европейцев рухнула в считаные месяцы. После этого для народа майя началась новая история. Но в наши дни, изучая культуру этого народа, мы находим, что у древних майя имелась собственная астрологическая система, стоящая особняком от всех рассмотренных нами ранее.

Жрецам майя удалось обнаружить связь между медленным перемещением планет и сменой времен года, определить с великой точностью длительность тропического и звездного года (сравните значение майя — 365,2420 с современным — 365,2422) и продолжительность лунного цикла. Майя пользовались двадцатеричной системой счисления, основой для которой, вероятно, послужило количество пальцев на руках и ногах. При этом нумерация базировалась на трех символах: точка обозначала единицу, линия — пять и стилизованно представленная улитка использовалась для обозначения нуля или номера 20. Цивилизация майя первой в мире начала использовать нуль в математике.

На этой системе и основывается календарь майя.

Единицей первого порядка был один день — кин.

Двадцать дней составляли один месяц — винал, единицу второго порядка.

Единица третьего порядка — год, тун — в виде исключения не соответствовала двадцатеричной последовательности и определялась эмпирически — 1 кин × 20 (1 винал) × 18 = 360 кинов (дней).

С четвертого порядка двадцатеричная система восстанавливается:

20 тунов = 1 катун (7200 дней, или 19 лет 265 дней);

20 катунов = 1 бактун (1440 дней; 394 года 190 дней; 400 тунов);

20 бактунов = 1 пиктун (2 880 000 дней; 7890 лет 150 дней; 8000 тунов);

20 пиктунов = 1 калабтун (57 000 000 дней; 156 164 года 140 дней, 160 000 тунов);

20 калабтунов = 1 кинчилбтун (1 152 000 000 дней; 3 156 164 лет 140 дней; 3 200 000 тунов);

20 кинчилбтунов = 1 алаутун (23 040 000 000 дней; 63 123 287 лет 245 дней; 640 000 000 тунов).

Как видите, календарь приспособлен для измерений гигантских отрезков времени. Но зачем земледельческому народу потребовался такой календарь? Это нам неизвестно. Майя в своем исчислении пользовались тремя типами календарей. Их календари являются удивительно точными: Солнечный календарь, имеющий 365 дней (делится на 18 месяцев из 20 дней и один месяц из 5 дней), Священный календарь, называемый Тсолкин, имеющий 260 дней (делится на 13 месяцев из 20 дней) и Календарь Венеры из 584 дней. Пользуясь этими календарями, майя могли предсказывать затмения с очень высокой точностью.

Бытом руководил календарь «хааб» (haab) из 18 месяцев по 20 дней в каждом. Он начинался месяцем поп (от 16 июля до 4 августа), днем, который обозначался как «0 поп». Отсчет дней месяца начинался с нуля. В конце хааба добавлялись 5 суток, считавшихся несчастливыми. Число 13 у майя считалось мистическим, особенным числом.

260-дневный календарь «цолкин» (tzolkin) разделялся на 13 месяцев по 20 дней, и его использовали для определения праздников и предсказания судеб. Три «цолкина» по длительности соответствуют синодическому периоду планеты Марс. Многие обряды и ритуалы были странным образом связаны с отношением между хаабом и цолкином.

Использовали всегда оба календаря, указывая дату по «цолкину» и по «хаабу». Делений на годы у майя не было. Каждый день представлял собой новую комбинацию чисел, и чтобы они повторились, должно было пройти 18 980 дней. Во всей этой каббалистике разбирались только жрецы, обычному люду она была не под силу.

Современные исследователи моделируют эту зависимость системой из двух зубчатых колес, одно из которых имеет 365 зубьев, а другое 260. Чтобы при вращении большого колеса (хааб) зубец его соприкоснулся с тем же самым зубцом малого колеса, необходимо 52 оборота большого колеса и 73 малого. Если умножить 52 на 365 или 73 на 260, получим 18 980 суток, или 52 года. Основной цикл времени майя определяется вечным вращением этих двух зубчатых колес — календарей.

Этот 52-летний цикл имел большое значение в жизни не только народа майя, но и ацтеков, которые, возможно, позаимствовали его у майя. Последние 5 дней цикла считались очень опасными, и оба народа считали, что именно тогда случаются стихийные, необыкновенные катастрофы. Согласно некоторым исследователям, майя знали еще более длительный цикл, состоящий из 5 раз по 18 980 суток — 94 980 суток. Любопытно, что, умножив число дней в хаабе на число дней в цолкине, мы получим как раз 94 980.

1 января 2002 года – 1 МАИС	1 января 2003 года – 2 КРЕМЕНЬ
2 января 2002 года – 2 ЯГУАР	2 января 2003 года – 3 ГРОЗА
3 января 2002 года – 3 ОРЕЛ	3 января 2003 года – 4 ПРЕДКИ
4 января 2002 года – 4 ГРИФ	4 января 2003 года – 5 КРОКОДИЛ
5 января 2002 года – 5 БЛАГОВОНИЕ	5 января 2003 года – 6 ВЕТЕР
6 января 2002 года – 6 КРЕМЕНЬ	6 января 2003 года – 7 НОЧЬ
7 января 2002 года – 7 ГРОЗА	7 января 2003 года – 8 ЯЩЕРИЦА
8 января 2002 года – 8 ПРЕДКИ	8 января 2003 года – 9 ЗМЕЙ
9 января 2002 года – 9 КРОКОДИЛ	9 января 2003 года – 10 СМЕРТЬ
10 января 2002 года – 10 ВЕТЕР	10 января 2003 года – 11 ОЛЕНЬ
11 января 2002 года – 11 НОЧЬ	11 января 2003 года – 12 КРОЛИК
12 января 2002 года – 12 ЯЩЕРИЦА	12 января 2003 года – 13 ВОДА
13 января 2002 года – 13 ЗМЕЙ	13 января 2003 года – 1 СОБАКА
14 января 2002 года – 1 СМЕРТЬ	14 января 2003 года – 2 ОБЕЗЬЯНА
15 января 2002 года – 2 ОЛЕНЬ	15 января 2003 года – 3 ДОРОГА
16 января 2002 года – 3 КРОЛИК	16 января 2003 года – 4 МАИС
17 января 2002 года – 4 ВОДА	17 января 2003 года – 5 ЯГУАР
18 января 2002 года – 5 СОБАКА	18 января 2003 года – 6 ОРЕЛ
19 января 2002 года – 6 ОБЕЗЬЯНА	19 января 2003 года – 7 ГРИФ
20 января 2002 года – 7 ДОРОГА	20 января 2003 года – 8 БЛАГОВОНИЕ
21 января 2002 года – 8 МАИС	21 января 2003 года – 9 КРЕМЕНЬ
22 января 2002 года – 9 ЯГУАР	22 января 2003 года – 10 ГРОЗА
23 января 2002 года – 10 ОРЕЛ	23 января 2003 года – 11 ПРЕДКИ
24 января 2002 года – 11 ГРИФ	24 января 2003 года – 12 КРОКОДИЛ
25 января 2002 года – 12 БЛАГОВОНИЕ	25 января 2003 года – 13 ВЕТЕР
26 января 2002 года – 13 КРЕМНЬ	26 января 2003 года – 1 НОЧЬ
27 января 2002 года – 1 ГРОЗА	27 января 2003 года – 2 ЯЩЕРИЦА
28 января 2002 года – 2 ПРЕДКИ	28 января 2003 года – 3 ЗМЕЙ
29 января 2002 года – 3 КРОКОДИЛ	29 января 2003 года – 4 СМЕРТЬ
30 января 2002 года – 4 ВЕТЕР	30 января 2003 года – 5 ОЛЕНЬ
31 января 2002 года – 5 НОЧЬ	31 января 2003 года – 6 КРОЛИК

ГОД	1 января	1 февраля	1 марта	1 апреля	1 мая	1 июня
1900	4 КРЕМЕНЬ	9 ВОДА	11 БЛАГОВОНИЕ	3 КРОЛИК	7 КРЕМЕНЬ	12 ВОДА
1901	5 НОЧЬ	10 ЯГУАР	12 ВЕТЕР	4 МАИС	8 НОЧЬ	13 ЯГУАР
1902	6 КРОЛИК	11 ГРОЗА	13 ОЛЕНЬ	5 КРЕМЕНЬ	9 КРОЛИК	1 ГРОЗА
1903	7 МАИС	12 ЯЩЕРИЦА	1 ДОРОГА	6 НОЧЬ	10 МАИС	2 ЯЩЕРИЦА
1904	8 КРЕМЕНЬ	13 ВОДА	3 КРЕМЕНЬ	8 ВОДА	12 ГРОЗА	4 СОБАКА
1905	10 ЯЩЕРИЦА	2 ОРЕЛ	4 НОЧЬ	9 ЯГУАР	13 ЯЩЕРИЦА	5 ОРЕЛ
1906	11 ВОДА	3 ПРЕДКИ	5 КРОЛИК	10 ГРОЗА	1 ВОДА	6 ПРЕДКИ
1907	12 ЯГУАР	4 ЗМЕЙ	6 МАИС	11 ЯЩЕРИЦА	2 ЯГУАР	7 ЗМЕЙ
1908	13 ГРОЗА	5 СОБАКА	8 ГРОЗА	13 СОБАКА	4 ПРЕДКИ	9 ОБЕЗЬЯНА
1909	2 ЗМЕЙ	7 ГРИФ	9 ЯЩЕРИЦА	1 ОРЕЛ	5 ЗМЕЙ	10 ГРИФ
1910	3 СОБАКА	8 КРОКОДИЛ	10 ВОДА	2 ПРЕДКИ	6 СОБАКА	11 КРОКОДИЛ
1911	4 ОРЕЛ	9 СМЕРТЬ	11 ЯГУАР	3 ЗМЕЙ	7 ОРЕЛ	12 СМЕРТЬ
1912	5 ПРЕДКИ	10 ОБЕЗЬЯНА	13 ПРЕДКИ	5 ОБЕЗЬЯНА	9 КРОКОДИЛ	1 ДОРОГА
1913	7 СМЕРТЬ	12 БЛАГОВОНИЕ	1 ЗМЕЙ	6 ГРИФ	10 СМЕРТЬ	2 БЛАГОВОНИЕ
1914	8 ОБЕЗЬЯНА	13 ВЕТЕР	2 СОБАКА	7 КРОКОДИЛ	11 ОБЕЗЬЯНА	3 ВЕТЕР
1915	9 ГРИФ	1 ОЛЕНЬ	3 ОРЕЛ	8 СМЕРТЬ	12 ГРИФ	4 ОЛЕНЬ
1916	10 КРОКОДИЛ	2 ДОРОГА	5 КРОКОДИЛ	10 ДОРОГА	1 ВЕТЕР	6 МАИС
1917	12 ОЛЕНЬ	4 КРЕМЕНЬ	6 СМЕРТЬ	11 БЛАГОВОНИЕ	2 ОЛЕНЬ	7 КРЕМЕНЬ
1918	13 ДОРОГА	5 НОЧЬ	7 ОБЕЗЬЯНА	12 ВЕТЕР	3 ДОРОГА	8 НОЧЬ
1919	1 БЛАГОВОНИЕ	6 КРОЛИК	8 ГРИФ	13 ОЛЕНЬ	4 БЛАГОВОНИЕ	9 КРОЛИК
1920	2 ВЕТЕР	7 МАИС	9 ВЕТЕР	2 МАИС	6 НОЧЬ	11 ЯГУАР
1921	4 КРОЛИК	9 ГРОЗА	11 ОЛЕНЬ	3 КРЕМЕНЬ	7 КРОЛИК	12 ГРОЗА

ГОД	1 января	1 февраля	1 марта	1 апреля	1 мая	1 июня
1922	5 МАИС	10 ЯЩЕРИЦА	12 ДОРОГА	4 НОЧЬ	8 МАИС	13 ЯЩЕРИЦА
1923	6 КРЕМЕНЬ	11 ВОДА	13 БЛАГОВОНИЕ	5 КРОЛИК	9 КРЕМЕНЬ	1 ВОДА
1924	7 НОЧЬ	12 ГРЕДКИ	2 НОЧЬ	7 ЯГУАР	11 ЯЩЕРИЦА	3 ОРЕЛ
1925	9 ВОДА	1 ГРЕДКИ	3 КРОЛИК	8 ГРОЗА	12 ВОДА	4 ПРЕДКИ
1926	10 ЯГУАР	2 ЗМЕЙ	4 МАИС	9 ЯЩЕРИЦА	13 ЯГУАР	5 ЗМЕЙ
1927	11 ГРОЗА	3 СОБАКА	5 КРЕМЕНЬ	10 ВОДА	1 ГРОЗА	6 СОБАКА
1928	12 ЯЩЕРИЦА	4 ОРЕЛ	7 ЯЩЕРИЦА	12 ОРЕЛ	3 ЗМЕЙ	8 ГРИФ
1929	1 СОБАКА	6 КРОКОДИЛ	8 ВОДА	13 ПРЕДКИ	4 СОБАКА	9 КРОКОДИЛ
1930	2 ОРЕЛ	7 СМЕРТЬ	9 ЯГУАР	1 ЗМЕЙ	5 ОРЕЛ	10 СМЕРТЬ
1931	3 ПРЕДКИ	8 ОБЕЗЬЯНА	10 ГРОЗА	2 СОБАКА	6 ПРЕДКИ	11 ОБЕЗЬЯНА
1932	4 ЗМЕЙ	9 ГРИФ	12 ЗМЕЙ	4 ГРИФ	8 СМЕРТЬ	13 БЛАГОВОНИЕ
1933	6 ОБЕЗЬЯНА	11 ВЕТЕР	13 СОБАКА	5 КРОКОДИЛ	9 ОБЕЗЬЯНА	1 ВЕТЕР
1934	7 ГРИФ	12 ОЛЕНЬ	1 ОРЕЛ	6 СМЕРТЬ	10 ГРИФ	2 ОЛЕНЬ
1935	8 КРОКОДИЛ	13 ДОРОГА	2 ПРЕДКИ	7 ОБЕЗЬЯНА	11 КРОКОДИЛ	3 ДОРОГА
1936	9 СМЕРТЬ	1 БЛАГОВОНИЕ	4 СМЕРТЬ	9 БЛАГОВОНИЕ	13 ОЛЕНЬ	5 КРЕМЕНЬ
1937	10 ЯЩЕРИЦА	3 НОЧЬ	5 ОБЕЗЬЯНА	10 ВЕТЕР	1 ДОРОГА	6 НОЧЬ
1938	12 БЛАГОВОНИЕ	4 КРОЛИК	6 ГРИФ	11 ОЛЕНЬ	2 БЛАГОВОНИЕ	7 КРОЛИК
1939	13 ВЕТЕР	5 МАИС	7 КРОКОДИЛ	12 ДОРОГА	3 ВЕТЕР	8 МАИС
1940	1 ОЛЕНЬ	6 КРЕМЕНЬ	9 ОЛЕНЬ	1 КРЕМЕНЬ	5 КРОЛИК	10 ГРОЗА
1941	3 МАИС	8 ЯЩЕРИЦА	10 ДОРОГА	2 НОЧЬ	6 МАИС	11 ЯЩЕРИЦА
1942	4 КРЕМЕНЬ	9 ВОДА	11 БЛАГОВОНИЕ	3 КРОЛИК	7 КРЕМЕНЬ	12 ВОДА

ГОД	1 января	1 февраля	1 марта	1 апреля	1 мая	1 июня
1943	5 НОЧЬ	10 ЯГУАР	12 ВЕТЕР	4 МАИС	8 НОЧЬ	13 ЯГУАР
1944	6 КРОЛИК	11 ГРОЗА	1 КРОЛИК	6 ГРОЗА	10 ВОДА	2 ПРЕДКИ
1945	8 ЯГУАР	13 ЗМЕЙ	2 МАИС	7 ЯЩЕРИЦА	11 ЯГУАР	3 ЗМЕЙ
1946	9 ГРОЗА	1 СОБАКА	3 КРЕМЕНЬ	8 ВОДА	12 ГРОЗА	4 СОБАКА
1947	10 ЯЩЕРИЦА	2 ОРЕЛ	4 НОЧЬ	9 ЯГУАР	13 ЯЩЕРИЦА	5 ОРЕЛ
1948	11 ВОДА	3 ПРЕДКИ	6 ВОДА	11 ПРЕДКИ	2 СОБАКА	7 КРОКОДИЛ
1949	13 ОРЕЛ	5 СМЕРТЬ	7 ЯГУАР	12 ЗМЕЙ	3 ОРЕЛ	8 СМЕРТЬ
1950	1 ПРЕДКИ	6 ОБЕЗЬЯНА	8 ГРОЗА	13 СОБАКА	4 ПРЕДКИ	9 ОБЕЗЬЯНА
1951	2 ЗМЕЙ	7 ГРИФ	9 ЯЩЕРИЦА	1 ОРЕЛ	5 ЗМЕЙ	10 ГРИФ
1952	3 СОБАКА	8 КРОКОДИЛ	11 СОБАКА	3 КРОКОДИЛ	7 ОБЕЗЬЯНА	12 ВЕТЕР
1953	5 ГРИФ	10 ОЛЕНЬ	12 ОРЕЛ	4 СМЕРТЬ	8 ГРИФ	13 ОЛЕНЬ
1954	6 КРОКОДИЛ	11 ДОРОГА	13 ПРЕДКИ	5 ОБЕЗЬЯНА	9 КРОКОДИЛ	1 ДОРОГА
1955	7 СМЕРТЬ	12 БЛАГОВОНИЕ	1 ЗМЕЙ	6 ГРИФ	10 СМЕРТЬ	2 БЛАГОВОНИЕ
1956	8 ОБЕЗЬЯНА	13 ВЕТЕР	3 ОБЕЗЬЯНА	8 ВЕТЕР	12 ДОРОГА	4 НОЧЬ
1957	10 БЛАГОВОНИЕ	2 КРОЛИК	4 ГРИФ	9 ОЛЕНЬ	13 БЛАГОВОНИЕ	5 КРОЛИК
1958	11 ВЕТЕР	3 МАИС	5 КРОКОДИЛ	10 ДОРОГА	1 ВЕТЕР	6 МАИС
1959	12 ОЛЕНЬ	4 КРЕМЕНЬ	6 СМЕРТЬ	11 БЛАГОВОНИЕ	2 ОЛЕНЬ	7 КРЕМЕНЬ
1960	13 ДОРОГА	5 НОЧЬ	8 ДОРОГА	13 НОЧЬ	4 МАИС	9 ЯЩЕРИЦА
1961	2 КРЕМНЬ	7 ВОДА	9 БЛАГОВОНИЕ	1 КРОЛИК	5 КРЕМЕНЬ	10 ВОДА
1962	3 НОЧЬ	8 ЯГУАР	10 ВЕТЕР	2 МАИС	6 НОЧЬ	11 ЯГУАР

ГОД	1 января	1 февраля	1 марта	1 апреля	1 мая	1 июня
1963	4 КРОЛИК	9 ГРОЗА	11 ОЛЕНЬ	3 КРЕМЕНЬ	7 КРОЛИК	12 ГРОЗА
1964	5 МАИС	10 ЯЩЕРИЦА	13 МАИС	5 ЯЩЕРИЦА	9 ЯГУАР	1 ЗМЕЙ
1965	7 ГРОЗА	12 СОБАКА	1 КРЕМЕНЬ	6 ВОДА	10 ГРОЗА	2 СОБАКА
1966	8 ЯЩЕРИЦА	13 ОРЕЛ	2 НОЧЬ	7 ЯГУАР	11 ЯЩЕРИЦА	3 ОРЕЛ
1967	9 ВОДА	1 ПРЕДКИ	3 КРОЛИК	8 ГРОЗА	12 ВОДА	4 ПРЕДКИ
1968	10 ЯГУАР	2 ЗМЕЙ	5 ЯГУАР	10 ЗМЕЙ	1 ОРЕЛ	6 СМЕРТЬ
1969	12 ПРЕДКИ	4 ОБЕЗЬЯНА	6 ГРОЗА	11 СОБАКА	2 ПРЕДКИ	7 ОБЕЗЬЯНА
1970	13 ЗМЕЙ	5 ГРИФ	7 ЯЩЕРИЦА	12 ОРЕЛ	3 ЗМЕЙ	8 ГРИФ
1971	1 СОБАКА	6 КРОКОДИЛ	8 ВОДА	13 ПРЕДКИ	4 СОБАКА	9 КРОКОДИЛ
1972	2 ОРЕЛ	7 СМЕРТЬ	10 ОРЕЛ	2 СМЕРТЬ	6 ГРИФ	11 ОЛЕНЬ
1973	4 КРОКОДИЛ	9 ДОРОГА	11 ПРЕДКИ	3 ОБЕЗЬЯНА	7 КРОКОДИЛ	12 ДОРОГА
1974	5 СМЕРТЬ	10 БЛАГОВОНИЕ	12 ЗМЕЙ	4 ГРИФ	8 СМЕРТЬ	13 БЛАГОВОНИЕ
1975	6 ОБЕЗЬЯНА	11 ВЕТЕР	13 СОБАКА	5 КРОКОДИЛ	9 ОБЕЗЬЯНА	1 ВЕТЕР
1976	7 ГРИФ	12 ОЛЕНЬ	2 ГРИФ	7 ОЛЕНЬ	11 БЛАГОВОНИЕ	3 КРОЛИК
1977	9 ВЕТЕР	1 МАИС	3 КРОКОДИЛ	8 ДОРОГА	12 ВЕТЕР	4 МАИС
1978	10 ОЛЕНЬ	2 КРЕМЕНЬ	4 СМЕРТЬ	9 БЛАГОВОНИЕ	13 ОЛЕНЬ	5 КРЕМЕНЬ
1979	11 ДОРОГА	3 НОЧЬ	5 ОБЕЗЬЯНА	10 ВЕТЕР	1 ДОРОГА	6 НОЧЬ
1980	12 БЛАГОВОНИЕ	4 КРОЛИК	7 БЛАГОВОНИЕ	12 КРОЛИК	3 КРЕМЕНЬ	8 ВОДА
1981	1 НОЧЬ	6 ЯГУАР	8 ВЕТЕР	13 МАИС	4 НОЧЬ	9 ЯГУАР
1982	2 КРОЛИК	7 ГРОЗА	9 ОРЕЛ	1 КРЕМЕНЬ	5 КРОЛИК	10 ГРОЗА
1983	3 МАИС	8 ЯЩЕРИЦА	10 ДОРОГА	2 НОЧЬ	6 МАИС	11 ЯЩЕРИЦА
1984	4 КРЕМЕНЬ	9 ВОДА	12 КРЕМЕНЬ	4 ВОДА	8 ГРОЗА	13 СОБАКА

ГОД	1 января	1 февраля	1 марта	1 апреля	1 мая	1 июня
1985	6 ЯЩЕРИЦА	11 ОРЕЛ	13 НОЧЬ	5 ЯГУАР	9 ЯЩЕРИЦА	1 ОРЕЛ
1986	7 ВОДА	12 ПРЕДКИ	1 КРОЛИК	6 ГРОЗА	10 ВОДА	2 ПРЕДКИ
1987	8 ЯГУАР	13 ЗМЕЙ	2 МАИС	7 ЯЩЕРИЦА	11 ЯГУАР	3 ЗМЕЙ
1988	9 ГРОЗА	1 СОБАКА	4 ГРОЗА	9 СОБАКА	13 ПРЕДКИ	5 ОБЕЗЬЯНА
1989	11 ЗМЕЙ	3 ГРИФ	5 ЯЩЕРИЦА	10 ОРЕЛ	1 ЗМЕЙ	6 ГРИФ
1990	12 СОБАКА	4 КРОКОДИЛ	6 ВОДА	11 ПРЕДКИ	2 СОБАКА	7 КРОКОДИЛ
1991	13 ОРЕЛ	5 СМЕРТЬ	7 ЯГУАР	12 ЗМЕЙ	3 ОРЕЛ	8 СМЕРТЬ
1992	1 ПРЕДКИ	6 ОБЕЗЬЯНА	9 ПРЕДКИ	1 ОБЕЗЬЯНА	5 КРОКОДИЛ	10 ДОРОГА
1993	3 СМЕРТЬ	8 БЛАГОВОНИЕ	10 ЗМЕЙ	2 ГРИФ	6 СМЕРТЬ	11 БЛАГОВОНИЕ
1994	4 ОБЕЗЬЯНА	9 ВЕТЕР	11 СОБАКА	3 КРОКОДИЛ	7 ОБЕЗЬЯНА	12 ВЕТЕР
1995	5 ГРИФ	10 ОЛЕНЬ	12 ОРЕЛ	4 СМЕРТЬ	8 ГРИФ	13 ОЛЕНЬ
1996	6 КРОКОДИЛ	11 ДОРОГА	1 КРОКОДИЛ	6 ДОРОГА	10 ВЕТЕР	2 МАИС
1997	8 ОЛЕНЬ	13 КРЕМЕНЬ	2 СМЕРТЬ	7 БЛАГОВОНИЕ	11 ОЛЕНЬ	3 КРЕМЕНЬ
1998	9 ДОРОГА	1 НОЧЬ	3 ОБЕЗЬЯНА	8 ВЕТЕР	12 ДОРОГА	4 НОЧЬ
1999	10 БЛАГОВОНИЕ	2 КРОЛИК	4 ГРИФ	9 ОЛЕНЬ	13 БЛАГОВОНИЕ	5 КРОЛИК
2000	11 ВЕТЕР	3 МАИС	6 ВЕТЕР	11 МАИС	2 НОЧЬ	7 ЯГУАР
2001	13 КРОЛИК	5 ГРОЗА	7 ОЛЕНЬ	12 КРЕМЕНЬ	3 КРОЛИК	8 ГРОЗА
2002	1 МАИС	6 ЯЩЕРИЦА	8 ДОРОГА	13 НОЧЬ	4 МАИС	9 ЯЩЕРИЦА
2003	2 КРЕМЕНЬ	7 ВОДА	9 БЛАГОВОНИЕ	1 КРОЛИК	5 КРЕМЕНЬ	10 ВОДА
2004	3 НОЧЬ	8 ЯГУАР	11 НОЧЬ	3 ЯГУАР	7 ЯЩЕРИЦА	12 ОРЕЛ
2005	5 ВОДА	10 ПРЕДКИ	12 КРОЛИК	4 ГРОЗА	8 ВОДА	13 ПРЕДКИ

ГОД	1 июля	1 августа	1 сентября	1 октября	1 ноября	1 декабря
1900	3 ГРОЗА	8 СОБАКА	13 КРОКОДИЛ	4 ОБЕЗЬЯНА	9 ВЕТЕР	13 ДОРОГА
1901	4 ЯЩЕРИЦА	9 ОРЕЛ	1 СМЕРТЬ	5 ГРИФ	10 ОРЕЛ	1 БЛАГОВОНИЕ
1902	5 ВОДА	10 ПРЕДКИ	2 ОБЕЗЬЯНА	6 КРОКОДИЛ	11 ДОРОГА	2 ВЕТЕР
1903	6 ЯГУАР	11 ЗМЕЙ	3 ГРИФ	7 СМЕРТЬ	2 БЛАГОВОНИЕ	3 ОЛЕНЬ
1904	8 ПРЕДКИ	13 ОБЕЗЬЯНА	5 ВЕТЕР	9 ДОРОГА	1 НОЧЬ	5 МАИС
1905	9 ЗМЕЙ	1 ГРИФ	6 ОЛЕНЬ	10 БЛАГОВОНИЕ	2 КРОЛИК	6 КРЕМЕНЬ
1906	10 СОБАКА	2 КРОКОДИЛ	7 ДОРОГА	11 ВЕТЕР	3 МАИС	7 НОЧЬ
1907	11 ОРЕЛ	3 СМЕРТЬ	8 БЛАГОВОНИЕ	12 ОЛЕНЬ	4 КРЕМЕНЬ	8 КРОЛИК
1908	13 КРОКОДИЛ	5 ДОРОГА	10 НОЧЬ	1 МАИС	6 ЯЩЕРИЦА	10 ЯГУАР
1909	1 СМЕРТЬ	6 БЛАГОВОНИЕ	11 КРОЛИК	2 КРЕМЕНЬ	7 ВОДА	11 ГРОЗА
1910	2 ОБЕЗЬЯНА	7 ВЕТЕР	12 МАИС	3 НОЧЬ	8 ЯГУАР	12 ЯЩЕРИЦА
1911	3 ГРИФ	8 ОЛЕНЬ	13 КРЕМЕНЬ	4 КРОЛИК	9 ГРОЗА	13 ВОДА
1912	5 ВЕТЕР	10 МАИС	2 ЯЩЕРИЦА	6 ЯГУАР	11 ЗМЕЙ	2 ОРЕЛ
1913	6 ОЛЕНЬ	11 КРЕМЕНЬ	3 ВОДА	7 ГРОЗА	12 СОБАКА	3 ПРЕДКИ
1914	7 ДОРОГА	12 НОЧЬ	4 ЯГУАР	8 ЯЩЕРИЦА	13 ОРЕЛ	4 ЗМЕЙ
1915	8 БЛАГОВОНИЕ	13 КРОЛИК	5 ГРОЗА	9 ВОДА	1 ПРЕДКИ	5 СОБАКА
1916	10 НОЧЬ	2 ЯГУАР	7 ЗМЕЙ	11 ОРЕЛ	3 СМЕРТЬ	7 ГРИФ
1917	11 КРОЛИК	3 ГРОЗА	8 СОБАКА	12 ПРЕДКИ	4 ОБЕЗЬЯНА	8 КРОКОДИЛ
1918	12 МАИС	4 ЯЩЕРИЦА	9 ОРЕЛ	13 ЗМЕЙ	5 ГРИФ	9 СМЕРТЬ
1919	13 КРЕМЕНЬ	5 ВОДА	10 ПРЕДКИ	1 СОБАКА	6 КРОЛИК	10 ОБЕЗЬЯНА
1920	2 ЯЩЕРИЦА	7 ОРЕЛ	12 СМЕРТЬ	3 ГРИФ	8 ОЛЕНЬ	12 БЛАГОВОНИЕ
1921	3 ВОДА	8 ПРЕДКИ	13 ОБЕЗЬЯНА	4 КРОКОДИЛ	9 ДОРОГА	13 ВЕТЕР

ГОД	1 июля	1 августа	1 сентября	1 октября	1 ноября	1 декабря
1922	4 ЯГУАР	9 ЗМЕЙ	1 ГРИФ	5 СМЕРТЬ	10 БЛАГОВОНИЕ	1 ОЛЕНЬ
1923	5 ГРОЗА	10 СОБАКА	2 КРОКОДИЛ	6 ОБЕЗЬЯНА	11 ВЕТЕР	2 ДОРОГА
1924	7 ЗМЕЙ	12 ГРИФ	4 ОЛЕНЬ	8 БЛАГОВОНИЕ	13 КРОЛИК	4 КРЕМЕНЬ
1925	8 СОБАКА	13 КРОКОДИЛ	5 ДОРОГА	9 ВЕТЕР	1 МАИС	5 НОЧЬ
1926	9 ОРЕЛ	1 СМЕРТЬ	6 БЛАГОВОНИЕ	10 ОЛЕНЬ	2 КРЕМЕНЬ	6 КРОЛИК
1927	10 ПРЕДКИ	2 ОБЕЗЬЯНА	7 ВЕТЕР	11 ДОРОГА	3 НОЧЬ	7 МАИС
1928	12 СМЕРТЬ	4 БЛАГОВОНИЕ	9 КРОЛИК	13 КРЕМЕНЬ	5 ВОДА	9 ГРОЗА
1929	13 ОБЕЗЬЯНА	5 ВЕТЕР	10 МАИС	1 НОЧЬ	6 ЯГУАР	10 ЯЩЕРИЦА
1930	1 ГРИФ	6 ОЛЕНЬ	11 КРЕМЕНЬ	2 КРОЛИК	7 ГРОЗА	11 ВОДА
1931	2 КРОКОДИЛ	7 ДОРОГА	12 НОЧЬ	3 МАИС	8 ЯЩЕРИЦА	12 ЯГУАР
1932	4 ОЛЕНЬ	9 КРЕМЕНЬ	1 ВОДА	5 ГРОЗА	10 СОБАКА	1 ПРЕДКИ
1933	5 ДОРОГА	10 НОЧЬ	2 ЯГУАР	6 ЯЩЕРИЦА	11 ОРЕЛ	2 ЗМЕЙ
1934	6 БЛАГОВОНИЕ	11 КРОЛИК	3 ГРОЗА	7 ВОДА	12 ПРЕДКИ	3 СОБАКА
1935	7 ВЕТЕР	12 МАИС	4 ЯЩЕРИЦА	8 ЯГУАР	13 ЗМЕЙ	4 ОРЕЛ
1936	9 КРОЛИК	1 ГРОЗА	6 СОБАКА	10 ПРЕДКИ	2 ОБЕЗЬЯНА	6 КРОКОДИЛ
1937	10 МАИС	2 ЯЩЕРИЦА	7 ОРЕЛ	11 ЗМЕЙ	3 ГРИФ	7 СМЕРТЬ
1938	11 КРЕМЕНЬ	3 ВОДА	8 ПРЕДКИ	12 СОБАКА	4 КРОКОДИЛ	8 ОБЕЗЬЯНА
1939	12 НОЧЬ	4 ЯГУАР	9 ЗМЕЙ	13 ОРЕЛ	5 СМЕРТЬ	9 ГРИФ
1940	1 ВОДА	6 ПРЕДКИ	11 ОБЕЗЬЯНА	2 КРОКОДИЛ	7 ДОРОГА	11 ВЕТЕР
1941	2 ЯГУАР	7 ЗМЕЙ	12 ГРИФ	3 СМЕРТЬ	8 БЛАГОВОНИЕ	12 ОЛЕНЬ
1942	3 ГРОЗА	8 СОБАКА	13 КРОКОДИЛ	4 ОБЕЗЬЯНА	9 ВЕТЕР	13 ДОРОГА

ГОД	1 июля	1 августа	1 сентября	1 октября	1 ноября	1 декабря
1943	3 ЯЩЕРИЦА	9 ОРЕЛ	1 СМЕРТЬ	5 ГРИФ	10 ОЛЕНЬ	1 БЛАГОВОНИЕ
1944	6 СОБАКА	11 КРОКОДИЛ	3 ДОРОГА	7 ВЕТЕР	12 МАИС	3 НОЧЬ
1945	7 ОРЕЛ	12 СМЕРТЬ	4 БЛАГОВОНИЕ	8 ОЛЕНЬ	13 КРЕМЕНЬ	4 КРОЛИК
1946	8 ПРЕДКИ	12 ОБЕЗЬЯНА	5 ВЕТЕР	9 ДОРОГА	1 НОЧЬ	5 МАИС
1947	9 ЗМЕЙ	1 ГРИФ	6 ОЛЕНЬ	10 БЛАГОВОНИЕ	2 КРОЛИК	6 КРЕМЕНЬ
1948	11 ОБЕЗЬЯНА	3 ВЕТЕР	8 МАИС	12 НОЧЬ	4 ЯГУАР	8 ЯЩЕРИЦА
1949	12 ГРИФ	4 ОЛЕНЬ	9 КРЕМЕНЬ	13 КРОЛИК	5 ГРОЗА	9 ВОДА
1950	13 КРОКОДИЛ	5 ДОРОГА	10 НОЧЬ	1 МАИС	6 ЯЩЕРИЦА	10 ЯГУАР
1951	1 СМЕРТЬ	6 БЛАГОВОНИЕ	11 КРОЛИК	2 КРЕМЕНЬ	7 ВОДА	11 ГРОЗА
1952	3 ДОРОГА	8 НОЧЬ	13 ЯГУАР	4 ЯЩЕРИЦА	9 ОРЕЛ	13 ЗМЕЙ
1953	4 БЛАГОВОНИЕ	9 КРОЛИК	1 ГРОЗА	5 ВОДА	10 ПРЕДКИ	1 СОБАКА
1954	5 ВЕТЕР	10 МАИС	2 ЯЩЕРИЦА	6 ЯГУАР	11 ЗМЕЙ	2 ОРЕЛ
1955	6 ОЛЕНЬ	11 КРЕМЕНЬ	3 ВОДА	7 ГРОЗА	12 СОБАКА	3 ПРЕДКИ
1956	8 МАИС	13 ЯЩЕРИЦА	5 ОРЕЛ	9 ЗМЕЙ	1 ГРИФ	5 СМЕРТЬ
1957	8 КРЕМЕНЬ	1 ВОДА	6 ПРЕДКИ	10 СОБАКА	2 КРОКОДИЛ	6 ОБЕЗЬЯНА
1958	10 НОЧЬ	2 ЯГУАР	7 ЗМЕЙ	11 ОРЕЛ	3 СМЕРТЬ	7 ГРИФ
1959	11 КРОЛИК	3 ГРОЗА	8 СОБАКА	12 ПРЕДКИ	4 ОБЕЗЬЯНА	8 КРОКОДИЛ
1960	13 ЯГУАР	5 ЗМЕЙ	10 ГРИФ	1 СМЕРТЬ	6 БЛАГОВОНИЕ	10 ОЛЕНЬ
1961	1 ГРОЗА	6 СОБАКА	11 КРОКОДИЛ	2 ОБЕЗЬЯНА	7 ВЕТЕР	11 ДОРОГА
1962	2 ЯЩЕРИЦА	7 ОРЕЛ	12 СМЕРТЬ	3 ГРИФ	8 ОЛЕНЬ	12 БЛАГОВОНИЕ
1963	3 ВОДА	8 ПРЕДКИ	13 ОБЕЗЬЯНА	4 КРОКОДИЛ	9 ДОРОГА	13 ВЕТЕР

ГОД	1 июля	1 августа	1 сентября	1 октября	1 ноября	1 декабря
1964	5 ОРЕЛ	10 СМЕРТЬ	2 БЛАГОВОНИЕ	6 ОЛЕНЬ	11 КРЕМЕНЬ	2 КРОЛИК
1965	6 ПРЕДКИ	11 ОБЕЗЬЯНА	3 ВЕТЕР	7 ДОРОГА	12 НОЧЬ	3 МАИС
1966	7 ЗМЕЙ	12 ГРИФ	4 ОЛЕНЬ	8 БЛАГОВОНИЕ	13 КРОЛИК	4 КРЕМЕНЬ
1967	8 СОБАКА	13 КРОКОДИЛ	5 ДОРОГА	9 ВЕТЕР	1 МАИС	5 НОЧЬ
1968	10 ГРИФ	2 ОЛЕНЬ	7 КРЕМЕНЬ	11 КРОЛИК	3 ГРОЗА	7 ВОДА
1969	11 КРОКОДИЛ	3 ДОРОГА	8 НОЧЬ	12 МАИС	4 ЯЩЕРИЦА	8 ЯГУАР
1970	12 СМЕРТЬ	4 БЛАГОВОНИЕ	9 КРОЛИК	13 КРЕМЕНЬ	5 ВОДА	9 ГРОЗА
1971	13 ОБЕЗЬЯНА	5 ВЕТЕР	10 МАИС	1 НОЧЬ	6 ЯГУАР	10 ЯЩЕРИЦА
1972	2 БЛАГОВОНИЕ	7 КРОЛИК	12 ГРОЗА	3 ВОДА	8 ПРЕДКИ	12 СОБАКА
1973	3 ВЕТЕР	8 МАИС	13 ЯЩЕРИЦА	4 ЯГУАР	9 ЗМЕЙ	13 ОРЕЛ
1974	4 ОЛЕНЬ	9 КРЕМЕНЬ	1 ВОДА	5 ГРОЗА	10 СОБАКА	1 ПРЕДКИ
1975	5 ДОРОГА	10 НОЧЬ	2 ЯГУАР	6 ЯЩЕРИЦА	11 ОРЕЛ	2 ЗМЕЙ
1976	7 КРЕМЕНЬ	12 ВОДА	4 ПРЕДКИ	8 СОБАКА	13 КРОКОДИЛ	4 ОБЕЗЬЯНА
1977	8 НОЧЬ	13 ЯГУАР	5 ЗМЕЙ	9 ОРЕЛ	1 СМЕРТЬ	5 ГРИФ
1978	9 КРОЛИК	1 ГРОЗА	6 СОБАКА	10 ПРЕДКИ	2 ОБЕЗЬЯНА	6 КРОКОДИЛ
1979	10 МАИС	2 ЯЩЕРИЦА	7 ОРЕЛ	11 ЗМЕЙ	3 ГРИФ	7 СМЕРТЬ
1980	12 ГРОЗА	4 СОБАКА	9 КРОКОДИЛ	13 ОБЕЗЬЯНА	5 ВЕТЕР	9 ДОРОГА
1981	13 ЯЩЕРИЦА	5 ОРЕЛ	10 СМЕРТЬ	1 ГРИФ	6 ОЛЕНЬ	10 БЛАГОВОНИЕ
1982	1 ВОДА	6 ПРЕДКИ	11 ОБЕЗЬЯНА	2 КРОКОДИЛ	7 ДОРОГА	11 ВЕТЕР
1983	2 ЯГУАР	7 ЗМЕЙ	12 ГРИФ	3 СМЕРТЬ	8 БЛАГОВОНИЕ	12 ОЛЕНЬ
1984	4 ПРЕДКИ	9 ОБЕЗЬЯНА	1 ВЕТЕР	5 ДОРОГА	10 НОЧЬ	1 МАИС

ГОД	1 июля	1 августа	1 сентября	1 октября	1 ноября	1 декабря
1986	6 СОБАКА	11 КРОКОДИЛ	3 ДОРОГА	7 ВЕТЕР	12 МАИС	3 НОЧЬ
1987	7 ОРЕЛ	12 СМЕРТЬ	4 БЛАГОВОНИЕ	8 ОЛЕНЬ	13 КРЕМЕНЬ	4 КРОКОДИЛ
1988	9 КРОКОДИЛ	1 ДОРОГА	6 НОЧЬ	10 МАИС	2 ЯЩЕРИЦА	6 ЯГУАР
1989	10 СМЕРТЬ	2 БЛАГОВОНИЕ	7 КРОЛИК	11 КРЕМЕНЬ	3 ВОДА	7 ГРОЗА
1990	11 ОБЕЗЬЯНА	3 ВЕТЕР	8 МАИС	12 НОЧЬ	4 ЯГУАР	8 ЯЩЕРИЦА
1991	12 ГРИФ	4 ОЛЕНЬ	9 КРЕМЕНЬ	13 КРОЛИК	5 ГРОЗА	9 ВОДА
1992	1 ВЕТЕР	6 МАИС	11 ЯЩЕРИЦА	2 ЯГУАР	7 ЗМЕЙ	11 ОРЕЛ
1993	2 ОЛЕНЬ	7 КРЕМЕНЬ	12 ВОДА	3 ГРОЗА	8 СОБАКА	12 ПРЕДКИ
1994	3 ДОРОГА	8 НОЧЬ	13 ЯГУАР	4 ЯЩЕРИЦА	9 ОРЕЛ	13 ЗМЕЙ
1995	4 БЛАГОВОНИЕ	9 КРОЛИК	1 ГРОЗА	5 ВОДА	10 ПРЕДКИ	1 СОБАКА
1996	6 НОЧЬ	11 ЯГУАР	3 ЗМЕЙ	7 ОРЕЛ	12 СМЕРТЬ	3 ГРИФ
1997	7 КРОЛИК	12 ГРОЗА	4 СОБАКА	8 ПРЕДКИ	13 ОБЕЗЬЯНА	4 КРОКОДИЛ
1998	8 МАИС	13 ЯЩЕРИЦА	5 ОРЕЛ	9 ЗМЕЙ	1 ГРИФ	5 СМЕРТЬ
1999	9 КРЕМЕНЬ	1 ВОДА	6 ПРЕДКИ	10 СОБАКА	2 КРОКОДИЛ	6 ОБЕЗЬЯНА
2000	11 ЯЩЕРИЦА	3 ОРЕЛ	8 СМЕРТЬ	12 ГРИФ	4 ОЛЕНЬ	8 БЛАГОВОНИЕ
2001	12 ВОДА	4 ПРЕДКИ	9 ОБЕЗЬЯНА	13 КРОКОДИЛ	5 ДОРОГА	9 ВЕТЕР
2002	13 ЯГУАР	5 ЗМЕЙ	10 ГРИФ	1 СМЕРТЬ	6 БЛАГОВОНИЕ	10 ОЛЕНЬ
2003	1 ГРОЗА	6 СОБАКА	11 КРОКОДИЛ	2 ОБЕЗЬЯНА	7 ВЕТЕР	11 ДОРОГА
2004	2 ЗМЕЙ	8 ГРИФ	13 БЛАГОВОНИЕ	4 БЛАГОВОНИЕ	9 КРОЛИК	13 КРЕМЕНЬ
2005	4 СОБАКА	9 КРОКОДИЛ	1 ДОРОГА	5 ВЕТЕР	10 МАИС	1 НОЧЬ

У майя был и лунный календарь. Они определили продолжительность синодического месяца (промежутка между двумя одинаковыми фазами Луны), равную 29 суткам, 12 часам, 44 минутам, 3 секундам с точностью до 0,00006.

Наблюдали жрецы майя и Венеру. Период между двумя ее фазами варьируется между 580 и 588 сутками. Жрецы майя вычислили точное значение — 584 суток. Сегодняшняя цифра, полученная в результате точнейших астрономических наблюдений, равна 583,9 суток.

Наиболее загадочна начальная дата календаря майя. Прежде всего — их минимум три. Ближайшая из них обозначается на стеле номер 9 в Вашактуне как день 13.0.0.0.0.4. ахау (название дня) 8 кумху (название месяца).

Странен календарь майя. Начнем с того, что такого календаря просто быть не может: для его создания, по данным современных ученых, надо наблюдать небо (и записывать наблюдения) в течение не менее 10 000 лет. А таким временем майя просто не располагали. У майя год состоит из 360 дней, к которым прибавлялось еще 5 несчастливых, или безымянных, дней. Такой же обычай существовал в Древнем Египте, в Вавилоне и в Индии. Майя верили в приметы, интересные данные приводит С. Г. Морли в книге «Древние майя». Пирамиды есть в Египте и в Мексике. Жреческая каста в обеих странах изолировалась от населения и ревниво скрывала свои тайные знания, погребальные ритуалы Мексики очень напоминали аналогичные в Египте и Финикии.

И наконец, есть «тайна календарей». В кавычках это выражение поставлено потому, что тайны, собственно, нет. Григорианский календарь измеряет год в 365,242500 суток. А древний календарь майя — в 365,242129. Что явно точнее по отношению к современному исчислению времени — 365,242198. Насколько ж «умнее» были те древние майя европейских завоевателей! И тем не менее, был у майя еще один календарь, в котором год состоял из 260 дней. Для чего он был нужен? Ни для чего. Просто майя помнили, что до катастрофы времяисчисление было другим.

Представьте, что в летящую по орбите планету врезается существенная по размерам комета или астероид. А если извне попросту нанесен ядерный удар колоссальной силы? Очевидно, Земля была бы уже не та...

Древние народы отождествляли своих предков с богами, умевшими летать к звездам, оживлять мертвых и совершать прочие — даже на наш современный взгляд — чудеса. Они помнили, чтили своих богов, поклонялись им как реальным предкам...

Часть наших предков, укрывшихся под землей, могла быть обожествлена их же пострадавшими в интеллектуальном плане потомками. Другая часть так и оставшихся под землей, деградировавших и обретших дурную славу похитителей женщин была позднее языческим же сознанием демонизирована. Антибога, дьявола, смело теперь можно селить под землей, отдав ему ту самую, прежнюю, нишу «богов-предков». Новая и довольно стройная система мира оперлась теперь на оба полюса.

Если предположить существование на Земле сверхмощной и сверхразвитой працивилизации, уничтоженной некоей космической силой, названной нами Победителями, то с неизбежностью мы должны будем задаться вопросом о некотором «оккупационном режиме» на нашей планете. Цель такого режима одна — не допустить реального возрождения цивилизации, стереть из памяти землян их величественное прошлое и сам факт наличия Победителей. И невольно на память приходит легенда об Атлантиде.

У оккультистов указания на существование и гибель Атлантиды начинают появляться с 1800 года (до этого очерк Платона считался аллегорией, потребовавшейся великому философу для создания модели идеального государства). Еще раньше, у алхимиков эпохи Возрождения, было предание о том, что алхимия, астрология и магия зародились именно в таинственных храмах Атлантиды. Со второй половины XIX в. предание об Атлантиде начинает играть у оккультистов значительную роль. В 1888 г. выходит капитальный труд Е. П. Блаватской «Тайная доктрина» в трех томах (т. 1 — Космогония; т. 2 — Антропогенез и т. 3 — Эзотерика). В этом труде развивается оккультное предание об Атлантиде, причем Е. П. Блаватская ссылается на так называемую «Книгу Дзьян» (или Дцьян), существующую в небольшом числе экземпляров. Один из этих экземпляров находится в Ватиканской библиотеке и закрыт для прочтения. При помощи ясновидения и других приемов, утверждала Е. П. Блаватская, она прочитала эту книгу, и вот что написано в строфах 11 и 12: «Они строили большие города. Они строили их из редких камней и металлов. Из раскаленных и изверженных масс, из белого камня гор и из черного камня сделали они собственные изображения в их величине и образе и почитали их. Они делали большие статуи вышиной в девять ятисов, по величине их тел. Внутренние огни разрушили страну их отцов. Вода угрожала четвертой (расе). Первые большие воды пришли. Они поглотили семь больших островов. Все праведные спасены, неправедные уничтожены. С ними большинство больших животных, которые были сделаны из пота земли. Мало кто остался. Некоторые желтые, некоторые коричневые и черные, некоторые красные люди остались. Те, которые были лунного цвета, ушли навсегда. Пятая раса, родившаяся из божественного ствола, осталась. Она была управляема первыми божественными царями. Змеи, которые снова спустились, заключили мир с Пятой, которую они поучали и обучали» *(по книге Н. Ф. Жирова «Атлантида, основные проблемы атлантологии», 1964).*

С Южной Америкой связано и несколько совершенно невероятных историй, осветить которые, видимо, все-таки необходимо, так как в свое время они были весьма известны. Возможно, читателям знакомо имя Эриха фон Деникена. В своей книге «Посев и космос» автор рассказывает, как посетил в Эквадоре построенные пришельцами из космоса подземные туннели, как ему удалось увидеть огромный подземный зал со столом и стульями, золотыми статуями различных животных и библиотекой из золотых листов с выдавленными на них таинственными знаками. Деникена якобы привел в эти пещеры их первооткрыватель, некий Хуан Морич. Изложено и представление Деникена о том, как возникли пещеры с сокровищами. В доисторические времена в космосе произошла битва двух могущественных цивилизаций. Побежденные укрылись на Земле, построили систему убежищ.

Для майя не существовало прошлого, настоящего или будущего, так как они представляли время в виде цикла. Они полагали, что каждые 52 года все в мире возвращается в тот же день и мир начинается заново (считается, что средняя длительность жизни тоже соответствовала этому промежутку времени или была даже меньше).

Календарный цикл майя (цолкин)

Перед тем как начать изучение цолкина, вспомним, что 260-дневный цолкин разделялся на 13 месяцев по 20 дней. Три цолкина по длительности соответствуют синодическому периоду планеты Марс.

Вселенная у майя разделена на 3 части: Небеса, Землю и Преисподнюю. Небеса состоят из 13 ярусов-ступеней космической пирамиды. Преисподняя — опрокинутая пирамида с 9 ступенями. Между ними — мир людей — Земля. Майя считали, что мир состоит из трех частей: Небо, Земля, Подземный мир. Каждая часть имела своего бога. Эти три составляющих, в свою очередь, делились на четыре края света — юг, восток, север, запад. Каждый из секторов имел свой цвет.

Дни — знаки времени — отражают 20 животных, природных стихий и предметов, которые идут строго друг за другом. Начинается календарь днем-знаком Крокодил, а заканчивается днем-знаком Предки. Вот они:

1. Крокодил; 2. Ветер; 3. Ночь; 4. Ящерица; 5. Змей; 6. Смерть; 7. Олень; 8. Кролик; 9. Вода; 10. Собака; 11. Обезьяна; 12. Дорога; 13. Маис; 14. Ягуар; 15. Орел; 16. Гриф; 17. Благовоние; 18. Кремень; 19. Гроза; 20. Предки.

Эти дни-знаки не просто идут друг за другом, а идут друг за другом с цифрой. Например:

Крокодил 1, Ветер 1, Ночь 1, Ящерица 1, Змей 1, Смерть 1, Олень 1, Кролик 1, Вода 1, Собака 1, Обезьяна 1, Дорога 1, Маис 1, Ягуар 1, Орел 1, Гриф 1, Благовоние 1, Кремень 1, Гроза 1, Предки 1;

Крокодил 2, Ветер 2, Ночь 2, Ящерица 2, Змей 2, Смерть 2, Олень 2, Кролик 2, Вода 2, Собака 2, Обезьяна 2, Дорога 2, Маис 2, Ягуар 2, Орел 2, Гриф 2, Благовоние 2, Кремень 2, Гроза 2, Предки 2;

Крокодил 3, Ветер 3, Ночь 3, Ящерица 3, Змей 3, Смерть 3, Олень 3, Кролик 3, Вода 3, Собака 3, Обезьяна 3, Дорога 3, Маис 3, Ягуар 3, Орел 3, Гриф 3, Благовоние 3, Кремень 3, Гроза 3, Предки 3.

Но при всей своей строгой последовательности цифры у них могут быть только от единицы до тринадцати:

Крокодил 13, Ветер 13, Ночь 13, Ящерица 13, Змей 13, Смерть 13, Олень 13, Кролик 13, Вода 13, Собака 13, Обезьяна 13, Дорога 13, Маис 13, Ягуар 13, Орел 13, Гриф 13, Благовоние 13, Кремень 13, Гроза 13, Предки 13.

Повторившись 13 раз, дни-знаки открывают новый цикл, т. е. снова приобретают номер 1.

Поэтому совпадения дня-знака по годам и месяцам крайне редки.

Для того чтобы вы смогли узнать, в какой день-знак родились вы, ваши родные, близкие или друзья, предлагаем вашему вниманию таблицу (см. с. 673), по которой можно вычислить собственный день рождения и то, к какому знаку вы принадлежите.

Например, вы родились 20 августа 1980 года. Чтобы высчитать свой день-знак, найдите свой год рождения в таблице (1-я левая колонка), затем свой месяц рождения (вверху). В ячейке встречи этих ваших года и месяца рождения приведен день-знак 1-го числа вашего месяца — 1 августа — 4 СОБАКА. Теперь вам осталось только прибавить к этому дню-знаку 19 дней, подставляя к ним соответствующие цифры (здесь номера идут строго по порядку от 1 до 13), поэтому после 4 СОБАКА (1 августа) будут идти дни-знаки:

5 Обезьяна (2 августа),

6 Дорога (3 августа),

7 Маис (4 августа),

8 Ягуар (5 августа),

9 Орел (6 августа),

10 Гриф (7 августа),

11 Благовоние (8 августа),

12 Кремень (9 августа),

13 Гроза (10 августа),

1 Предки (11 августа),

2 Крокодил (12 августа),

3 Ветер (13 августа),

4 Ночь (14 августа),

5 Ящерица (15 августа),

6 Змей (16 августа),

7 Смерть (17 августа),

8 Олень (18 августа),

9 Кролик (19 августа),

10 Вода (20 августа).

А теперь, научившись определять свой день-знак, можно узнать, что же он нам несет и как лучше использовать дарованные силы и обойти острые углы своего дня.

Итак, 20 животных, природных стихий и предметов отражают дни-знаки времени и идут строго друг за другом. Начинается календарь днем-знаком Крокодил, а заканчивается — днем-знаком Предки.

КРОКОДИЛ

Самосознание Крокодила, не полностью отделенное от глубинных вод коллективного разума, находится под влиянием господствующего духа времени. Ощущение индивидуальности достаточно слабое. День-знак Крокодил представляет первобытную энергию, дремлющую у истоков сущего.
Люди, рожденные под знаком Крокодила, сны, магию и тайну чувствуют неизмеримо глубже, чем свою индивидуальность, свое «я».

Известный американский кинорежиссер Орсон Уэллс (4 Крокодил) известен как ясновидящий, Уолт Дисней (5 Крокодил) всю карьеру построил на своих видениях и сновидениях, точно так же, как и великолепный итальянский режиссер-сюрреалист Федерико Феллини (9 Крокодил).

Крокодилы «легко отдаются во власть Повелителя Года», считают майя. То есть они охотно принимают его ценности и внешние атрибуты. Крокодилы без труда отражают все, что ценно в душе общества, в котором они живут. Вот почему в книге «Чилам-Балам из Кауа» их называют «основой жизни», «сущностью материи».

Для людей этого знака очень важно обращаться к своим крепким положительным семейным или родовым культурным корням. Иначе они могут вобрать в себя из общества не только лучшее, но и худшее. Околдованные магической игрой коллективного разума (кино, телевидение, реклама), люди дня-знака могут легко погрузиться в ирреальный мир грез. Миллионер Говард Хьюз (3 Крокодил) провел последние годы своей жизни именно в таком погружении в темный ад души, бесконечно просматривая «Полярную станцию „Зебра“» и патологически боясь микробов.

Только ориентированность на духовную сторону жизни удержит Крокодила от погружения обратно в первобытную пучину. Поступая так, он удостаивается самой положительной судьбы, которую может дать знак Воды, — судьбы поэта и мистика, отражающего чистую, непотревоженную гладь водных космических глубин.

Видные представители дня-знака Крокодил:

Говард Хьюз-мл. (3) — 24 декабря 1905 г.

Александр Колчак (5) — 16 ноября 1874 г.

Уолт Дисней (5) — 5 декабря 1901 г.

Алексей Петренко (5) — 26 марта 1938 г.

Вуди Аллен (8) — 1 декабря 1935 г.

Федерико Феллини (9) — 20 января 1920 г.

Владимир Высоцкий (10) — 25 января 1938 г.

Фаддей Беллинсгаузен (11) — 20 сентября 1778 г.

Петр Лещенко (12) — 3 июня 1898 г.

Владимир Маяковский (13) — 19 июля 1893 г.

ВЕТЕР

Ветер — это символ живого духа, который одаривает жизнью и одушевленностью нас всех. Избыток Ветра приводит к чрезмерному высокомерию и гордыне. Это происходит тогда, когда человек начинает считать себя самого источником силы и вдохновения. К сожалению, такие случаи не редки, поэтому Хранители Дней ассоциируют этот день-знак с диктаторами латиноамериканского образца.

Рожденные в день Ветра всегда должны осознавать, что «божественное дыхание», или живой дух, щедро наполняет их энергией. Если люди Ветра понимают это, то могут обрести безграничное могущество «творить мир», поскольку они обладают огромным количеством энергии.

Подземная мудрость Ягуара (знак Прошлого) помогает им осознать свой долг перед духовным миром. Люди, рожденные в день Ветра, наполнены гневом, яростью и эгоизмом, которые необходимо сдерживать с самого рождения. Они должны научиться сдерживать свою раздражительность. Иначе они могут, «дуя ураганом», разрушить дом. Вспомним о пресловутых приступах ярости Элизабет Тейлор (9 Ветер).

Люди майя не любят ветер. Они считают, что ветер, свирепо дующий в разные направления, старается проникнуть в человеческое тело и вызвать заболевание (физическое или психическое). Майянский целитель дон Элихио Панти утверждал, что многие его пациенты заболели по магическим причинам болезнями, которые принес им Ветер.

На скульптурах майя есть загадочное существо — Бог Ветра с Т-образным крестом в руках — символом дня-знака Ветра. Предполагают, что Бог Ветер — бог дождей и гроз. Не случайно Т-образные кресты часто увиты ростками маиса.

Кецалькоатль, или Пернатый Змей, известный как основатель цивилизации, принесший религию народам древней Мексики, является еще и богом Утренней Звезды — Венеры, и богом Ветра. (Считается, что история о цивилизованной миссии Кецалькоатля базируется на фактах реального человека, жившего в 908–1168 гг., несмотря на то что Кецалькоатлю как божеству майя поклоняются уже многие столетия.)

Не только злую, но и добрую силу Ветра видели майя. Ветер пригоняет тучи, проливающиеся живительным дождем. Ветер — это дыхание жизни.

Иероглиф этого дня — Т-образный крест. Ворота многих древних городов были сделаны в виде Т-образного креста. В некоторых древних рукописях священных книг ацтеков и майя Дерево Жизни имеет Т-образную форму.

Почти во всех мировых духовных источниках говорится о «тонком», или живом, дыхании как инструменте творения: «Дух божий носился над водой». В древнегреческой мифологии Прометей вдувает свою пневму в глиняную фигуру первого человека, чтобы сделать его одушевленным, живым. В философии йоги жизненный дух (санскритская прана) — это живительная энергия, на физическом уровне она содержится в дыхании. В физическом теле день-знак Ветра соответствует верхней части легких, которые наполняются воздухом во время йогических дыхательных упражнений. Пока мы дышим — мы живем.

К счастью, Силы Правой и Левой Руки у представителей Ветра знаки спокойные и относительно мягкие. Гриф добродушен и ленив, а Кролик чувствен и обожает все блага мира. Люди Ветра могут опираться на эти две силы, чтобы научиться ценить все, что имеет кроткую, любящую и добрую натуру.

Знак Будущего — Собака открывает перед людьми Ветра две возможности. Если они пойдут на поводу своего эго, по пути заполучения счастья для своего маленького «я», то впитают в себя худшие качества Собаки, и их жизнь превратится в сплошной секс, разгул и ссоры. Но Собака, как Гриф и Кролик, умеет находить тихую радость в неброской красоте и дарах повседневной жизни, видеть духовный свет, который просвечивается во всех наших будничных делах. Если люди Ветра научатся сдерживать свой «внутренний ураган», они сумеют, как легкий бриз в теплый летний день, сделать лучше нашу прекрасную жизнь.

Видные представители дня-знака Ветер:

Адриано Челентано (4) — 6 января 1938 г.

Лариса Шепитько (4) — 6 января 1938 г.

Игорь Костолевский (4) — 10 сентября 1948 г.

Майкл Джексон (4) — 29 августа 1958 г.

Андрей Вознесенский (7) — 12 марта 1933 г.

Джеймс Олдридж (8) — 10 июля 1918 г.

Уильям Сароян (9) — 31 августа 1908 г.

Элизабет Тейлор (9) — 27 февраля 1932 г.

Хиллари Клинтон (9) — 26 октября 1947 г.

Василий Сухомлинский (10) — 28 сентября 1918 г.

Валерий Харламов (11) — 14 января 1948 г.

Вячеслав Тихонов (11) — 8 февраля 1928 г.

НОЧЬ

В ночи есть женская мягкость — не важно, мужчина это или женщина. Появившиеся в этот день на свет люди имеют врожденную мудрость инь и ян (ее они черпают из окружающего мира). Люди ночи отличаются завидным красноречием, хорошо пишут. Это не случайно, ведь Сила Правой Руки их — Благовоние, а Сила Левой Руки — Вода (знак мечтателей и поэтов).

Литературный рупор «бит-поколения» Джек Керуак родился в день-знак Ночь (10), а исследователь мифологии Джозеф Кэмпбелл, чей ораторский дар так же знаменит, как и его научные знания, родился под знаком Ночи (2).

Люди Ночи одной ногой стоят в Потустороннем мире. Иногда это проявляется как негативное качество: паутину обманчивых иллюзий они могут ткать с такой же легкостью, как и произносить слова мудрости и истины. Их слова могут ранить, но могут и исцелять.

Порой люди, рожденные под днем-знаком Ночь, бывают угрюмы и печальны. Они могут пристраститься к азартным играм. Некоторые из них могут опуститься до воровства — ум и ловкость Обезьяны способствуют тому, что они приобретают дьявольский талант профессиональных воров. Они могут быть духовно мудры и животно чувственны. Позади них Орел «кричит» о своих желаниях (будь то материальное богатство или духовная мудрость).

Люди Ночи пользуются своими чарами, дарованными им Потусторонним миром, — развитым умом (Сила Правой Руки — Благовоние) и развитым духом (Обезьяна — знак Будущего), чтобы добиться всего, чего пожелают.

А что они пожелают? Выбор за каждым из них. Героические Близнецы, например, прошли через ночь человеческой души и выполнили свое истинное предназначение — служение реальному миру.

У людей Ночи есть реальный шанс разбогатеть. Они таинственно связаны со старым земным богом Пакаль-Вотаном, чья нефритовая сокровищница скрыта в земных глубинах.

Люди Ночи, наделенные «телесной молнией», могут быть превосходными шаманами и прорицателями. Киче-майя считают, что они должны странствовать по иным мирам в поисках мудрости. Люди, рожденные в день-знак Ночь, особенно талантливы в области артистического мастерства, которое опирается на слово. Это может быть пение свадебных песен или изысканных молитв древним духам. Например, Джек Керуак привносил в свое творчество удивительную песенность, наполнив сочинения почти шаманской силой.

Если люди Ночи выбирают путь знания — в противоположность сугубо земным знаниям, — то они могут развить в себе огромные и необычайные психические способности. С такой же вероятностью они могут открыть в себе множество художественных талантов. Их не только поддерживают Силы Правой и Левой Руки, представленные Благовонием и Водой, — они идут навстречу судьбе, олицетворяемой Обезьяной — великим мастером и творчески одаренной личностью.

Видные представители дня-знака Ночь:

Федерико Гарсиа Лорка (1) — 5 июня 1898 г.

Владимир Этуш (1) — 6 мая 1923 г.

Шарль Перро (2) — 12 января 1628 г.

Леонардо да Винчи (3) — 15 апреля 1452 г.

Валентина Теличкина (4) — 10 января 1945 г.

Жак Луи Давид (5) — 30 августа 1748 г.

Александр Галич (5) — 19 октября 1918 г.

Поль Гоген (6) — 7 июня 1848 г.

Семен Буденный (6) — 25 апреля 1883 г.

Мишель Нострадамус (7) — 24 декабря 1503 г.

Артур Шопенгауэр (8) — 22 февраля 1788 г.

Люк Бессон (10) — 18 марта 1959 г.

Джек Керуак (10) — 12 марта 1922 г.

Рихард Вагнер (11) — 22 мая 1813 г.

Кевин Костнер (11) — 18 января 1955 г.

ЯЩЕРИЦА

«Люди, рожденные в этот день, станут богатыми и мудрыми, мастерами на все руки», — утверждает майянская книга «Чилам-Балам из Каua». День-знак Ящерица ассоциируется с плодородием и урожаем. «Драгоценные щебечущие птицы — твои птицы» — пророчество для тех, кто родился в это день. Все эти блага действительно будут принадлежать человеку-Ящерице, если он сосредоточится на своем истинном пути, устремив свой взгляд вперед, к высшей цели, представленной в дне-знаке Дорога. Ведь Дорога Жизни — это духовность. И некоторые Ящерицы — Мартин Лютер Кинг (2 Ящерица) и Генри Киссинджер (9 Ящерица) — демонстрируют всей своей жизнью, насколько сильно они ощущают свое предназначение.

Люди-Ящерицы наделены отменным здоровьем. Типичная Ящерица склонна к чрезмерному сексу. У майя классического периода Ящерица ассоциируется с югом, а сегодняшней покровительницей Юга является Мария Магдалина! В ацтекской системе Ящерица управляет тазовой областью человеческого тела — центром сексуальной энергии. Часто Ящерицы плохо контролируют свои страсти — знаком их Прошлого является ленивый и сладострастный Гриф, а Силой Левой Руки — сексуальная Собака. Ходят легенды о сексуальных аппетитах рок-звезды Джима Моррисона (4 Ящерица) и даже Кинг — высокоразвитая Ящерица (2) имел репутацию «сердцееда».

Как у всех других знаков, у Ящерицы есть свои сильные стороны. Эти силы чаще земные, не из запредельных миров. Из людей-Ящериц получаются отличные работники, если они трудятся на свежем воздухе, на природе: ухаживают за садом, впитывают целебную силу свежего воздуха. Они должны всячески избегать тускло освещенных уголков клубов и баров. Уроженцам дня-знака Ящерицы нужны свет, природа и свежий воздух, чтобы они всегда оставались здоровыми и благоденствующими.

Слабости Ящерицы такие же земные, как и их силы. Помимо своей необузданной сексуальности, они еще склонны влезать в долги, так как не умеют контролировать свои траты. Гриф (в Прошлом) и Собака (слева) являются не менее сильными заложниками своего финансового сибаритства и сексуальной невоздержанности.

День-знак Ящерицы — символ растущего маиса. Он олицетворяет плодородие и силу развития. В культуре коренных народов Америки существует глубокая внутренняя связь между ящерицей и силой плодородия. Народы пуэбло (юго-запад США) считали ящерицу символом роста, сексуальности и живительного дождя. Ящерицы в наскальной живописи Аризоны, Нью-Мексико и Юты встречаются в сюжетах плодородия.

Ацтекское божество Узуэкойтоль, бог танца, ассоциировался с этим днем-знаком. По всей территории Юго-Запада в честь урожая устраиваются танцы, среди которых особенно знаменит Танец Маиса, исполняемый летом. Непременным атрибутом сегодняшних маисовых танцев являются перья попугая, привозимые из Мексики, которые символизируют юг и рост. В древней системе дней-знаков Ящерица относилась к югу, символизируя плодородие, рост и летнее время года.

Имя Узукойтоль означает еще и «древний койот». Койот — популярная фигура у всех американских индейцев. Порой он мудр. Истории, рассказываемые о нем, часто неприличны. Хотя он наступает себе на хвост, теряет выпадающую прямую кишку, в конце истории его обычно с воплями изгоняют, к нему относятся как к мудрому созданию, а порой и как к создателю Вселенной. Койот — это бог-плут, неукротимый дух дикой природы, дьявольски умный и до бесстыдства сексуальный.

Обилие и сладострастие этого дня отражены в другом имени — «сетка» (язык киче-майя). Это — аналог рога изобилия, источник сельскохозяйственного плодородия и человеческой плодовитости. История из Пополь-Вух рассказывает о том, что у четы творцов Шмукане и Шпиякока родились близнецы. Братьям бросили вызов боги Преисподней, предложив сыграть в ручной мяч. Близнецы проиграли и принеслись в жертву. Голову одного из них повесили на дереве в Преисподней. И когда дочь одного из владык Мертвых — Кровавая Женщина — проходила мимо этого дерева, череп плюнул ей в руки. Кровавая Женщина от этого забеременела парой близнецов-героев, которые бросили вызов Преисподней и стали героями следующей ритуальной игры в ручной мяч (см. НОЧЬ). Опасаясь возмездия, Кровавая Женщина сбегает в Верхний мир, разыскивает Шмукане и сообщает ей, что беременна от ее сына. Шмукане, чтобы проверить ее честность, отправляет Кровавую Женщину на огород, посаженный ее сыном, собрать маис в сетку. Вся соль в том, что на этом огороде растет только один куст маиса — и набрать полную сетку невозможно. Но Кровавая Женщина прикасается к этому кусту — ее сетка становится полной початков маиса. Будущие внуки признаны! А этот миф объясняет связь между сеткой и спелым маисом.

Рог изобилия, сила роста, представленная днем-знаком Ящерица, легко может проявляться как безудержное сладострастие. Поэтому в «сетку» помещают благовоние, которое можно зажечь, моля об отпущении грехов плоти, в этой символической сетке могут содержаться как позитивные, так и негативные полярности Ящерицы.

Тем, кто рожден в день-знак Ящерица, возможно, всегда придется усмирять себя, избегая беспорядочных половых связей и адюльтера. Иначе они могут разбудить опасную силу Кремния (Сила Правой Руки) и спровоцировать откровенный конфликт.

Если Ящерица направит свою изобильную жизненную энергию в деловое русло, то обещание книги «Чилам-Балам» исполнится. Они достигнут совершенства в избранном ремесле, станут богаты, и «драгоценные щебечущие птицы» станут их птицами. Но если они отдадутся своей любви к чувственным наклонностям, у них будут только долги и неприятности.

Видные представители дня-знака Ящерица:

Мартин Лютер Кинг (2) — 15 января 1929 г.

Королева Елизавета II (3) — 21 апреля 1926 г.

Михаил Кутузов (5) — 16 сентября 1745 г.

Юджин О'Нил (5) — 16 октября 1888 г.

Марина Зудина (5) — 3 сентября 1965 г.

Эдвард Григ (7) — 15 июня 1843 г.

Джузеппе Верди (9) — 10 октября 1813 г.

Генри Киссинджер (9)— 27 мая 1923 г.

Вилли Мессершмитт (9) — 26 июня 1898 г.

Александр Василевский (10) — 30 сентября 1895 г.

Александр Абдулов (10) — 29 мая 1953 г.

Иван Конев (11) — 28 декабря 1897 г.

Израэль Регарди (11) — 17 ноября 1907 г.

Виктор Астафьев (11) — 1 мая 1924 г.

Станислав Садальский (13) — 8 августа 1951 г.

ЗМЕЙ

«Люди дня-знака Змей невероятно сильны и одарены телесной молнией», — считают майя. Змей — это один из дней, в которые с большей вероятностью рождаются шаманы Календаря. Действительно, люди Змея часто становятся медиумами, или «спиритуалистами», как говорят в Мексике. Самыми могущественными, вселяющими страх фигурами среди всех шаманов Священного календаря.

Люди-Змеи обладают энергией, в высшей степени магической и невероятно сексуальной. Примером этих энергий является Клинт Иствуд (9 Змей) и Мэрилин Монро (5 Змей).

Мудрость Змея нейтральна по отношению к моральным принципам: сама по себе она ни добрая, ни злая. Эта мудрость — выше добра и зла, в ней все сведено к основам бытия.

Но без духовного развития змеиная мудрость может извратиться и обернуться темной, зловещей стороной. При мрачном знаке Грозы (Силы Правой Руки) пребывающий в ярости Змей — зрелище не для слабонервных. Неудивительно, что Змея уважают за мудрость и одновременно боятся. Его внутренняя жизненная сила неразрывно связана с сексуальностью, и Змей легко может стать рабом своих страстей. Эта змеиная сила настолько велика в случае с Мэрилин Монро, что привлекла смерть.

Другая опасность этого дня-знака состоит в том, что Змеи-медиумы могут использовать свою проницательность и остроту ума для укрепления внешнего могущества, а не для внутренней эволюции.

Жизненной необходимостью для всех, рожденных под этим знаком, является установление контроля за своими внутренними силами. Все йогические и магические дисциплины приходят к ним естественным образом, и ими стоит заниматься так, чтобы «телесная молния» находилась под контролем сознания. Многим из них удается установить этот контроль, если не благодаря регулярной духовной практике, то приучая себя жить гармонично и сострадательно.

«Зерно жизни» — Маис подразумевает заботу о семье и обществе и указывает путь утонченному Змею, будь он маг или всего лишь подмастерье. Его путь — сострадание к ближним. Это тот ключ, без которого не откроются двери в более спокойное и здоровое бытие для Змея — знатока сокровенной мудрости.

Видные представители дня-знака Змей:

Генрих Гейне (2) — 13 декабря 1797 г.

Николай Чернышевский (2) — 24 июля 1828 г.

Мэрилин Монро (5) — 1 июня 1926 г.

Валентин Гафт (5) — 2 сентября 1935 г.

Алексей Плещеев (6) — 16 июня 1778 г.

Максимилиан Волошин (6) — 28 мая 1877 г.

Ридли Скотт (6) — 30 ноября 1937 г.

Андрей Губин (7) — 30 апреля 1974 г.

Горацио Нельсон (8) — 29 сентября 1758 г.

Александр Пушкин (9) — 6 июня 1799 г.

Клинт Иствуд (9) — 31 мая 1930 г.

Михаил Булгаков (10) — 15 мая 1891 г.

Нэнси Кэрриган (11) — 13 октября 1969 г.

Алессандро Калиостро (12) — 2 июня 1773 г.

Александр Блок (12) — 28 ноября 1880 г.

СМЕРТЬ

День-знак Смерть — это скорее символ трансформации, а не физической смерти. Майская легенда рассказывает о двух героях-близнецах, игравших в ручной мяч с Владыкой Смерти на свои жизни. Игра была нечестной. Близнецы проиграли и прыгнули в горящую печь. Но на пятый день они воскресли и выплыли из подземной реки в виде сомов. Ночь показывает место трансформации. Смерть символизирует процесс трансформации. Поэтому день, символом которого является Смерть, считается очень удачным для рождения.

Смерти соответствовал Север. В древние времена он символизировал предков. И хотя предки покинули физический мир, они являются духовными проводниками людей, живущих на Земле. Поиск этой мудрости — одна из целей ритуальной практики майя.

В человеческом теле Смерть ассоциируется с макушечной чакрой, божественным центром, через который в наше собственное сознание входит солнечное просветление и родовая мудрость.

День-знак Смерть представлен в фигуре Лунного Бога — старика с раковиной на спине. Мудрый старец с раковиной спиралевидной формы — символ вечного круговорота рождения и смерти. Иногда у этого старого мудрого бога видны крылья бабочки, напоминающей нам о том, что бабочка была гусеницей, пока не завернулась в трансформирующий кокон. Кроме того, крылья напоминают нам о том, что бабочки, по мнению майя, души умерших.

Идеограмма этого дня — череп (образ бога Смерти и вместилище макушечной чакры). Возможно, бога Смерти представляют несколько хрустальных черепов, найденных археологами (кто их изготовил, точно не известно: это могли быть майя, миштеки или ацтеки). Некоторые медиумы утверждают, что эти черепа обладают сверхъестественной силой и являются эффективным средством для входа в состояние пророческого транса.

День Смерти — это процесс трансформации или внутренней смерти, которая ведет к мудрости и духу провидения.

Видные представители дня-знака Смерть:

Иоганн Вольфганг Гёте (4) — 28 августа 1749 г.

Борис Пастернак (6) — 10 февраля 1890 г.

Владимир Басов (6) — 28 июля 1923 г.

Билл Гейтс (8) — 28 октября 1955 г.

Ростислав Плятт (9) — 13 декабря 1908 г.

Джордано Бруно (11) — 25 марта 1548 г.

ОЛЕНЬ

Олень — один из четырех Повелителей Года. Двое из этих Повелителей Года — Благовоние и Дорога — считаются спокойными, а двое остальных — Ветер и Олень — энергичными и напористыми. Большинство Оленей является полной противоположностью пугливой лани, они демонстрируют свою силу мощно и откровенно, напоминая «владыку леса» — королевского оленя, и стремятся быть хозяевами положения при любых обстоятельствах.

Человек, родившийся в день-знак Олень, может стать шаманом в Гватемале и государственным деятелем в Америке.

Один из недавних духовных лидеров планеты, папа Иоанн Павел II, родился в день-знак Олень (10). Восточноевропейские католики считали его фигуру героической (типичная роль Оленя), а женщины видели его чрезмерную авторитарность (тоже типичная черта Оленя).

Основная проблема в жизни Оленя — использование своей силы.

Многие Олени, имея за собой прошлое — Грозу, переживают трудное детство, жизнь в неблагополучной семье. Если их прошлое сильно и отбрасывает на них свою тень, омрачает их дух, то неуправляемая, необузданная Сила Правой Руки — Крокодил побуждает их стремиться к власти и возвышаться над людьми ради самой власти.

Будущее Оленя связано с днем Орла — знаком мудрости и успеха. Если Олень прислушивается к Силе Левой Руки — благородному дню-знаку Маис, все в его жизни будет замечательно. Маис олицетворяет благородную силу авторитета в семье и в обществе. Эта сила благородна, когда направлена на достижение общего блага.

Оленям чаще надо спрашивать себя, каким целям они служат. Действительно ли они используют свои громадные внутренние резервы ради блага других или втайне преследуют свои собственные интересы?

Человек-Олень может почувствовать призвание как в земных, так и в духовных делах. В некоторых гватемальских общинах самым священным днем, в который посвящают в шаманы, является день 8 Олень. Запад знает самого известного «шамана» — Карлоса Кастанеду, родившегося в день 3 Олень.

Люди-Олени свой дар выражать священность жизни часто «выпускают» с силой мчащегося на бешеной скорости локомотива. Они должны научиться контролировать себя и пользоваться своей силой с осторожностью.

Видные представители дня-знака Олень:

Константин Паустовский (2) — 31 мая 1892 г.

Карлос Кастанеда (3) — 25 декабря 1925 г.

Роберт Скотт (4) — 6 июня 1868 г.

Принц Чарлз (4) — 14 ноября 1948 г.

Леонид Куравлев (4) — 8 октября 1936 г.

Евгений Мравинский (5) — 4 июня 1903 г.

Никита Богословский (5) — 22 мая 1913 г.

Леонид Гайдай (9) — 30 января 1923 г.

Папа Иоанн Павел II (10) — 18 мая 1920 г.

Мария Ермолова (11) — 15 июля 1853 г.

Федор Тютчев (13) — 5 декабря 1803 г.

Сергей Есенин (13) — 3 октября 1895 г.

КРОЛИК

Кролик считается очень хорошим днем для рождения. Рожденным в этот день-знак уготована счастливая судьба. Человек-Кролик легко и комфортно живет в реальном мире. Он плодовит. Обладает «телесной молнией».

Иероглиф Кролика — это майянский символ для обозначения Венеры. Планета Венера, с которой ассоциируется этот день-знак, проходит через циклы смерти и возрождения: она появляется на небосклоне как вечерняя звезда, потом исчезает и вновь появляется уже как звезда утренняя. Венера не ассоциируется здесь как богиня Любви. Напротив, уродливое чудовище — бог Лахунчан ассоциировался у майя с Венерой. Он проносился в пьяном угаре, сея панику среди богов. Его дикое опьянение прочно связывалось с днем-знаком Кролика. Скорее всего, этот кролик — лунный. И китайцы, и коренные народы Месоамерики связывали с Луной образ Кролика. Этот мифический Кролик в их восприятии был приветливым выпивохой, спутником богини опьянения Майяуэль. И в то же время для майя Кролик — олицетворение дня урожая. Он символизирует «прорастание» и «созревание» плодов земли. У Кролика талант создавать изобилие. Люди, рожденные под этим знаком, — прекрасные фермеры с волшебным даром «заговаривать» растения на хороший урожай. У них есть «садовничий дар» (по-восточному) или умение «делать деньги» (по-западному). Ведь Силой Левой Руки (подсознание, интуиция) Кролика является «денежный» Ягуар. Этот талант Кролика делать деньги, приобретать жизненные блага — дар скорее врожденный, чем приобретенный.

Прошлое у Кролика находится в дне-знаке Предки — символе духовного общения. Поэтому связи с семьей, культурой, традициями у Кролика очень велики, а если число, стоящее перед днем-знаком Предки, слишком велико, то даже чрезмерны.

К счастью, Силой Правой Руки у людей-Кроликов является Ветер, позволяющий им перешагнуть через прошлое, глубоко сознавая собственную индивидуальность.

Чувственная одержимость часто превращает людей, рожденных под днем-знаком Кролик, в наркоманов и алкоголиков. У ацтеков день 2 Кролик пользовался настолько дурной славой в связи с алкоголизмом, что алкогольную зависимость стали называть «кроликом», точно так же, как мы называем «зеленым змием». Элвис Пресли (2 Кролик) и Джимми Хендрикс (9 Кролик) при всей своей типично «кроличьей» щедрости были печально знамениты пристрастием к одурманивающим веществам. Все люди-Кролики, даже не испытывающие в своей жизни подобных проблем, должны направлять свою энергию в русло конструктивной работы. К потаканию собственным порокам Кролика могут подтолкнуть скука, неверие в собственные силы и обычная праздность.

Гриф — знак будущего Кролика — тоже жаден до удовольствий и потворствует своим желаниям (вспомним «кадиллаки» Элвиса).

Люди-Кролики всегда должны помнить, что больше — еще не значит лучше. И еще о том, что лень и ненасытность могут привести к тому, что их «рог изобилия» может опустеть.

Благодаря изначально доброй натуре и веселому нраву Кроликов их сибаритские грешки зачастую им отпускаются (благодаря знаку будущего Грифу — символу «отпущения грехов»), и в конце дороги их ждет прощение богов, родовых предков или глубин собственной души.

Видные представители дня-знака Кролик:

Элвис Пресли (2) — 8 января 1935 г.

Борис Кустодиев (3) — 7 марта 1878 г.

Александр Меншиков (3) — 16 ноября 1673 г.

Бертольд Брехт (3) — 10 февраля 1898 г.

Марчелло Мастроянни (3) — 28 сентября 1923 г.

Игорь Николаев (3) — 17 января 1960 г.

Марина Хлебникова (4) — 6 ноября 1965 г.

Нельсон Рокфеллер (7) — 8 июля 1908 г.

Аркадий Арканов (7) — 7 июня 1933 г.

Александр Дюма (8) — 24 июля 1802 г.

Расул Гамзатов (9) — 8 сентября 1923 г.

Джимми Хендрикс (9) — 27 ноября 1942 г.

Гарсиа Маркес (11) — 6 марта 1928 г.

Николай II (Романов) (11) — 18 мая 1868 г.

Алексей Баталов (11) — 20 ноября 1928 г.

Александр Буйнов (11) — 24 марта 1955 г.

Гера («Стрелки») (11) — 27 февраля 1975 г.

Арманд Хаммер (12) — 21 мая 1898 г.

Тони Моррисон (12) — 18 февраля 1931 г.

ВОДА

Люди Воды пришли в этот мир с «тяжелой кармой». Майянские Хранители Дней считают этот день-знак очень трудным. Не исключено, что тем, кто рожден в этот день, надо оплатить большой счет Священной Земле, или Санто Мундо.

Некоторых представителей знака Воды преследуют проблемы, связанные со здоровьем. Майя убеждены, что люди Воды подвержены разным хроническим заболеваниям, поэтому они должны находиться под постоянным наблюдением местных целителей и Хранителей Дней.

Люди Воды, не смиряющиеся со своими трудностями, смогут успешно их преодолеть. Ярким примером этого преодоления является Опра Уинфри (8 Вода), которая всю жизнь борется с собственным весом.

Здоровье — не единственная проблема людей, рожденных в день-знак Вода. Еще одна их проблема — необузданная сексуальность. Бывший президент США Билл Клинтон с того времени, как только вошел в Белый дом, постоянно находился под «шквальным обстрелом» недоброжелательной прессы.

Знак Прошлого Воды находится в Крокодиле, олицетворяющем бессознательное. Поэтому сознание этих людей хрупко и может быть подчинено бессознательному. «Воды», в которых обычно тонут люди дня-знака Вода, — обычно воды их прошлого.

Майянский иероглиф этого знака — капля воды или нефритовое кольцо (вода и нефрит считаются у майя высшими ценностями).

День-знак Вода несет в себе ощущение чуда, которое испытывают новорожденные, попадающие в еще неизвестный мифический мир.

Люди Воды порой бывают робкими и нерешительными, но они обладают колоссальным художественным даром.

Дни-знаки, на которые опирается Вода, сильны и благоприятны. Сила Правой Руки — Ночь — наделяет представителей Воды прорицательской мудростью Потустороннего Мира. Это позволяет им с поразительной интуицией плыть по глубоким водам души. Сила Левой Руки — Орел — тоже обладает даром интуиции. Причем Орел — знак, который кричит о том, что он хочет, и часто получает то, что он хочет.

Дорога, открытая перед людьми Воды, временами бывает трудной и неспокойной, но у нее всегда счастливый конец — знак Будущего Воды — Благовоние, символ мыслителя.

Если люди Воды, идя во тьме, будут руководствоваться интуицией, то их проницательность и интеллект обостряются.

Видные представители дня-знака Вода:

Василий Чапаев (1) — 9 февраля 1887 г.

Михаил Гнесин (3) — 21 января 1883 г.

Мадонна (4) — 16 августа 1958 г.

Павел Нахимов (2) — 5 июля 1802 г.

Борис Гмыря (2) — 5 августа 1903 г.

Олег Табаков (2) — 17 августа 1935 г.

Сергей Крылов — 25 августа 1960 г.

Билл Клинтон (5) — 19 ноября 1946 г.

Айседора Дункан (6) — 27 мая 1878 г.

Александр Городницкий (6) — 20 марта 1933 г.

Евгений Жариков (7) — 26 февраля 1914 г.

Петр Врангель (8) — 15 августа 1878 г.

Опра Уинфри (8) — 29 января 1954 г.

Евгений Евтушенко (9) — 18 июля 1933 г.

Эмиль Кио (младший) (9) — 12 июля 1938 г.

Сергей Эйзенштейн (10) — 22 января 1898 г.

Джон Леннон (10) — 9 октября 1940 г.

СОБАКА

Среди всех других знаков Собака пользуется самой сомнительной репутацией. Люди, рожденные в этот день, считаются чрезвычайно сексуальными.

Их тотем — животное, чьи плотские инстинкты безграничны и безудержны.

Разумеется, есть много дней-знаков, которые характеризуются такой же любовью к земным радостям. Но только Собаке «выпала честь» иметь в качестве Силы Правой Руки Ящерицу, любительницу поразвлечься и в качестве Силы Левой Руки Грифа, ленивого сластолюбца. Собака с ее личной жаждой любви окружена этими союзниками с юга и с севера.

«Чилам-Балам из Кауа» величает представителей дня-знака Собака «красивыми, легко живущими», ведь их чувственность подразумевает любовь и дружбу с миром ощущений. Люди-Собаки часто умеют окружать себя удовольствиями, которых они так страстно желают. Жизнь певца в стиле «кантри» Вилли Нельсона (8 Собака) была настолько легкой, что ею, очень некстати, заинтересовалась государственная налоговая полиция США.

Непомерная любовь к роскоши людей этого знака в своем худшем проявлении оборачивается эгоистичной жаждой урвать все, что находится в пределах их видимости.

Знаком Прошлого у представителей знака Собаки является неистовый Ветер. И ураган «эго» Ветра, помноженный на сладкие мечты Собаки, может привести к довольно жалкому исходу. Собака может войти в конфликт сама с собой, на что указывает Кремень — знак ее Будущего.

Многие представители дня-знака Собака сомневаются почти постоянно. Но сомнение — негативное качество в прорицании — раскрывает самый положительный аспект в дне-знаке Собака, замещая сомнение верой.

В майянском и ацтекском мифах собака была животным, которое вело души через Преисподнюю, освещая путь факелом веры. Всякий раз, когда мы путешествуем во мраке нашей личной преисподней, мы совершаем путь, на котором ни логика, ни интеллект — не помощники. Только пламенная вера может осветить нам путь во мрачных глубинах, чтобы мы, как солнце на рассвете, воскресли. У Собак есть эта непоколебимая вера. В этом — их величайшее достоинство.

Совершенно очевидно, что люди, рожденные в день-знак Собака, руководствуются инстинктами. Но бессознательная сила, одарившая их сладострастием, наделяет их самым ценным из всех человеческих качеств — верой в победу.

Видные представители дня-знака Собака:

Александр Вертинский (2) — 21 марта (2 апреля) 1889 г.

Джордж Бизе (3) — 25 октября 1838 г.

Чингиз Айтматов (7) — 12 декабря 1928 г.

Роберт Фишер (7) — 9 марта 1943 г.

Александр Куприн (8) — 7 сентября 1870 г.

Вилли Нельсон (8) — 30 апреля 1933 г.

Жерар Депардье (8) — 27 декабря 1948 г.

Ираклий Андроников (11) — 28 сентября 1908 г.

Алсу (11) — 27 июня 1983 г.

Пауль Музер (13) — 27 июня 1838 г.

Альфаро Сикейрос (13) — 29 декабря 1898 г.

ОБЕЗЬЯНА

День-знак Обезьяна — один из самых счастливых дней рождения. Считается, что людям, рожденным под этим знаком, во всем сопутствует удача: в браке, в детях, бизнесе. Рональд Рейган (1 Обезьяна) с типичной везучестью этого знака, посмеиваясь и изрекая афоризмы, прошел путь от голливудской кинозвезды до президента (избирался на два срока!).

Обезьяны выигрывают без подготовки. У них нет необходимости учиться, они и так все знают. Во всяком случае, так утверждают майя: «Нет нужды обучать представителей дня-знака Обезьяна искусству Хранителей Дней, они им владеют от рождения». Неудивительно, ведь знак их Прошлого — мистическая Ночь.

В Пополь-Вух говорится, что Первая Мать и Первый Отец родили двоих сыновей: 1 Хунапу и 7 Хунапу. 1 Хунапу родил двоих сыновей: 1 Бац и 1 Чоуэн. Слово «бац» означает «обезьяна» и является у киче и майя названием дня-знака. «Чоуэн» имеет тот же смысл, что и юкатекское «чуэн», — «ремесленник» или «мастеровой». Таким образом, два брата-близнеца — Обезьяна и Ремесленник — являются проявлением этого дня-знака.

1 Бац и 1 Чоуэн были первобытными ремесленниками и мастерами искусств. Они играли на флейте, пели, были писателями, резчиками, ювелирами... Майянский миф рассказывает о том, что эти «великие знатоки», ответственные за изобретение всех изящных искусств, так загордились, что отказались заботиться о своих братьях — героях близнецах. Они вели себя с ними настолько жестко, что боги превратили их в болтливых обезьян.

Люди знака Обезьяна — прирожденные художники и ремесленники мира. Они обладают артистическим темпераментом, дружелюбны, притягивают своей артистичностью и живостью.

Но порой они настолько упиваются своим собственным творчеством, кичатся своим мастерством и везением, что перестают думать о других. Самовлюбленность — оборотная сторона этого одного из самых благоприятных дней-знаков. Несмотря на то что многие Обезьяны — такие как Рональд Рейган (1 Обезьяна), Дастин Хоффман или Барбра Стрейзанд — сделали головокружительные «звездные» карьеры и кажутся удачливыми во всем, им никуда не уйти от влияния тяжелых дней-знаков, их окружающих. Силу своего Прошлого — Ночи (мудрость Потустороннего мира) они могут использовать и во благо, и во зло. К сожалению, Обезьяна при всем своем уме порой с трудом распознает, что хорошо, а что плохо.

Сила Правой Руки — Змей — может быть использована Обезьяной не как мудрость, а как сексуальность и зло.

А Сила Левой Руки — Благовоние — талантливого стратега Обезьяну может поставить на службу этому злу. Им в этом может помочь Гроза — Будущее дня-знака Обезьяна. Так, например, наследница газетного магната Патриция Херст (4 Обезьяна) спровоцировала сильную Грозу своим пребыванием в темном мире секса и насилия. И хотя Патти пришлось отбывать в тюрьме срок за ограбление банка, она с типично обезьяньей удачливостью освободилась досрочно и, великолепно плутуя, начала сниматься в кино. Обычно Обезьяны, даже падая, не расшибаются.

Видные представители дня-знака Обезьяна:

Рональд Рейган (1) — 6 февраля 1911 г.
Михаил Пришвин (3) — 4 февраля 1873 г.
Михаил Пуговкин (4) — 13 июля 1923 г.

Акира Куросава (6) — 23 марта 1910 г.

Николай Гоголь (7) — 1 апреля 1809 г.

Жак Кусто (8) — 11 июня 1910 г.

Дастин Хоффман (10) — 8 августа 1937 г.

Наташа Королева (11) — 31 мая 1973 г.

Кузьма Петров-Водкин (12) — 5 ноября 1878 г.

Иоганн Себастьян Бах (12) — 31 (21) марта 1685 г.

Леонид Утесов (12) — 27 февраля (9 марта) 1895 г.

Барбра Стрейзанд (13) — 24 апреля 1942 г.

ДОРОГА

День-знак Эб, или «лестница» (на юкатекском языке), — один из самых загадочных и превратно понимаемых. Большинство толкователей Священного календаря считают силу этого дня негативной или разрушительной, но в истории Сотворения мира («Чилам-Балам» из Чумайеля, примерно 1562 г.) рассказывается, что в день 2 Эб «Бог создал первую лестницу, чтобы спуститься в середину моря и неба». Миф описывает весь мир как своего рода лестницу-пирамиду Небес и Земли. Подняться по лестнице — значит взойти на пирамиду. Современные майя называют этот день-знак Дорогой Жизни. Во многих философских учениях американских индейцев под Дорогой Жизни понимается «Добрая Красная Дорога», которая тянется с Востока на Запад, символизируя духовный путь. Для майя поход по Дороге Жизни означает восхождение по лестнице или по ступеням пирамиды к венцу творения — тринадцатым небесам.

Ацтекское название этого дня — Малиналли (разновидность травы). Отсюда — распространенное название этого дня — Трава. Жизненная энергия, одухотворяющая жизнь, «роса небес», «молния в крови» наполняют этот знак, символизирующий жизненную энергию и силу, которая движет нас по Дороге Жизни, и саму Дорогу Жизни.

Почему же тогда этому дню-знаку приписывают так много негативных оттенков?

Ацтекские вельможи подарили испанскому священнику «Книгу Дней», которая, вероятно, была неправильно истолкована. В этой книге день 1 Эб (или 1 Малиналли) был назван «днем хищных животных, наводящих ужас». Многие ученые недопонимают, что тональность двухнедельного цикла определяется не первым днем, а его средними днями. Средние дни двухнедельного цикла Дороги выпадают на 7 Кремень и 8 Гроза, которые, пожалуй, зловещи. Но дни 7–8 Дорога, увенчивающие двухнедельные периоды, благоприятные.

Запутывает дело то, что в старых хрониках упоминается женщина Малинче, или донья Марина, которая родилась в 1-й день Эб. Ее, принцессу по рождению, превратили в рабыню для сексуальных удовольствий ацтекских повелителей, а потом преподнесли в дар завоевателю Кортесу. Донья Марина стала его переводчицей, любовницей, шпионкой и главной советницей по психологии индейцев. Поэтому многие называли ее Ла Чингадой — великой блудницей, продавшей свой народ испанцам. Интересно, что она стала матерью расы метисов, родив Кортесу ребенка — первый известный плод любви ацтеков и испанцев. Так что Малинче, донья Марина, или Ла Чингада, — великая мать мексиканского народа.

Видные представители дня-знака Дорога:

Эдвард Радзинский — 23 сентября 1936 г.

Александр Герцен (3) — 6 апреля 1812 г.

Константин Рокоссовский (3) — 21 декабря 1896 г.

Рудольф Нуриев (9) — 17 марта 1938 г.

Бернар Жиродо (9) — 13 июля 1948 г.

Франц Кафка (10) — 3 июля 1883 г.

Лев Толстой (10) — 9 сентября 1828 г.

Альгис Жюрайтис (12) — 27 июля 1928 г.

Карл Маркс (13) — 5 мая 1818 г.

Евгений Вахтангов (13) — 13 февраля 1873 г.

МАИС

Счастлив тот, кто родился в день-знак Маиса! В мифологии древней Мексики этот день был днем рождения Оперенного Змея, подарившего людям свет и день, днем, когда боги спустились на Землю.

Представители этого знака всегда плодовиты. В обществе они — лидеры, а в семье — счастливые и мудрые родители. Люди Маиса могут исполнять родительские функции в целом селении. Одним из главных символов дня-знака Маис является «должностной посох» — опорный столб мира. Зигмунд Фрейд и Карл Юнг, два основоположника современной психологии, родились в день Маиса.

Люди Маиса — земные, практичные и заботливые. Удачливость и успех в повседневной жизни способны сделать из них консерваторов и самодовольных обывателей. Им нет нужды баламутить чистые воды жизни, которая к ним и так благосклонна.

Маис — спокойный день-знак. Люди Маиса не отличаются желанием находиться в центре внимания.

Но даже у самого благоприятного знака есть теневая сторона. Знак Змея в Прошлом может принести с собой, например, тяжелый сексуальный груз. Фрейд всю свою жизнь посвятил исследованию глубоко скрытых сексуальных проблем. Сила Левой Руки — Гроза генерирует беспорядочную эмоциональностью. Юнг привлекал к себе творческих женщин, внося разлад в домашнюю жизнь. Сила Правой Руки — Олень — проявляется как символ мужества и внутренней силы. Но знак будущего — Крокодил — приносит много испытаний. Это могут быть склонность к иллюзиям, необузданность или безумие.

Дети, родившиеся под знаком Маиса, могут быть людьми весьма скромного достатка, и, прежде чем насладиться изобилием Маиса, они могут испытать в детстве тяготы бедности.

Несмотря на бурные взлеты и падения, люди Маиса часто озарены искрой духовности, которая выше основных традиционных религий.

Маис — один из дней-знаков, которые считаются благоприятными для тех, кто готовит себя в шаманы Священного календаря.

Видные представители дня-знака Маис:

Владимир Гиляровский (1) — 8 декабря 1853 г.
Евгений Светланов (1) — 6 сентября 1928 г.

Дима Маликов (2) — 29 января 1970 г.

Гектор Берлиоз (6) — 11 декабря 1803 г.

Корней Чуковский (6) — 31 марта 1882 г.

Иоганнес Брамс (8) — 7 мая 1833 г.

Джакомо Пуччини (8) — 22 декабря 1858 г.

Зигмунд Фрейд (10) — 6 мая 1856 г.

Карл Юнг (10) — 26 июля 1875 г.

Борис Рыбаков (11) — 3 июня 1908 г.

Дайана Росс (13) — 26 марта 1944 г.

ЯГУАР

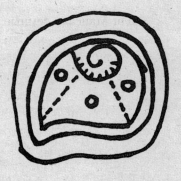

Когда «солнечный орел» опускался за горизонт и солнце отправлялось странствовать по Преисподней, оно путешествовало в облике Ягуара. У майя классического периода день-знак Ягуар символизировал ночное небо. Сегодня Ягуар считается знаком старого бога Преисподней — сейчас его зовут Санто-Мундо (Земной Отец) или Максимон.

Что-то ускользающее и какое-то сверхъестественное мерцание объединяет Ягуара с другими знаками Преисподней: Ночь, Смерть и Предки. Смерть — прошлое Ягуара, а Предки — его Сила Левой Руки. Они позволяют людям Ягуара «всплывать» из Потустороннего мира. Время, которое Ягуары провели в «озере душ», играет преобладающую роль в их личности. Например, бывшего президента США Ричарда Никсона (2 Ягуар) прозвали «диким ловкачом». Как истинный представитель Преисподней, он ловко проскальзывал между кризисов, неизменно всплывая с улыбкой и достаточным запасом сил. Лех Валенса (3 Ягуар) обладал хитростью ягуара и всегда опережал на один шаг коварных посланцев Преисподней (агентов КГБ).

По мнению современных Хранителей Дней, существует большая вероятность того, что люди-Ягуары в конце концов разбогатеют. (Майя думают о богатстве, имея в виду не только драгоценные металлы и драгоценные камни, но и урожай.) Так как Ягуар — знак Преисподней, близко связанный с Санто-Мундо, богатство является его неотъемлемым атрибутом. Аналогичный мотив есть и в греко-римской мифологии. Плутон, грозный бог смерти, был и богом богатства, так как золото, серебро, другие драгоценные металлы спрятаны глубоко под землей. «Плутократия» — слово, которым мы наделяем богачей, произошло от Плутона. Люди-Ягуары — плутократы мира майя.

Богатство, свалившееся на представителя дня-знака Ягуар, достается дорого — люди, родившиеся в день Ягуара, подвержены всем видам заболеваний потому, что гибельная преобразующая сила Преисподней подталкивает их к трансформации. А так как все мы противимся переменам, этот конфликт проявляется в виде болезней.

Выход есть: чтобы не болеть, необходимо принять перемены и вступить на путь внутренней трансформации. Современные духовные практики, медитация помогут им.

Ягуар может стать исключительно могущественной шаманской фигурой. Среди киче и майя такой человек считается достойным посвящения в древние практики и может быть приобщен к знаниям Священного календаря.

Люди-Ягуары, сумевшие превратить ловкость ночного мира в истинную мудрость, достигают небывалых высот.

Видные представители дня-знака Ягуар:

Наталья Андрейченко (1) — 3 мая 1956 г.

Михаил Лермонтов (2) — 15 октября 1814 г.

Ричард Никсон (2) — 9 января 1913 г.

Мартин Лютер Кинг (3) — 10 ноября 1483 г.

Лех Валенса (3) — 29 сентября 1943 г.

Родион Малиновский (3) — 23 ноября 1898 г.

Джо Дассен (3) — 5 октября 1938 г.

Лев Кассиль (5) — 10 июля 1905 г.

Иван Аксаков (6) — 8 октября 1823 г.

Шарль Бодлер (8) — 9 апреля 1821 г.

Владимир Немирович-Данченко (9) — 23 декабря 1858 г.

Бенджамин Спок (11) — 2 мая 1903 г.

Юрий Олеша (12) — 3 марта 1899 г.

Арнольд Шварценеггер (12) — 30 июля 1947 г.

Бернард Шоу (13) — 26 июля 1856 г.

ОРЕЛ

Люди, рожденные в день-знак Орел, обладают даром воплощать и выражать священность жизни. Орел — день-знак особой силы и в материальном, и в духовном мире. Говорят, что представители этого знака «кричат как орлы», моля Санто-Мундо (Земного Отца) о богатстве, силе и благах духа. И, как правило, они получают то, что просят, потому что у них сильные души и высокие побуждения.

Орел — знак страсти и желания. Люди, рожденные под этим знаком, ждут от жизни самого лучшего и стремятся воспарить над толпой. Львиная доля их страсти направлена на материальное — вот почему они становятся богаты чаще многих других знаков. Орлы добиваются материальных высот не просто благодаря везению, а благодаря умению. Из них обычно выходят уверенные в себе, напористые бизнесмены.

А еще Орел как символ полуденного солнца (противоположность Ягуара — тотема Ночи) воплощает в себе свет осознания, контрастируя с Ягуаром и Смертью как знаками противоположного восприятия. Орел (по крайней мере потенциально) — маг света. И если он может добиваться высокого материального положения, то с такой же вероятностью может достичь и вершин сознания.

Орел — тотемная птица для шаманов всего мира. Он наделен «телесной молнией». Вот почему киче и майя говорят, что люди-Орлы с одинаковым успехом могут блистать на шаманском, любом другом религиозном поприще или занимать видное положение в деловом мире, в обществе. Орел — знак полноты и целостности. В нем воплощено стремление к совершенству на всех уровнях человеческого бытия. Чтобы достичь этих высот, люди-Орлы должны оставаться гармоничными в самом центре своего существа.

Когда Орлы сходят со своего прямого пути, слишком отклоняются в сторону мужской или женской полярности, они неизбежно попадают в трудное положение. Джон Ф. Кеннеди (4 Орел) известен своими внебрачными похождениями, Ринго Старр из «Битлз» (7 Орел) лечился от алкоголизма (проблема общая для знаков Крокодила и Воды)...

Необходимо, чтобы представители дня-знака Орел учились распознавать истинную цель своих сердец и всегда шли к ней, опираясь на светлую и сфокусированную силы. Им следует учиться контролировать свои бурные эмоции и руководствоваться светом сознания.

Видные представители дня-знака Орел:

Шарль Гуно (4) — 17 июня 1818 г.
Александр Вертинский (4) — 21 марта 1888 г.
Джон Ф. Кеннеди (4) — 29 мая 1917 г.
Томазо Кампанелла (5) — 5 сентября 1568 г.
Семен Фарада (6) — 31 декабря 1933 г.
Ада Лавлейс — первый в мире программист (7) —
10 декабря 1815 г.
Ринго Старр (7) — 7 июля 1940 г.
Федор Ушаков (8) — 25 февраля 1744 г.
Александр Ширвиндт (11) — 19 июля 1934 г.
Венедикт Ерофеев (11) — 26 октября 1938 г.
Леонид Броневой (12) — 17 декабря 1928 г.
Вахтанг Кикабидзе (12) — 20 марта 1938 г.

ГРИФ

Люди-Грифы чрезвычайно чувствительны. У них есть глубокая внутренняя связь с Землей и Преисподней, обеспечивающая чувственность миру плоти. Знак Прошлого у Грифов — плодовитый и сибаритствующий Кролик. Сила Правой Руки — эротичная Собака. А что ждет Грифа в Будущем? Главная сластолюбица Ящерица!

Хранители Дней утверждают, что, несмотря на такой большой соблазн, Грифы будут прощены, так как день-знак Гриф является знаком «кармической очистки».

С Грифом ассоциируются стервятники, пожирающие падаль. Но у майя это — духи мертвых, «снисходящие богини», появившиеся для того, чтобы дать толчок осознания потомкам. Моменты мрака и страдания очищают душу, порождая новую жизнь с большей степенью сострадания. Атрибут дня-знака Гриф символизирует молитвенная свеча, в пламени которой «сгорают наши грехи». Когда Хранители Дней говорят о грехах, то в первую очередь они имеют в виду грехи плоти, особенно сексуальные.

В культуре майя грифа обычно изображают созданием медлительным и флегматичным. Его избегают другие животные, потому что от него несет мертвечиной и ему явно недостает интеллигентности. Тем не менее он — полезная птица и даже славный малый. В майянских рассказах о животных его часто дурачат, но в итоге в дураках остается не он — не такой уж он болван, как кажется.

Люди-Грифы, как и их тотемная птица, обычно безответственны, но часто удачливы. Несмотря на нежную любовь к детям, Грифы небрежно относятся к своим родительским обязанностям — много обещают, но редко исполняют свои обещания. Так же безответственно они относятся и к своей второй половине. Вряд ли их можно назвать верными супругами. Яркий тому пример — история бурных внебрачных похождений рок-звезды Боба Дилана (3 Гриф), еще не поставившего на этом точку. В людях-Грифах есть добродушная леновость, которая как чарует, так и раздражает.

Но, несмотря на их грешки и кажущееся отсутствие стремлений, Грифы преуспевают в бизнесе, накоплении денег. Их семьи, как правило, благоденствуют. Почему бы и нет? Карма Грифов очищается автоматически. В конце дороги у всех представителей дня-знака Гриф находится знак Ящерица, который означает, что все их подарки прибудут из материального мира и земных удовольствий.

Видные представители дня-знака Гриф:

Боб Дилан (3) — 24 мая 1941 г.

Казимир Малевич (4) — 23 февраля 1878 г.

Роберт Редфорд (5) — 18 августа 1937 г.

Марк Захаров (5) — 13 октября 1933 г.

Маша («Стрелки») (5) — 18 августа 1978 г.

Александр Солженицын (6) — 11 декабря 1918 г.

Бронислав Брондуков (6) — 1 марта 1938 г.

Антон Чехов (8) — 29 января 1860 г.

Самуил Маршак (8) — 3 ноября 1887 г.

Лев Дуров (8) — 23 декабря 1931 г.

Александр Невский (11) — 5 июня 1220 г.

Оливер Стоун (11) — 5 сентября 1946 г.

Георгий Жженов (11) — 22 марта 1915 г.

Людмила Гурченко (11) — 12 ноября 1935 г.

Михаил Глузский (12) — 21 ноября 1918 г.

БЛАГОВОНИЕ

В день Благовония рождаются мыслители и прорицатели. Они люди не просто мыслящие, но и активные. Их активность символизирует Сила Правой Руки — Обезьяна. А способ мышления — Сила Левой Руки — Ночь (интуитивное начало). Поэтому мысли людей Благовония реализуются в действия, а действия дают пищу уму, рождая бесконечный круговорот.

В людях дня-знака Благовоние, независимо от того, мужчина это или женщина, отчетливо проступает мужское начало. Яркий пример этому — Ширли Темпл (8 Благовоние), ставшая послом Соединенных Штатов Америки.

Майя, как и другие народы, считают процесс мышления мужским по сути — ян-активностью, если воспользоваться китайским термином. Поэтому люди этого дня часто выходят в лидеры общества.

Талант дня-знака Благовоние проявляется как в духовном, так и в материальном плане, поэтому Благовоние считается благоприятным знаком рождения для шаманов и Хранителей Дней.

Благовоние — это еще и знак Повелитель Года, порой своенравный Повелитель. Ведь никогда заранее не узнаешь, окажутся ли новые идеи, возникшие в умной голове человека Благовония, полезными миру или нет. Например, ученый-психиатр Гарвардского университета — гуру культуры ЛСД создал интеллектуальный, но утопический мир грез. После освобождения из тюрьмы он начал новую карьеру в качестве нью-эйджевского философа, вернувшись в пьянящий изменчивый мир идей Благовония.

Люди этого знака могут быть спорщиками и задирами, оставаясь мыслителями и мечтателями. В конце дороги их ждет чересчур умный, утонченный Змей.

Многие народы древней Мексики называли день-знак Благовоние днем Землетрясения. Это не случайно, так как вспышка озарения подобно землетрясению озаряет всегда внезапно. Непредсказуемость людей Благовония особенно бросается в глаза, когда Вода (знак их кармического Прошлого) оказывается слишком «глубокой».

Людям дня-знака Благовоние следует направлять свои силы в одно русло, чтобы не выматываться по пустякам (мыслительный процесс поглощает энергии не меньше, чем тяжелая физическая работа) и не завязнуть в болоте наркотического дурмана. Медитация для людей Благовония — величайшее благо, к тому же помогающее разбудить их дарования.

Майя считают Благовоние «мозгом небес».

Видные представители дня-знака Благовоние:

Хэнк Уильямс (5) — 17 сентября 1923 г.

Альфред Хичкок (6) — 13 августа 1899 г.

Вячеслав Зайцев (7) — 2 марта 1938 г.

Ширли Темпл-Блэк (8) — 23 апреля 1928 г.

Алиса Фрейндлих (10) — 8 декабря 1934 г.

Зиновий Высоковский (11) — 28 ноября 1932 г.

Антонио Вивальди (12) — 4 марта 1678 г.

Максим Горький (12) — 28 марта 1868 г.

Сергей Михалков (13) — 13 марта 1913 г.

Георгий Вайнер (13) — 10 февраля 1938 г.

Катрин Денев (13) — 22 октября 1943 г.

КРЕМЕНЬ

Кремень — потенциально тяжелый знак рождения, так как он осознает дуальность бытия — видит мир как арену борьбы. Выбрать между двумя реальностями — значит стать воином-крестоносцем.

Чаще всего представители этого знака видят мир в двух цветах — черном и белом. Врожденный воинский дух (в день 1 Кремня отмечался праздник ацтекского бога войны) велит им присоединяться к одному из враждующих сторон и начать действовать. Люди-Кремни часто оказываются на первом плане сражений или в центре скандалов.

Физическое соответствие Кремня — рот (как и у Благовония). В этом тоже есть своя дуальность: слова, которые мы произносим, способны выражать вдохновение (Благовоние) и могут провоцировать ссоры, драки, войны (Кремень).

Майя считают представителей этого дня-знака задирами и спорщиками. Кремни слишком всерьез воспринимают противоположности: жизнь для них можно определить категориями любовь — ненависть. Их ничто не может остановить. Например, чтобы отстоять свою позицию, они могут пойти на обман, клевету. «Цель оправдывает средства» — это изречение Кремня.

Так президент Линдон Джонсон (5 Кремень) развязал войну во Вьетнаме «в лучших традициях» Кремня — его речи были резкими и оскорбительными, как и его военная политика.

Но все же присущая дню-знаку дуальность распространяется и на людей, рожденных под знаком Кремня. Не только дикие, воюющие крестоносцы рождаются в этот день, но и прекрасные целители. Нож убивающий может быть и скальпелем хирурга. А осознание конфликта рождает жажду гармонии.

Гармония здесь — ключевое слово. Все, кто родился под знаком Кремня, должны стараться сражаться за гармонию. Если они сумеют этому научиться, то станут целителями общества, а не смутьянами. Для этого Кремням необходимо всматриваться в будущее, а не в прошлое, обращаясь к преобразующей энергии дня-знака Смерть, а не к беспокойной и изменчивой Собаке (символу кармического прошлого). Кроме того, их поддержка — Сила Правой Руки и Дорога.

Женщины этого знака часто бывают необычайно красивы. Жаклин Кеннеди-Онассис, Голди Хоун и Софи Лорен родились под знаком Кремня в дни 1, 7 и 9 соответственно. Каждой из них довелось узнать, что временами необходимо пользоваться «острым скальпелем истины» — ведь все они столкнулись с противостоянием и борьбой в поистине грандиозных масштабах.

Видные представители дня-знака Кремень:

Пол Саймон (2) — 13 октября 1941 г.
Жюль Верн (4) — 8 февраля 1828 г.

Николай Рерих (5) — 9 октября 1873 г.

Алексей Толстой (5) — 10 января 1883 г.

Линдон Джонсон (5) — 27 августа 1908 г.

Виктор Розов (5) — 21 августа 1913 г.

Голди Хоун (7) — 21 ноября 1945 г.

Марсель Марсо — 22 марта 1923 г.

Джордж Харрисон (8) — 24 февраля 1943 г.

Владислав Стржельчик (8) — 31 января 1921 г.

Николай Бухарин (12) — 10 октября 1888 г.

Софи Лорен (9) — 20 сентября 1934 г.

Гаврила Державин (11) — 14 июля 1718 г.

Иван Пущин (12) — 15 мая 1798 г.

Федор Достоевский (12) — 11 ноября 1821 г.

Редьярд Киплинг (12) — 30 декабря 1865 г.

Николай Коперник (13) — 19 февраля 1473 г.

ГРОЗА

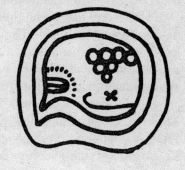

Рожденные в день-знак Гроза люди часто испытывают ощущение, что их жизнь — одна сплошная затянувшаяся буря. Хранители Дней говорят, что представителей этого знака часто навещают предки, внося в их жизнь тревогу и сумятицу. Но, несмотря на сложные отношения с кармическим прошлым, настоящее обычно складывается удачно. Некоторые люди Грозы, представленные в списке (см. ниже), находились в центре кармических водоворотов. Например, принцесса Диана (1 Гроза) пережила несколько тяжелых лет, потрясающих устои британского королевского семейства. Йоко Оно (2 Гроза) — по общественному мнению она являлась причиной бесконечных конфликтов, приведших к распаду «Битлз», — явилась свидетельницей убийства мужа.

Эта врожденная особенность — попасть в самую гущу конфликтных ситуаций — досадна, потому что типичные люди Грозы — существа чувствительные и сострадательные. В «Чилам-Балам из Каута» характеризуют как людей, «благородных» и обладающих «большим воображением». Душевная тонкость и впечатлительность способны сделать из них художников или мировых служителей. Представители дня-знака Гроза могут освободиться от своего кармического бремени, посвящая себя служению высшему.

Из-за своей впечатлительности люди Грозы легкоранимы. «Зыбкость» их психики связана с мягкой природой Воды, которая ответственна за сильную сострадательность души и за все печали и трудности. Некоторые люди дня-знака Гроза маскируют свою чувствительность за резкостью суждений. Например, Йоко Оно и Марлен Дитрих (5 Гроза) скорее известны своим злым языком, нежели мягкостью. Более типичный представитель дня-знака Гроза — леди Диана, часто впадавшая в печаль и отчаяние во время эмоциональных бурь.

Сверхчувствительность людей Грозы порой проявляется как болезнь — люди этого знака часто бывают слабы здоровьем. Они должны беречься от простуд и гриппа, впрочем, «все от нервов», они просто должны больше любить, ценить и уважать себя и бережнее к себе относиться.

Несмотря на кармический груз, который люди Грозы несут с собой по жизни, впереди у них — великое и светлое освобождение от проблем. Впереди маячит магический и всесильный Олень — символ мужества и стабильности, которые они обретают, «накрыв стол богов» и направляя энергию сострадания в русло высшего служения.

Видные представители дня-знака Гроза:

Леди Диана (1) — 1 июля 1961 г.

Литл Ричард (2) — 5 декабря 1932 г.

Николай Заболоцкий (3) — 7 мая 1903 г.

Александр Бутлеров (3) — 15 сентября 1828 г.

Аркадий Гайдар (3) — 22 января 1904 г.

Максимилиан Робеспьер (5) — 6 мая 1758 г.

Марлен Дитрих (5) — 27 декабря 1901 г.

Николай Еременко-мл. (5) — 14 февраля 1949 г.

Проспер Мериме (10) — 28 сентября 1803 г.

Марсель Пруст (12) — 10 июля 1871 г.

ПРЕДКИ

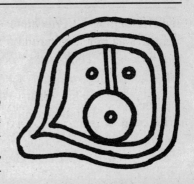

Этот последний день-знак календаря был самым священным для майя классического периода. Их городами-государствами правили цари-ахауоб (буквально: повелители) — в равной степени религиозные и светские правители. Они были воплощением богов, проводниками энергии и силы, символом жизни и здоровья всего общества.

Когда ахау поднимался на вершину пирамиды, чтобы исполнить ритуалы, придававшие силу его государству, он символически стоял на вершине Мировой Горы и сам становился горою, деревом в центре жизни, энергией, силой, заполняющей все сущее. Религии всего мира использовали символ Мирового Дерева или Мировой Горы как жизненную силу, которая спит, свернувшись в кольцо у основания позвоночного столба, а при пробуждении поднимается вдоль позвоночника к головному мозгу. Посты и молитвы, предшествующие майянскому ритуалу, являлись средством пробуждения этой силы в теле царя. Духовно и физически он связывался с предками (тоже называющимися ахауоб) — со всеми умершими людьми, чья коллективная энергия сливалась в резервуар, поддерживающий дух народа. Ахау (повелителем) назывался и каждый катун — 20-летний период, характеризовавший перемены в истории и политике.

У людей, рожденных в день-знак Предки, характер довольно сложный. Ацтеки считали этот день знаком поэтов, певцов, танцоров, людей творческих. Но в нем есть и душок сибаритства, так как люди-Предки склонны впадать в крайнюю степень сладострастия.

Сочинение поэм и песен считалось у ацтеков призванием духовным и приравнивалось к цветам, которые подносятся в дар богам.

Этот день-знак всех вещей благородных и совершенных, включая мир Предков. В Гватемале иные традиционисты до сих пор ведут календарный счет дней. В этот день они украшают свои кладбища, укрепляя связь с духами Предков. Предки часто принимают вид насекомых, особенно красивых бабочек с кладбищ майя.

Дни Мертвых отмечают по всей территории Мексики. Деревенские жители рассыпают желтые бархатцы (прообраз солнца) в виде дорожки от могил дедов и отцов к своему дому. Ацтекское название этого дня — Цветок. (По рассыпанным цветам души могут вернуться домой. Душа, как цветок, может снова распуститься на великом Мировом Дереве.)

Этот день — и последний цветок календаря, символ высшего сознания. Во многих духовных традициях (в тантрическом индуизме, китайской и западной алхимии) цветок означает просветление. Древние месоамериканцы просветление определяли как связь собственного сознания с сознанием Предков, путь между личным сознанием и коллективным бессознательным.

Ацтекские поэты, выступавшие против человеческих жертвоприношений, считали, что лучшим даром для богов являются земные цветы и самые сокровенные поэтические молитвы и духовные песни. Ацтеки считали этот день днем певцов и поэтов.

Этот день символизирует связь индивидуального с коллективным разумом и циклическим потоком времени.

Видные представители дня-знака Предки:

Федор Шаляпин (1) — 13 февраля 1873 г.

Жан Рено (1) — 30 июля 1948 г.

Всеволод Пудовкин (2) — 28 февраля 1893 г.

Виктор Гюго (3) — 26 февраля 1802 г.

Эрих Мария Ремарк (5) — 22 июня 1898 г.

Иван Тургенев (6) — 9 ноября 1818 г.

Альфред Нобель (6) — 21 октября 1833 г.

Иван Козловский (8) — 11 декабря 1953 г.

Виктор Васнецов (9) — 15 мая 1848 г.

Михаил Горбачев (11) — 2 марта 1931 г.

Андрей Макаревич (11) — 11 декабря 1954 г.

Константин Станиславский (13) — 17 января 1863 г.

Глава 6.
Гороскоп
языческих славян

Отталкиваясь от продуманной трактовки возникновения всех религий на земле, стоит обратиться к славянскому язычеству. Вернее, к гороскопу древних славян. Кто-то может сказать, что подобных гороскопов не существовало. С уверенностью можно заявить, что это утверждение не больше чем догма. Дело в том, что названия месяцев на Руси возникли в далекие времена, когда все человечество верило в языческих богов. Нет никакой существенной разницы, Африка это, Америка или древнеславянская территория. Естественно, в современном русском языке не сохранилось старых названий месяцев, но дотошный человек всегда докопается до истины, а она рядом с нами, стоит только внимательно посмотреть по сторонам. В основном в названиях славянских месяцев отчетливо просматриваются их обозначения, так или иначе связанные с различными природными явлениями. А если к месяцеслову добавить и языческих богов, то ясно вырисовывается гороскоп, о котором мы с вами и поговорим в этой главе...

Январь (просинец, студенец)

Январем этот месяц стал называться лишь в христианскую эпоху, в честь римского бога Януса, а в старину он назывался студенец или просинец. Покровитель людей, родившихся в этом месяце, — Чернобог. Дело в том, что в названии этого месяца присутствует корень «синь». Вот и получается, что людям, родившимся в январе, покровительствует Чернобог, так как в это время наступают сумерки... с «просинью». Его верный слуга — Мороз.

24 декабря — 30 января. Мороз

Мороз (Морозко, Трескун, Студенец) — повелитель зимнего холода. Древние славяне представляли его в образе низенького старичка с длинной седой бородою. Его дыхание — сильная стужа. Его слезы — сосульки. Иней — замерзшие слова. А волосы — снежные облака. Супруга Мороза — сама Зима-матушка. Слуги — Мароссы (Трескуны). Зимой он бегает по полям, лесам, улицам и стучит своим посохом. От этого стука трескучие морозы сковывают реки, ручьи, лужи льдами. А если он ударит посохом об угол избы — непременно бревно треснет. Очень не любит Морозко тех, кто дрожит и жалуется на стужу. А бодрым и веселым дарует крепость телесную и жаркий румянец. С ноября по март Мороз так силен, что даже солнце перед ним робеет.

Вслед за зимним солнцестоянием наступает настоящая зима. Дни понемногу удлиняются, и прибавление света дарит нам множество зимних праздников. Правят бал в это время снег, мороз и солнце. Люди, рожденные под знаком Мороза, отличаются целеустремленностью и способностью к концентрации всех своих сил. Человек-Мороз готов построить все что угодно на пустом месте, хорошо обучаясь конкретно-практическим вещам, если им необходимо научиться, прямо в процессе работы. Своих детей Мороз снабжает деньгами и материальными ценностями и побуждает сохранять их. Для Мороза важно понятие рода, в его роду семейные традиции передаются от поколения к поколению, он уважает своих предков, старается узнать о них как можно больше, гордится ими. В месяц Мороза у древних славян было принято разжигать жертвенные костры, чтобы поддержать горение солнца и пробудить ростки, спящие под землей. Как ни жалки казались усилия человека приблизить весну, весна все-таки приходила. С человеком-Морозом происходит то же самое: он ставит себе порою недостижимые цели, поскольку его привлекает сам процесс действия. И все-таки желанное приходит к нему. Мороз смотрит на материальный мир несколько свысока, чувствуя себя в нем хозяином. Его высокие амбиции сочетаются с внешней скромностью и сдержанностью. Исполнительный человек-Мороз всегда готов взяться за дело, не размениваясь по мелочам. На любом выбранном им поприще он становится профессионалом, его называют «специалист от Бога». Да, Мороз не расточает талантов, данных ему природой, занимается самообразованием. Он долго терпит обиды от врагов, оставляя их без ответа. Но если терпение Мороза лопнуло — его врагам не позавидуешь! У человека-Мороза явно русский характер: он и силен, и крепок, а если полюбит, то навсегда. Будучи уверенным в себе, он не агрессивен, без повода не грозит. Но требовательный к себе, он так же требователен и к другим людям, особенно к своим близким. Нелегко общаться с людьми этого знака. Всегда преисполненные чувства собственного достоинства, твердыми и мощными шагами шествуют они по земле.

Чернобог дарует не только самому месяцу, но и людям, родившимся в этот временной промежуток, холодный и расчетливый ум, чуточку брезгливости к своему окружению. Эти люди склонны к депрессивным состояниям (правда, крайне редко). Почему так? Древние славяне искренне верили в то, что наш с вами мир разделен на две равные части: дружественную и враждебную человеку, добрую и злую. В этот месяц принято поедать конину, так как жертвой для Чернобога являлась именно она.

Украшения

Украшая шею, этот знак демонстрирует себе и окружающим все самое значимое и ценное для него. Поэтому предпочтение следует отдавать крупным и запоминающимся формам. Это может быть оригинальное драгоценное колье с редким камнем. Металл — золото всех цветов и оттенков, сплавы с высоким содержанием меди. При выборе недорогих украшений предпочтительны природные камни-самоцветы овальной или круглой формы зеленых или желто-зеленых цветов и оттенков.

Февраль (сечень)

Февраль в старину назывался «сечень». Покровителем людей, родившихся под метой сеченя, является древнеславянский «скотий бог» Велес (Волос), второй по значению после Перуна. Велес является олицетворением хозяйской мудрости. В палеолитической древности Велес считался звериным богом и принимал обличье медведя. Он был покровителем охотничьей добычи — «богом мертвого зверя». В честь этого бога на святки и Масленицу люди рядятся в звериные маски и тулупы. Велесовы дни славянского языческого календаря праздновали в период пробуждения медведя — «комоедицы». В бронзовом веке Велес-медведь стал покровителем домашних животных и богом богатства.

В этот месяц люди все еще остаются наедине с зимой, но уже наступил перелом: самые сильные морозы позади, период зимнего сна природы готов смениться периодом вегетации. Веселая Масленица с шутками и прибаутками доедает последние зимние запасы.

Люди Велеса — это пылкие, влюбленные люди, которые предпочитают в одежде белый цвет. Они особенно щепетильно относятся к выбору обуви, так как Велес представлялся древним славянам молодым, босым юношей, разъезжающим на коне по городам и весям.

Карнавальный, разгульный характер человека-Велеса сполна отражает масленичное настроение. Он удачлив и весел, нищету и богатство, хулу и похвалу — все принимает с беззаботной улыбкой бездомного бродяги, которому нечего терять. Велес — самый сильный. Его мощь позволяет ему управлять событиями и не привязываться к материальному. Уж он-то знает, что деньги — вздор, и с удовольствием прогуляет и раздаст последние гроши. Дети Велеса переворачивают все с ног на голову. Они вечно заставляют остальных задуматься над тем, что так называемые ценности могут оказаться полной ерундой, а по-настоящему ценно то, чего никто не ценит. Тяга человека-Велеса к темным сторонам жизни велика (он ближайший родственник Змея Горыныча). Здесь он приобретает негативный, но по-своему замечательный опыт, позволяя другим учиться на его ошибках. Самые беспутные Велесы учат нас, как ни в коем случае не надо жить! Велесы добрые и светлые приносят себя в жертву, но никогда не погибают. «Скотский бог» Велес древнее своего противника Перуна, а Морозу и Яриле приходится отцом. Он покровительствует мудрым, постигнув всю премудрость трех миров: небесного, земного и подземного. Человек-Велес с рождения отлично знает психологию, в том числе психологию бессознательного, насквозь видит тайные мотивы поведения других людей. То, что человек произошел от животных, для Велеса очевидно, он чувствует кровное родство с живой природой. А в природе в дни Велеса все пробуждается для любви. Поэтому стихийная сексуальность его очень сильна. Если человек-Велес пускает в ход свои чары — трудно устоять. В любой области жизни Велес может запутать ближнего и сбить его с пути. Но сети его не только губительны, но и целительны: никто лучше мудрого Велеса не наставит на путь истинный. Любя и понимая всех, не гнушаясь никем и не боясь спуститься в самый ад, Велес выводит живые души из мрака. Это — самый загадочный знак. Туманен и загадочен для многих путь людей этого знака.

Люди, родившиеся в феврале, — самые страстные любовники и любовницы, иногда кажется, что в них буквально кипит кровь от переизбытка чувств. Сечень так называется потому, что в его названии присутствует глагол «сечь». Вспомните, ведь февраль — это метели, обычные в этом месяце.

Украшения

Проявлением индивидуальности для этого знака станет широкий металлический обруч с драгоценными камнями. Прекрасно подойдут бусы в несколько рядов из металлических шариков, розового жемчуга, кораллов, самоцветов красно-розовой гаммы от насыщенного цвета до полупрозрачных тонов. Металл — благородные сплавы желтого и белого цвета. Для бус выбирайте «резкую» форму камней.

Март (сухий)

В старину у славян этот месяц назывался «сухий».

И действительно, это чаще всего малоснежный месяц. Покровителем рожденных в этом месяце людей можно смело назвать Велеса. Дело в том, что он, сын Рода и неусыпный брат древнеславянского божества Хорса, покровительствует:

— домашнему скоту;
— богатству;
— торговцам;
— скотоводам;
— охотникам;
— землепашцам.

Ему подчиняются все без исключения низшие духи. Он занимается в основном земельными вопросами, будучи братом Солнца и Великим хранителем Прави. Принято считать, что с марта начинался новый год у древних славян, так как возрождение земли и погибель зимней стужи несут миру всегда что-то новое. Люди, родившиеся под знаком Велеса, сильные духом личности, способные при определенных условиях «свалить горы». Для них не существует в принципе никаких преград. Из тех, кому посчастливилось родиться в марте, могут получиться прекрасные руководители, полководцы и министры.

Украшения

Область шеи — тайна и мистика для этого знака древнеславянского гороскопа. «Велесчане» не любят выделять свою шею, украшая ее какими-либо побрякушками. «Для демонстрации» подойдет изящный медальон на короткой тонкой цепочке или леске. Вложите внутрь медальона что-то дорогое и значимое для вас. Избегайте крупных бус, колье, разнообразия камней и всевозможных металлических сплавов. Лучше всего носить белое золото или серебро.

Апрель (березень)

Апрель у славян назывался «березень». В это время появляются первые «изумруды весны» в виде сока на молоденьких березках, уже набухают почки.

Покровительницей первой половины месяца (22 марта — 16 апреля) является древнеславянская богиня весны Жива.

Жива — главное божество жизни, плодородия, весны, рождения, подательница жизненной силы рода. Жива (Дзиева, Дева) — олицетворение плодоносной силы, юности, красоты природы и человека. Как считали древние славяне, именно весной можно увидеть Живу или ее молоденьких прислужниц Живиц. В виде прекрасных дев они летают над Землей, бросая на нее такие ласковые взгляды, от которых Земля еще пуще цветет. Жива властвует, когда расцветают поля и леса, сады и огороды, когда люди, очнувшиеся от унылого зимнего сна, словно впервые видят красоту весенней природы, красоту расцветающей молодости, прелесть первой любви и нежности.

Живе — богине волшебной живой воды — принадлежит время снеготаяния и половодья. Уходят снега, становится все больше простора, всюду можно проехать и пройти. Древние славяне считали талую весеннюю воду целебной: умывались ею, давали пить больным.

В основном в этом месяце везет женщинам, которым посчастливилось родиться «под патронажем» Живы. Она будет их холить и лелеять на протяжении всей их жизни, какой бы она ни была. Мужчинам повезло меньше, но, несмотря на это, им присущи пробивной характер, безразличие к пустым издевкам над собой и стремлению к жизненному росту, росту благосостояния.

Дети Живы, даже если они некрасивы, всегда полны неизъяснимой прелести. Они изящны, у них плавные, «летящие» движения. Человек-Жива конечно же имеет способности к медицинским наукам. Он замечательно выращивает любых детенышей: детей человеческих, зверят, птенцов, молодые растения... Нередко человек-Жива наделен способностями экстрасенса. Живы рано стремятся вступить в брак, свить семейное гнездо, но в молодости им редко это удается: мало достойных партнеров, способных оценить это сокровище.

Живу нужно беречь: в сущности, эти люди хрупки, как весенние ростки, они не отличаются крепким здоровьем. Другая сила — духовная — стоит за ними. Сила, преобразующая мир. Ведь даже в языческие времена время Живы было временем весеннего поста, очищения, раскаяния, погружения в Вечность.

Человек-Жива должен часто бывать на природе, дышать с ней одним дыханием. Реки и озера дают ему силу, вешняя вода — его лекарство (эту воду лучше запасти на целый год). Живе обязательно нужны цветы — хотя бы комнатные растения. Любить, исцелять, утирать чьи-то слезы — призвание нежных детей Живы.

Украшения

Нет предела фантазии и полету мечты этого знака древнеславянского гороскопа в выборе украшений. Ему подойдут необычные формы, современный дизайн и, может быть, даже асимметрия. Возможны контрасты и остромодные направления. Металл — серебристого цвета, неблагородные металлы. Бусы — самых экзотических форм, например из черепахового панциря или шарики, скрученные из крокодиловой кожи. Все, что необычно и бросает вызов общепринятому вкусу, — конек этого знака.

Май (травень)

Май в старину назывался «травень». В этом месяце появляется первая зеленая травка, распускаются листья на деревьях. Весна вступает в свои права окончательно и бесповоротно.

Окончание апреля и первая половина мая (17 апреля — 14 мая) проходит под знаком праславянского божества Ярилы.

Под знаком Ярилы весна вступает в свои права. Начинаются полевые работы. 23 апреля наши предки праздновали Ярилин день — день выгона скота на поля (впоследствии этим днем стал Юрьев день — праздник пастухов).

Вся яростная сила Весны досталась темпераментным людям Ярилы. Они — прирожденные богатыри, воины и пахари. Человек-Ярило — великий труженик, у него на все хватает сил. Хороший хозяин (или хозяйка) Ярило бывает вспыльчив — с ним лучше не спорить! Бывает упрям. Но он любит этот мир от всего своего большого сердца.

Человек-Ярило, как правило, лидер. Он плохо работает в команде, потому что всю работу берет на себя и только на себя надеется. Но из него может получиться хороший политический лидер — организовать большие массы народа, повести народ за собой Ярило умеет. Он и сам сможет привыкнуть к дисциплине, если станет военным. Но гнев его ужасен. Ярилино время — время первых весенних гроз. А эти грозы боятся даже демоны...

Человек-Ярило хлещет жизнь полными стаканами, не отказывая себе ни в чем. Чтобы он чувствовал себя комфортно, у него всего должно быть много: еды, денег, любви, детей, работы, удовольствий. Ярило всю свою жизнь стремится побеждать, преодолевать преграды. Ярило не боится никакой работы. Ему необходимо постоянное эмоциональное возбуждение, состояние влюбленности, вдохновение жизнью. Когда это есть — его семья крепка и все в порядке, когда нет — его ничем не удержишь. С Ярилами необходимо считаться — это великаны, на которых держится весь мир.

15 мая — 2 июня. Леля

Покровительницей людей, родившихся в этом временном промежутке, считается древнее славянское божество Леля. Она — богиня любви, покровительница счастья и красоты. Людям, находящимся под знаком Лели, не стоит опасаться одиночества, хотя кто-то может поспорить: мол, «май — всю жизнь маяться». Полная ерунда! Богиня Леля, по древним поверьям, помогает влюбленным всегда. Она никогда не бросит человека, рожденного в мае, на произвол судьбы и тем более не оставит его в одиночестве на веки вечные. У тех, кто родился в мае, превосходное чувство юмора, добрая душа и горячее сердце. Интересно, что праздник Лельник (Красная Горка) отмечается не в мае, а 21 апреля. И это не ошибка, так как еще в апреле богиня Леля впервые заявляет о себе. Также и люди, родившиеся под ее покровительством, могут всегда заявлять о себе, не опасаясь быть непонятыми.

Украшения

Самое лучшее украшение для этого знака — «внушающая уважение» подвеска. Украшение должно быть крупным, дорогим и запоминающимся. Металл — золото. Чеканка, надписи, гравировка или даже вензеля. Семейные реликвии и антиквариат для этого знака — предел всех желаний. Недорогие бусы предпочтительны только в темной, а лучше в черно-белой гамме.

Июнь (изок)

Месяц июнь в языческие времена назывался «изок». В древнерусском языке слово «изок» означает «кузнечик». Да, это месяц насекомых и вечного праздника с трескотней крыльев стрекоз и шелестом зеленой травы.

Этот месяц в гороскопе древних славян тоже делится на 2 неравные части, первая из которых (с 2 по 12 июня) посвящена богине Костроме.

Кострома почиталась древними славянами как воплощение весны и плодородия. В древних обрядах Кострома имела два обличья и два значения. В обряде проводы весны или проводы Костромы ее изображала молодая женщина в белом с дубовой веткой в руках, идущая в сопровождении хоровода. Во время ритуальных похорон Костромы ее воплощало соломенное чучело женщины. Это чучело славяне сжигали или топили с обрядовым оплакиванием и смехом. Похоронный ритуал должен был обеспечить вечное плодородие земли.

Костроме отпущено всего 10 дней в году — конец пролетья — лету начало. Кончались весенние полевые работы, и наши прадеды отмечали символические похороны весны, впоследствии преобразовавшиеся в Семицкую неделю — от Вознесения до Троицы. Пролетье — чудесное время, очень быстро пролетает, оправдывая свое название. Но с нами остаются дети Костромы — люди необычайно талантливые. Сама природа говорит их устами. Чувствуя вибрации космоса, они доверяют свои впечатления слову. Отсюда — литературные таланты. К сожалению, этих людей часто преследуют трагические случайности. Но если они доживают до седых волос, им предстоит долгая жизнь. Божество Кострома имеет два воплощения: женское (Кострома) и мужское (Кострубонька), — поэтому дети пролетья отличаются некоторой двойственностью характера и неустойчивостью мышления. Они живут и пользуются этой жизнью здесь и сегодня. Они знают правила жизненной игры, обладают практической сметкой, любопытны, интересуются всем. Их сознание живет внешним миром, все события, происходящие в мире, их трогают. Красноречие Костромы необыкновенно, а интеллект направлен к победе над непонятным. Человек-Кострома имеет много друзей, семью создает поздно, но, как правило, имеет многочисленных потомков. Кострома идет по жизни смеясь и оставляет после себя богатое духовное наследие. Таких людей невозможно забыть!

А с 13 июня по 6 июля славяне славили Додолу. Додола у древнейших славян была богиней лета как времени года и лета человеческой жизни — молодости. С особой любовью покровительствовала Додола молодым девицам, их забавам, песням, играм, гаданиям, верованиям, всем девичьим тайнам и секретам.

Под знаком Додолы наступает раннее, молодое лето. Стоят длинные жаркие дни и короткие светлые ночи. Травы наливаются соком и целебной силой. Единственная забота этого сезона — сенокос. В остальном можно немного отдохнуть. Человек-Додола вечно молод душой, он словно несет в себе дух волшебного леса, полного свежести и прохлады, гармонию зеленых лугов, еще не вызревших на солнце. В этот мир Додола и приходит для отдыха и созерцания. Дети Додолы наивны, даже инфантильны, ленивы, оттого что уверены: все и так сделается само собой, зачем же тратить силы? «Вечнозеленые» Додолы нуждаются в некотором руководстве со стороны других людей. Им не помешает хороший наставник. С юных лет им надлежит привыкать к дисциплине. Человеку-Додоле очень помогают жить его чистота и искренняя вера в чудеса. Жизнь для него — игра, забава, ничего серьезного. Или же это — сказка, в которой нет поводов для кручины (у сказок всегда хороший конец). Как ни странно, ему действительно везет. Все, что Додоле необходимо, появляется как бы само собой. Для него поет жар-птица, цветет разрыв-трава, текут молочные реки в кисельных берегах. Главное — довериться судьбе, не прикидываясь самым мудрым и всезнающим, и мир будет у ваших ног! Время Додолы идеально для рождения здоровых детей. И дети Додолы несут в себе сильнейший энергетический заряд летнего солнцестояния. У них свои представления о любви и верности, поэтому их семейная жизнь может сложиться как угодно. Но иметь друга-Додолу очень здорово! Он будет вам в жизни служить талисманом, делясь с вами своим сказочным везением и удачей.

Украшения

«Додольцы» интуитивно хотят предвосхитить ход событий и, как говорят, фору. Для них в украшениях предпочтительны «живые» или даже подвижные украшения:

— вставки-камни;
— цепочки с алмазной гранью;
— плетение;
— подвески;
— брелоки.

Это могут быть и такие довольно интересные украшения:

— колокольчики;
— бубенцы.

Для них подходит все, что будит вечно спящих «мокошевцев». Металл — благородные сплавы или серебро. Камни — пестрые, яркие, многоцветные.

24 июня. День Ивана Купалы

Этот день стоит стороной и особняком от всех остальных дней.

Купало — бог лета, летних цветов и плодов. Веселый и прекрасный, он одет в легкую одежду и держит в руках цветы и колосья. На голове у него — венок из цветков купальниц. Древние славяне причисляли Купало к знатнейшим богам. Он почитался третьим после Перуна. В начале жатвы — 24 июня ему приносили жертвы. На полях возжигали большие костры. Юноши и девушки, увенчанные и перепоясанные цветами, радостно пели и плясали около огня. Заканчивался праздник тем, что люди перескакивали через огонь сами и перегоняли через него свой скот. По народному поверью, это избавляло стадо от леших и лесных духов. До сих пор в российской церкви празднуются именины Ивана Купалы и Аграфены Купальницы — святых, чьи имена произошли от древнеславянского идола Купалы.

Полное лето, щедрое солнце, появление первых плодов земных, начало жатвы — все это царство Купалы. Для человека-Купалы особое значение имеет огонь. На огонь можно смотреть бесконечно, а лучший огонь — огонь семейного очага. Семья и продолжение рода, династии — вот что главное для Купалы. Дети Купалы ласковые и нежные. Они любят солнечный свет, обстановку домашнего тепла и семейного счастья. Брачные обряды Древней Руси всегда были связаны с праздником Купалы. Погрузившись в себя, человек-Купало бывает беззаботен по отношению к внешнему миру. Это — философ, склонный к самоанализу, у него богатый внутренний мир. За внешней простотой стоит глубина неизмерима. Купало хочет радоваться всем радостям жизни и одновременно осмыслить значение всех проживаемых событий. Он сентиментален, любвеобилен, часто увлечен мистикой и страшными сказками. В нем живут и огонь, и вода, и луна купальской ночи, и солнце летнего полдня. И все-таки Купало прочно стоит на земле. У него в хозяйстве ничего не пропадает, семья не страдает от голода, хорошо плодоносят и сад, и огород. Вопрос «Что я оставлю на земле после себя?» интересует его во всех смыслах — духовном и материальном. Вода и огонь дают Купале поистине магическую силу.

Людям Купалы лучше стремиться к простоте и естественности, довольствоваться малым. Увлекшись накопительством денег и материальных благ, они становятся несчастными. Щедрость и благородство души, напротив, не только украшают их, но и делают жизнь полной и прекрасной. Человеку-Купало полезно носить льняные ткани, не перегреваться, больше путешествовать и быть ближе к природе (особенно к растительному миру).

Июль (червень, липец)

Июль — от старинного «червень». Червень — не что иное, как указание на то, что в этом месяце особенно яркое солнце. Липец (липень) употребляется в польском, белорусском и украинском языках. Это месяц цветения липы. Покровительницей людей, родившихся в июле, принято считать богиню Ладу — мать богов, славянскую богиню красоты, любви и бракосочетаний. Она, согласно древнеславянским поверьям, была покровительницей женщин, родов, брака, любви, детей, урожая и плодородия.

О человеке, который женился без любви, говорили: «Не с Ладою женился!» Чтобы молодая семья жила в любви, каждая пара молодоженов приносила в дар Ладе живых птиц, цветы, ягоды и мед. В великолепном храме Лады в Киеве стояла статуя несравненной красавицы в розовом венке. Ее золотистые волосы были украшены жемчугами, платье изукрашено богатым шитьем и драгоценностями. Она держала за руку крылатого младенца — своего сына и бога любви Леля. Прекрасная пора поздней весны длится недолго. Цветут сады, белыми, желтыми, розовыми цветами полна земля. В эту пору рождаются люди Лады. Человек-Лада — это человек-подарок. Он распространяет вокруг себя атмосферу праздника, веселья. Ладу отличает работоспособность и страстность в любви. Лада красива, приятна в общении. Человек-Лада — это первый приз, который еще надо завоевать. Стать ее другом непросто, завоевать любовь — еще труднее. Лада капризна, порой надменна, самоуверенна. Ее прекрасные артистические данные порой шокируют окружающих. Но тот, кому Лада отдаст свое сердце, будет очень счастлив. Человек-Лада посвящает любимым всего себя, даже не жалея своей жизни! Идеал Лады — большой уютный дом, дружная семья, множество детей. Малыши у нее всегда ухожены, хозяйство — в полном порядке — ведь у нее золотые руки! Все женщины этого знака — рукодельницы, все мужчины — мастера. У них — прекрасные способности к кулинарии, к садоводству. Лада создает вокруг себя настоящий рай, в котором живется легко и приятно. К тому же Лада неплохо поет и танцует. Чувственность, задушевность, бережное отношение к тому, что создано Творцом, и хозяйское обладание окружающим миром, любовь к искусству, ко всему красивому присущи знаку Лады. Человек-Лада особенно удачлив, если у него светлые волосы и голубые глаза. Ему хорошо там, где аромат цветов, запах сырой земли и свежей зелени. Встреча с Ладой может стать и роковой, но если уж она соглашается на любовь и дружбу, то это навсегда. Дети Лады верны и надежны.

Легко предположить, что люди, родившиеся под покровительством Лады, имеют ту же духовную структуру, что и сама богиня. Из них могут получиться хорошие семьянины. Их дом будет полон детского переливного смеха, а за окном никогда, даже в январе, не наступят сумерки. Их сердца светлые и открытые для других людей. Они способные ученики, впитывающие в себя информацию, как губка воду. Ладу иногда называют матерью всех месяцев годового цикла. Она не просто богиня лета, она богиня уюта и любви, которую жаждут практически все люди на земле. Люди, родившиеся в июле, любят домашний уют.

Украшения

Этот знак, с одной стороны, отдает дань традициям, но с другой — отыскивает мудрость и смысл даже в выборе драгоценностей. Часто в выборе украшений заключен религиозный или магический символ. Украшение по исполнению может быть практически любым, но в любом случае оно должно нести хотя бы какую-нибудь идею.

Август (зарев, серпень)

Древнее название месяца, скорее всего, связано с глаголом «реветь». Можно предположить, что древние славяне «запараллеливали» слово «реветь» с ревом зверья во время течки. Хотя не исключено, что название месяца точно указывает на то, что в этот временной промежуток нередко слышны громовые раскаты и вечерние зарницы. Именно поэтому, может быть, покровителем августа принято считать Перуна.

2–28 августа. Перун

Перун — грозный славянский бог — считался производителем всех воздушных явлений: рука его управляла и громом, и молниями. Стан этого божества был вырезан из дерева, голова вылита из серебра, уши и усы из золота, ноги выкованы из железа. В руках он держал подобие молнии — скрепленные вместе рубины и карбункулы. Перед Перуном всегда должен был гореть неугасимый пламень. Если огонь потухал, жрец за небрежение наказывался смертью — он сжигался как враг божества. Перуну посвящались целые леса или рощи, взять из которых сучок считалось святотатством, достойным смерти.

Лето идет на спад, ослабевает жара, наступает время Перуна-громовника. Перун приносит с собой величественные грозы, обилие хлебов, богатство урожая. Вся земля словно преображается — она становится похожей на царские палаты. Царственный характер верховного бога древних славян наследуют и люди-Перуны. Человек-Перун — вершина мироздания. Он умеет показать себя на высшем уровне во всей красе. Они часто оказываются в центре всеобщего внимания. Требует уважения к своей персоне и надеется быть во всем главным, иметь всегда самое лучшее. Перуны — особы княжеского рода. Но тем, кто соглашается составлять их свиту, живется совсем не худо. Дети Перуна великодушны и готовы опекать всех. Их стремление решать за других подчас раздражает окружающих, и напрасно: Перун плохого не посоветует. Не нужно вступать с ним в конфронтацию, ему нужно довериться, и человек-Перун станет отцом родным (или родной матерью), поддержит в любой ситуации, все поймет и простит. Перун не идет на поводу у обстоятельств, он вырабатывает свою четкую стратегию поведения. Он любит быть главным героем и одновременно автором сценария. Все ему по плечу, он никогда не теряется. Любимая сфера приложения сил людей Перуна — политика и военное дело. Они быстро соображают, мгновенно принимают решения. Праздничность, роскошь, богатство позднего лета — это эстетика Перуна. Дети Перуна умеют ценить красоту жизни во всех ее проявлениях. За объектом своей любви они ухаживают красиво. Семья Перуна — предмет его гордости, своим детям он старается обеспечить безбедную жизнь, а их заставляет делать карьеру. Если семья не складывается, Перун может пройти свою жизнь в одиночку — он самодостаточен. Дети Перуна — боги-герои, способные постоять за себя и за других. Помня о своем высоком призвании, они должны защищать справедливость, заботиться о слабых, никого не оставлять своим покровительством — в этом они обретают свое счастье.

Люди, родившиеся в этом временном промежутке, настойчивы в достижении поставленной ими цели. Из них могут получиться превосходные спортсмены и менеджеры, которым, по определению, необходимо все время достигать каких-то высот в профессии.

Украшения

Людям этого знака порой приходится вынести настоящее «испытание», прежде чем выбрать стоящее для себя украшение. «Даждьбожане» склонны перед выбором слишком долго раздумывать. Им хочется трансформировать свой стиль, они, скорее, выберут что-то слишком вызывающее, чем просто пойдут и купят безделицу. «Даждьбожанам» следует проявлять некоторую осторожность и разумный консерватизм, чтобы избежать «перегрузки», перед тем как что-то нацепить на себя (украшение). Они отдают, как правило, предпочтение изящным медальонам или оригинальным подвескам. Для них также будут хороши бусы из бесцветных камней.

Сентябрь (рюин)

Сентябрь в старину назывался «рюин». «Рюти» (реветь), что в применении к осенней непогоде означает «реветь... дуть... завывать». Покровителями людей, родившихся в месяце рюин, можно назвать двух божеств.

29 августа — 13 сентября. Сева

Сева — богиня садовых плодов у северных и западных славян. Она изображалась в виде прекрасной зрелой женщины с длинными волосами, в руках у которой — спелые яблоки и гроздья винограда. Сева покровительствовала хорошей погоде, плодородным землям, живительным солнечным лучам и дождям, поэтому была очень любима и почитаема. Ее зрелая красота символизировала состояние природы во время сбора урожая: длинные волосы — обильные нивы, полные колосьев; спелые плоды и ягоды и само время их поспевания — окончание лета и начало осени.

Женственная богиня Сева покровительствует рожденным в начале осени. Солнце уже не печет, ночью выпадают холодные росы, но еще зелены леса и ласкового тепла хватает на всех. Дети Севы гостеприимны, приветливы, у них удивительное мягкое чувство юмора. Тихие неприметные Севы обладают даром сглаживать любые конфликты, отогревать души людей, примирять врагов. Под руководством Севы все решается ко всеобщему удовольствию и без обид. С такими покладистыми людьми легко работать. Человек-Сева стремится к тонким отношениям, скромен, довольствуется малым. Ему нравится все чистое и естественное: свежий хлеб, спелые яблоки, запах сосновой смолы и нового ситчика. Собственный дом для Севы куда желаннее, чем городская квартира. Человек-Сева обладает чувством меры, терпимостью и терпением. А кроме того, какой-то удивительной нравственной зоркостью, чуткостью к чужой беде. Пора ранней осени — время уборки, сбора овощей, фруктов, грибов, заготовок на зиму. Поэтому дети Севы смотрят в будущее озабоченно, с некоторой тревогой. Бывают скопидомами, иногда чрезвычайно осторожны, недоверчивы к людям, консервативны. Любят, когда в жизни царит порядок, заведенный раз и навсегда, перемены их настораживают. Севам нужно учиться оптимизму. Их лучшие качества — справедливость и доброта, стремление к гармонии, миру и покою. Супружество хозяйственной, домовитой и непритязательной Севы складывается, как правило, удачно. А вот детей у нее мало, а может и вовсе не быть. Это обидно, ведь дом человека-Севы — полная чаша, да и люди тянутся к Севе. Рядом с этими милыми детьми осени так приятно отдохнуть душой!

14–27 сентября. Мокошь

Мокошь — олицетворение матери — сырой земли. По верованиям древних славян, эта богиня была почти равная Перуну. Мокошь —

единственное женское божество, чей идол в Киеве стоял на вершине холма рядом с кумирами Перуна, Велеса и других. Со временем под ее власть всецело перешло «бабье царство». По представлению древних славян Мокошь была большеголовой длиннорукой женщиной, которая пряла по ночам в избе. Вероятно, пряла эта богиня не очень замечательно или не по доброте душевной, потому что женщины боялись оставлять на ночь кудель в прялке. Образ Мокоши слился в народном восприятии с образом Пятницы, которой приносили жертву, бросая пряжу или кудель в колодец. Отсюда произошло название обряда — «мокрида». Как и имя Мокошь, оно связано со словами «мокрый», «мокнуть».

Две недели, отпущенные Мокоши, в наше время называются «бабьим летом». Покраснела рябина, ночь стала длиннее дня. Люди постепенно прячутся в дома и закрывают окна. Наступает тишина. Человек-Мокошь видит жизнь как закономерный природный процесс, а себя считает только частью этого процесса. Он — фаталист. Человек-Мокошь на любом поприще скрупулезно и бережно относится к труду, не задаваясь вопросом о смысле труда. Он дисциплинирован, спокоен и скромен. Мокошь очень вкусно готовит, потому что к процессу питания подходит так же ответственно, как и ко всем остальным процессам жизни. Мокошь дорожит каждым часом и не терпит лентяев, без толку убивающих время. В коллективе может стать рабочей лошадкой, на которую «грузят» все. Но человек-Мокошь не только горит на работе, он старается соблюдать строгий режим труда и отдыха: работа — это работа, а дом — это дом. Читать нотации и давать советы — любимое занятие Мокоши. Но она действительно мудра, и у нее есть чему поучиться. Люди Мокоши понимают иерархичность мира и общества, уважают любую власть, с начальством не спорят. Все умеют делать своими руками, руки им служат лучше, чем язык. Лучшая сфера приложения труда для них — легкая промышленность. Человек-Мокошь — домосед, из родного дома, где каждая вещь подобрана с любовью, его не вытащишь. Ему необходимо общение с природой — его всегда поддержат мать-земля и царица-вода. Возле колодца — мистическое место силы Мокоши. А еще Мокошь любит дождь, то, что другие называют «плохой погодой», Мокоши очень нравится. Семейная жизнь Мокоши складывается непросто из-за сварливого характера и стремления перевоспитать партнера. Но разрушить семью Мокошь никогда не решится — это для нее святое.

В славянской мифологии Мокошь покровительствует:

— плодородию;

— деторождению;

— близости к окончанию годового цикла.

Она посылает с небес на Землю души людей, когда рождаются дети (способствует реинкарнации). Люди, родившиеся под знаком Мокоши, хорошие военачальники, могущественные властители человеческих душ — писатели и журналисты. Они довольно хорошо умеют сходиться с новыми знакомыми, они не чувствуют дискомфорта, находясь в незнакомом для них обществе. Политики, родившиеся в сентябре, не будут никогда знать «карьерного провала».

Украшения

Этот знак древнеславянского гороскопа в выборе украшений почти что всегда стремится к взаимодействию, гармонии и совершенству. Люди Мокоши чаще отдают предпочтение классическим мотивам в современном исполнении. Часто «мокошане», следуя совету своего партнера, учитывают его/ее вкус, стараясь получить одобрение и восхищение приобретенной вещью. Иногда в украшение просматривается какой-либо сакральный символ объединения или природный орнамент. Этим людям превосходно подойдут всевозможные цепи и цепочки, как в равной степени и более сложные в исполнении ювелиров колье. Металл — благородные сплавы золота и серебра, а также серебро с черными вкраплениями.

Октябрь (листопад)

Октябрь — от старинного «листопад». Покровителем людей, родившихся в первой половине октября (28 сентября — 15 октября), называют Сварожича, сына бога Сварога, одного из самых могущественных божеств древнеславянской мифологии. У древних славян Сварожич олицетворял земной огонь. Еще в XI в. об этом боге и о балтийских славянах немецкий историк Дитмар в своих «Хрониках» писал: «В земле редарей есть город по имени Ридегост, треугольный, с тремя воротами, окруженными со всех сторон лесом, огромным и священным для жителей. В городе ничего нет, кроме храма, искусно построенного из дерева... Стены его извне украшены чудесной резьбою, представляющей образы богов и богинь. Внутри ж стоят рукотворные боги, одетые в страшные шлемы и панцири; на каждом нарезано его имя. Главный из них — Сварожич. Все язычники чтут его и поклоняются ему более прочих богов». Некоторые славянские племена почитали Сварожича еще и как бога войны и побед.

Сварожич считался покровителем:

— воинов;

— природных стихий;

— профессий людей.

Все, кому посчастливилось родиться под знаком Сварожича, проживут свою жизнь, что называется, не даром. Но первая половина их жизни, скорее всего, будет настоящей борьбой. Зато вторая — это богатство, почет и всеобщее уважение. Не рекомендуется вступать в интимные связи с людьми Сварожича всем тем, кто родился во время Мокоши и Даждьбога. Это приведет к полному неудовлетворению обоих партнеров.

Особое празднество — именины овина — справляли, принеся богу жертву, испив овин, за пиршественным столом, вкушая подобающую еду. Потом обмолачивали хлеб и мяли коноплю.

Золотая осень — время Сварожича-овинника. Именины Сварожича справляли в день осеннего равноденствия, когда природа празднует прощальный бал осенних красок. Сварожич — символ небесного огня, упавшего с неба и укрощенного людьми. Поэтому искусство и ремесло — смысл жизни человека-Сварожича, который отличается утонченным художественным вкусом, умением всюду видеть красоту и открывать ее для других. У Сварожича светоносный характер. Его грустная полуулыбка неотразима, но ему нельзя забывать и о том, что уныние — страшный грех. Человек-Сварожич хорошо разбирается в жизни при помощи наблюдательности и высокого интеллекта. Люди этого знака рациональны и всех стремятся разложить по полочкам. Иначе нельзя: они рождаются в то время года, когда идет подсчет запасов на зиму. Всего, что собрано, должно хватить до следующего лета. Люди-Сварожичи и считают как ЭВМ, и в пространстве хорошо ориентируются. Они созданы для того, чтобы двигать вперед науку и культуру. Сварожич — неугасимый огонь мысли. Все — от кузнечного дела до изящной поэзии — ему подвластно. Человек-Сварожич — хороший педагог. Он несет детям и молодежи свет знания, блистая отточенностью мысли и совершенством стиля. Этого Прометея нужно беречь, чтобы он не сгорел полностью в творческом божественном огне. В браке Сварожич постигает закон двуединства и полностью обретает себя. (С именин Сварожича начинается пора осенних свадеб.) Человек этого знака верит в идеальный брак и в то, что где-то на свете существует его половинка. Если он всерьез займется поисками, не разменивайсь по мелочам, половинка и в самом деле найдется!

Свою энергию Сварожич черпает у огня, на который он может смотреть бесконечно. Сварожичу приносят удачу его две тотемные птицы: петух и лебедь. Для Сварожича главное — не растерять свои идеалы, нравственные ориентиры и всегда гореть не сгорая!

16 октября — 8 ноября. Морена
(Мара, Марена, Мора, Мура)

Людям, родившимся 16 октября — 1 ноября, покровительствует Морена.

Морена — богиня бесплодной болезной дряхлости и ее неизбежного конца — смерти. Слово «мор» означает поголовную или внезапную смерть людей (от одной деревни до целых народов и государств). В этом слове осталась память о жестокой и неумолимой богине, которая не принимает никакие жертвы. Радость ей приносят только увядшие цветы, сгнившие плоды, опавшие листья и угасшие человеческие жизни. Древние славяне придумали обряд-оберег от этой злой силы. Срубленное дерево — Морену накануне Иванова дня обвешивают лентами и венками, под него сажают тоже наряженную соломенную куклу — Купалу, рядом зажигают большой костер. Молодцы и девицы прыгают через этот костер попарно с купальской куклой в руках. Игры и песни продолжаются до рассвета. На другой день куклу и Морену (сняв с них украшения) бросают в реку, чтобы избавить себя от смертей, болезней, всяких неприятностей.

Морена — мертвая вода покровительствует рожденным поздней осенью. Время Морены страшное: опали все листья, беспросветно темны ночи, часто шумит унылый дождь и воет ветер. В дни Морены людям приходится надеяться только на себя. Они стараются реже выходить из своих теплых домов.

Характер человека-Морены представляет особый интерес. Дети Морены полны скрытой, таинственной силы почти магического свойства. Они — самые сильные. И всегда готовы анализировать жизнь в поисках ее скрытых ресурсов. Добиваясь поставленной цели, они отличаются упорством и терпением. Мало нервничают: знают, что рано или поздно все равно возьмут свое. В тяжелых жизненных условиях они умеют сконцентрироваться, собрать свою волю в кулак.

Противоборство никогда их не пугает. Призвание человека-Морены — медицина. Хирург или реаниматор Морена любого вытащит с того света. Встретившись лицом к лицу со смертью, человек-Морена побеждает! Его же самого судьба хранит в самых катастрофических ситуациях. Знак Морены характеризуется затаенной силой, стойкостью и самодисциплиной.

Бескомпромиссность Морены порой граничит с мстительностью. Человек-Морена живет долго и до старости остается в прекрасной физической форме. Он получит колоссальный энергетический заряд, если поздней осенью подойдет к ближайшему водоему и наберет воды, наполовину ставшей льдом. Такая мертвая вода дарит бессмертие. Тому, кто имеет ее при себе, не страшны ни криминальные разборки, ни природные катаклизмы. Любовь для Морены — противоборство, дружба — всегда с элементами конкуренции.

У Морены несколько отрешенный взгляд на мир, сильно желание заглянуть за черту, в потустороннее. Эта демоническая натура устанавливает контроль над чувствами своими и окружающих людей, что позволяет ей решаться на то, на что никто из смертных не отважится.

Украшения

Для людей этого знака древнеславянского гороскопа более предпочтительны неброские и недорогие украшения, а это:

— скромные бусы в одну нитку;

— изящная цепочка витого плетения;

— подвеска-миниатюра;

— камни-вставки: матовые, непрозрачные, светлых, сероватых тонов.

«Мореновцам» следует избегать яркого блеска камней и пестроты ожерелий. Металл — серебро.

Ноябрь (грудень)

Грудень — пора смерзшейся земли. Словарь Даля характеризует это слово так: «...мерзлые колеи по дороге, мерзлая кочковатая грязь».

2–8 ноября. Семаргл

Покровителем всех тех, кто родился с 2 по 8 ноября, принято считать Семаргла. Дело в том, что Семаргл — хранитель огненных жертвоприношений, дома, семейного очага. Он хранит в тепле своего сердца посевы и семена. Иногда, согласно сведениям из славянской мифологии, оборачивается священным крылатым псом (некоторая разновидность оборотничества). Его имя в старину не принято было даже произносить вслух, дабы не накликать по свою душу гнев Семаргла. Древние славяне также с его именем связывали происхождение людей. Боги, как и в других верованиях, по мнению славян, сотворили Мужчину и Женщину из... двух коротеньких палочек, между которыми внезапно вспыхнул огонь. Поэтому с именем этого божества связано еще и воспламенение чувств между мужчиной и женщиной, а не только их появление на свет божий. Семаргл всегда и особенно в темное время суток стоит на страже покоя людей со своим огненным мечом. Люди, родившиеся в месяц Семаргла, сильные, по определению, духом воины. Им просто необходимо чего-то постоянно добиваться, постигать какие-то вершины, они по своей сильной натуре — борцы, и чаще всего за справедливость. Люди Семаргла способны искренне любить своих избранников и избранниц. В браке у «семарглцев» бывает много детей, что их довольно сильно радует. Они могут выполнять практически любую порученную им работу.

9–28 ноября. Зима

В представлении древних славян и других народов времена года всегда были одушевленными. Всем известная Снежная Королева — красавица зима, в ноябре проезжающая на лошади по горам и долам в белоснежной душегрейке. Она дышит на все встречное таким ледяным дыханием, что все, даже нечисть и духи тьмы, стараются укрыться подальше от краснощекой белолицей красавицы, замораживающей своими поцелуями даже кровь в жилах. Слуги Зимы — метели, вьюги, поземки-поползухи. Зима старается, чтобы вокруг было белым-бело, снежно. Идет время, Зима стареет. И тогда от нее жди любой пакости — от коровьей смерти до лихорадки-лихоманки. К марту Зима в народном представлении превращается в уродливую зловредную старуху. Но в самом своем начале Зима несет людям веселые, светлые праздники: Новый год, Рождество, Крещение.

Зима в наших широтах начинается рано. Только что была осень, и вот уже зима успешно ведет с ней свои наступательные бои. Земля покрывается снегом, становится светлее. Предзимье — сытное время. Недавно собран урожай. Полны амбары и погреба.

Люди Зимы с оптимизмом смотрят в будущее, они активны и уверены в себе. Даже если внешне они эмоционально холодны, на глубоком дне души у каждого из них лежит большое горячее солнце, согревая своего хозяина и его окружающих внутренним теплом. Человек-Зима часто сознательно становится борцом против мирового зла. За человеком-Зимой стоит светлая сила, непостижимая даже для него самого, и она влияет на события его жизни. Все, что с ним происходит, неслучайно. Дети Зимы — азартные спортсмены и любопытные исследователи. Они очень интересуются фантастикой, необычными явлениями природы, параллельными мирами, жизнью звезд и планет. Им приятно смотреть в звездное небо, разгадывая загадки мироздания, стараясь во всем докопаться до истины, первопричины. Зима много читает, и окружающие пользуются ею как «ходячей энциклопедией». Иногда кажется, что на человека-Зиму не найдешь управы, он не подчиняется общим законам, имея собственные. На самом деле нравственность Зимы высока, а помыслы чисты. То, что выходит за рамки общественных норм, попадает в ведение более глубокой, религиозной морали. В поисках духовного Зима отталкивается от материального и ничему не верит без явных доказательств. В семейной жизни человек-Зима становится жертвой: вся семья держится на его безграничном терпении. Зима — интересный собеседник и обладает ангельским характером, что и привлекает друзей. У детей Зимы крепкое здоровье, если они закаляются и занимаются собой. Основу жизни человек-Зима видит в битве полярных сил, что рождает своеобразное «черно-белое» мировоззрение. О своей миссии — быть на стороне Добра — люди Зимы не забывают, и это не дает им расслабиться. И не надо расслабляться. Именно за это о них говорят: «Мир не без добрых людей».

Украшения

Этот знак в выборе украшений для себя, как правило, ищет не драгоценность ради драгоценности, а некую скрытую от глаз романтику, если хотите, даже приключения. «Семарглцев» и «зимников» можно назвать соавторами ювелиров, поскольку они сами создают эскизы для украшений или же доводят до кондиции уже готовые изделия. Для них подходит все самобытное. Очень хороши блеск металла и игра камней, лучше все сразу. Украшение этого знака старославянского гороскопа отчасти бывает забавным и нередко просто смешным, но не для самого «семарглца».

Декабрь (студень)

Декабрь имеет буквальное имя «студень», которое несложно расшифровать (студеный, слишком холодный месяц, чтобы показывать нос на улицу). Покровителем этого месяца, а равно и людей, рожденных в этом временном промежутке, можно смело назвать подземного бога Карачуна.

29 ноября — 23 декабря.
Карачун (Корчун)

Древние славяне считали Карачуна подземным богом, повелевающим морозами. Медведи-шатуны, оборачивающиеся буранами, и волки-метели были его слугами. Потом Карачун стал богом скотьего падежа. 23 декабря — один из самых холодных дней зимы, когда перестают укорачиваться ночи, — считается днем Карачуна. Сама темная непонятная сила, укорачивающая светлую часть суток, и есть Карачун. Бог этот столь грозен и неумолим, что до сих пор существует выражение «задать карачуна» — т. е. умереть, пришибить, убить или злодейски замучить кого-либо.

Время Карачуна — самое темное и холодное время в году. Можно даже назвать его беспросветным — слишком далека еще весна. И только после дня Карачуна (23 декабря) нас ожидают радостные праздники солнечных богов: солнце повернет на лето. У человека-Карачуна здоровье неважное, как он ни бодрится. Он родился в период энергетического спада, когда земля безжизненна и пустынны небеса. Нет солнца, воды скованы льдом... только ветер — надежный друг Карачуна. Ничто не дается Карачуну даром, все приходится зарабатывать своим трудом. Велика вероятность, что ему захочется уйти от действительности в мир фантастических грез. Карачуны любят путешествия, интересуются культурами других стран (особенно жарких, тропических), часто мысленно переносятся в прошлое и в будущее. Испытывая трудности в общении с людьми, много возятся с животными. Человек-Карачун способен приручить самого дикого зверя! Изучение коллективного опыта человечества дает им возможность поверить в себя, ощутить свою причастность к глобальным жизненным процессам. Карачун должен опираться на объективные идеалы общества, а не на себя. Человек-Карачун бывает холодным, угрюмым, ворчливым, недоступным, раздражительным, злым... но маска Кощея Бессмертного ему не к лицу. На самом деле у Карачуна другая ипостась — пересмешник (среди них много хороших пародистов). Они — сатирики, рассыпающие язвительные шутки, и веселые, и приятные. Так они скрывают свою глубинную грусть. Дети Карачуна на «ты» с языком знаков, имеют способность к языкознанию, к поэзии, часто становятся полиглотами и переводчиками. А вот личная жизнь их не клеится из-за нелюдимого характера. Знак Карачуна не располагает к тому, чтобы иметь много шумных детишек. Если же Карачун решится и снимет свою мрачную маску, становится очевидно, что этот скромный, все понимающий человек — настоящее сокровище!

Люди, родившиеся в декабре, хорошие работники, но больше всего для них подходит тяжелый труд, который они с присущей им легкостью выполняют. Они не могут сидеть сложа руки. Если такое происходит, способны впадать в депрессивные состояния, из которых выход только один — найти работу. Интересно и то, что браки «карачане» любят и не могут прожить в одиночестве ни дня. В союз с ними может спокойно вступать любой из перечисленных выше знаков древнеславянского гороскопа.

Украшения

Непредсказуемый и оригинальный представитель этого знака стремится к совершенству форм. Чаще всего люди, рожденные в декабре, предпочитают старинные или стилизованные под старину украшения. Это:

— бусы с элементами народного творчества;
— национальные мотивы в орнаменте.

Драгоценностью для человека этого знака может стать семейная реликвия.

1 января — 10 января. ГОРЕЧАВКА ЖЕЛТАЯ

Загадочный цветок, символизирующий летнее тепло. Растет на горных лугах. Придает характеру некоторую таинственность, в большей степени внешнюю, тогда как все объясняется довольно просто. Например, причиной скрытности и замкнутости может быть обычная застенчивость. Человек, рожденный под этим знаком, упорно добивается цели. Следует опасаться холодной погоды.

11 января — 20 января. ЧЕРТОПОЛОХ

Никто не обращает на него внимания. Поэтому, суетясь, он постоянно «вызывает огонь на себя». Выдумывает подчас непосильные для себя занятия, от которых, пораскинув мозгами, может тут же отказаться под любым предлогом. Такое поведение дезориентирует окружающих, и поэтому они не всегда могут разглядеть основную черту Чертополоха — доброту. Он прекрасный друг и семьянин. Исполнительный работник. Трудовое рвение может привести к ранней гипертонии.

21 января — 31 января. БЕССМЕРТНИК

Бессмертник — это бессребреник. Скромный, но, тем не менее, пристально следит за модой. Его элегантность часто становится предметом зависти. Но у него достаточно энергии, чтобы переболоть все трудности и с блеском победить недоброжелателей.

1 февраля — 10 февраля. ОМЕЛА

Женщина отличается любопытством и легкостью поведения. Рисковый характер, способность обворожить даже самого неприступного мужчину. Мужчины, рожденные под этим знаком «ведьмацкого» цветка, должны делать ставку на спорт, культуризм, карате, теннис, чтобы пользоваться популярностью у противоположного пола. Все это сохраняет им здоровье и делает их привлекательными.

11 февраля — 19 февраля. КРАСАВКА

Женщина — скромная красавица. Не пытайтесь «расколоть» ее с первого раза. У нее достаточно сил и энергии, чтобы дать надлежа-

11 апреля — 20 апреля. ГОРТЕНЗИЯ

Она великодушна, щедра, любит покутить. Однако такая широта часто раздражает окружающих, ждущих от нее конкретной помощи.

21 апреля — 30 апреля. ГЕОРГИН

Роскошный Георгин должен всегда держаться золотой середины. Максимализм зачастую мешает достичь желаемого. Георгину более взвешенно следует, чем другим, рассчитывать на свои силы. Не стоит всецело полагаться на удачу. Это касается и личной жизни.

1 мая — 10 мая. ЛАНДЫШ

Щедрое, открытое сердце Ландыша является причиной того, что он может быть сорван беспощадной рукой собирателя гербария или просто любителя тонкого аромата. Женщине-Ландышу необходим надежный защитник, например мужчина-Чертополох. На работе у Ландыша все в порядке, хотя чрезмерное рвение подчас действует на нервы.

11 мая — 21 мая. ПОРТУЛАК

Недоверчивый, опасливый, всегда ждущий подвоха, даже от любимого человека. С Портулаком трудно дома и на работе. А в любви — особенно. Портулак надо беречь.

22 мая — 31 мая. РОМАШКА

Это традиционно: любит — не любит. Трудно понять, хотя манит к себе. Несмотря на привлекательную внешность, она так и старается подсидеть на работе соперника ради карьеры или просто спортивного интереса.

1 июня — 11 июня. КОЛОКОЛЬЧИК

Консерватор. Любая перемена страшит, повергает в отчаяние. Спасение Колокольчика — хорошая семья, добротный дом. Любимое средство передвижения, если вдруг пошлют в командировку, — поезд. Самолет — ни в коем случае.

12 июня — 21 июня. МАРГАРИТКА

Не отличается романтизмом и смелостью. Тихоня, домоседка, перестраховщица, наблюдатель. В событиях участвует чаще всего как собиратель сплетен. Добьется своего.

22 июня — 1 июля. ТЮЛЬПАН

Мужчина, несомненно, донжуан. Все ему нипочем. Женщина энергична. Большое самомнение. Много сил надо положить, чтобы добиться у нее признания. У таких женщин, как правило, несчастные мужья.

2 июля — 12 июля. КУВШИНКА

И вода, и земля, и воздух. Весьма разнообразная натура, которая, как и Лотос, везде чувствует себя прекрасно. Небольшие препятствия на жизненном пути легкопреодолимы.

13 июля — 23 июля. ФИАЛКА

Привлекает к себе всеобщее внимание. Она обычно прячется в тени, но всегда готова выйти на солнце и взять то, что ей полагается. А после уж держись!

24 июля — 2 августа. ШИПОВНИК

Колется. Голыми руками его не возьмешь. Хотя если присмотреться, то колючки — это защита. Без нее в наше время нельзя.

3 августа — 12 августа. ПОДСОЛНУХ

Нашел свое место под солнцем. Успехи его не ослепляют.

13 августа — 23 августа. РОЗА

Королева цветов. Роза вызывает понятную зависть у остальных. Против Розы плетутся интриги, ее хотят выжить с ее законного места, лишить премии. Роза неприступна. Сложно все время показывать свою недосягаемость. Следует позаботиться о своем здоровье и не надо переутомляться.

24 августа — 2 сентября. ДЕЛЬФИНИУМ

Аскет. Нетребователен к себе, только к другим. К сожалению, человек, родившийся под этим знаком, может быть козлом отпущения. Должен уметь дать отпор проискам недоброжелателей.

3 сентября — 11 сентября. ГВОЗДИКА

Человека с таким прямым характером, как у Гвоздики, стоит поискать. Подобное свойство совсем не нравится окружающим. Но, увы, Гвоздика стоит на своем, даже если сила не на ее стороне. Главное — отстоять правду.

12 сентября — 22 сентября. АСТРА

Тоску и грусть осени заметно скрашивают астры. Так и человек-Астра, подобно звезде в ночи, рассеивает мрак своим веселым нравом. Но это не бесшабашное веселье, а вполне осознанное поведение. Таких людей ценят и подчиненные, и начальство.

23 сентября — 3 октября. ВЕРЕСК

Люди, рожденные под знаком Вереска, отличаются изысканностью. Это незаменимые специалисты-универсалы. Знают цену своим золотым рукам. Вереск — хороший товарищ. В беде не оставит.

4 октября — 13 октября. КАМЕЛИЯ

Приятная внешность. Утонченность, но несмотря на это — мужество. В поведении много детского, артистические данные.

14 октября — 23 октября. СИРЕНЬ

Символ расцвета, свежести, молодости. Старательная и целеустремленная, Сирень с удовольствием помогает другим. Не стоит обращать внимание на более пронырливых коллег по работе.

24 октября — 2 ноября. ФРЕЗИЯ

Бесстрашие, настойчивость, упрямство, которое иногда вредит. Люди, родившиеся под этим знаком, вызывают симпатию, благодаря которой успешно продвигаются по службе. Надо проявлять большую дипломатичность. Не следует переутомляться.

3 ноября — 12 ноября. ОРХИДЕЯ

Такие цветы у нас не растут. Но люди отличаются таинственностью и загадочностью. Различные сомнения приводят к стычкам с окружающими и трениям с начальством. Однако, как говорят, «терпение и труд все перетрут».

13 ноября — 22 ноября. ПИОН

Скоротечен век пиона-цветка. Но Пиону-человеку можно не бояться за здоровье. Все вынесет. Конечно, при разумных перерывах в работе. Пиону надо быть более сдержанным и поменьше распространяться о своих планах.

23 ноября — 2 декабря. ГЛАДИОЛУС

Человек, рожденный под этим знаком, особыми талантами не отличается, но очень трудолюбив и исполнителен. Под умелым руководством может достичь многого. Не хвастун.

3 декабря — 12 декабря. ОДУВАНЧИК

Символ тепла. Любит свежесть, дуновение ветра. Не может без внимания окружающих. Из-за этого экстравагантность иногда переходит все границы вкуса и общественных норм. Если критикуют на работе, то всегда может защититься.

13 декабря — 22 декабря. ЛОТОС

Символ чистоты. Цветок Лотоса очень много значит для народов Азии. В наших краях Лотос экзотика, не более того. Хотя благодаря экзотичности, неординарности мышления и поведения Лотосу многое сходит с рук. Следует быть более гибким по отношению к людям.

23 декабря — 31 декабря. ЭДЕЛЬВЕЙС

Цветок растет высоко в горах. Человек, рожденный под этим знаком, обладает всеми качествами хорошего друга. Прежде всего — это надежность. Спокойный темперамент, хотя в вихре событий иногда теряет разум.

Содержание